LE GOUJAT ECRIVAILLON

Par **Raphaël Tayachi**

ISBN : 9782955701928
Dépôt légal : 2017
(Paris XVIII)

A. « Sans glaçons »

L'humanité n'est rien, non, plus rien en tout cas qu'un informe ramassis de lâches et méprisables couards inaptes à assumer la véritable essence de l'être, soit, très justement, l'individualité qui les compose en premier lieu puis les forme ensuite quoi qu'on en dise. Et l'on ose, partout, tous et chacun, moutons bêlant sans fin ni finesse, parler d'individualisme, de cette galopante gangrène, de ce nouveau mal du siècle, dernier-né des immondes chieries inventées par la masse superbement disciplinée et tout autant assujettissante des médias en tout genre, télévision en honteuse tête de brinquebalant cortège ! Foutaises ! Bondieuseries ! Niaiseries débilitantes pour puceaux et curetons ! On se noie dans la masse comme on croit s'en défaire, en ne rêvant plus qu'à atteindre un point plus haut que son voisin, pour mieux l'y écraser lorsque voilà la place prise, avec à l'esprit, au seul esprit dudit conquérant, l'image d'Epinal de celle de la Bastille, mais sans interroger les bornes catégoriques de l'exercice. D'ailleurs, symptôme parmi tant d'autres, tous du même triste acabit : les gens n'ont plus de conversation. On parle de foot comme on parle de météo, de la rentrée scolaire comme de la guerre au Soudan, de la famine dans le monde comme du dernier album d'une star de la pop, et du chemin qu'on prend comme s'il n'y en avait pas. La politique, elle, n'a plus de punch. On lisse les discours afin de ne choquer personne, ne touchant là très exactement pas un pecnot supplémentaire. La société non plus n'a plus d'idées. Non qu'elle en ait jamais véritablement débordé, mais enfin jadis les cherchait-on, au moins, comme on les estimait, tandis que, dorénavant, on pense exactement comme on pète : de préférence en concours, pour faire le plus de vent possible, et en ne supportant hautainement pas son voisin ni la moindre de ses productions. Ouais, si personne ne comprend plus rien au monde, c'est parce-que personne ne veut plus rien comprendre, parce-que personne ne s'en donne plus le courage. Les gens sont morts, l'idée des gens est morte, dans l'ordre, en ordre, comme les derniers des écrivains et les dernières rock-stars s'en sont allés baiser les anges, sinon plus prudemment, plus pudiquement aussi, simplement les embrasser, parce qu'ils les auront certainement trouvés bien plus francs du collier que leurs anciens frérots. Ouais, la belle époque, la glorieuse et florissante époque des plumes s'est éteinte avec elles en le contemporain marasme concurrentiel où personne ne dit plus tout haut tout ce qu'il pense sans être taxé d'extrémisme, voire, bientôt, demain, pourquoi pas, de terrorisme intellectuel, lorsque la liberté d'expression requerra, pour son quotidien bénéfice, l'exercice singulier d'une guérilla permanente contre le reste des mondes. C'est moche. C'est ignominieusement moche. Mais c'est la triste réalité.

Ouais, l'humanité, la grande humanité qui n'en a plus débecte Fred. A un point proche de la permanente nausée. Presque autant que celle qui en déborde par trop généreusement sur tous les va-nu-pieds qu'elle surveille par bonté d'âme, toujours très généreusement exposée. Ouais, l'humanité le débecte. Fin. La croiser tous les jours, dans toute sa non-splendeur, ça lui fait de plus en plus monter la gerbe, le dégoût, le spleen – comme dirait l'autre fiotte. Quand il se lève le matin, Fred, rien qu'à l'idée, c'est comme si on lui imposait d'aller sucer une bite. Attention, hein, rien de personnel contre la bite. Peut-être même que c'est bon, du reste. Il y a énormément de gens bien qui en mangent. Mais pas comme ça, de bon matin, au saut du lit, avant le petit-déjeuner, sans avoir encore rien avalé d'autre. Alors, chaque matin, au saut du lit, il se rince consciencieusement la bouche, la gorge et le tube digestif au whisky. Ça aide à oublier toute cette merde, à faire passer la nausée, sinon à moins la sentir, et puis ça accompagne très correctement la fumée dont il s'encrasse les poumons sans plus attendre le zénith du grand Soleil – voilà pour la poésie. Et c'est nettement moins cher que plein d'autres conneries pas vraiment plus efficaces à te faire disjoncter du monde de manière définitive. Monde de merde, parce-que monde de bouseux. Partout. Va-savoir, peut-être que trente ans, c'est l'âge auquel on devient déjà un vieux con, l'âge auquel on se retrouve touché par l'affreuse grâce de ne plus supporter ni rien ni personne. Parce-que ce serait l'âge auquel on commencerait à regarder en arrière, avec suffisamment d'années passées pour se faire un peu peur. Peut-être même que c'est cette putain d'éditrice qui a raison, qu'on peut modifier ton texte selon les goûts supposés de son lectorat, qui n'est rien d'autre que l'hypothétique incarnation des goûts très assurés de cette saloperie d'inutile maillon de la chaîne du livre qui t'explique tout ceci en souriant et face auquel, toi, petit et misérable toi, tout frais tout neuf en ce monde, tu dois t'abstenir de rire franchement. Peut-être qu'elle a raison, cette cruche, quant au nombre des virgules, belles, sages, instructives, structurantes, que peut soutenir le lambda quidam lecteur, moderne nom du bon sauvage, ou quant à la longueur des phrases qu'on ne peut pas former sans être Proust, sans fleurer sa madeleine, sans maîtriser son art, sans chérir la description, sans faire montre du même amour pompeux pour les lancinantes descriptions saturées de futiles et surannés détails. Ah, le méchant adjectif : suranné ! Uber-suranné ; über-classique ; overdose ! Tyrannies ! Peut-être qu'il faudrait tout au contraire revenir, puisqu'on aborde les classiques, à cette époque où les auteurs signaient pour un nombre particulier d'exemplaires imprimés, pour un pays donné et pas un autre, et que ça rééquilibrerait les rapports de force entre la production, sa grandeur, et la petitesse du service de l'imprimeur – sans parler trop du publiciste, tout aussi mal loti. Et puis se faire rémunérer les heures de promotion. Ouais, bla-bla, tout ça n'arrivera pas. Quand on lit ce qu'on lit sur Internet, de conneries et de commentaires, on est en droit de se demander si le plus sûr gage de qualité en matière littéraire, ce n'est pas de ne pas être aimé. Le constat déborde même carrément la discipline. Les mièvres ont droit de cité, hein, partout, tout le temps, et le fade nous enterrera tous. Parce-que la raison va finir par l'emporter, après tout, sur tout, le raisonnable va finir par tout noyer sous le déluge de sa connerie, de sa restrictive connerie, pour ne plus rien laisser qu'une Terre lisse et bien proprette où l'information, non, la publicité circulera sans entrave et où l'Homme consommera sans plus de retenue, gavé jusqu'à la lie de celle qu'on se sera imposée, entre gens parfaitement bien raisonnables et carrés, carrément identiques. Ouais. Peut-être. Sûrement. Va-savoir. En attendant, l'humanité l'écœure, Fred, et le liquide ambré, lui, en s'échappant de la bouteille, fait ce mélodieux glouglou, signe d'un précipité empressement à rejoindre son verre, signe de la hâte du bonhomme à ne pas l'y laisser reposer très longtemps. C'est qu'il en faut, du carburant, pour faire de l'énergie. Et il lui en faut, à Fred, de l'énergie, sacrément, même, pour ne pas imploser en gardant toutes ses pensées pour lui...

Ça pique, ça brûle, ça réchauffe et ça distrait ; ça assomme, même, petit à petit, comme on les additionne au fil du temps.

Il est déjà quatorze heures trente. La couette est chaude, le visage collant, couvert d'une sueur rendue odorante par le trop-plein d'alcool, et l'esprit tout embourbé pour le même motif. Si, attends, ça revient doucement : l'époque des plumes est terminée. Bordel ! Mauvaise époque, mec. Mais le cendrier, là, n'est pas renversé, et le cul ne gratte pas. C'est toujours ça de pris. Sauf que le paquet, lui, par contre, est vide, et Fred a beau l'écraser, le secouer, le retourner dans tous les sens, cette saleté de paquet restera vide, il ne crachera plus la moindre clope. C'est fâcheux. Terriblement fâcheux. Ça veut dire qu'il va falloir sortir, parce-que personne n'en livre à domicile, enfin pas à cette heure-ci. Le soir, y'a bien cette pizzeria, dont le jeune livreur n'est jamais contre un petit pourboire supplémentaire en règlement d'un petit détour officieux par l'officine à tabac, mais là, c'est pas l'heure. Et quand c'est pas l'heure, c'est pas l'heure. Fred va donc devoir se débrouiller tout seul, comme un grand, malgré ses réticences. C'est que le monde, il n'aime pas trop ça, Fred, et que dehors il y en a toujours plein, du monde. Tant pis. Petite visite au dressing. Ouais, il a un dressing, Fred, et même un putain de dressing où seraient heureux de se loger deux ou trois hippies étudiants sans avoir l'impression de manquer de place. Parce qu'il a de l'argent, Fred. Beaucoup, d'argent. Vous pouvez le détester pour ça, si ça vous chante. Tant pis si ça fait très cliché. On n'est plus à ça près. Allez-y, détestez-le, vous dit-on ; et que le plus grand bien vous en fasse. Détestez-le sinon parce qu'il n'a pas besoin de travailler pour vivre. Pour cette raison ou pour une autre, dans tous les cas, vous finiriez par le détester si vous le connaissiez mieux ! Alors détestez-le, là, maintenant, d'emblée, sans réfléchir, parce-que c'est le même prix, donc autant vous délester d'un peu de haine en la belle occasion, parce-que, de toute façon, que vous soyez contents ou non, il aura toujours autant d'argent, qui fructifie tout seul et lui offre une rente dont vous pâlissez d'envie. Un héritage. D'une espèce d'oncle qu'il n'a jamais connu, mais qui l'a fichu dans sa présente merde en lui léguant tous ses biens. Ouais, sa merde, parce qu'on est bien mieux sans la totale liberté de ses choix et de son agir. Parce qu'il ne voulait pas d'argent, au départ, Fred, tout comme il ne souhaitait pas finir poivrot, ni se mettre à écrire ; mais les choses viennent comme ça, au gré du vent, et il vaut mieux se laisser gentiment porter que de maladroitement tenter de lutter contre l'inévitable, contre l'inéluctable destin de la fatalité. Alors voilà, il est plein aux as et il a un putain de dressing où il suspend des vestes et des chemises presque toutes identiques les unes aux autres. C'est sa revanche sur le conformisme : l'apparence du gendre idéal, pourquoi pas du banquier, un peu coincé du cul, mais le comportement du dernier des salauds. Ce qui fait toujours son petit effet ; ce qui en dérange toujours quelques-uns, à l'instar de ses longs cheveux dénotant de l'impeccable aspect des ensembles. Enfin, le gendre idéal ; sans compter la barbe de trois ou cinq jours, qu'il ne rase pas, par paresse autant que par praticité, mais pas, surtout pas parce que c'est dorénavant à la mode ; beurk, non ! Juste parce-que ça lui convient tout à fait. Va-savoir, toi, si les voies de la volonté ne sont pas impénétrables. Bref, concentrons-nous, le gendre idéal, c'est sans compter non plus le bas du costume. Fred enfile un kilt – oui, un kilt – et ajuste sa chemise à l'intérieur avant de revêtir la veste – puisqu'il est encore parfaitement trop tôt pour le cuir. Ça a de la gueule, le kilt, et ça fait toujours son petit effet – positif, celui-là – sur les diverses gents, dont seule la féminine lui sied. Tu as certainement raison : on peut oublier l'histoire du gendre idéal. Mais il y avait de l'intention, malgré tout. Fred sourit, ajuste un rapide coup d'œil aux larges chaussettes couleur crème, effectue une brève inspection oculaire de leur manière de retomber sur ses grolles, et le voici parti. Parti ? Oui. Enfin, presque. Pas sans lorgner la bouteille. Pas sans se saisir d'un verre. Pas sans verser une larme. Allez, une petite rasade pour la route, et Fred détale en claquant la porte – des fois que le voisin de palier ait toujours le sommeil léger et que l'indélicate cavalcade des grosses semelles heurtant les marches de l'escalier ne suffise pas à le réveiller...

Paf, dans ta gueule : dehors, il y a beaucoup trop de lumière. De lumière et de gens, puisque, comme prévu, les rues sont pleines. Elles grouillent de badauds comme on s'imagine qu'un tuyau d'égout déborde de cafards en sus de puanteur, à vous en donner la gerbe, à vous donner des envies de baston, pour corriger quelques innocents coquins, à le tenter, lui, de jouer des coudes, d'en renverser un ou deux pour que les autres sachent qu'il vaut mieux, bien mieux se tenir à l'écart du patibulaire personnage. Pour profiter, en somme, du luxe de l'espace.

Le bureau n'est pas loin, alors la peine n'est que de courte durée. Tant mieux. L'endroit est presque sombre, et il y a là une petite queue. Tant pis. Fred ronge son frein, pense à dégobiller. Oui, tiens, dégobiller pourrait peut-être arranger les choses, faire partir tous ces ploucs. Le ménage comme le rangement, par la pureté du vide, enfin, le dégueulasse de la vidange. C'est pareil, non ? Pourquoi ? Parce-que c'est beaucoup moins prétentieux et ô combien plus naturel que le Karcher, déjà, et puis parce-que l'endroit est encombré par tout plein de joueurs de Loto, qui font un attroupement semblable à ceux des touristes asiatiques aux portes des musées, qui passent trois plombes à choisir leurs numéros, à vérifier leurs vieux tickets, à rejouer leurs quarante grilles favorites, et parfois, parfois seulement, à empocher leurs maigres gains, qu'ils s'empressent alors de dépenser dans tel, non, attendez, voilà, tel autre jeu débile grâce auquel ils finiront par perdre le reste de leur maigre solde. Tant d'encombrants personnages dont la foule saurait immédiatement se clairsemer à l'approche d'une galette judicieusement posée, là, en flan, à un mètre à peine du comptoir, joyeuse galéjade en plein milieu du foutoir. Ce doit être les mêmes, qui se pressent à la messe, le dimanche, ou n'importe quel autre jour dans n'importe quel autre temple, qui implorent leur Dieu comme on supplie la fortune, bienheureux confondant son idée avec la destinée, le priant d'intercéder en leur faveur sans voir que seuls leurs propres efforts paieront, quand bien même il existerait. Oui, ils sont nombreux, ces bêtes endimanchés, à l'implorer d'agir en la praticité d'un quotidien qu'ils préfèrent abandonner pour s'en remettre à Lui et continuer de ne pas vivre en espérant trop pratiquement la rémunération de leur inaction, rémunération le plus souvent attendue comme sonnante et trébuchante, puisque telle entendue. La compulsion est une douce confession, urticante pourtant aux éveillés, à tous ceux qui n'attendent pas. Même si Fred, là, patiente, ce qui lui fait un insupportable paradoxe. Mais son tour arrive, enfin, et le buraliste, surprise, le reconnaît, alors il lui sort directement son paquet et encaisse religieusement, c'est-à-dire en silence, à la fois et complet et parfait. Sa dose acquise, ses indus en poche, Fred tourne les talons, vraiment par trop heureux de la fin du supplice. Mais le buraliste est un de ces fichus moralisateurs et s'improvise téméraire contre la fragile tranquillité d'autrui.

— Pourriez dire au-revoir !

Ouais, pour sûr, il pourrait dire au-revoir. Et merci, aussi, tant qu'à faire. Il pourrait. Il pourrait même satisfaire ta femme, si l'envie t'en fuyait, et si elle ne l'a pas déjà fait. Tant qu'on y est. Mais toi, abruti, toi, le commerçant, tu pourrais aussi faire des phrases correctes, et puis te montrer poli sans attendre la réciproque. Et puis merde, t'as l'habitude, non ? Alors voilà, rien. Non. Pas un mot. Restons bons amis en ne nous aventurant pas dans les familiarités de la politesse. Faisons comme tous les autres, qui se succèdent dans ta mécanique : on vient, on achète, on récupère son paquet, on tourne les talons, on passe la porte sans plus d'attention que tu n'en mérites, on en déchire nerveusement le film en plastique, on arrache la feuille d'aluminium, on le renverse, tapote dessus, encore, putain, tire une cigarette, la rétive cigarette tant attendue, la coince entre ses lèvres, l'allume, la fume. On respire. Et on savoure la délivrance ! Basta, chacun chez soi !

Un banc. Un salvateur banc. Public. Vite, tant que ce n'est pas interdit. Tiens, cadeau du ciel : avec une petite vieille dessus, qui veille sur une poussette. Dommage. Double dommage. La chance lui colle aux basques. Petite recherche aux alentours ; non, pas d'orties. Encore et toujours dommage. Tant pis, il s'assied. Elle, elle le regarde fumer, lui fait les gros yeux. Ouais, il fume, vieille grue. Et en conscience, encore : pour la préservation de l'espèce. Si seulement il avait envie de l'ouvrir pour te l'expliquer... Fumer tue. Il le sait parfaitement. Le hic, c'est Darwin, et tout son bordel selon lequel les plus forts résisteront, comme quoi c'est bon pour tout le monde sauf pour les inutiles. Le maigrichon bébé que tu tiens maintenant dans tes bras aussi, peut-être, fera demain partie des forts. Qui sait ? Et tu viendras lui dire merci, à ce gros con de fumeur, d'avoir fait évoluer l'espèce ? Non, tu ne seras peut-être même plus là pour le voir. Alors ferme-la dès tout de suite. Bref, Fred finit par s'en aller, parce qu'il n'a aucune envie de débattre avec la ridée, pas même de l'informer de son mépris en dépensant sa salive, parce qu'il a terminé, aussi, et puis parce-que le mioche le fixe, de cette drôle et désagréable manière qu'ont les gosses de vous observer, sans aucun vice au fond des yeux, sans le moindre voile sur l'innocence, sans la sage, parfois timide réserve des adultes les enjoignant à ne pas jouer au con et demi avec le con qui vous défie. Il finit par s'en aller, toujours étroitement surveillé par l'ancêtre, la morte encore vivante, sans cependant manquer de s'allumer une dernière clope ; là, la chose faite, il tire sa première latte, la meilleure à chaque fois, crapote, tire encore, et encore, expire tout, louche sur la braise et l'observe bien rouge, réprime son narquois rictus, pose le fumant engin en plein milieu du banc, le filtre sur le bois et la fraise en l'air, relève la tête, ouvre grand les yeux contre ceux outrés de la vieille peau, sourit de son plus grand et plus malin sourire, et puis se lève sans un instant perdre ni sa banane ni la joie de son plaisir. Peut-être même qu'elle crie, mais Fred reste impassible, sourd à sa nouvelle violence.

Ça lui a fait du bien. Beaucoup, de bien. Un parfait bien. Il faut savoir le prendre quand on peut, là où il y en a, les fois où il y en a. Et puis sinon se le créer. Et puis son besoin de carburant, pour l'énergie, pour affronter la nouvelle épreuve, la nouvelle longueur de la file d'attente, qui ne manque jamais de s'étirer à la supérette du coin. Parce-que c'est pas tout ça, mais avant de rentrer, Fred doit faire le plein. De whisky, c'est-à-dire de carburant. Oui, il lui fallait du carburant pour le carburant. Amusant, non ? Tant pis.

Il aurait dû prendre un chariot, tiens, ça aurait peut-être amadoué la vieille et ça lui aurait en tout cas permis de transporter le pack sans se luxer l'épaule. Sûr, mais un chariot c'est chiant, et moche, tant que c'est encore vide. Alors avec un domestique, peut-être, mais la chose n'est plus tellement d'époque. Et, attends, c'est qu'il faut le supporter, aussi, le domestique, avec ses humeurs, qui ne manqueront pas d'arriver comme le mauvais temps parce-que tu ne trouveras rien à lui dire. Et puis Fred ne supporte foncièrement ni les chambellans ni les polichinelles – rapport à l'épisode du banc. Donc, tant pis. Le panier, pas le cabas. Et tout seul. Toujours. Il a l'habitude. Tu vois, connard de buraliste, qu'avec l'habitude on se fait à toutes les petites douleurs de la vie ! Pas besoin de crier ta souffrance à tout un auditoire !

Le panier est proprement pourri. On pourrait dire sans exagérer qu'il ne tient pas l'alcool. Pas assez bien pour ne pas sembler craquer à chaque virage dans les allées. Tiendra, tiendra pas ? Cédera, cédera pas ? Bon, au moins jusqu'à la caisse, semble-t-il. La file est super longue. La fille super lente. Les gens super maladroits. Le service de nettoyage superbement inexistant. Le panier super inquiétant. Fred commence à bouillonner. Il aurait mieux fait d'aller chez le caviste.

Rien à redire, les cavistes sont des gens bien élevés : pas de questions, pas d'attente, pas d'invectives à la sortie. Fred repasse devant la supérette. A l'intérieur, il semblerait que la file attende toujours. Son panier aussi, plein de toutes ses bouteilles, au beau milieu du passage. Personne ne l'a ramassé. Personne ne l'a rangé. Peut-être tout juste un peu poussé...

Heureux mais chargé, Fred rentre chez lui. Et se recharge aussitôt. En carburant. Et vite, encore, soit dit en passant, soit en carburant sur le carburant, dont on se rappelle la nécessité d'un tiers précédent. Et hop, l'ivresse des profondeurs artificielles, artificieuses ! Les goûts et les couleurs, hein... Et puis les envies. Aucune, pour le moment, d'envie d'écrire. Ivresses, donc. Il allume la télé. Gentil ennemi tant de l'écrivain que du reste du monde éduqué à l'usage de son intelligence, l'appareil le distrait sans l'instruire, le vide de toute réflexion par l'immédiateté de sa visuelle rétribution à l'attention, l'enferme peu à peu dans un laisser-couler à la tendance d'éternité. Les programmes se suivent et se ressemblent. On y papote en prétendant discuter, s'emporte en arguant débattre, et puis infantilise en feignant distraire. Ben voyons. On exagère allègrement partout, sur tous les plans, sous le dormant prétexte du spectacle télévisuel. On créé trop légèrement un modèle de société, en prétendant objectivement la refléter, sans aucun sens des responsabilités, moquant, au mieux innocemment, la supposition des pervers effets de l'industrie et de ses injonctions au divertissement, les conditions induites par son exercice, dont, sereinement, personne en son sein ne nous serine – c'est donc que le phénomène n'existe pas. Nécessairement, l'envie d'écrire ne refait pas surface de sitôt. Mais l'angoisse de l'écriture s'évanouit comme l'activité cérébrale diminue, alors, à tout prendre, le mal est un chouette bien, l'exact et unique bien qu'il cherchait, d'ailleurs, en allumant le poste. La télévision te donne ce que tu y cherches en l'allumant, et comme la plupart du temps, tu n'as pas vérifié le programme avant, tu n'y cherches rien ; elle ne te donne donc en retour rien de plus que ce dit rien initial, c'est-à-dire qu'elle ne te donne rien du tout. L'oisiveté étant la mère de tous les vices, Fred retrouve son inspiration. Ou bien est-ce l'effet de l'ambré liquide ? Aucune importance. Il allume l'ordinateur, se trompe une fois de mot de passe, s'applique, déverrouille son fichier, l'ouvre, se relit... Fallait pas. Retour soudain de l'angoisse. Nouvelle gorgée. Pas sûr que ça arrange son affaire. Survol du texte... Non, les idées sont absentes. Il est peut-être mal parti, songe à recommencer à zéro, abandonne devant l'énorme ampleur de la tâche et l'absence de volonté à modifier son œuvre. Vie de merde. Retour à la télé, au confortable creux du lourd fauteuil et au verre sur le coin de la table basse. La vie des gens défile, dans le sordide d'une mise en scène.

La fatigue s'installe. Mais aucunement l'envie de se coucher. Absolument pas, même. Il est vingt-deux heures. Fred se lève, éteint la lumière et saisit son carnet, son petit carnet, noir, de notes noires elles aussi la plupart du temps, au milieu duquel traîne un stylo ; puis il s'en va, franchit le seuil avec son habituelle délicatesse à la fermeture de la porte.

On a ses petites habitudes, et l'on s'en détache aussi facilement que de l'idoine mesquinerie. Les rues ne sont pas encore vides, mais au moins ne débordent-elles plus de touristes ni d'endimanchés, au moins ne vomissent-elles plus, à cette heure avancée de la journée, leur flot diarrhéique de pressés passants entre deux eaux, à peine sortis du travail, pas encore rentrés chez eux. Même les fêtards ne sont pas déjà éméchés, ou bien insuffisamment, soit pas tant qu'ils puissent si tôt porter à fâcheuse conséquence sur la nocturne tranquillité des rues et des sommeils de la foule de ces familles à la morne, morbide régularité – les petites habitudes ne sont pas la grande lassitude, faut savoir faire des distinctions. Dans le gris de l'instant, les silhouettes passent telles des chats, s'agglutinant parfois en meute à l'entrée d'une tanière comme ceux-là devant l'assiette de thon, mais restant tout de même, pour la majorité du temps comme des individus, par naturelle propension, de solitaires et discrets vagabonds en leurs déplacements, presque encore faits à pas feutrés. La chose est bonne. Chacun file en son monde sans le quitter en l'arpentant.

Au milieu des us de pérégrination, coutume par excellence des soirées de l'écrivain, point d'exergue de l'alcool de ses mœurs, enfin : le bar. On ne lui oppose pas de résistance à l'entrée, ni ne prête de particulière attention à sa tenue. Fred est ici presque chez lui. Les pécuniaires bénéfices de la maison en moins. Comptoir. Tabouret. Bouteille. Verre. Idée. Carnet. On range. Oups. Pardon. Elodie n'aimerait pas ça. Alors on prend les mêmes et on recommence, dans l'autre sens. Fichus mots ! Putain d'éditrice ! Saloperie de lecteurs hypothétiques ! Pourtant. Pourtant les mots naissent tels les mondes de l'encre que les stylos enfantent, et lorsque du sien coule le résumé d'une vie sans amours ni passions, sans aucun amour ni aucune passion, c'est sa vie qu'il enchante, la vraie, pour la parer d'atours comme on brode des lettres, pour raconter un être qui ne vivra que là, pour dire aux autres, alentour, toute la vie qu'il eut, lui, ou qu'il eût pu flamber sous de meilleurs auspices que les tristes, limitatifs dont il a la jouissance, dont il subit les conditions, dont il vomit le monde sans parvenir à se lier – de ce qui véritablement s'appelle se lier – au moindre de ses congénères, sinon par la force des choses, celle regroupant sans la consultation de leurs avis les infortunés et accidentels compagnons d'existence. Ici, juste ici, le stylo lui sied, mais ici seulement, mais alors complètement, et l'univers avec, comme ils enjolivent son quotidien, comme ils noircissent le papier en dégrisant son âme, ce que ne fait pas assez, plus assez bien ici-bas le whisky à la belle couleur mais aux faibles vapeurs pour qui s'y abandonne avec cette maladive récurrence dont il s'enorgueillit par vantardise contre la pathologie de son mal. Cette vie-là s'écoule ailleurs, dans un idéel ailleurs et d'une idéalisée façon, elle s'y écoule de manière tendrement magnifique, elle abrite là des anges, des fées et quelques gentilshommes, pour ne citer qu'une succincte part des sept nouveaux chefs-d'œuvre dont on ferait la liste, et les histoires en son sein se finissent toujours bien, si merveilleusement bien, remplaçant doucement la macabre succession des tragédies dont le nôtre, de monde, le réel, sait faire danser le nombre. Cette vie-là dit des amours qu'elles sont possibles, qu'elles comblent le vide, qu'elles ne meurent jamais si l'on sait écouter ; elle dit des amourachées qu'elles ne partiront plus et des deux amoureux qu'ils font de beaux oiseaux. Cette vie plaît à Elodie, à ses lectrices aussi, à ses lecteurs avec, qu'on invite pour l'honneur à clore le cortège des amoureux béats de chacune des œuvres du reconnu conteur. Là-bas, au-delà du fantasmagorique horizon de ses lignes, le whisky l'embrume encore, lorsque lui l'ose parfois, il n'est qu'une douceur que l'on choisit de boire et que l'on s'autorise sans craindre son excès, son fâcheux ni son soir, dont il ne fait promesse. En ce superbe monde, en la superbe de cet autre monde à la mièvre lueur, le carnet des croquis de l'imagination reste tout grand ouvert tant que neige doit vivre sur les plus hauts sommets des embrumées montagnes, soit pour l'éternité de l'humaine visée, et l'inspiration vient, généreuse catin point pour un sou avare de sa lubricité, à tous les intrépides, conquérants assez fous pour oser sans coquille la géniale entreprise de la belle escalade de ses surprenants flancs. Ce monde est si joli que les bouteilles aussi. On les recouvre d'or pour dire leur précieux, de lumières en paillettes pour prévenir du vôtre, de musique, parfois, pour que pas un n'oublie les annonces qu'on fit. Les comptoirs sont aux gens, là-haut, pas froids ni silencieux, on les bâtit des bois les plus fins et plus rares, espérant qu'ils accueillent, de leur faste pédant, la grâce de ces hôtes dont la maison raffole. Pour ne pas dénoter, et pour mieux le gâter, à chaque cul bien né on offre son fauteuil, moelleux et large et beau, qu'il peut prendre toujours, même sans consommer, simplement parce qu'on l'aime, lui, le fier porteur du cul, parce qu'on veut l'aider, sincèrement l'aider, à se lover au monde, à en aimer la gent, à ne pas faire l'erreur de manquer leur sublime. On va jusqu'à l'accueil installer d'autres gens, honnêtes et affables, pour souhaiter le bonjour et le parfait séjour, de crainte que l'entrée, qu'on a voulue modeste, ne refreine l'envie, par sa simplicité, de venir en l'endroit chercher la toute dernière des touches de peinture dont l'adjonction manquait au tableau du bonheur.

Conneries. L'alcool perd en intensité avec les verres qui passent. Quant au reste... On construit tous nos rêves après l'advenu vrai, oui, voilà l'exactitude de la seule et unique vérité des siècles humains : nous reconstruisons tous, après les événements, à contrecoup du réel, en d'illusoires tentatives de conscience.

Le barman a changé, comme l'heure passait, comme on n'y prenait pas garde, et celui-ci regarde Fred d'un mauvais œil. Ça s'était peut-être déjà mal passé, sinon c'est sa journée. La bouteille est finie, vide. Fred fait un signe, l'autre récupère le verre, se retourne, lui présentant son dos. Mauvais signe : il se saisit d'un bourbon de premier prix. Connard ! Autant couper le tout au coca, tant qu'on y est. Espoir, parce qu'il semble se soucier de la présentation et prépare un dessous de verre. Mal placé, puisque voilà le service effectué « on the rocks ». Est-ce qu'il a une gueule à ne pas aimer le whisky ? Bordel ! « On the rocks » ! L'autre, lui, savait qui il servait. Et même, un niveau correct de service ne devrait pas permettre ne serait-ce que la proposition des glaçons ! Fred meurt d'envie de lui crier sa haine. L'indifférence restant le plus parlant des mépris, il tente de s'abstenir. Bien vu, mais ça ne fonctionne pas ; et puis ça manque d'originalité autant que d'efficace à faire connaître et comprendre sa colère. Ça l'énerverait même plus qu'autre chose, notre Fred, de tenter de ne pas : il attrape donc son verre, plonge les doigts dedans, récupère tant bien que mal les deux vilains cubes de glace et les balance à la tronche du suppléant serveur qui faisait jusque-là mine de rien en s'affairant ailleurs.

Les vigiles sont loin d'être des gens bien élevés. Ou alors ils ont tout oublié des vieux cours parentaux en les actualisant par trop consciencieusement par ceux sur la sécurité, en réécrivant sans trop de façons sur la vieille couche de leur instruction. Ouais, ils ont dû jeter tout l'héritage en grandissant. Il n'y a rien de plus à dire : en moins de temps qu'il n'en faut pour réceptionner des glaçons et forcer un encaissement, Fred goûte sans ménagement la brute sévérité du trottoir. L'ordinaire fin d'une nuit sans grosse surprise.

Il prend donc le chemin du retour, absolument seul et parfaitement rond, tout en ruminant, maugréant, clopinant – non, clopant. Putain, même les mots l'emmerdent, tout fout le camp ! Similitudes. Le voilà qui repense à son début de journée, aux gloires du rock que l'on n'égalera plus, à la fin des plumes et à l'avènement du médiocre, de la fade médiocrité dont le spectacle nous régale par son unicité, masquant mal à chacun la sienne avec le reste des tristes. Et puis l'envie de pisser, pressante. Non, rien ne lui sera épargné. Rien ne nous est jamais épargné, ou bien trop rarement. L'appartement n'est pas si loin ; pas si proche non plus. Pas assez proche, même. Va falloir vidanger. Tout à la joie de son état, sans plus ni honte ni gêne, il lui apparaît clairement que cela ne se fera pas dans l'obscure intimité d'une sombre ruelle. Non, d'autant que la portière de la voisine voiture offre une vitre mal fermée. Joyeux, donc, Fred rend à l'habitacle le gracieux hommage d'une douche de son cru. Château jaunisse ! Y'a pas de raison qu'il soit le seul à détester le monde ! Tiens, inconnu propriétaire, apprends donc l'amertume du contact de tes semblables ! Son amusante affaire bouclée, le pisseur réajuste son kilt et reprend son bonhomme de chemin. Non sans avoir préalablement remarqué qu'aucune vitre, finalement, ne baillait, et qu'il n'a pas fait mieux que le premier pigeon venu à l'encontre de cette pauvre carrosserie ; tout à la droiture de son jet, tout à son application, tout imbibé, aussi, Fred n'avait rien remarqué. Il avait mal remarqué. Maugréant à nouveau dans sa barbe, y chiquant sa mauvaise bile, faisant de ses habitudes, comme à la sienne, le laborieux modèle de ses solitaires méditations, les répétant donc à l'identique sans se soucier du qu'en dirais-je donc, Fred rumine : l'écrivain n'existe plus, ou plus dans la noblesse du terme, qui valait celle des lettres. Tant mieux, au final, pour la voiture et sa fermée portière. Fred n'est pas un méchant garçon, au fond, ça lui aurait pesé sur la conscience. Un mauvais bougre, peut-être, rechignant à la normalité commune, ça, c'est sûr, urticant aussi, pour qui ne l'entend pas d'une identique oreille, mais pas un méchant garçon. Non. Pas un méchant garçon. Il ne déteste les gens que parce qu'ils le lui rendent bien, pas vraiment pour ce qu'ils sont. Il ne déteste pas Elodie, ou pas vraiment, pas au-delà de sa fonction. C'est juste qu'elle ne comprend rien à rien, qu'elle voudrait retirer tout ce qu'elle entend relever d'une futile vulgarité dans ses propos, dans ses récits, parce qu'elle dit que ça ne sert à rien, parce qu'elle croit que personne ne veut lire des saloperies, alors que c'est ainsi, que le monde entier est dégueulasse, et que pour le refléter il faut bien poser ici ou là quelques touches d'immonde, même des artificielles, même des farfelues, pour l'artistique aspect de la démarche. Mais le monde n'aime pas les artistes. Non, ce monde-là n'aime pas les artistes, ou bien seulement ceux qui ne dérangent pas, ceux qui bouleversent sans révolutionner, ou qui révolutionnent, en rond, sans par trop bouleverser l'ordre général. Tiens, tu vois : comment dire ce propos sans un peu d'artificiel ? Ne te raconte pas d'histoires, on le fait déjà très bien pour toi le reste du temps. Comment, donc, parvenir là sans quelques pas de côté, sans exagérer un peu le brut pour qu'il soit plus voyant, sans le rendre excessif pour qu'on le remarque mieux ? Et puis merde. Il ne sait plus vraiment. Il est un peu embrouillé, et fatigué de s'expliquer les choses tout seul, comme ça, dans une bête adresse à lui-même. Peut-être qu'il est juste un peu comme ça, Fred, que ça lui vient naturellement et que c'est là sa sensibilité, sinon le plus sensible, le plus perceptible de ses atours. Peut-être qu'il n'est pas très fin. Juste comme ça, et qu'effectivement, l'affaire d'un style, ce ne peut être d'arriver tel qu'on est, nature peinture, comme un cheveu sur la soupe ou comme une couille dans le potage. Et puis merde. Personne ne l'accepte, personne ne l'acceptera demain non plus. Mais. Il. N'en. A. Rien. A. Foutre. En. Fait. Fred. Et ce n'est pas l'alcool qui parle. Il fait froid, en ce monde, et le froid ça dessaoule. Alors non, ce n'est pas l'alcool qui parle. Qu'ils aillent tous se faire voir. Comprendra qui pourra, voilà bien un souci dont il n'a dorénavant plus cure. Faudra qu'il lui en cause, à Elodie, de sa bonne résolution, dès qu'il la reverra. Ouais, faudra qu'ils causent, tous les deux. De ça et d'autres menues choses. Et puis porte !

Code. Escaliers. Porte, à nouveau. Pas la même. Le froid n'est pas si efficace, en fin de compte ; non, il ne dessaoule pas si bien. Salon, fauteuil, tout le tralala, tsoin-tsoin. Train-train, quoi. Tiens, tu es toujours là, toi, le verre, pour l'accueillir. Tu es plutôt sympathique, même, avec ton illusoire chaleur, toi qu'on avait omis de finir. Tu es aussi sympathique que la fumée de cette cigarette. C'est-à-dire que tu es sympathique le temps de t'en aller, lâchement. Comme tous ces couards, ici, qui fuient le monde et puis l'altérité, comme elle en est un, nouveau, à chaque fois, dont on n'ose trop l'abord ni la conquête, pour un fallacieux prétexte ou l'autre, au nom d'une détestation ou d'un trop grand amour. Ben tiens. L'ivresse remonte, les éclairs de courage avec elle. Relire les notes ? Pourquoi pas. Parce que, tiens. Parce qu'elles vont sentir le doux, parce qu'elles vont faire voir ce monde où rien n'est pour de vrai. Parce qu'elles vont le faire rêver, Fred, parce qu'elles vont le réchauffer par un de ces alléchants rêves dont il faudra bien redescendre, qu'il faudra bien quitter. Tant pis. Que reste-t-il, à l'écrivain qui craint ses notes ? Rien. De nouvelles notes la prochaine fois, dont il ne fera pas grand-chose de plus, dont il ne fera pas plus juste usage. Alors, pour changer, la télé. La même foire d'empoigne, les mêmes têtes de gland débitant en d'identiques boucles les mêmes sempiternelles inepties.

Il est seul, Fred, parfaitement seul. Et, d'un coup, il le sait mieux que jamais. Il est muré dans son monde depuis bien trop longtemps. Et comme toujours, là, seul, il se rend compte du véritable effet que lui font les gens, de cette compagnie qu'il a en existant contre eux, un tout petit peu avec eux au bénéfice de ce très court laps de temps où il sait les brusquer, où il sait les emmerder, où eux vivent selon les éphémères lois qu'il leur impose en triturant leur univers, en ces moment où ils se retrouvent révélés à eux-mêmes par l'examen forcé de leurs limites, de leurs tolérances, d'énervement par exemple pour la plus évidente, par le bouleversement de leurs petites habitudes que ses méfaits, à lui, jamais vraiment méchants, produisent. Pourtant, triste pourtant, à cette heure-ci, rédhibitoire et récurrent problème d'un décalé pathologique, il n'y a plus personne à emmerder. Son répertoire le confirme : les quelques noms inscrits sont de ceux qui dorment, la nuit, qu'il est donc tout à fait inutile d'appeler, qui ne répondront à aucun message. Alors, mesquin alors, le coup d'esbroufe : Fred va s'emmerder lui-même, puisqu'il s'emmerde seul, déjà. Verre. Bouteille. Cuisine. Freezer. Glaçons. Plouf. Ça t'emmerde, hein ? Avale, tu te vengeras demain !

B. « J'ai décidé que »

Tu n'as rien décidé du tout, sombre crétin. Jamais, de toute ta vie. Les choses vont et viennent comme le courant, et toi, misérable toi, tu te laisses porter par la marée en frétillant, parce-que tu sais bien frétiller, parce-que tu aimes ça, frétiller, parce-que tu ne sais faire que ça, même, et rien d'autre que ça, frétiller, frétiller pour ne pas te noyer, parce-que tu n'es pas réellement un poisson, et puis pour la seule et bonne raison, finalement, tiens, l'unique raison que tu espères qu'ainsi, un jour prochain, si possible, on te pêche au hasard et t'offre l'agréable d'un bocal, doré, de préférence, dans lequel tu aurais pied, avec le fond bordé de nouilles, aussi, allez, pour y poser ton cul, pour y faire des tours en rond et épater, mieux qu'un autre, ta béate galerie d'inattentifs et idéels, illusoires admirateurs. Quand enfin les vapeurs de tes songes se dissipent, tu retrouves le courant, sa force et tes faiblesses ; alors, parfois, comme le môme que tu étais et que, ce jour encore, tu n'es pas parvenu à suffisamment bien te cacher à toi-même, là, au fin fond de toi-même, face à l'absurdité et à la rudesse de cette redondante épreuve, nerveusement, tu pleures. Au beau milieu de ton amer déluge, tu n'as pas peur de ce que tu es, mais de ne pas être à la hauteur de tes résolutions passées. Tu n'as donc peur que de ce que tu n'es pas. Et, non, manque de chance, tu n'es pas celui qui décide ; tu n'es qu'un collectionneur involontaire d'éphémère, de rides, tu subis la météo comme les autres ignares de ton ignoble, insignifiant rang.

Mais l'Homme est orgueilleux, fâcheusement, terriblement orgueilleux, au point de se bercer de tendres illusions, celles qui lui permettront de se mentir, de décider qu'il peut, malgré l'avènement des événements, eux seuls et uniques maîtres des choses, à la traîne desquelles il se retrouve. Oui, l'Homme a son fantasque et ses fantasmes, l'un certainement fonction des autres, et le voilà qui se drape, à chaque coin du jour, de la certitude d'un choix contre l'évidence de sa soumission aux trop nombreux aléas d'un monde trop vaste pour son entendement, contre la réalité de sa complète impuissance. On n'est pas méchant parce-que l'on naît méchant, mais parce qu'on a cru percevoir, à un instant donné, l'impérieuse nécessité du caractère. Alors monsieur se donne des airs.

Jane sent le sexe. Littéralement. Merveilleusement. Elle le sentait déjà avant, d'aussi loin que Fred s'en souvienne, physiquement, selon la triviale description, en ce que ses courbes dégagent naturellement de sensualité. Mais là, ce matin, au réveil, c'est tout à fait différent : au milieu de son lit, au pied de la nuit et de la lettre, elle sent le sexe, moite, humide, exercé, usé, si vous voulez, si vous saisissez mieux ainsi. Mais pas sale, hein. Pas glauque. Non. C'est-à-dire qu'elle sent encore la chaleur de la nuit, sa torpeur, qui n'est pas parvenue à s'évaporer, qui est restée prisonnière du lieu et de ses occupants, ses prisonniers à elle, dans une sorte de je-te-tiens-tu-me-tiens-par-la-barbichette un poil plus sérieux que la normale. Car, oui, le lit aussi sent le sexe, tandis qu'elle y est encore, la diablesse, à sa nuit. Faut dire qu'elle n'a pas répondu très tôt aux sollicitations de notre fier soûlard, alors elle a ensuite décidé de dormir un peu tard, et pour être certaine de ne pas se réveiller avant l'heure, puisque ce ne serait alors pas l'heure, *dixit*, la belle a pris des somnifères, lorsqu'eut sonné la fin de la récréation, celle des galipettes. Oui, laborieusement victorieux sur sa biture, Fred a tardivement fini par tenter quelques messages, ici ou là. Et Jane par y répondre, et plutôt favorablement, l'invitant à passer lui présenter ses meilleures salutations, les plus sincères, ou ses plus proches cousines, profondes. Et de sentir conséquemment le sexe, aux premières lueurs de la présente aube. S'ils se connaissaient depuis un peu plus longtemps, elle sentirait aussi le foutre. Mais chaque chose en son temps, à chaque soir suffit sa peine, et en attendant de savoir où la vilaine a pu traîner, si tant est qu'on veuille le savoir un jour, mieux vaut sortir couvert. L'odeur n'est pas désagréable en soi ; elle ravive les dernières vapeurs des ébats, les fragiles souvenirs de la fin de soirée. Notre vidé bonhomme n'a pas le sommeil aussi lourd que celui de sa jeune compagnie, alors les premiers rayons l'ont réveillé. Tant mieux, tout bien correctement pesé, puisqu'il peut ainsi profiter du spectacle des draps froissés, de ce corps pas vraiment recouvert et de ce flottant équilibre lumineux propre aux matins d'hiver. Elles lui font souvent ce petit effet, les chambres, à

Fred, au réveil, lorsque celui-ci se fait en compagnie et succède à de l'agitation. Il y a là, alors, un charme tout particulier, comme un calme, presque olympien, comme la fraîcheur d'une oasis, ou la douceur d'une source claire, comme la légèreté d'une grâce qu'on n'aura pas encore salie. Non, forniquer n'est pas salir, même si l'on s'y attèle avec la plus grande ardeur du monde, c'est-à-dire avec la plus pulsionnelle des frénésies.

Instantané d'envie : café. Direction la cuisine. Autant la chambre porte tous les stigmates du champ de bataille, autant le reste de la maison tient de l'obsession quant à son rangement. Quant à sa propreté, aussi, ce qui tendrait à faire relativiser Fred, à propos de l'utilité, chez lui, d'une femme de ménage. S'il cherchait, s'il cherchait bien, il est à peu près sûr qu'il ne trouverait aucune poussière, pas même derrière le radiateur, pas même près de la hotte, où elle a tendance à s'accumuler avec la graisse en une pâte infâme, poisseuse, une collante mélasse. Non, pas la moindre poussière. Pas le plus petit bordel. Lorsque vous vous présentez face à la machine à café, les dosettes sont juste là, au parfait côté de l'appareil, utilement réservées, en sage attente de leur usage. Fred se saisit de la première d'entre elles et l'exécute. L'exécute, oui, parce-que ces trucs modernes et automatiques, là, mécaniques, le font toujours penser au couperet d'une guillotine. Bref. Retour à ses moutons. Pas un pet de travers. Les tasses ? Juste au-dessus de la cafetière. Hop. On prend, on place, on appuie. On sent, souffle, encore. On boit et on savoure, comme on se revigore. On en grille une petite, parce-que c'est la bonne heure et le bon moment. Tant pis pour l'odeur. Café ; clope ; oui, ces choses-là, elles aussi, vont par trois. Mais ne poussons pas le bouchon trop loin. Un petit coup d'œil à la chambre : tout va pour le mieux dans le meilleur des mondes, la belle plante est toujours là, à son lointain bois dormant. Elle est jolie, là, au beau milieu de sa couche, étendue, détendue aussi, presque inanimée. Elle y est même sacrément belle, splendide, sublime, dans son écrin de songes, alors le bienveillant, galant, décide de ne pas la réveiller.

Retour à la cuisine. Nouveau café. Pas de raison de se priver, maintenant qu'on est à l'abri de la punition gastrique, de l'intestinale agitation ! L'esprit se fait petit à petit moins embrumé. Dans la foulée, inspection générale de la pièce ! Un beau corps se mérite, en sus de l'héritage qu'il représente, avant celui qu'il promet : Jane ne fait pas que du sport en chambre ; il y a là des fruits frais, du muesli, des légumes aussi, ne faisons pas les choses à moitié, des barres énergétiques, ainsi que quatre petits bidons, parfaitement alignés sur le coin du plan de travail, qu'elle doit alternativement remplir lors de ses courses folles au travers des rues, parcs et jardins. Folles, oui, car il faut être fou pour faire du sport ailleurs que dans l'intimité d'un coït. Et puis manger équilibré... Quelle connerie ! Fred, lui, ne fera attention à son corps qu'en-dessous, qu'une fois rendu dans la boîte, oui, bien attention à ne pas en déborder. Ceci, d'ailleurs, est une chose actée, décidée depuis bien longtemps. En attendant, il vit. Et pour de bon. Bon, peut-être pas si alternativement que cela, parce-que, à bien y regarder, seul le capuchon de la première gourde comporte des traces de dents – où l'on reparle des bidons, hein. Bref. Poursuite du petit tour. Rien ne déborde des étagères. La porte du frigo est exactement propre, et l'intérieur tout aussi bien rangé que l'extérieur nettoyé. Les placards ? Idem. Rien n'y bouge. Ils sont propres, pour se répéter et transcrire l'omniprésence du sentiment de propreté. Rangés. En ordre. Tu es un peu inquiétante, Jane, mine de rien. Un tantinet beaucoup. Alerte mémorielle au café. Merde, il n'est plus assez chaud. A force de fouiller partout, on oublie l'essentiel... On touille, pour le principe. Voilà. Revenons-y. Fred n'aime pas l'ordre, sinon le sien, qui n'en est pas exactement un. Alors allons-y, mettons un peu de bazar dans tout cet impeccable ; intervertissons casseroles et assiettes, remplaçons les bananes par les kiwis, changeons les tasses pour des verres, mélangeons les couverts, mélangeons les condiments dans la lancée, retirons les étiquettes des épices pour les placer sous les boîtes à thé. Hey, c'est pas mieux comme ça ? Sans gêne, il n'y a pas de plaisir ; et sans la gêne, il n'y a pas ses petits plaisirs, à Fred. Mais si, ceux dont il s'entretenait lui-même hier au soir, en plein milieu de sa cuite. Allons donc, on n'a pas eu l'oreille attentive, pardon, on n'a pas prêté là quelque œil indiscret ? Mais si, à propos de la marque d'existence, pour le chieur comme pour les emmerdés, qui apprennent leur monde grâce aux accrochages avec le sien, qui se renseignent à eux-mêmes dans leur désagréable confrontation avec lui, avec ses bordéliques manies. Allez, bref, peu importe. Lui s'en souvient. La fête continue dans le salon : télécommande dans le tiroir, clés dans la bibliothèque, à l'arrière d'une rangée de livres, dont aucun n'est écorné ni jauni sur la tranche, fleurs dans un nouveau vase, trop petit pour elles, sans la moindre goutte d'eau. *Et cætera.* C'est pas tout ça, mais le temps passe, dis-donc.

Chambre. Spectacle. Tableau.

Fred se régale une énième fois du fumet évanescent de feu l'incandescente baise avant de prendre la direction de la salle de bain. Qu'il n'atteindra jamais, car son téléphone vibre. Message d'Elodie, qui lui rappelle leur rendez-vous de ce matin. Putain. Merde. S'il s'en était rappelé tout seul, il n'aurait peut-être pas veillé si tard, ni passé ce long moment à redessiner un acceptable bazar. Ou pas. Enfin, ou si. Quoi qu'il en soit, il faut maintenant partir. Sur le bureau de Jane traîne un gros marqueur indélébile. Fred s'en empare, s'en revient une énième fois vers le lit et dévêt la jeune femme de sa légère couverture, laquelle glisse sans effort ni prière sur le côté du corps endormi. Quel cul ! Quelle sacrée belle paire de fesses ! D'ailleurs, ce n'est pas une paire de fesses ; non, ce sont deux petits monticules à la poésie tendre, deux buttes de piété, des collines invitant à la promenade, des tertres que le regard gravit aimablement tout en tentant de ne pas perdre sa vertu face à l'éveil de sa malice, de galbés demi-globes, sources d'inspiration, sur lesquels elle rebondit, l'inspiration, et puis s'écoule, et dont l'exploration pend au nez de la bouche qui salive, le sieur voyeur l'ayant déjà comme sur le bout de la langue. Merde, même rond comme un cochon, Fred a encore le compas dans l'œil ! Mais il n'est plus temps de se répéter. Il dépose un baiser entre les deux omoplates de la nymphe, au bas du bas de sa nuque, et sa griffe, ensuite, une signature, sur sa fesse droite, ce qui est à dire une note : huit ; sur dix. Pas mal, pour un galop d'essai. Un beau chiffre, donc, pour un beau score, qu'il s'applique à lisiblement tracer, promesse d'une petite piqûre au réveil, au premier passage devant la glace, avant la grosse et urticante surprise du complet chamboulement de la maison ! Tu te souviendras donc de moi, Jane. Dernière caresse du fessier, puis il se rhabille, rapidement, et en voiture Simone, en vitesse vers dehors.

Taxi, mine renfrognée et monsieur bougon. La force de l'habitude, une fois le métier rentré. Sur la banquette, puisqu'on ne le regarde pas, Fred s'autorise une gorgée. Et quand bien même on le regarderait, l'avantage de son étrange accoutrement est que la flasque passe presque inaperçue ; elle fait pour ainsi dire partie du costume. Alors quand en plus le chauffeur concentre toute son attention et son fleuri vocabulaire sur la circulation et son flot d'imbéciles...

Mais voilà l'arrivée, le règlement de la course, le trottoir encrotté et la porte d'entrée ; vitrée, transparente et pourtant si fermée, relativement au restreint nombre de ses initiés. Et puis voici l'appréhension, soudainement brutale, excessivement brutale, même, là, juste là, où tu la savais tapie mais pas si belliqueuse, mordante, tel un trac à son paroxysme, ici, aux portes de la scène, lorsqu'elle t'étouffe, te souffle ton souffle, chapardeuse, cette appréhension, parce qu'elle va le contrarier, Elodie, c'est une chose certaine, lui rejouer son numéro comme si c'était leur grande première, soit la première fois qu'ils tentaient tous deux d'en débattre à grand renfort de *pathos* de part et d'autre du discours. C'est-à-dire qu'elle va même sombrement l'ennuyer, lorsqu'elle va vouloir parler, discuter, échanger à propos de ses écrits propos, de leur forme, de leur but, lorsqu'elle va vouloir les remodeler, le remodeler, lui, à sa sauce, lui demander de retourner ses phrases, d'écrire dans l'air du temps et de faire bien attention à ne pas employer trop d'adverbes ni d'adjectifs. C'est le métier qui veut ça. Oui, parce qu'il faut écrire dans l'air du temps pour être lu et être sûr de vendre, et que le lecteur lambda est décidément trop con pour voir la précision au-delà de l'empâtement – il faut le materner comme un bébé. Oh, c'est magnifique, d'écrire dans l'air du temps, en s'inspirant de l'actualité ou des actualités, et puis sur des sujets de société, comme on les appelle, légers, comme on devrait, au lieu d'autres plus abstraits et plus fondamentaux, plus abscons comme ils disent, comme c'est magnifique de construire des contes pour enfants, d'écrire de la littérature jeunesse, puisque l'on se dirige vers cet extrême en toutes les publications, qui deviennent autant de vulgarisations des pensées pour toucher la masse des gens sans la hisser. Mais lorsque le temps passe, justement, et qu'on a plus parlé de la couleur d'un bleu et de sa superbe que de la nature humaine, de la forme d'un jeu au lieu du vrai fond des problèmes, l'air qu'on a brassé devient aux yeux de tous extrêmement vicié, parfois même sans l'être ; et il ne reste plus rien, à l'aune de la littérature, plus rien pour les générations futures et l'horizon qu'elles en auront que des guides de voyage, des conseils pour maigrir ou pour jouir et de mensongères histoires d'amour qui finissent toujours bien. Ne resteront plus, alors, à la postérité que d'ubuesques sommes, que des compilations d'histoires ne disant rien de rien, tant leur conteur non plus, mais racontant beaucoup de l'insipide des Hommes, par mode romancé. Mais lorsqu'on veut dire du monde son complexe, ce qui est à dire sa complexité, lorsque l'on veut dire du vrai le précis de son vrai, dans le réel, pour rendre compte fidèlement de ce dernier, au sein duquel chaque point n'est pas simple mais complexe à son tour, en sus du général schéma que le bon sens nous accorde tel ciselé sans trop tergiverser, point s'entrechoquant encore aux autres points voisins, interagissant à son niveau et d'autres, alors on ne peut se passer ni de l'adverbe ni de l'adjectif, ni parfois des deux ensemble, voire encore de ces deux inclus au trio nominal, ainsi lourdement façonné, alors on s'autorise une lourdeur qui n'est reconnue telle que par quelques fainéants du bulbe, que l'on suppose en nombre, là-haut, chez les prétentieux, les péteux puissants, et dont on ferait bien une masse, bis, pour mieux, plus assurément savoir à quelle unique sorte de crétin payeur on s'adresse. Parce-que la succession, l'imbrication, l'intrication des points entre eux, ce n'est pas coller l'un à l'autre et à l'énième sans plus en finir, sans plus sortir d'une redondance stérile et lourde, pesante. Non, c'est une multitude de points sacrément, joliment intriqués ; et, dans cette économie-là, dans ce souci de précision juxtaposé à celui de concision, peut-être indigeste au premier coup d'œil, dans cet acte-ci de ciseler, il y a aussi une esthétique, voire, relativement au juste, à la justesse du dit, une éthique, dont ni le style pur, ni son vantard branleur non plus ne connaissent absolument rien, rien qu'un autre versant de l'écrire qui n'en a pas le monopole. Alors va-donc, toi, ignoble populiste, pourriture démagogue, raclure des opinions, réduire l'algorithme à un seul de ses chiffres sans en perdre l'essence et la fonction ! Va dire au monde comme le simple est ton ami parce-que tu les crois tels ! Vas-y ! Ose ! Connard ! Mais voilà qu'il se retrouve déjà dans un débat dont il ne voulait pas ; parce qu'il écrit comme ça vient, en refusant toutes ces questions, justement. Allez, courage, respire, Fred, ce n'est qu'un exécrable moment à passer...

Devant la standardiste, sans piper mot. Dans les étages non plus. Devant la secrétaire, pas un supplémentaire. Au long du cours de l'attente ? Toujours pas. Il préfère griffonner, relire ses notes et le message d'Elodie ; c'était bien la peine de lui rappeler leur rendez-vous, pour le faire patienter ! Et puis la porte qui s'ouvre, quelques mots s'échangent avec le petit personnel, un pas se presse faussement, un jean noir, très serré, faussement vieilli, se montre comme à la parade, coiffé d'un petit pull, blanc, touffu, tout en poils, peut-être de l'angora, peut-être du mohair, peut-être du renard, mais enfin n'y devine-t-on plus bien les deux pointes de ses merveilleux petits seins ; et, par-dessus cette déception, surmontant une nuque dont on voudrait l'épaule, trônant là très usuellement, un sourire de politesse et des yeux qui le fixent. Qui le fixent. Elodie sourit, d'un hypnotique rouge dressé sur ses deux lèvres ouvertes sur un tranchant blanc dentaire. Elle l'invite à entrer.

— Tu m'excuses pour le retard ?

Si tu veux. Mais Fred ne répond pas. Non. C'est décidé. Il ne répondra pas. Elle referme la porte, s'installe à son bureau. Commence à grimacer.

— Tu as décidé de jouer au con ?

Ouais. Et à plus con que con, si le cœur m'en dit. Tiens, je m'en vais te l'écrire, pour ne pas te le dire. Sur mon joli carnet. Autant qu'il serve à quelque-chose. Autant ne pas nous disputer pour ces broutilles.

Tu sais que je vais écrire ce que j'ai envie d'écrire, sans me soucier plus que par formalité de tes objections, celles que tu vas formuler parce-que tu n'as pas les couilles de soutenir mon verbe, mon texte. Tu n'en as pas, d'ailleurs, de couilles, sinon, parfois, temporairement collées aux fesses. Je le sais plus certainement que la moyenne. Je m'en vais donc t'écrire, tout en diplomatie, les quelques mots qui ne te feront pas sortir de tes gonds, ni moi non plus ; les quelques mots qui ne nous offriront pas l'idée de l'entame d'un échange que nous savons voué à l'échec. Et Fred écrit. La moitié, sinon le tiers de ses pensées. Parce-que c'est la vie de tous les jours, pas une de ses œuvres ; il n'a donc pas besoin de ses extrémités usuelles, pas besoin d'un grand précis ni d'une totalité du dire. Parce qu'il est fatigué de s'expliquer. Il n'écrit donc que ces quelques mots, lourdement, comme on fait un aveu dont on connaît l'insuffisance explicative : *j'ai décidé que je ne parlais pas.*

— Oh, vraiment ?

Vraiment, c'est ça. Tu peux bien te renfrogner pour de bon, singer ta tête des mauvais jours, ça n'y changera rien. J'ai décidé que c'était inutile. Je ne veux pas qu'on se dispute. Je ne veux pas me fatiguer plus avant. Tiens, je vais me requinquer, reprendre un peu de whisky. Y'a pas d'heure pour les bonnes choses, et je me moque bien que tu trouves ça excessif ou malpoli. Ça et d'autres choses, d'ailleurs, que je ne te dirai pourtant pas toutes.

— Tu sais que ça ne va rien changer à ton quotidien, de décider de ne plus parler ?

Oh que si, ça va tout changer. Je ne me sentirai plus coupable de ne pas répondre, je pourrai envoyer bouler les gens, leur rester indifférent lorsqu'ils attendront mon rendu de politesse, je pourrai ne plus me soucier des altérités ni de leurs futiles aspirations. Je sais donc, au contraire, que ça va tout changer de décider. Mais je ne t'en dirai conséquemment rien, et vais finir ma flasque qui, elle, ne m'importune jamais ni ne me reprend plus.

— Bon, allez, ça va, ça suffit, on en a fini pour aujourd'hui. Ce n'est pas le bon jour pour travailler. Je vois bien que tu n'en as aucune envie. Je sens d'ici, gros comme une maison, que ce ne sera pas la bonne semaine non plus. Disons que c'est un fait, ne reprenons pas rendez-vous avant la prochaine. Oh, et, pour information, ne cherche pas plus à me voir en privé. Ça sera mieux pour chacun de nous.

Ah, ben tu vois, comme ça, nous ne nous serons pas disputés. Enfin, pas à propos du boulot, puisque c'était l'initial souci. C'est le degré zéro de la victoire, mais c'est une victoire quand même ! On pourrait presque dire qu'on s'est entendus.

Sortie. Rue. Clope. Tristesse, ou vague à l'âme. Fred récapitule. Fichue bonne femme ! Fichues bonnes femmes ! Ah, ça, Elodie est très différente de Jane ; elle n'aime pas comme une gamine, ne baise pas comme une ado, mais, du coup, elle choisit comme une femme : douloureusement, de manière bornée et pérenne, à défaut de définitive – oui, parce-que la perfection n'est pas de ce monde. Ce qui veut dire qu'après ça, il va devoir faire des pieds et des mains s'il veut la revoir avant longtemps. De toute façon, elles ne sont jamais contentes. Oui, remarquez qu'à ce moment précis, il lui importe peu, à Fred, de rester de bonne foi en notant que sa décision fut prise avant même l'entrevue, qu'il est un peu la cause de tout ce foin. Cette dernière a confirmé sa volonté, non ? Et puis merde, on agit parfois impulsivement, on bousille sa vie, on flingue ses chances parce-que c'était trop beau, parce qu'on savait qu'on allait le faire tout en sachant, aussi, dans le même temps, qu'il ne fallait pas. Et puis merde, tout simplement merde. De manière générale, parler ne sert à rien. L'échange n'est qu'une illusion. On ne s'entend pas. Jamais. Tant de gens parlent pour ne rien dire, pour ne rien dire d'intéressant. En plus, parler, c'est prendre le risque de ne pas s'entendre. De se manquer ou de se disputer. Alors oui, il a bien fait de refuser. Il a pris la bonne décision. Il va même la pousser jusque son terme, tuer le dernier des termes : Fred décide, là, maintenant, qu'il ne parle pas, qu'il n'a jamais pu parler vraiment, que ce ne lui fut jamais plaisant, et qu'il ne tentera plus jamais de parler aux gens. Voilà, c'est fait. C'est décidé. Dont acte. Délivrance ! Fred est quelqu'un qui ne parle pas. Un poids en moins. Ecrire, bien entendu, c'est différent. D'abord parce-que c'est un peu, ou bientôt son métier. Oui, parce qu'elle finira par se calmer, Elodie, et qu'il y en a d'autres, sinon, de petites éditrices prêtes à s'intriguer de l'état du stylo pendant la soirée et à faire jaillir son encre le lendemain matin. Bon, surtout pour l'encre, ne survendons pas les heureux concours de circonstances. Ensuite parce-que, les mots écrits, on prend un peu plus la peine de les lire et de les comprendre. Et il ne parle pas là que de son succédané de couple. Non, de manière générale, on prête un peu plus de temps et d'attention à son interlocuteur lorsqu'il ne déblatère pas, ce qui évite le plus souvent à tous d'être tentés jaser.

Pub, comme l'anglais, la taverne au lieu du clip, porte, table. Commande – du doigt, pointé sur la carte, puisqu'il fut décidé de ne plus s'illusionner quant au possible de l'échange, donc de réduire celui-ci à son strict minimum, souhaité proche de zéro. Offuscation, contre inattention. Pas plus grand-chose à foutre. Ingurgitation. Pérégrinations : oh, oui, il sait bien qu'il a de la chance, Fred, dans son relatif malheur. Il sait qu'il pourrait faire partie de ces cohortes d'écrivains sans le sou, mendiant presque une publication tant ils en crèvent d'envie, auprès des pontes du métier qui leur sont autant de détestables verrous, auprès sinon, en désespoir de cause, de prétendus, revendiqués alternatifs éditeurs, souvent plutôt fumeux et tout autant voleurs de marge, vivotant en attendant la reconnaissance de leur génie par la grâce du – lui – génial bénéfice d'une petite allocation par le don de laquelle la société se dédouane miséricordieusement de ses manques systémiques auprès des miséreux qu'elle produit sans trop les recueillir, soumis au bon loisir des conseillers d'insertion soucieux de remplir leurs quotas de retour à l'emploi, sinon ceux de présence à telle ou telle session de recrutement sans grand rapport avec l'affaire, oui, il sait, il sait qu'il pourrait grossir le rang de ces légions étrangères au succès, de ces aspirants, éconduits comme feus les opportunistes transis de Pénélope, de manière aussi systématique, qu'il pourrait se confondre en la masse de ces dindons de farce gribouillant à leurs rares heures de liberté parce-que leur âme le leur dicte sans se soucier d'autre chose que du risque de veuvage dans le breuvage d'amour et d'eau, forcés de supporter le morne quotidien d'un exercice salarial sans plaisirs ni vocation, ces dindons, voués à l'abattage, éphémères jouets de la gloire, de la destinée, de la fortune, de la postérité, appelez cette salope comme vous voudrez, elle les enterrera tous, les innocents de sa terrible faim, les aspirera dans le néant après leur avoir fait miroiter son fruit, après les avoir rançonnés de leurs efforts, vains, cela va sans dire, à faire leur trou, à imprimer leur marque, à laisser en elle quelque impropre trace de leur futile passage en cette basse Terre qui serait bien une cour pas tellement plus haute sans les tristes œillères de nos vantardises, sans les illusions de grandeur dont nous nous goinfrons sans cesse depuis que l'Homme est homme. Pérégrinations, qu'on vous disait ! Il est temps de s'en griller une. Direction l'extérieur, puisque l'interdit règne en maître et pitoyable seigneur sur les conviviaux intérieurs, qu'il saigne petit à petit de chacun leurs vices sous les assauts répétés de la vieille mère morale, inflexible matrone des opinions, maquerelle des éthiques propres, et, partant, des devenues putassières singularités.

Elle n'est pas agréable, cette clope, puisqu'il faut choisir entre le verre, resté dedans, et elle, enfermée dehors suite aux excès de zèle des bien-pensants, chantres plus ou moins assumés et plus ou moins volontaires de la bienséance majoritaire, c'est-à-dire de masse. Et puis les gens qui passent, qui paissent comme ils paraissent, moutons pressés par leurs petites affaires, tout entiers à elles, comme ignorants du global sort du monde et du sérieux, fâcheux de son état. Tant pis. On ne peut pas s'attaquer seul à la misère des mondes. On ne peut pas, du moins, les attaquer de front, les aborder, comme ça, la fleur au fusil, dans la rue, pour discourir de leurs fondements avec leurs créateurs, sauf, peut-être, à être recruteur de donateurs pour une cause ou l'autre, ou bien une sorte d'évangéliste, soit à ne rien comprendre à rien dans l'ensemble des cas. Fred expédie vite la sienne, d'affaire, fumeuse, fumante, ne l'achevant même pas, et s'en retourne au chaud, commandant chemin faisant une liquide recharge pour sa régulation thermique après le frais de l'extérieur et le froid du spectacle. La table est telle qu'il l'a laissée, et celle de ses matières aussi : oui, il sait, comme il savait identiquement quelques minutes auparavant. Il sait qu'il pourrait grossir encore le rang des anonymes, pour la grande majorité d'entre eux condamnés à rester y pourrir, en silencieuse majorité, comme d'autres rôtissent en enfer jusque la fin des temps. Car non, la gloire n'attend pas ses héros la bouche en cœur comme si elle était due au nombre, comme si la putain se réjouissait des assauts de chacun des premiers venus tirer leur révérence. Non. Elle préfère jouer la délicate, pour ensuite vous baiser jusqu'au trognon dès que ses doux airs prudes et son charme mielleux auront achevé de vous endormir, comme vous penserez, croirez plutôt, pourtant, monter ardemment la garde. Il sait très bien tout ça, mais il n'en a trop cure. Il a beau avoir passé les premières portes de l'édition, il a quand même ses petits soucis qui lui sont propres, il y a quand même son éditrice, Elodie, qui le bloque, qui décidément lui casse irrémédiablement les délicates et fondamentalement fragiles burnes – pour lui donner ici de ce vocabulaire dont elle ne raffole pas. Alors quoi, on ne peut plus se plaindre de rien si l'on n'est pas un unijambiste chauve à la bedaine généreuse et aux bras asymétriques, et peu décidé, encore, à correctement savoir si l'on est niais ou con ? Bon, alors il se plaint, de ça, de sa nausée, de tout ce que son verre ne sait pas avaler – et que, de toute manière, il lui rendrait immanquablement plus tard.

Au détour d'une pensée, abandonnant celles en cours, au détour d'une fulgurance, alors, Fred se sent. Il pue, aussi décide-t-il qu'il est grand temps de rentrer chez soi, d'en finir pour aujourd'hui avec ce sens du voyage qui ne l'aura pas mené bien loin, ou sinon pas à grand-chose, à l'objectif vu de la qualité de sa dernière réflexion, pas très nouvelle au sieur au demeurant. Il quitte le bar sans verser une larme ni piper un mot, malgré la visible offuscation du garçon de pas café. Ouais : j'ai décidé de ne plus parler, tout ça, blablabla.

Rue. Monde. Mondes. Porte. Escaliers. Porte, fracturée. Merde.

Ils n'ont presque rien pris, mais mis beaucoup de bazar : des espèces manquent à l'appel, des vêtements aussi, aussi incroyable que cela puisse paraître, deux de ses ordinateurs, les plus compacts, portables, heureusement verrouillés, cryptés, tout comme les disques externes, et puis du matériel audio ; peut-être d'autres choses auxquelles il s'attendait moins, qu'il n'aura pas encore vues, mais, dans la stupéfaction, il n'a pas la tête à tout vérifier, non plus à regarder au-delà du plus immédiatement perceptible ; le dressing n'est plus qu'un énorme foutoir, la chambre sa petite cousine, la cuisine sens dessus dessous, le reste des pièces dans la même lignée. Bordel ! Il avait bien besoin de ça. Sur son téléphone, Fred rédige un courriel à l'adresse de son assureur, précisant qu'il prépare dès que possible une identique lettre recommandée et se rend sur le champ au commissariat pour déposer plainte. Ce qui n'est pas de la tarte. Le policier en charge de la rédaction du procès-verbal ne comprend pas pourquoi Fred ne parle pas. Sa psychologue de collègue s'en mêle, déclarant que le traumatisme a ses effets que la raison ne sait. L'uni-frappeur de touches s'en moque. Il trouve que Fred ressemble à un ours et déclare par ses mimiques qu'il n'aime pas trop les ours en jupe ; tant pis si lui est mal léché. *Tape* ; *tape* ; *tape*. Nom ? Prénom ? Adresse du domicile ? *Tape* ; *tape*. Parfois *tape-tape*, mais jamais plus, jamais plus vite, hey, après tout, on n'a que deux mains, hein ? On n'est donc pas rendu ! Il n'a pourtant pas l'âge d'avoir appris sur une austère antiquité toute mécanique ! Va savoir, peut-être qu'ils leur ont fichu un logiciel de saisie infichu, lui, de prendre les corrections...

Tape ; *tape*. L'interrogatoire se poursuit, rythmé par quelques confidences qui sont autant de marques d'intelligence, telle celle relative à la petitesse des chances de retrouver les auteurs du méfait. On se passerait bien de ton avis, sais-tu, d'autant qu'il en précède un autre, comme l'agent le prend temporairement en pitié : voilà, ces gens-là ne sont pas méchants, il ne faut pas le prendre personnellement, ils ne sont que de petites vermines opportunistes, ou débiles, pour certains cas. Oh, vraiment ? Et si on continue, si on persévère à n'expliquer les choses qu'en termes d'opportunisme ou de conditions strictement individuelles, allez, parfois proche-environnementales, tu ne crois pas que de nouveaux opportunistes continueront à se lever demain pour n'en faire qu'à leur tête, parce-que la société aura failli, à leurs yeux ou à d'autres, parce qu'ils en auront effectivement du larron l'occasion, ou parce-que leur manqueront les notions que tu n'auras pas eues toi-même, que, conséquemment, tu n'auras pas su leur développer comme logique explication d'une raison à la morale, d'une éthique qu'ils puissent s'approprier en plus savante connaissance de cause ? Tu ne crois pas qu'on pourrait leur expliquer les implications systémiques de leurs actes, présenter même un système complet et cohérent aux tout petits pour ne pas avoir à les punir plus tard de leurs conneries, inconscientes en leur exécution des globaux méfaits de leur être ? Tu ne crois pas, toi, toi qui en vois passer des tas chaque jour, au point que cela conditionne tes perceptions comme tes réactions, qu'on pourrait leur dire que chaque acte, bien ou mal faisant, est un choix social, de société en lui-même, en ce qu'il engendre un tiers comportement, lui-même en bousculant un autre, opération aux conséquences en série et qui peut, aux idéels extrêmes, se finir en doux manteau de neige ou en puant nuage de gaz ? Tu ne crois pas, toi qui dois avoir le niveau bac, me semble-t-il, pour arriver ici, soit une certaine éducation contre celle que tu prétends qu'ils n'ont pas, si ce n'est toi c'est ton haineux et rustre frère, qu'on pourrait leur parler du pacte, de cet insidieux contrat que l'on passe quotidiennement, à chaque instant, même, et en chacune ou presque de nos actions puisqu'elles s'inscrivent en réciprocité, de manière assez inconsciente pour la plupart de nous, avec le reste des étants auxquels nous sommes conditionnellement liés – c'est-à-dire par effet des conditions ? Tu ne crois pas qu'il faudrait leur dire qu'ils sont, du simple fait de vivre, des grammairiens du vivre-ensemble, au lieu de les punir, de les châtier pour n'avoir pas compris la vraie nature du verbe ? *Tape* ; *tape*. Ne faudrait-il pas leur dire, que l'ordre républicain ne se respecte pas parce qu'il est républicain, ni pour le bruit des bottes, mais parce qu'il correspond à une idée, détail complexifiant que zappent allègrement les programmes scolaires pour être mieux vendus, idée trop facilement présentée comme correspondant au bien, tandis qu'elle n'a nulle cure de cette morale, fausse, l'idée, qui dit pour vrai que ledit pacte est une praticité pacifique, ou voulue telle, c'est-à-dire qu'elle est le plus pacifiant possible. Non, tu t'en fous, de tout ça, comme on se fout de ton avis. Tu confieras comme d'autres cette analyse aux philosophes, en feignant les considérer pour ce qu'ils pensent, parce qu'ils pensent, parfois par ce qu'ils pensent, mais déclarant préférer éviter la migraine consécutive aux réflexions qu'ils te proposent. Comme les autres, tu cloisonneras le savoir sans le savoir, et, de là, tu condamneras les ignorants à leur manuelle affaire : celle de creuser le trou commun, la fosse où la communauté s'enterre à coup de grossiers coups de pelle, quotidien labeur, coups au coût exorbitant puisque l'outil n'est pas plus fin, appliqué au vivre-ensemble et à la voie qu'il prend, partant, que nous prenons, que la truelle pour appliquer le maquillage. *Tape. Tape.* Ne peuvent-ils pas comprendre, si on leur explique bien, ce qui est à dire mieux, que chaque pas que nous faisons est un choix relativement au modèle de cette mouvante société dans laquelle nous vivons ? Ne peux-tu pas comprendre qu'elle est insuffisante, qu'elle suinte de ses insuffisances jusqu'à brouiller les vues ? Tu t'en moques, hein ? Tu fais opportunément ton travail. *Tape, tape.* Oui, tu ne fais que ton travail. *Tape.*

— Rien à ajouter ? Vous relisez et vous signez, là.

Attends, tu veux dire comme ça, sans corriger tes fautes ? Par acquit de conscience, Fred pose quand même la question, par l'écrit biais, toujours, ce qui visiblement agace passablement l'agent de la force publique, qui perd ses nerfs et fait, du poing, contre celui final que Fred refuse de mettre à l'entrevue, d'un coup de sang, un mouvement d'humeur, pétant durite ou veine, une vaine démonstration de la sienne, brute, de force, sur le bureau. *Tape*, sourde ! Et pousse une additionnelle gueulante.

— Va pas falloir qu'il me prenne longtemps pour un jambon, le dégénéré !

Ce qui, outre les interpellés alentour dispersés en les salles attenantes, interpelle la précédente consœur, laquelle propose une générale tournée de café après avoir débarqué dans le bureau, d'un petit trot pressé, visiblement inquiète. Bonne idée, tiens, comme si le bonhomme n'était pas assez nerveux au naturel. De toute façon, il insiste.

— Vous signez ?

Non, signifié d'un bavard sinon parlant, niant balancement horizontal de la tête, pas avec ces fautes, qui tachent comme un mauvais rouge. Le désormais rosi monsieur s'emporte encore et lui fait un second vocalisé boudin, tandis que la professionnelle fouilleuse de têtes, exemplaire aussi dans l'attitude, l'éloigne du lieu du crime avant que l'irréparable bavure ne soit commise en une brouillonne et colérique perpétration. Ah, tu vois, à propos de la prévention...

Mais force revient à l'ordre et à ses agents, qui font la loi, comme l'ordre a sa force pour lui, et, de retour, on explique posément à Fred qu'il peut toujours ne pas signer mais que la plainte ne sera pas, alors, enregistrée. Etant donné que cela empêcherait toute indemnisation de la part d'un assureur qui ne demande pas tant de zèle à ses clients dans la fourniture d'une aide à ne pas débourser les quelques miettes prévues au contrat, parce qu'il sent toujours aussi mauvais, sinon de plus en plus, et puis parce qu'il vient de décider qu'il s'en grillerait bien une, Fred capitule et signe, non sans faire verser, au titre des observations annexes, au titre gracieux des commentaires, qu'il se désolidarise de toute erreur grammaticale ou orthographique imputable au seul rédacteur du document. L'autre fait les gros yeux et ne propose pas de le raccompagner, plus satisfait de la fin d'une épreuve que de la qualité du compromis. Tu as parfaitement raison, ce serait aussi inutile que de me la tenir.

— Faut excuser mon collègue, il a eu une sale journée, renchérit la psy comme elle l'escorte aimablement jusque dehors.

Bah tiens, sans rire, la mienne était meilleure !

Retour chez soi. Remerciement de l'ami – rare curiosité venue d'un autre temps – venu monter la garde et attendre le serrurier. Après ce grand merci, Fred raccompagne David, lequel ne l'interroge pas plus avant. Il sait. Il sait que son vieil ami a décidé de ne pas en parler. Ils se contentent donc tous deux d'une virile embrassade accompagnée de deux ou trois tapotements de dos. Puis, comme un automate, le propriétaire des lieux reprend possession de son fauteuil, sentant poindre, au loin, comme il s'affale en son moelleux, comme il souffle enfin, comme le mystérieux début d'un plein et terrifiant désagréable.

Vide. Angoisse. Verre. Clope. Clope. Gorgée. Clope. Pas mieux. Gorgée ? Non. Clope ? Ça commence à faire beaucoup. Trop. Gorgées – celles-ci bien plus rarement. Vide, irrémédiablement. Angoisse ; implacable. Téléphone, navigation, réservation. Non, il ne peut pas rester là, dans cet appartement qui lui semble étranger, qui l'oppresse, même, dès le déclin du jour. Alors c'est décidé : Fred va dormir à l'hôtel, en attendant un jour meilleur.

La dernière fois qu'il est venu ici, ce n'était pas exactement pour dormir. Fort heureusement pour le paisible de sa mémoire, pour la tranquillité de son esprit déjà suffisamment peu sain du fait des circonstances, violeuses à ses intérieurs, et bien que probablement très involontairement, on ne lui attribue pas la même chambre que lors de sa brève première visite. Peut-être est-elle déjà occupée par un autre rentier aux bourses pleines, en mal d'amour comme un chien d'un tricot. Va-savoir. Enfin, celle-ci convient très bien à sa présente affaire. Troisième étage. On peut observer la rue de la fenêtre, ou ne pas s'en soucier. Regarder un million de chaînes de télé, ou bien absolument aucune. Bref. Tout ça n'importe pas. Non, ce qui importe, c'est que, comme en tous les établissements d'un suffisant standard, on se sent ici dans un feutré chez-soi qui n'en serait pas un. Une bulle, hors du reste du monde. Une bulle fermée, nécessairement, confidentielle, mais aussi gardée, en permanence. Une bulle dont on n'a pas besoin de s'échapper pour répondre aux impérieux besoins de l'humaine condition, tel celui de manger. Tiens, rien à voir, ou presque, ça lui fait penser qu'il ne s'est toujours pas douché.

Vibration. Nouveau message d'Elodie, vierge de ses déboires : quand il aura fini de jouer au con, il n'aura qu'à reprendre rendez-vous. Elle espère malgré tout que ça ne durera pas trop longtemps. Elle l'embrasse, quand même. Ah, tu vois : tout va mieux dans l'écrit. Fred ne dit rien de ses mésaventures. Il ne dit même rien du tout, tant l'envie d'offrir une réponse lui reste cordialement étrangère, et tant malsain le risque de sa forme. Il préfère ouvrir le minibar et se servir un verre, qu'il déguste ou ingurgite, selon le ton qu'accordera votre miséricorde, selon que soit pris en compte l'avancement des heures du jour. Ceci fait, il se rend en la salle de bain, l'atteignant cette fois sans être interrompu, s'y désape, regrettant presque, comme le fait nie ses habitudes, l'absence de spectatrice à la scène, ce qui lui eût fait une consolation comme une distraction, se penche, tête en avant, vers le miroir, constate, là, et là, et là aussi, un peu partout sur son visage les marques d'une rude journée en sus de celles des ans, se félicite de l'humide et chaude détente à venir sous la purificatrice eau de la douche, s'en retourne vers ce qui fut dès le matin son but et relève, dans un angle presque mort de sa vision, ici, sur le haut de sa fesse, juste au droit dessous de sa hanche, une trace, un symbole, une ponctuation : certainement inscrit au marqueur, voilà qu'apparaît, clairement, ou presque, mais clairement perturbant, noir, questionnant, inquisiteur déjà, comme il se scrute mieux, un énorme point d'interrogation !

C. « Par la petite porte »

Il faut toujours ruser, partout et en toute circonstance. Par précaution. Prenez-en bonne note et humble parti face à l'évidence. Au cas où, comme on dit. Et puis rusez, ensuite, impérativement. Ce n'est pas qu'il ne s'agisse que d'un machiavélisme de bas étage, ou bien pas uniquement ce que le sens commun en entend pauvrement, ne retenant que le calcul et ses sombres hérauts à l'office de héros. Non. Vous n'êtes pas forcés de l'assumer, ce qui était pourtant essentiel à la précédente figure. Tant que vous n'êtes pas lâches à l'événement, vous pouvez leur rester pute, fourbe, prévoir sans exposer, sans vous exposer, pour ne pas vous montrer Cassandre au reste des benêts du loup. Vous pouvez penser à quelque-chose, à quelques choses, même, sans en informer les autres, en boudant les règles communes de l'altérité, ou ce que leur majorité en entend et attend. Mais cela, chacun devrait déjà le savoir. Ne croyez pas, à l'heure de la communication, ce qui n'est pour le moment à dire que des communicants, commerciaux, financier monopole oblige, à l'heure où chacun raconte sa vie comme si l'on ne s'en moquait pas éperdument, que vous devez tout dire, tout le temps. Non, cet impératif n'est rien qu'à vous, rien qu'à votre propre encontre, afin de ne pas mettre en danger votre intérieure stabilité mentale. D'autant, pour revenir aux extérieurs, que ce qui est dit n'est pas forcément toujours très vrai – et même loin, très loin de là. Mais, alors, attention, ici la précision : sachez le cacher, vous cacher, masquer votre démarche. Sachez mentir, en quelque-sorte. Apprenez avant toute chose à le faire. Ne serait-ce que, sur le principe, parce-que l'éthique de la vérité, c'est-à-dire le refus du mensonge, ne vaut que si vous savez mentir. Ce qui est beau, dans le fait de ne pas mentir, hormis le cas des perverses contemplations d'innocence, ce n'est pas de ne pas savoir mentir, mais de ne pas user du pouvoir ni de la volonté de le faire. De pouvoir résister à la tentation, histoire de causer aux bigotes et aux dévots, même s'il nous en cuira lorsqu'ils nous voueront aux gémonies. Et si, déjà, vous ne savez pas vous mentir à vous-mêmes, alors ne mentez pas, à personne, ne tentez pas l'effort de maquiller quoi ni qui que ce soit. Reprenez tout à zéro, jusqu'à y parvenir, sans quoi vous manqueriez sa réussite, au mensonge, puis celle de ne pas, aussi certainement qu'un puceau cache son état à la première de ses conquêtes qu'il introduit. Ils ne sont pas nombreux, les éligibles au génie, les maîtres de cet art du renard, capables de savoir où ils mettent les pieds et de quelle façon il va falloir les mettre dans le plat pour ne pas s'y embourber. Vous voilà prévenus : il faut toujours ruser l'abord des mondes. Pourquoi ? Oh, ce n'est pas tant qu'ils se défendent ou mordent, mais parce-que les gens, en plus de vous appliquer ensuite le trait par un effet de mimétisme sournoisement inversé, se pensent plus bêtes qu'ils ne le sont – c'est qu'on leur a si bien vendu l'affaire qu'ils ne s'en défont plus.

Petit, cliché, tant pis, Fred n'avait déjà que peu d'amis – Epinal reste le tien. Ce n'était pas nécessairement qu'il n'en cherchait pas, mais, le caractère, l'éducation, les cercles immédiats, tout ça, au choix ou additionné, et d'autres paramètres que l'on omettra pour ne pas inutilement s'en encombrer, fait ou font que, au sens de l'acception, tautologie, le terme restreignant déjà tout seul le cercle, il n'eut très tôt que peu d'amis. Et ce, sans attendre d'avoir trente ans. Peut-être, déjà, *bis repetita*, un mode de sélection particulier, la continuité de la conscience, la reconstruction, tout ça – et d'autres. Les quelques-uns élus n'eurent en ces temps reculés point trop l'habitude de l'entendre jaser, point plus d'ailleurs que les quelques autres, non éligibles au noyau relationnel dont la gageure est celle de qualité pour qui l'apprécie juste.

Passons. Un de ces poreux jours, poreux en ce que le souvenir n'en est pas exactement assuré, et c'est important, la continuité et sa parfaite idée, son idée du parfait, le préau de l'école se retrouva, comme souvent, agité d'invectives à l'action, agrémentées de quelques basses moqueries à l'encontre du silencieux petit, de sa réserve sue par tous et par chacun, soit du délictuel objet du jour et de la plus vilaine façon de s'en jouer, pour s'en distraire au plus jouissif des points.

— Je parie qu'il ne peut pas aller la voir, et lui dire qu'elle est belle, entama le premier, sûr de son fait, content de son méfait. Les enfants sont cruels, dit-on.

— Il peut même pas lui dire bonjour, renchérit alors, tout aussi gratuitement, son plus proche voisin de récréation, souriant méchamment de toutes ses petites dents peut-être encore de lait comme il le contemplait, de haut, de son regard malin.

— C'est sûr qu'il peut pas, j'ai calculé, ça ne marcherait pas, reprit ici un troisième larron, sans prêter plus d'attention aux éventuelles mais muettes objections de notre pauvre ami.

— Tu as quoi ?

— J'ai calculé.

— Hein ?

— Ben, Angélique et Frédéric : ça colle pas, comme prénoms. C'est pas compatible. Regarde, ça fait que vingt-cinq sur cent, affirma celui que d'aucuns destinaient, si tôt, pour la suite, à une grande carrière de mathématicien, sans même tout à fait savoir si la chose était bonne, versant par éducation dans l'assignation tous azimuts des rôles sociaux comme s'il n'y en avait qu'un pour un – chaque chose à sa place, une place pour chaque chose, et derechef pour les briques comme autant de pièces au mur, de parties de lui, puisque nous aimons les chansons et leurs paroles aussi !

— Ca veut rien dire, c'est des conneries ton truc, le reprit instantanément le plus grand de tous, sûr de lui comme de sa position sur le reste du petit groupe attroupé, aptitude dont se réjouissaient en secret ses parents à chaque leur observation, voyant là, avant l'heure, mais à la mode de chez nous, de grandes capacités managériales à venir pour les années futures. Et puis d'abord, insista-t-il, t'as quel âge pour jouer à ça ? Le sadisme allant apparemment de pair, sinon l'incapacité à ne pas écraser son prochain lorsque l'occasion s'en présente.

Que ça colle ou bien non, et bien ou pas, c'était bien sur Angélique que se concentrait l'essentiel des défis depuis quatre jours, depuis en fait qu'on lui avait vu la culotte au détour d'un faux mouvement, en cours de sport ; ou que le plus malin se figurait l'avoir vue, ou qu'on avait entendu parler de l'affaire. Et, alors que ses petits camarades s'interrogeaient encore à haute voix sur le possible de leur jeu, sur le jusqu'au possible de leur jeu, persévérant sans guère lui prêter plus d'attention qu'aux tuiles au-dessus d'eux, lesquelles auraient fait, portées par la charpente et les poteaux de bois, à côté des vieilles pierres de l'ancien bâtiment attenant, hébergeant les sanitaires et le réduit du gardien, entamant ainsi la ceinture de la cour par son droit coin puis bord, comme on y pénétrait par le portail, comme elle s'entourait ensuite, la cour, vers son coin gauche, en angle sur le suivant, et sur un unique niveau, des quelques salles de classe, du bureau du directeur et de la salle des professeurs, avant de rejoindre son clos caractère et d'achever le tour du seul arbre en son sein, avant donc d'être ceinte par le final ajout d'un haut et maçonné muret pour dernier de ses bords, avec son vieux cachet, un charmant et poétique dessin si nous avions eu l'homonyme d'en faire une plus vaste et plus précise description, si et seulement si elle avait pu ne pas nous paraître aussi farfelue que la prédestination sociale, deux choses de l'usage desquelles on abuse vite, et moche, réprimant l'épandage du vulgaire, cathartique interdit, lui bien plus naturel, tandis, donc, que ceux-là à qui l'on promettait – malgré tout – carrière se disputaient aimablement le droit et le goût de la sauce à laquelle le manger, Fred, lui, le cœur battant à tout rompre mais le pas fier et droit, à peu près assuré, semblait-il, s'avança vers une Angélique qui ne l'attendait assurément pas, toute à son innocente conversation, et l'embrassa, vigoureusement, comme s'il cherchait à compenser la maladresse et l'incongruité de son geste par un excès de fougue, comme si la victoire sur sa propre volonté, sur les affirmations annexes, aussi, précipitait, par automaticité, dans la foulée, celle sur la bienséance et l'avancée à tâtons à laquelle l'altérité nous enjoint par nature. Ce fut, là, en ce lointain jour d'antan, peut-être un brin reconstruit, qu'il prit la première des leçons quant au fait de moucher les jaseurs en les laissant demeurer, qu'il se gratifia pour la première et la meilleure des fois, reconstruction – vous disait-on – oblige, d'une plénitude à l'action sans façons, prenant conscience de l'éloquence de l'acte contre celle, bancale, trop vantée donc éventée, des parleurs du joli, beaux orateurs en l'idée mais piètres jouisseurs en les faits ; ce, bien qu'il finit ce fameux jour avec la gueule en vrac, brisée dans sa naturelle symétrie par l'action du peu délicat poing de ladite demoiselle, plus virulente, bien moins malléable qu'il ne l'avait initialement, de loin, supposé.

Pardon, trop loin.

Retour à un passé moins antérieur.

C'était un quinze novembre et, pour une fois, le ciel était de saison ; ce qui, du commun avis, n'est plus tant fréquent ni régulier qu'il faille se permettre de ne plus s'en laisser surprendre. Ben oui. Et, donc, en ce quinze novembre, Fred sirotait son whisky, sans rien demander à personne, ne versant pas un sou de plus au compte de l'amabilité, au comptoir du bar dont le patron voulait, alors, encore de lui, comme il n'y avait pas en l'époque eu l'opportunité de fauter – les glaçons, les petites habitudes, le noir brassage, tout ça. Le quinze novembre devait par suite devenir une date relativement importante à ses yeux, de manière indirecte, mais ça, Fred ne le savait pas sur l'instant, puisque l'heure n'est point avant elle-même. Non, assis au comptoir comme tout respectable pilier en le lambda bistrot, il sirotait et observait, du coin de l'œil, l'évident manège de la pute et du costard cravate, là-bas, à l'opposé bout du zinc : dans un discret coin de la salle, ce qui équivalait à dire du ring, lui triturait un verre de quelque-chose de pas méchant tout en blablatant, pérorant certainement quant au fabuleux nombre des chiffres de son salaire, tandis qu'elle faisait semblant de s'intéresser à son discours, roulant des yeux à défaut des mécaniques, faut quand même pas pousser n'importe où, le serveur veille, à chaque vantardise, et prenant soin, juste au cas où, sait-on jamais, des fois que l'affaire finisse par ne pas se conclure, de se faire innocemment voir le popotin par chaque gentilhomme lui paraissant pénétrer en l'établissement en habits de sainteté, ce qui rime bien, très bien avec société, si l'on entend ici celle, grosse, imposante, à même de grassement rémunérer chaque mois les payeurs sieurs, salariés ou patrons, soyons comme putains : indifférents. Elle souriait aussi très régulièrement à son pigeon, même si, de toute évidence, l'argument n'intéressait personne puisqu'il ne pesait que d'un insignifiant poids dans la générale balance de cette triviale rhétorique ; mais enfin a-t-on ses habitudes, telle celle de triturer en rond ses cheveux, puisque la chose est dite aux hommes comme marque assurée – mais, à proprement parler, sans aucune garantie ni remboursement après méprise – du féminin intérêt. Elle mêlait donc savamment ses cheveux en des boucles sans fond, puis souriait, d'un sourire d'occasionnelle, pas tellement travaillé, pas tellement marqué, encore, par les usantes surprises ni la peu surprenante usure du métier, puis mêlait en boucle, puis souriait, puis mêlait, puis souriait, puis mêlait, puis souriait, sans trop se départir de ses autres mimiques ou postures dont nous avons déjà presque tout dit, ou suffisamment pour s'en faire une imprécise idée qui conviendra très bien pour ce que nous en faisons. Tout bien pesé, estima Fred, elle devait être sacrément neuve – oui, neuve convenait mieux que nouvelle, rapport peut-être à l'usure (mais c'est plutôt graveleux, plutôt masculin en la collégialité de vue qu'on sous-entend). Très intérieurement, c'est-à-dire pour lui-même et lui seul, Fred la nomma donc « la neuve », comme la qualité lui semblait moins péjorative que la seule fonction. La neuve parlait, de temps à autre, sans jamais excéder le strict du minimum requis par la situation, et, depuis quelque temps déjà, Fred savait lire sur les lèvres, ce qui tombait plutôt bien puisqu'il avait sa bouche dans son champ de vision, *a contrario* de celle du client, qui lui tournait le dos. Comme elle se faisait voir, elle ne s'en soucia pas outre mesure – outre le fait qu'elle ne pouvait savoir le secret don de notre curieux voyeur.

La neuve, donc, valait deux mille euros. C'est-à-dire que, oui, c'était un poil cher, mais la nuit était longue, on pouvait y faire tout plein de choses tant qu'elle l'était encore, et il n'y avait pas besoin de rester attendre la suivante ici, à boire, au risque de ne plus pouvoir rien faire ensuite, l'heure de la chambre potentiellement venue. Potentiellement, parce-que les autres filles aussi, bien entendu, se trouvaient, normalement, relativement vite prises, pour ce qu'elle en savait du haut de ses talons. Bien sûr, ajouta-t-elle en appuyant sa main gauche sur la cuisse du surpris bonhomme, elle ne voulait rien insinuer de fâcheux, sinon le temps qui passe et dont on ne jouit pas, ce qui est toujours malheureux. Tiens, la neuve savait y faire. Son effet ou celui de l'alcool, mais costard cravate eut soudainement très chaud, le rouge lui montant aux oreilles et le col de la chemise se voyant déboutonner, comme le nœud, lui, juste dessus, desserrer. La neuve, elle, qui semblait n'avoir plus rien à apprendre, loin de ces chauds tropiques, gardait son cœur au Nord, ne perdait pas le sien, interrogeant à voix basse son espéré client, abandonnant ici le premier vouvoiement comme elle voulait tuer toute distance, partant, les dernières résistances de l'acheteur.

— J'espère que tu as tout ce qu'il faut sur toi...

A la réponse de costard cravate, elle rit franchement, et Fred regretta de l'avoir manquée, jusqu'à ce qu'elle le reprenne et l'informe, comme elle reconstruisait pour lui, pour le moment amusée de son ascendant sur le profane.

— Mais non, grand benêt, je ne parle pas des capotes !

Fred sourit, pensant que la neuve valait bien le neuf de cette tête d'œuf.

— Ni de ceci non plus, dont je ne puis douter, ajouta la maligne, insistant ainsi sur sa ligne précédente, tout en rapprochant discrètement sa main, la paume sur la couture, mais juste pas jusque, de la zone abritant en l'instant l'essentiel du réseau neuronal de ce cher costard cravate, sinon le culminant point de ses capacités réflexives.

Mais costard cravate était sérieux de naissance, sinon par essence, c'est-à-dire d'éducation, et lorsque vous chassez le naturel, il revient au galop, plus encore en les moments de gêne, alors voilà, tagada tsoin tsoin, costard cravate, tergiversant en son sombre intérieur, qui restait interdit, là, comme un con, hésitant, pensif, sans formuler la moindre objection mais sans non plus risquer son choix, raidi par peur de son envie. Ce sont les plus dangereux, les sérieux d'éducation, qui le restent par principe, ceux qu'on leur inculqua naguère, sans se frotter aux sens, sans s'apprendre par leurs limites, proprement établies, c'est-à-dire en propre, par eux-mêmes. Car, alors, le jour venant, irrémédiablement, de la rencontre avec ces pulsions auxquelles pas un n'échappe pour être enfant des Hommes, pour n'être malheureusement que ça, les sérieux d'éducation, n'ayant appris aucune maîtrise de ces inconnues choses, s'effondrent à leur abord ou y sombrent sans aucune retenue. On peut bien les comprendre. Ils n'ont jamais appris d'eux-mêmes à se maîtriser, n'ont appris du contrôle que l'esprit de discipline, que l'aveugle obéissance, ils ne savent que faire à l'entame nouvelle de la pleine liberté. Ainsi de costard cravate, face à la neuve, en duel avec lui-même, au bord du gouffre de sa tentation, les pieds sur la crête de sa – peut-être – perdition, face au tombeau des résolutions prises jadis à sa place : à l'avoir évitée toute sa vie, la tentation, incapable de bien la cerner, sentant poindre l'immensité de son inaptitude à circonscrire ses envies, pas même encore parti à leur rencontre, comme figé, il n'osait pas sauter le pas. Chose que, bien entendue, ladite neuve ne sut pas complètement lire, bien que suffisamment pour s'inquiéter de sa recette du soir et du danger d'avoir perdu tant de temps en préliminaires.

— Est-ce qu'on t'a déjà sucé au champagne ?

C'est-à-dire qu'il fallait rompre la léthargie, et au plus vite, encore, avant l'apparition des premiers remords, avant par suite leur énonciation. La neuve lui avait donc murmuré la première chose qui lui était passé par la tête. Cela fit son effet et suffit, apparemment, puisque costard cravate parut requinqué, déniaisé de ses songes, plus neuf qu'à l'immédiat auparavant, bien qu'encore méritant le précédent surnom. La conversation ne s'enlisa pas plus longtemps. C'était fait, il était décidé, vaincu, et elle victorieuse, n'avait plus qu'à se fournir en liquide pour se défaire du sien en passant par la promise, par le promis agréable du charnel, vivant moment.

Comme costard cravate quittait le bar pour le plus proche distributeur, ainsi que l'en renseigna la neuve en proposant de rester là finir son verre, Fred délaissa son coin pour entrer dans l'arène, comme il en mourrait d'envie depuis un petit moment déjà. Le cœur calme, sans trembler, le pas fier et droit, il sauta sur le ring avec, pour tout gant, dans la main droite, roulés ensemble, six billets mauves qu'il décrocha sans broncher, à la face de la neuve, tel un uppercut, sonnée par son aplomb, ravie de sa soudaine augmentation sans la nécessité d'une laborieuse et énième négociation. Il n'eut pas besoin d'en dire davantage.

Crac, boum, hue! Crac-crac, boum-boum, pan-pan, cul-cul.

Fred déchargea sans bouder son plaisir, décuplé tandis qu'il pensait, au grandiloquent faîte de sa chevauchée, à la tronche que devait tirer l'autre tête d'œuf de costard cravate, s'en retournant au bar, puis repartant bredouille, la queue entre les jambes, les poches pleines, les bourses condamnées à le rester pour cette fois-ci, et il vous intéressera peut-être de noter, il vous importera peut-être de savoir qu'il prit, peu de temps avant de juter en son caoutchouteux pochon, au milieu de son vivant étau de chairs, le préalable soin d'offrir un cunnilingus au média, à l'objet de sa victoire – puisqu'elle ne fut point conquête en elle-même, bien que l'on y déposa quelque offrande. Une offre faite sans aucune bonté d'âme, puisque monsieur souhaitait, par cette opération, rester assurément le seul à jouir de son parfait plaisir, au moment où il allait en jouir, ce que la neuve ne pouvait faire deux fois si vite – et quand bien même vainement, la masculine volonté de ne penser qu'à soi fut ainsi, diplomatiquement, signifiée : achevons-toi, ne reste plus que moi. Une offre dangereuse, convenons-en, puisque difficile à protéger comme le rapport, que même les neuves savent imposer couvert. Mais tant pis, s'était-il dit, on ne vit qu'une seule fois, et Fred savait médicalement ne pas être malade, ne rien risquer que sa propre santé. Dans l'instant, rien n'importa qu'agir ; et où peut bien être le mal, si l'on ne met que sa propre personne en danger, et elle seule ? A qui cela peut-il bien importer, si l'on n'est rien aux yeux des autres ? Alors, sur le moment, en son immédiat, il avait jugé là le prix de l'action, dangereuse, omettant involontairement, comme il ne débattait point, de voir que l'inaction coûte autant, puisque les autres bougent et que ne pas bouger, dans ces conditions, viser l'immobile, c'est agir par ne pas. Mais, pour l'essentiel, donc, ni générosité ni magnanimité : sans grand ramdam ni fioritures, silencieux, fourrant sa dinde en levrette, Fred n'avait fait qu'instancier, comme d'autres avant lui, comme tous les suivants, en moins causant encore, très pas original, la distance du client face à l'intime des catins qu'ils labourent sans nullement le partager, sinon par location, monétaire collégialité, ce qui n'est que peu dire devant le plus profond d'elles-mêmes, face à l'humain qu'elles cachent pour le préserver.

Les saccades passées, vidé, il s'était ensuite retiré, avait décapoté, avant de rejoindre la salle de bain, de relever la cuvette, de tirer quelques feuilles de papier et d'en faire comme un cocon mortuaire à ce cher sac souillé, de noyer le tout avec son excédent boursier, puis d'exécuter la tumultueuse sentence, chassant ce superflu en des limbes obscures. Revenu à la chambre, il avait fait un signe à la neuve, qui commençait à se rhabiller, et l'avait emmenée sous la douche, ce qui lui semblait la meilleure chose à faire, le meilleur moyen tant de l'occuper que de la surveiller : il avait payé pour la nuit, et elle ne pouvait pas rester seule dans la chambre pendant que lui tournerait le dos pour se le savonner. Elle s'en était chargée sans rechigner dès qu'il lui eut mis le savon dans les mains, y allant même d'un plaisant nettoyage maison une fois rendue de l'autre côté du bonhomme, croyant peut-être devoir lui rendre ainsi la juste réciproque de son précédent acte, se trompant donc sur lui comme sur son auteur. Comme il se lassait déjà, qu'il se trouvait lessivé, Fred s'était ensuite rincé, avant de sortir de la cabine, laissant là la neuve se récurer à sa guise – il n'y avait rien à voler sous l'eau, à la différence du reste de la suite. Rapidement fatigué de n'avoir rien à dire, il avait fini par renvoyer la neuve à ses tierces affaires, sans trop de ménagement, sans attendre minuit pour lui claquer la porte aux fesses. Qui sait, la recette assurée, peut-être rentrerait-elle au calme, sans plus l'impératif d'aller vendre ses formes...

Devant le grandissant tableau de son ignominie, vous vous posez peut-être la question. C'est non. Non, pas ça. Fred n'a pas de femme. Non, il n'est pas marié. Pas même fiancé. Rarement en couple. Et c'est un choix, d'autant qu'il s'en souvienne. Et pourquoi s'encombrer ? Déjà qu'il souffre d'être malgré-lui un tantinet monomaniaque, rapport à l'habillement comme à d'autres menues choses, faudrait pas pousser le vice jusqu'à lui demander de supporter en plus la tristesse de la monogamie ! Bon, entendons-nous bien, ça ne veut pas dire qu'il informe chaque passante de la proximité de sa voisine, hein. Pourquoi le faire ? Pas d'engagement, pas de règles ! Sinon, à pour de bon vouloir des règles, à y tenir tellement, il n'y a qu'à revenir à l'idée de la copulation après le seul mariage, et chacune saura parfaitement ce qui ne l'attend pas !

Non mais !

Plus seul que nous ne le sommes tous fondamentalement, soit tout à fait vraiment, Fred ouvrit son carnet et se saisit du stylo, rasséréné par le tout proche coït. Oui, ils ont cet effet-là sur l'Homme – si, avec la majuscule, laquelle permet un saut catégoriel plutôt pratique et néanmoins, avant toute objection, valide. Oui, pour une phénoménologie, pour un être vivant et pensant, soit, en grossier résumé, pour celui – ou celle, sans différenciation notable, ici comme pour suite, ainsi va naturellement la langue, on n'y peut que peu sans s'encombrer ni s'alourdir encore – qui l'est, cette phénoménologie, cette somme ou compilation des faisceaux sensitifs, pour celui qui la porte et qu'elle habite, pour celui qui se confond à elle, le sexe, c'est-à-dire l'acte coïtal, charnel et sensuel, est le plus sûr moyen d'exister, le rendu le plus immédiat, à défaut de logique, d'une présente certitude de vivre ; *a contrario* du « je suis », ou du « je pense », tous deux très dépendants de leur processus d'élaboration, du cheminement jusqu'à eux, « je baise », doublé des idoines sensations corporelles, donne le « je » sinon le « la », en sus d'une immédiate perception, un rien fondue, de l'altérité. Je suis, je baise, je suis en fait parce-que je baise, parce-que je te baise, donc tu es, et tu me baises aussi, c'est donc que nous sommes, là, tandis que nous baisons, c'est donc que nous disons quelque chose du jeu d'entre les « je(s) ». C'est ontologiquement bancal, au vu des grandes théories et des péteux théoriciens décédés avant notre heure, très pernicieux, puisque temporellement limité, pour son fulgurant aspect de certitude, au déroulé de l'acte, mais incroyablement puissant. Pas besoin de poule, ni d'œuf, ni moins encore de l'imbrogliesque quèsaco des sources, c'est l'acte lui-même qui définit ses participants, les séparant autant qu'il les unit, puisqu'il n'est pas d'exacte symbiose en la matière, sinon asymptotique – allez, accordons la symbiose, mais alors en balance de la fusion complète des êtres, et l'on tendra vite à jouer sans fin sur du vocabulaire si vous ne voulez pas de cette évidente idée, soumise aux conditions des deux étants, qui sont ici mathématiques. Le coït, donc, c'est la puissance en acte, l'affirmation d'une volonté, sur l'instant gratifiée de ses effets sur elle-même et sur l'autre, et depuis l'autre aussi, réciproquement, entre ces deux semblables identités s'affirmant pareillement, quant à leurs conditions, et de manière simultanée. C'est de l'ontologie sur le pouce, si vous voulez, si vous voyez comme on y mange : vite fait, bien fait ; tant pis si vous avez faim dans deux heures, tant pis si l'on doit se passer de la belle collégialité courant du directeur au garçon de salle, tant pis si rien n'est bio, on causera malbouffe, emploi et diététique, et de tant d'autres anecdotiques détails à un ultérieur moment. Il existe bien entendu des motifs physiologiques à tout ceci, au sentiment de plénitude post-coïtal ; on vous les dira mieux ailleurs, à compter l'incompatibilité des deux lectures comme une chose certaine. Quoi qu'il en soit, la raison, c'est-à-dire l'intelligible part de l'être, du reste peu souvent raisonnable, a ses propres faveurs, que la physiologie ne sait, sinon subir. Placebo t'en dirait tant. Et ce qu'il y a de magnifique dans l'acte considéré, pour revenir à notre prisme, c'est que tous et chacun peuvent y trouver du génie, sans pourtant que cette dernière chose soit celle au monde la mieux partagée.

Non ? Ok. Bien. Soit. Admettons. Allez donc vous branler ! Pas vous faire foutre, non, rien à voir, le mouvement n'a rien d'un d'humeur, non, simplement vous branler, vous masturber, si vous voulez, si vous trouvez l'expression plus douce et si vous avez de la douceur comme un sentiment de parfaite, impérieuse nécessité. C'est fait ? Allez, un peu de courage. Cela n'a rien de dégradant, *a contrario* de ce qu'on vous a honteusement fait croire ; de dégradé, rapport aux rapports, mais nous y venons. Vous aussi ? Sinon tant pis, vous n'aurez qu'à vous remémorer la dernière de ces fois qui ne sont jamais arrivées. Bien. Alors ? Eh, il manque quelque-chose, hein ? C'est l'ancrage au monde dont nous parlions à propos de l'altérité. Toujours non, vous n'y êtes pas ? Allez alors vous faire branler, ou attendez d'en avoir accidentellement l'occasion – parlez-en, ça peut plaire et entamer des jeux. C'est mieux, n'est-ce pas ? Vous êtes à mi-chemin, entre la possession du corps de l'autre qui renseigne le vôtre, et votre seule certitude lorsque vous vous touchez la nouille ou que vous vous asticotez le bouton. Il n'y aura pas de meilleure démonstration.

Et nous les entendons d'ici, nous les voyons venir, avec leurs gros sabots, les sombres cavaliers de la simplicité, ceux-là même, c'est amusant, qui taxent les réflexifs de branleurs de matière grise, nous les savons se rêvant revêtus de la mystique ou sainte aura des apocalyptiques, arguant de l'intellectualisation comme d'une intoxication par un vicieux poison, inessentiel au vrai ; mais point du tout, puisque, comme de nombreuses choses, comme tant des humaines affaires, qui plus est corporelles, celle-ci peut bien se passer en se passant de l'analytique conscience de son hôte, soit sans elle se dérouler. Et, ainsi, simple ou pas, souvent l'on se sert, pour ainsi dire les choses, du sexe pour rentrer dans le vif du sujet, pressentant son importance sans connaître ses détails profonds. Y pénétrant, en l'autre, on s'y retrouve sans l'avoir fait exprès, en lui, et lui tout prêt aux confidences et même réceptif aux nôtres, là, au coin de l'oreiller, dessus ou bien dessous, aux livraisons de l'âme après celles du corps, après les évasions charnelles. Que serait à dire la seule corporéité, sans notre vis-à-vis sur l'altérité, sans nos désormais vus avis quant à l'ancrage qu'elle offre, dans le temporaire d'un éphémère, au milieu du partage ? Que serait-ce à dire de moins que les chimiques drogues, chimies sans alchimie, qui n'en font pourtant pas autant quant à l'affermissement de la position d'être, de la certitude d'être – et même bien au contraire ?

Bref, passons, sinon cette dernière vue.

Privez l'en, l'Homme, de la chose sexuelle, de ce média, moyen de certitude, et il en cherchera partout les signes, comme un camé en manque, érigera tout en son symbole, par dérivation, par procuration, parce-que l'Homme est un éternel enfant quant à la certitude de savoir qu'il vit, qu'il est, qu'il est ancré au monde et à ceux qui le peuplent, un enfant qui doit toujours en la matière se trouver rassuré, car son esprit seul n'est pas assez, ce qui fera dire à une certaine psychanalyse qu'elle tient là un moteur fondamental de l'être, une – sinon la – clé de l'humain, lorsqu'elle n'en effleurera, lorsqu'elle n'en effleure, telle qu'elle se montre depuis son premier jet, dirions-nous giclure sans viser par trop à côté, qu'un secondaire travers, qu'un seul des versants du faisceau faisant la totalité du vivant être, rien que la maladive expression de son inaction, à l'humain, de sa non-interaction avec ses semblables, tandis que l'interaction – la sexuée plus vivement encore que les autres – est cet essentiel mais pas unique rouage, cette cale parmi d'autres au bancal de son ontologie, vacillante tant par les songes de l'esprit laissé à ses fumeuses occupations – devrions-nous dire divagations – que par le multiple des cordes à son arc – devrions-nous dire à sa constitution.

Pleinement conscient, donc, de son existence, comme la chose était fraîche et la couche encore tiède, Fred quitta l'hôtel après une courte nuit, aux premières lueurs de ce timide matin de novembre. Il rentra chez lui engloutir quelque liquoreuse réserve en prévision de la prochaine soirée, au cours de laquelle il devait se rendre à un dîner, chez un couple d'amis, chez un ami en couple, pour rester très précis, pour lui faire plaisir et, soi-disant, se distraire d'une régularité trop morne, marque caractéristique, toujours selon leurs mièvres dires, à ces deux tendres accouplés, de ses habitudes et de son quotidien. C'est chiant, parfois, les amis – et sinon l'amitié. Ça pense toujours qu'il faut aider son prochain comme on l'aime, qu'il faut intervenir selon sa bonne conscience en chaque situation où son cœur, d'un vibrant trémolo, rejoue sa vieille, palpitante rengaine.

La porte d'Eric n'était pas vraiment celle d'à côté, et l'artisan conducteur ne masqua qu'à grand-peine le satisfait rictus qui naquit sur sa bouche à la lecture de l'adresse, recopiée sur un petit papier, lui tendu dès la montée dans l'habitacle. Au compteur, alors, déjà, la course depuis la station la plus proche, doublée du forfaitaire montant pour la réservation...

Comme on n'avait pas activé le satellitaire guide, par flemme ou par souci d'économie, de temps ou d'électricité, comme on tourna conséquemment en rond tout près de la maison, dans ce vilain lotissement où elles se copient toutes sans qu'ils les indiquent bien, sans que ces grands esprits qu'on ne rencontre jamais soient parvenus à penser l'adéquat équipement quant au nocturne éclairage de cette fichue numérotation, vous comprenez, les architectes et les urbanistes, ces messieurs-là, voyez, comme ça a de grandes idées mais peu, si peu de souci du pratique des petites gens, comme on s'égarait, donc, de caricatures en inepties en sus de la géographie, Fred arriva bon dernier parmi les invités, lorsqu'il finit par arriver, et de petits groupes se trouvaient déjà constitués, comme les premières affinités avaient été découvertes ou, pour certains, rappelées depuis l'oubliée fois d'avant.

Dans l'entrée d'un pavillon certainement pas plus ancien que leur couple, Eric lui présenta sa compagne, Cécile, laquelle le défit gentiment de son blouson tandis qu'elle exposait sa vie dans les grandes largeurs et tout en bonne humeur, puis, au salon, Lamine et Christophe, le seul autre couple du soir, désireux de se marier, puisque la question n'était point posée mais le possible désormais ouvert, et l'on n'oublia pas de faire rouler ses yeux en prononçant le tout dernier des mots ; Eric disparut rapidement sans que l'on sache trop où, et, lors, Cécile poursuivit seule la présentation des pièces de la maison, croisant et nommant soudain Elodie, comme fort heureusement, au détour d'un couloir, lui abandonnant au plus vite son visiteur pour se lancer à la recherche de son homme adoré ; Elodie, sympathique petit cul qu'on pouvait suivre à l'aveugle tout en se félicitant qu'il fut tant moins causant que le bavard précédent, le conduit en cuisine, jusque l'odorante pièce où Emma, Paola et Samantha, trois autres charmants morceaux de sensualité, semblait-il désignées volontaires, s'affairaient à la préparation du dîner tout en entamant sérieusement les faibles réserves de Chardonnay des évanescents hôtes de ces lieux. Fred salua la restreinte brigade d'une révérence, feignant relever un chapeau qu'il n'avait en réalité jamais mis ni possédé. Visiblement, sa réputation ou un petit malin l'avait précédé, puisque pas un convive ne s'étonna ni de son accoutrement ni de son évident manque de passion pour le dialogue. L'affaire était tout aussi belle ainsi, sans le besoin d'en repasser par les mêmes, sempiternelles introductions de sa personne. Laissant ces dames à leur cuisine, il se dirigea vers une bouteille de vieux whiskey qui lui faisait de l'œil et s'en servit un généreux verre. A un moment où à un autre, se disait-il, allait venir un fâcheux idiot ou une sombre cruche pour le couper au soda. La chose étant inadmissible, mieux valait siffler le tout au plus vite, car il eût été dommage de gâcher cette merveille, de la laisser gâcher, d'autant que la mission ne présentait aucun caractère déplaisant. Non, pour ça, il y eut l'interdiction de fumer formulée par les hôtes, par nature très prompts à la vie saine et à toutes sortes de conneries du même genre, celles dont les magazines raffolent au point de nous en bassiner à longueur d'année et puis de l'une à l'autre. Ça se passa à table, alors qu'on finissait les hors-d'œuvre et qu'il en présenta une à ses lèvres, espérant l'allumer. Cécile, assise à son côté et jusque-là admirable de transparence au sein des diverses conversations, osa à son encontre sa première sortie.

— Je crois que tu vas faire une grosse bêtise, lui dit-elle du ton duquel on gronde un enfant, recouvrant son briquet d'une main ferme avant qu'il n'atteigne la clope. Le silence s'étant fait dans les rangs des convives, Eric insista, un rien plus diplomatique dans la forme, soucieux peut-être de paraître correct.

— Pardon, je crois bien que je ne t'avais rien dit : tu peux fumer, bien entendu, après tout, c'est ta santé, et tu peux bien en faire tout ce que tu veux, seulement, ici, tu sais, avec les poumons fragiles de Cécile, nous préférerions que tu fasses ça sur la terrasse, si ça ne t'ennuie pas trop.

Autour de la table, bien que personne n'en eût plus entendu parler que lui avant le présent échange, pas un ne broncha face à l'énormité de ce mensonge, pas un ne prit sa défense ni n'émit d'objection, et Fred fut bien forcé de se lever et d'abandonner la tablée de ces mines gênées. Comme de toute façon on n'avait rien dit là de mémorable ni de grandiose depuis les grâces, sinon l'accidentelle révélation de la bisexualité de Christophe par Paola, ce qui n'ennuya que Lamine, et comme il n'est pas de bonne compagnie qui vous ennuie, il ne s'en estima pas particulièrement lésé et quitta la pièce d'un pas léger, en regard de l'initiale contrariété qu'il avait sentie monter en lui en même temps que la voix de Cécile à l'entame de sa remontrance. Broyant ses pensées pour lui-même, tournant par précaution une fois de plus sa langue dans sa bouche, Fred disparut aux yeux des censeurs par le couloir menant à la cuisine.

Enfin, le couloir qui desservait aussi la cuisine, mais pas seulement ; par lui, par son fond, on pouvait joindre la salle d'eau, et c'est ce que notre désobéissant fumeur fit, puisque plus personne ne le voyait ni ne devait l'entendre, alors que les premiers échos de conversation renaissaient à ses oreilles. Parce-que dehors, c'était bien beau, mais c'était aussi froid, diablement froid, trop en tout cas pour suivre les consignes de deux illuminés de la santé, menteurs de fielleux surcroît.

Une fois à l'intérieur, la simple ouverture de la fenêtre laissa pénétrer un glacial courant d'air qui lui hérissa tous les poils. Bon, ce n'était pas plus mal, puisque ça allait permettre d'aérer la pièce. Mais voilà, c'était au moins pour de bon décidé : non, Fred n'irait pas fumer dehors. On avait pensé à placer les toilettes près de ladite fenêtre, mais pas à en baisser la lunette ; il corrigea l'erreur, par principe, avant de s'installer en précaire équilibre sur le bidet, se ravisant à propos du seyant de son siège. Puis il créa sa fraise, inspira, et visa tant bien que mal l'extérieur en expulsant sa fumée. Tant pis pour l'odeur, et puis, au cas où, il avait toutefois repéré, entre deux rouleaux de papier, un aérosol au peu original parfum de brise marine. Savourant donc sa cigarette, Fred s'intéressa mollement au décor de la scène qu'il s'était choisie, ne trouvant rien à s'en dire sinon que tout y semblait fonctionnel, à défaut de rangé. Oui, tiens, c'était même un peu le souk, comparativement au propret reste de la maison. Considérant les deux distincts lavabos et le nécessaire qu'on y avait réparti, il ne put s'empêcher de sourire en notant que les deux brosses à dents n'avaient qu'un seul contenant, ce qui en disait long à ses yeux et, au besoin, sur les habitudes et l'équilibre de ce récent couple, maintenant manifestement détestable. Tandis que Fred tirait une nouvelle latte, son séant lui rappela, en une soudaine douleur, qu'il n'était point taillé pour un trop long séjour sur le coin des bidets. On opta donc pour la fenêtre, et l'on s'y pencha comme à la balustrade, espérant limiter les effluves de tabac. Au loin, dehors, au travers de la nuit, on entendait le régulier grondement de la circulation. Fred ferma les yeux. Il l'aimait bien, ce ronronnement urbain ; il y avait là, à l'écouter, quelque-chose d'apaisant, peut-être la sourdine qu'il mettait en chacun sur les questions existentielles dont on ne cesse que rarement la course, comme une chape identique au voile d'anonymisation que la ville pose sur les êtres en son sein du simple fait de leur grand nombre. Et puis sinon sa presque parfaite continuité, à ce gentil grondement circulatoire, participant du général, lui s'estompant sous la Lune sans parvenir jamais à mourir pour de vrai.

— Je crois que tu fais là une très grosse bêtise, dit alors derrière lui une voix particulièrement moqueuse.

Fred en sursauta, rouvrant subitement les yeux et perdant sa demi-clope à terre comme il se retournait. C'était Elodie, rentrée sans faire de bruit. Très satisfaite de son effet, elle souriait à pleines dents, secouant en l'air sa main droite de la manière dont on promet la correction à un garnement. Quittant son air heureux pour un second plus sérieux, et comme il n'allait pourtant rien ajouter, la surprenante Elodie mima l'ordre du silence en barrant ses propres lèvres d'un vertical index – ou bien alors s'agissait-il plutôt du secret ? Fred sourit à son tour, en moins banane cependant qu'elle ne venait de le faire, et ramassa son fumant mégot à ses pieds. Comme il se relevait, elle le rejoignit à la fenêtre.

— Il fait beaucoup trop froid ici, glissa-t-elle dans un murmure avant de s'atteler à la fermeture des deux grands battants blancs.

Fred, sa cigarette inachevée, tenta bien de l'en empêcher, mais elle sourit à nouveau et répéta le barrage de sa bouche par son index, indiquant préférer qu'il se taise et ne s'oppose pas plus. Revenant à la porte, elle en ferma la serrure avant, toujours souriante, de fouiller sa poche droite et d'en sortir un tout plein paquet et un briquet. Elle vint s'appuyer contre le lavabo et alluma sa mèche de tabac. Fred sentait le besoin de répondre à cette première bravade d'Elodie, sans pourtant bien parvenir à se l'expliquer. Ne trouvant pas meilleure inspiration sur l'instant, il coupa l'arrivée d'eau des toilettes, tira la chasse pour vider la réserve et se débarrassa de son filtre dans la cuvette.

— Petit joueur, répliqua-t-elle doucement.

Et, s'emparant des deux brosses à dents, elle leur fit crânement le même sort qu'au mégot, y précipitant ensuite le sien, arrivé à maturité et qui n'avait pas manqué d'embaumer l'endroit, y ayant craché tout son goudron en une vaporeuse et odorante crasse. Rapidement, ils rentrèrent ainsi tous deux dans un malin petit jeu : elle faisait une bêtise, il lui répondait par une autre. Elle vida tous les flacons dans la baignoire, il y précipita gants et serviettes. Elle déroula des guirlandes de papier à travers toute la pièce, il ajouta au désordre en les trempant à l'aide du flexible de la douche. Elle écrivit « fumer tue » sur le miroir, il tapota de petits nuages de fond de teint tout autour. Ils étaient tous deux aux anges. Il tenta le baiser, là, dans le cou ; elle se déroba, et gifla. Il se gifla l'autre joue. Elle insista sur la première, qui se fit douloureuse. Trouvant une pince à linge, elle la lui ferma méchamment sur la lèvre supérieure ; la détachant, il lui pinça la peau là où on lui avait refusé le baiser. Munie d'une autre à épiler, elle lui arracha un poil de barbe ; lui volant la pince des mains, il lui soulagea l'avant-bras d'un de ses follicules. S'affirmant plus vicieuse, elle visa la moustache. Il contra par la narine. Elle désajusta son kilt et lui en vola un de la crinière. Il voulut répliquer mais, coi, comme un con, ne trouva dessus nulle toison. Sadique, elle en prit un sous ses bourses ; un dont il sentit particulièrement la douleur de l'arrachement. C'en était assez. Il la tourna, la plaqua contre le mur, la défroqua pour de bon, se couvrit et se présenta. Mais elle ne l'entendait pas de cette oreille et, s'ajustant, elle le guida plus haut.

Et puis la porte s'ouvrit, comme on l'avait probablement mal verrouillée ou parce qu'on la força. Horrifiée par la bête à deux dos, ou bien par le bazar autour, Cécile s'époumona.

— Mais... Mais qu'est-ce que...

Inutile de préciser qu'ils ne s'éternisèrent pas, ni dans leur ébat, ni dans la pièce, ni dans la maison. En moins de temps qu'il n'en fallut à Eric pour s'emporter à son tour et leur chanter une pétaradante sérénade, à Lamine et Christophe pour rigoler en coin et aux trois cuisinières du soir pour glousser ou gloser, ces deux-là furent dehors, rajustant leurs vêtements sans plus pouvoir cesser de rire.

Elodie ne faisait pas que jouer avec son cul ou avec les interdits ; non, elle était aussi venue en voiture, et c'était là une nouvelle aussi douce et agréable que leur petit jeu de la demi-heure précédente. Ils grimpèrent à l'intérieur du carrosse et s'enfuirent pour de bon.

— On s'est bien amusés, non ? On se trouve une soirée ?

Elle avait déjà décidé de sa réponse, positive s'entend, et Fred n'eut conséquemment pas besoin de la lui donner, pas plus que la réplique puisqu'elle mit l'autoradio à fond, en accord avec sa vitesse de conduite autant qu'avec leur commun état d'excitation. En moins de temps qu'à l'aller en taxi, c'est-à-dire sans détours, ils furent de retour en centre-ville, et Elodie proposa de rejoindre un groupe de ses connaissances – puisque les amis décevaient en cette soirée – qui profitait non loin de là d'un cocktail pour elle ne savait plus bien quelle occasion, et ça n'importait de toute façon pas. Il y croiserait ainsi de nouvelles têtes, d'inconnus individus à qui elle présenterait sa nouvelle pépite.

— C'est vrai que c'est un peu rapide, que je ne sais même pas encore bien ce que tu écris, mais voilà, je t'aime bien, toi, ton personnage, j'ai décidé de t'éditer. J'en parlerai demain au patron, il ne me dira pas non.

Ce qui était finalement la meilleure nouvelle de la soirée.

Sur place, sa présentation faite, Fred écoutait des tranches de vie en guise de celle des autres et croquait des petits fours, tassant le tout au champagne, temporairement délaissé par une Elodie partie saluer des gens, quand vint, d'un causeur, écrivain à ses heures, la première et lumineuse, brillante question quant à son fraîchement professionnel statut d'auteur, à laquelle il se découvrit tenté d'apporter une réponse aussi vraie que précise.

— Alors, vous y êtes rentré comment, vous, chez votre éditeur ?

D. « J'y suis, j'y reste »

L'entêtement est une de ces variables dont on ne sait que faire dès qu'on y réfléchit, pour peu, cependant, qu'on y réfléchisse, qu'on accepte de s'atteler à cette épouvantable, éprouvante, rébarbative, rédhibitoire tâche qu'est la réflexion, dont on ne sait que faire, donc, pour ne pas bien savoir la définir ou la qualifier, cette variable, et, partant, comme chacune autre de sa classe, qui fait perdre à beaucoup le goût de réfléchir, pour ce que la chose ne mène à rien, dit-on, ne dit rien de mieux que son évidence dans l'action, au plein moment de son emploi – ce qui est en fait à dire son être. Ainsi, quant à le ranger de bien à mal, l'entêtement, soit à l'étiqueter qualité ou défaut, c'est en celui du choix qu'on se retrouve pris.

Examinez le cas d'un coquin têtu avide de gloire, de reconnaissance ou de simple partage, selon l'art du spectateur, coquin têtu qui aurait essuyé refus d'éditeur sur refus d'éditeur, passant à l'exercice quelques-unes de ses jeunes années, avant de finir, un beau jour ou soir, par achever sa quête sur une note positive, l'engageant au moins dans la bonne direction qu'il avait tant attendue. Le cas ne semble pas devoir être plus développé qu'ici pour vous parler, et le fait qu'on ait alors choisi un caractère, un personnage plus qu'une œuvre pourrait bien n'être qu'anecdotique si le réel n'abritait pas d'identiques schèmes décisionnels, d'identiques copinages. Bref. La gloire de n'être rien, le rien d'être choisi. Restons à nos moutons. Alors ? Pourquoi, et comment, l'entêtement aura-t-il été dit bêtise en un premier temps par chacun de ses proches, pour ce qu'il se sera inscrit sur la longueur, puis par apparaître meilleur, de l'avis général, sous les idoines auspices ? De situation ou de qualité, il y a ambivalence, et cela tient certainement plus à la relativité des vues qu'à une définition universelle de l'entêtement dont on n'aurait le vrai, qui pourrait comme tant d'autres n'être qu'un vain espoir – sans pourtant perdre toute valeur. Ou bien c'est à dire que l'éphémère, puisqu'il n'est pas éternel, n'existe tout bonnement pas. De là à ce que ce préambule vous paraisse nous servir sans l'aspect d'un futile ornement, il n'y a que quelques pas, qui font une petite marche, marche que nous nous proposons d'entamer dès maintenant en le gardant à l'esprit.

Au petit matin, Fred se réveille comme il s'est couché, et comme il a dormi, aussi, puisque la nuit fut laborieuse et le sommeil avare de ses soins : non, rien à faire, il reste obnubilé par la marque, par cet étonnant point d'interrogation surpris la veille au soir sur sa fesse droite, qu'il dut ensuite frotter fort et bien rincer, à l'eau chaude et au savon, à l'eau plus chaude et avec plus de savon, pour qu'elle accepte enfin de s'effacer. Mais en quittant son corps, cette satanée marque ne quitta pas pour autant son esprit ni ses nocturnes songes, comme si elle avait été faite là au tison. Et elle ne semble pas non plus décidée à le lâcher pour la diurne partie à venir !

Ce n'est même pas un vrai réveil, tiens, puisqu'il n'a pas bien dormi. Il n'a même presque pas dormi, pour tout dire correctement, exactement, se réveillant de nombreuses fois pour surveiller son téléphone, sans jamais pouvoir se réjouir d'une quelconque réponse à la quantité de messages expédiés à Jane, qui reste indisponible depuis la veille, ou le boude. Tout bien pesé, tiens, elle doit effectivement le bouder. Merde. Parce qu'elle doit savoir, Jane, ce que ce fichu point d'interrogation est venu faire sur sa fesse, à Fred. Aussi loin que remontent ses souvenirs, celui-ci ne parvient en effet pas à comprendre comment il est arrivé là, ce con de point. Mais il s'est réveillé chez Jane, en parlant de con, ce matin-là, c'est donc qu'il a passé la soirée avec elle, un morceau sinon, un bout de la soirée, et c'est donc qu'elle sait peut-être mieux que lui ce qui s'est alors passé, pour, sans doute, avoir moins forcé sur la picole puisqu'elle la tient bien moins. Ouais, pour sûr, elle sait ; c'est en tout cas la seule personne à pouvoir savoir, ou la seule dont il se dit qu'elle peut savoir. Ouais. Mais elle ne répond pas, la conne. Elle fait sa capricieuse, sa vilaine ; sa connasse, allons-y pour de bon. Il peut comprendre ça, Fred, qu'on choisisse d'être connasse, pour sûr, de manière générale, mais aussi, surtout, ici, qu'elle ne veuille pas répondre. Si on avait foutu le bazar chez lui, et on l'a foutu, du reste, mais c'est une autre histoire, un grief certain mais dont il ne sait pour le moment pas à qui tenir rigueur et dont il préfère enterrer la peine, obnubilé par un plus pressant mal, il ne répondrait pas non plus au violeur de son ordre, si tant était que ce dernier ait la folle outrecuidance de le solliciter encore. Il peut comprendre qu'il eût dû se retenir un peu, qu'il le devrait encore, là, au lieu d'ennuyer cette pauvre fille. Il peut comprendre, mais pas accepter – puisqu'il est de l'autre côté de la barrière, là, maintenant, maintenant que la question le turlupine. Alors il relance Jane, qui ne répond toujours pas. Merde. La journée s'annonce longue.

Après un intense mais fugace effort mémoriel relatif à son adresse, après une première salve de carburant, après un douloureux passage en son propre appartement, après, là, un changement de costume, après ici l'ingurgitation d'une deuxième goutte pour seconder la première et le bonhomme avec face à l'ardu labeur en perspective, après une cigarette, puis deux, puis trois, disséminées tout ce chemin faisant, après s'être trompé de rue comme on se trompe parfois de femme, soit par bête mégarde, par défaut d'attention, après une énième clope marquant la cessation du précis du décompte, Fred arrive chez Jane.

Enfin, devant chez elle. En bas. Au pied de son immeuble, sur le pas de la commune porte. Bêtement. Et il ne se trouve personne, alors, ici-bas, pour répondre à l'interphone, ni pour ouvrir la porte, ni non plus pour en sortir en voisin et heureuse coïncidence, alors il s'installe au café du coin, juste en face de l'entrée, n'y buvant rien de sain malgré les objections du serveur quant à l'heure de chaque chose, n'y ruminant rien de bon malgré la belle et précoce clarté du ciel, ne s'arrêtant pas de fumer malgré les diverses injonctions de la moralisatrice médecine et de son grommelant cortège d'affidés en tous genres.

Mais il fait froid, sacrément froid, dis-donc, en la délaissée terrasse. C'est qu'il est encore tôt, mine de rien, et que, par conséquent, les quelques clients préfèrent se grouper à l'intérieur pour observer, certains, le commençant ballet de ces gens occupés, affairés en tous sens, là-bas, au-dehors, en travers de ces rues qui s'animent suivant la grande aiguille, qui se remplissent à la traîne du Soleil, s'égayant de lumière comme de peuple, drainant chacun sans trop lui faire barrage. Oui, la ville s'éveille au rythme de ses gens, elle se reprend à pleinement vibrer après son faux sommeil d'entre deux jours. Si l'on n'a rien à faire de plus particulier que d'attendre, si l'on goûte le plaisir d'observer à défaut d'un meilleur ou déjà pour lui seul, on voit passer les premières livraisons, les camions, fourgonnettes, chariots encombrant les trottoirs, on voit s'allumer puis s'ouvrir les premières boutiques, leurs larges et béantes vitres perdant en l'occasion leur ferreux appareil, qui disparaît bruyamment en son rangement, on voit battre le pavé les ponctuels travailleurs, puis, un tantinet plus tard, se mettre à courir les grincheux du réveil, on voit les petits vieux, les petites vieilles aussi, tantôt solitaires, fébriles trotteurs et trotteuses, tantôt vaquant en charmants couples qui s'étripent en surface parce qu'ils savent s'aimer et pouvoir se distraire sans trop le fond risquer, on voit qu'ils s'adorent même sans se supporter, comme ils aiment ces gamins en les couvant des yeux, marmots qu'on voit, ensuite, se traîner tels d'étranges boulets suspendus aux grandes mains parentales, ou ces adolescents, enfin, derniers membres de l'humaine faune locale, derniers membres en tout cas dont on admet la vue, pour ce que la catégorisation en est claire, nette et précise, ou presque mais suffisamment, ces ados qu'ils aiment autant, les précédents anciens, que le rappel de leur propre jeunesse, de cette époque où tout leur était possible, avant qu'il ne soient, eux, vieux, devenus, soit bien avant qu'ils aient été, qu'ils n'aient plus grand-chose à être ni même à faire du leur. Ainsi sourient-ils, en tout cas, vieux et vieilles assemblés, laissant croire au badaud que la sénilité qu'ils prendront tôt ou tard pour épouse, vers laquelle ils galopent malgré leurs quatre fers, n'est à personne mère de méchanceté, pourtant goutte petite dans le vaste océan des vices du grand âge.

Loin de cette vivante agitation, loin de l'agitation des vivants, tout à son silencieux retrait et à son objectif, Fred grelotte. Il fait définitivement froid, trop, même, en cette terrasse du bord des mondes. Du coup, lorsqu'un plaisant quidam sort enfin de l'immeuble, c'est tout ankylosé que Fred se précipite, plein du débordant espoir de rattraper la porte avant sa fermeture – partant, de se rapprocher de son perché but. Un espoir très vite douché, comme la plupart le sont toujours. S'élançant à peine, il anticipe déjà le vain de son élan, et ce n'est pas le gros, rond cafetier qui l'aide, lui qui, sorti d'on ne sait où, le retient fermement par le bras comme il se trompe d'avis.

— Holà, petite jupette, faudrait voir à me payer avant de partir gambader ! Je sais pas d'où tu viens, comme ça, mais ici, là, chez moi, on a l'habitude de prendre l'addition, avant la clé des champs, ou bien alors ma grande main dans la gueule ! Il m'a compris ?

Mais qu'est-ce que tu crois, bordel, que je vais me fatiguer pour trois cafés et quelques gouttes, que je vais te voler si peu ? Non, j'ai autre chose à faire, et je sais, je ne sais que trop le prix de mes efforts. Trop tard. De l'autre côté de la rue, sur le trottoir d'en face, lourde, grinçant un peu, la porte achève son clos et claque sans sommation ni patience. Maudissant l'humaine bêtise, se refusant à toute vocalisation de commentaire qui pourrait constituer le début d'une conversation aussi inutile qu'ennuyeuse, s'en tenant à son antérieur vœu, Fred paye le bourru et taille la route.

Comme il s'éloigne du bistrot, pourtant, Fred hésite. Il stoppe non loin de là, fait demi-tour, reprend sa marche dans l'autre sens, s'appuie contre un poteau, une cigarette au bec, et, trois petits pas plus tard, alors qu'il pense avoir correctement décidé d'abandonner, de s'en aller pour de bon, le voici qui revient, sans y avoir prêté particulièrement attention, aux immédiats abords de son point de départ et d'observation de la porte. Laquelle, au demeurant, ne lui propose toujours aucune bonne surprise. Son acte manqué, Fred hésite toujours autant et se marmonne à lui-même tout en en grillant une de plus. Alors quoi, il ne va quand même pas rester là toute la journée ! Merde, elle pourrait sortir de chez elle, cette conne ! Qu'est-ce qu'elle faisait, comme job, déjà ? Ça ne lui revient pas. Ah, si, attends. Fred se rappelle quelques mots griffonnés l'autre soir entre deux verres, quelques mots qui devaient lui faire et lui font effectivement comme un moyen mnémotechnique, une appréciable piqûre mémorielle. Voilà. Jane a le physique intelligent et le type d'emploi qu'on donne habituellement aux poupées en les prenant pour des potiches dans l'entièreté de leur être : elle est hôtesse d'accueil, au gré du vent contractuel. Autant dire qu'il peut ne pas la voir bouger avant de longues heures, voire même de longs et pénibles jours, pour peu qu'elle n'ait pas besoin de se nourrir outre mesure, qu'elle ait déjà fait ses courses pour la semaine ou qu'elle ait une meilleure occupation, ici ou ailleurs, que celle consistant à l'attendre, lui, lui qui l'importune depuis la veille, lui que, probablement, elle ne veut pas croiser pour d'aussi bonnes raisons que celles le poussant, lui, à le vouloir, lui qui s'évertue à le pouvoir tandis que, si ça se trouve, elle est déjà bien loin de chez elle...

C'est le téléphone, qui fait office de gong.

C'est Elodie, qui le sauve ; même si, sur le coup, elle l'ennuie bien, plutôt, tiens. Elle choisit bien son moment, celle-là, pour lui demander de venir la voir, pour s'excuser de s'être emportée, pour lui proposer de retravailler sur son bouquin dès aujourd'hui ! Réfléchissant à la possibilité que Jane ne soit même pas chez elle, Fred finit par consentir à la réconciliation. C'est souvent très agréable, une réconciliation, à tel point, d'ailleurs, qu'on est parfois tenté, et par trop légèrement, de se disputer pour rien...

D'ailleurs, il lui vient gentiment une méchante idée.

D'une voix un peu haute, Elodie lui explique qu'elle s'est mouillée, mouillée pour lui, qu'elle ne peut dorénavant plus juste laisser tomber, abandonner, simplement, comme ça, tu comprends, comme si ça n'importait pas, comme si ce projet n'en était qu'un parmi tant d'autres, comme si ce n'était là qu'un seul des siens, un de ceux pour lesquels elle n'a pas eu besoin de convaincre son supérieur de la laisser faire à sa manière, d'investir du temps et de l'argent, un de ces autres, donc, pour lesquels elle ne s'est pas mouillée. Fred, pour sa part, a présentement la tête exactement ailleurs et, s'il semble la hocher ou la dodeliner alternativement à la manière dont on la meut au sein d'une conversation histoire de signifier à son interlocuteur, histoire de signifier au rhéteur qu'on l'écoute, qu'on le suit en son fil, ce n'est qu'en fonction et raison de sa propre, pointilleuse affaire. L'éditrice continue son verbiage, elle poursuit sa déblatération comme si le plaisir lui naissait entre les lèvres, comme s'il n'était que de son fait, à elle, comme si elle contrôlait la chose. Elle dit des choses et d'autres, que Fred n'écoute pas toutes, qu'il n'écoute même presque pas. Elle parle de leur si court chemin, à eux deux, de ce personnage qu'elle avait bien aimé, quelques jours plus tôt, et du dommageable de ne pas achever sa construction ni sa présentation au public, au lectorat, en des formes qui ne lui feraient pas occulter le fond. Elle passe ses mains dans ses cheveux, y entremêle ses doigts. Et elle parle, et elle parle, et elle parle, tandis que lui s'applique. Elle parle sans trop discontinuer, malgré de brefs arrêts qui semblent autant de fugaces hésitations. Elle se reprend, lorsqu'elle se manque. Elle parle. Elle. Parle. E. Elle parle. Lorsque, soudain, elle se tait carrément et se crispe tout entière, Fred sait qu'elle est sur le point d'en venir au terme. Alors il cesse, juste avant que.

— Non, continue !

Manqué, trop tard, le tour est joué. Il dégage ses cheveux de la nerveuse emprise des féminines phalanges et tente de s'extraire de sous le bureau après avoir fermement repoussé les tendres et jolies cuisses de la belle, ce qui aura éloigné sa chaise, un peu, portée par six roulettes, glissant sur elles comme un nuage sur le reste du ciel.

— Je ne crois pas t'avoir demandé de t'arrêter, tonne une Elodie brutalement redescendue du sien, comme arrachée à lui, à la manière dont on vous enlèverait la clope du bec en plein milieu du tirage.

Non, pour sûr, et le contraire m'étonnerait, même. Mais tu aimes bien mon personnage, tu l'as déjà dit, avant, et tu viens de le répéter tandis que tu jasais, et voilà les termes de notre rencontre, à quelque imperceptible nuance près. Elle est loin d'être conne, et le laisse se redresser, reculant encore sa chaise, comme elle comprend qu'il ne reviendra pas s'y frotter le menton.

— Je suppose que c'est de bonne guerre, dit-elle, rajustant sa culotte et rabaissant sa jupe sans parvenir à en lisser tous les plis. Mais tu vas me payer ça, ajoute-t-elle plus bas, faussement à elle-même. Oh oui, je ne sais pas encore comment, mais tu vas me le payer, ton outrage, crois-moi, que ce soit de bonne guerre ou non, tu vas me le payer, et au centuple si je peux !

J'aimerais bien savoir comment, moi, tiens, petite merdeuse. Content de sa victoire, pas inquiet pour un sou quant à la tournure générale de la bataille, ivre du simple fait de guerroyer comme d'autres fois on l'est de s'amouracher, peu soucieux sinon de l'instant seul du jeu, Fred sourit et se dit qu'il a bien fait de répondre à son message, d'oublier pour un temps Jane et sa propre obsession à propos du déroulé de leur soirée, son interrogation quant à la naissance du point. Et que pourrait-elle faire, tiens, la frustrée, que pourrait-elle lui faire tandis que c'est elle, et elle seule, qui se retrouve mouillée, trempée, dans cette histoire, elle seule qui sent l'impérieux et sien besoin de continuer et en même temps le manque, comme elle le frôle et s'y pique, comme on l'en frotte et le lui pique, le terrible manque généré par l'évanouissement, assuré ou probable, de la concrétude de ses attentes, soit de tout son possible ? Telle est prise, ou non, tiens, qui croyait prendre dans ses filets ! Il aimerait, pour sûr, la prendre, comme on dit grossièrement, lui aussi, régler ce contentieux naissant, et ça contenterait tout le monde en achevant quelques tensions de part et d'autre. Il aimerait la dénuder, là, maintenant, tout de suite, sauvagement, dans et sur son bureau, et contempler ce faisant la drôle de constellation que forment les grains de beauté incrustés sur son dos ; il aimerait bien, il aimerait, il apprécierait ça autant qu'elle, mais il y a d'autres moyens de se contenter, et sans risquer de perdre la main. Car, tandis qu'il se nettoie la bouche, la rinçant d'une piquante rasade, Fred saisit que ce n'est pas seulement le plaisir d'Elodie qui s'y promène avec ses traces baveuses. Non, il goûte aussi, et merveilleusement, encore, toute sa frustration. Il sent le pouvoir qu'il prend sur elle, du moins son attention. Car, lorsque vous avez du pouvoir sur quelqu'un, la plupart du temps, vous avez son attention, et le rétrograde mouvement guette, toute confuse que soit alors la vision dont il découle. Il sent ce frais et naissant pouvoir, et avec lui, chaud, confortable, pour l'instant, le besoin de le conserver, celui-là, de besoin, qui sera bientôt, en son plein exercice, celui d'en avoir toujours plus. Quoi qu'il en soit, à la réflexive commissure de ses pensées, comme elles s'ordonnent, le voici qui goûte en tout cas l'ascendant qu'il est à l'instant parvenu à prendre dans leur petit jeu, alors qu'elle le lui avait jusqu'ici systématiquement refusé, le pouvoir qu'il a pris en saisissant l'opportunité de l'initiative. Elle lui refusait tout en bloc, jusqu'à présent. Ça lui plaisait terriblement, à cette petite saloperie. Mais voilà, elle a relâché sa garde en se laissant remonter la jupe, elle l'a baissée en même temps qu'elle écartait sa culotte, ou qu'elle s'en laissait partiellement écarter le tissu, et il ne peut se permettre de laisser passer l'occasion, la trop belle occasion de conserver cette chère initiative. Il ne verra donc pas cette parfaite copie de la constellation de l'aigle qui lui avait fait se dire, à sa première vision, que la poésie, la magie, le merveilleux du monde sont invisibles aux gens puisqu'ils se font la plupart du temps dans leur dos, hors de vue, qu'ils leurs restent cachés, ou bien était-ce quelque autre, plus graveleuse réflexion relative au plaisir masculin et au mélange des genres ? Quoi qu'il en soit, c'est non, quant à la contemplation, tant pis, pas cette fois-ci, et ce n'est pas si grave puisqu'il en porte toujours le vivant souvenir, souvenir qu'il pourra bien actualiser une prochaine fois, lorsque le coût s'en dessinera moins élevé, lorsque de la docilité ils tiendront la concorde. Pour le moment, l'occasion est trop belle de renverser le rapport des forces engagées dans la partie. Oui, dorénavant, et tant qu'il s'applique à conserver son avantage, c'est lui qui décide, et cela n'a pas de prix, sinon l'insignifiant de ne pas voir la carte aux étoiles, au-dessus de la lune. Oui, il a les choses en main, il décide de ce qui se passe ou non, même si, en réalité, cela se résume principalement à ne décider que de ce qui ne va pas se passer. C'est un pouvoir par négation, tel un droit de veto et son esprit de nuisance, mais c'est un pouvoir malgré tout ; on ne va pas cracher dans la soupe ! Fred, lui, en tout cas, n'en a aucune intention.

— Je suppose que tu es toujours autant décidé à ne pas parler ?

Pour sûr. Tu peux compter là-dessus aussi certainement que deux et deux font quatre lorsqu'ils opèrent au sein d'un système décimal. Tu peux compter là-dessus aussi certainement que sur mon envie de finir le job.

— On peut quand même se mettre au travail, sans vouloir te commander ?

Oui. Ouais, avec la nonchalance et la grossière suffisance propres au pouvoir. On pourrait. On devrait. Mais ce serait perdre mon avantage, tu ne crois pas ? Je crois bien que si, moi. Et je dois dire, en sus, je dois avouer qu'il me plaît bien tel qu'il est, le pouvoir, là, entre mes mains. Alors il se pourrait fort qu'on ne fasse rien du tout. Attends. Laisse-moi vérifier. Laisse-moi réfléchir. Laisse-moi évanouir mes derniers doutes dans une goutte, noyer mes remords dans cette rasade. Tiens, voilà. Fiou ! Pschitt ! Tu vois ? Allez, ne fais pas tes gros yeux, ils ne te vont pas aussi joliment que les doux. C'est mieux. Alors ? Tu vois ? Qu'est-ce que je te disais ? Partis, comme ça, comme ça me pique la muqueuse buccale un peu plus vivement qu'à l'habitude – question de pH, certainement, le mien modifié par le tout frais mais chaud mélange au tien. Question de chimie, au-delà de la poésie florale, et l'on sait que la nôtre est piquante, justement ! Tu vois, ça se décide tout seul : je vais poursuivre l'urticant, parce-que ça me plaît, parce qu'il le faut, parce-que c'est nous. C'est ainsi que nous sommes, que nous jouons, au moins, ce qui veut dire le reste, ce qui veut dire mon choix.

— Tu as ta tête des jours aux conneries.

Certes. Assurément. Mais, pourtant, pour ceux que nous avons passés ensemble, même s'ils ne furent pas tant, pas tellement nombreux, ils n'étaient pas si mauvais, non ? Jusqu'à celui présent, ils ne t'ont rien laissé que de très agréable, supposai-je raisonnablement à l'instant. Me trompé-je ? Alors voilà. Tu devrais t'attendre à ce qui va se passer, là, maintenant, et c'est pourquoi je souris.

Bouffi d'orgueil, tout imbu de lui-même, saoul de son être lui-même, et lui de l'être, lui-même, en ces chouettes conditions l'imbibant de satisfaction, ivre de sa superfétatoire puissance mais sans les yeux pour le voir, le superfétatoire, Fred récupère blouson, clopes, clés et briquet, dont il s'était défait avant génuflexion, embrasse Elodie sous l'oreille comme elle refuse le croisement des lèvres, le mélange des espèces, et puis s'en va sans autre forme de salut.

— Connard, crie-t-elle, à l'aveugle, comme il s'éloigne !

Sûrement, mais les trois messieurs que je croise dans le couloir, qui s'avancent vers ton bureau et que ta secrétaire n'a pas la présence d'esprit de t'annoncer puisqu'ils ne sont pas encore parvenus à son niveau, puisque de toute façon elle ne les a pas déjà remarqués, concentrée sur ses mots croisés, ces trois-là se passeraient probablement, au vu des têtes qu'ils tirent en l'entendant, de l'épandage vocal de tes états d'âme, soient-ils à mon encontre et fussent-ils encore justifiés en tant que griefs ! Bon courage, messieurs, et gaffe, tout de même ! Car l'animal est aux abois, tant le danger est grand, ne serait-il qu'accidentel, de frustrer une femme et de le lui faire voir, et plus encore de lui faire sentir toute la malice de l'acte, telle qu'on a volontairement choisi de l'y mettre ; et je vous en laisse les conséquences ! J'ai blessé la bête, et ça risque fort de ruer dans les brancards !

Rue. Bruit. Clope. Solitude. Pensées.

C'est magnifique, la puissance, tout ça. C'était superbe, de pouvoir l'exercer, et contre Elodie, surtout, plus savoureusement que tout le reste. Pourtant, triste pourtant, ça ne règle rien à son précédent souci, et Fred se retrouve vite face à la pleine réalité du vrai de son impuissance : Jane n'a toujours pas répondu aux multiples relances textuelles. De fait, à nouveau, il hésite, tergiverse, se lance, presque, se reprend, se relance, hésite : retourner à sa porte, au pied de son immeuble, attendre là comme un con, ou se distraire ailleurs sans cesser de la harceler ? Oui, parce-que ça, le harcèlement, ce n'est pas en balance. Il doit poursuivre, persévérer, parce qu'il doit savoir. Impérativement.

Et puis, au milieu de ses questions, le voici à un carrefour, au croisement des rues et des choix : à gauche, le chemin de l'hôtel ; en face, la route pour chez Jane. Il devrait rentrer, s'occuper à autre chose, se distraire. Oui, il devrait, parce qu'il y a de grandes chances que son acharnement soit inutile, ou du moins ne paye pas. Le risque est grand, de voir la persévérance se transformer en acharnement. Mais la distraction tout récemment passée prouve que ces choses ne servent à rien, rien qu'à reporter le pénible instant où il faut affronter le réel : il veut joindre Jane, il veut savoir, il doit savoir. C'est donc décidé : il va tout droit, même si c'est assurément droit dans le mur.

— Bonjour ! Vous avez deux minutes ?

Merde. T'es quoi, toi ?

— Bonjour. Je m'appelle Tristan. Connaissez-vous notre organisation ? Vous êtes-vous déjà dit que vous pouviez faire quelque-chose de bien aujourd'hui ?

Tu te répètes. Grand bien t'en fasse. Non. Oui, et je m'y employais, d'ailleurs, toute bête et égoïste que tu trouverais probablement la chose si nous en discutions, je tâchais péniblement de m'y appliquer jusqu'à ce que tu me barres le chemin et que tu te mettes à me poser tes stupides et racoleuses questions. Tu ne sais donc pas que les distractions les meilleures sont celles qu'on s'autorise et que les autres, celles qu'on nous impose, n'apportent, de manière quasi systématique, pour tout palpable don aux humaines affaires, que véritable ennui et puis profond énervement ?

— Croyez-vous pouvoir faire quelque-chose, contre la misère ?

Et toi, petit con, tu ne t'es jamais dit que tu pouvais ne pas jouer sur la culpabilité des gens ?

— Je ne vais pas vous mentir : au jour d'aujourd'hui, ce qu'on recherche, pour faire avancer la cause vers l'avant, ce sont des donateurs, réguliers ou bien non, sans vous cacher que réguliers, c'est mieux. Voyez, là, sur ce papier, vous pouvez vous engager à donner régulièrement tous les mois. Même pas grand-chose, c'est toujours quelque-chose.

Oh vraiment ? Tu n'es pas seulement là pour prendre l'air frais de l'hiver et clamer haut et fort et en toute simplicité d'abjects et répugnants pléonasmes linguistiques ou logiques, frôlant la tautologie sans en tenir l'esprit ? Et, donc, tu n'as rien de mieux à foutre, pauvre con, que de perdre ton temps et de ternir le mien ? Non parce-que, sincèrement, sans se mentir, tu crois que ça, ta recherche de donateurs, ou même ton engagement humanitaire de manière plus générale, ça va changer quelque-chose à l'essence des choses ? Que ça va toucher le fond des problèmes ? Que c'est plus utile que d'interroger le modèle global qui produit ces situations-là, celles que tu souhaites ardemment combattre ? Que d'énergie dépensée pour un mauvais calcul ! Allez, quoi, sois sérieux deux minutes. Creuse, en direction du fond ! Ne crois-tu pas qu'elles vont se reproduire, ces situations, si on conserve leur initial modèle de production ? La ligne d'assemblage persévérant, le produit fini aussi, non ? Au lieu d'interroger les passants, va-donc poser ta tête entre tes mains, sur un canapé ou n'importe où, même là-bas, au coin de la rue, sur ce banc public, t'y bécoter toi-même, et tente de l'utiliser à bon escient, ta tête, au lieu de combattre le mal par le mal, au lieu de perpétuer un système qui est l'exacte source des maux que tu exècres, au lieu d'employer des moyens dont tu n'auras pas pensé les tenants ni les aboutissants, ou de bien trop légère façon ! Oui, va travailler ta tête et trouver un moyen de bouger celle des autres au lieu de racoler comme la dernière des putes tout en te plaignant de tes irritations, du goût du sperme ou du prix des capotes – et que ne sais-je encore qui surgirait bientôt ! Allons, restons sérieux puisque tu en prenais le chemin, ne crois-tu pas, toi, que le travail des consciences est meilleure source de changement que la pose de rustines sur des plaies gangrenées ? Tu ne verrais pas là une plus utile approche contre les maux que ta petite action n'endigue pas, ne peut fondamentalement pas endiguer puisqu'elle contribue, en son média, à les perpétuer ? Je ne te dis pas que ce n'est pas poignant, tes histoires d'humanitaire, qu'on peut être insensible au point de ne pas prendre en pitié, en compassion sinon, ces autres morceaux d'humanité peuplant le globe, du moins ne le suis-je pas au point de refuser de leur venir en aide si le besoin s'en fait sentir, et même bien au contraire, je ne vais pas te dire qu'elle m'est étrangère, l'idée d'aller donner un coup de main, que je la trouve complètement inepte, bien qu'en fait inadaptée, je ne pars pas en croisade contre la factualité de l'humanitaire, d'autant qu'il ne réagit parfois qu'à la nature, mais contre son idée en tant et lorsqu'elle occulte celle de la confrontation des modèles sociétaux. Je ne suis pas en train de te dire que toutes les causes se valent, certainement pas, même, mais là, tes enfants qui meurent de faim, par exemple, si je lis bien tes tracts, tu ne crois pas que le problème pourrait être réglé par une approche globale ? La défense non-gouvernementale des droits de l'homme, pour autre exemple, bien entendu que cela sert, que cela offre quelques chemins de traverse, mais elle n'est pas non plus à l'abri de la perversité de son inscription systémique, surtout sur le long terme. Une organisation, quelle qu'elle soit, fonctionne comme une organisation, ce qui est à dire qu'elle supporte les conditions d'existence de sa catégorie, pour son intérieur comme pour son extérieur. Subsistant dans le temps, elle dépend de ses rouages et de ceux du monde dans lequel elle opère, monde dont nous parlions juste avant. Dès lors, la politique dont elle prétendait se défaire la rattrape en le politique, dont les Hommes ne peuvent s'émanciper, sauf à naître sur une déserte planète, ce qui n'est pas le cas de ceux que nous examinons, ce qui n'est actuellement le cas d'aucun Homme, dont la définition entend la Terre, terre peuplée d'un bon nombre, et grossissant encore, malgré les inutiles massacres inutilement répétés. Ainsi, pour en revenir à nos moutons, contre les erreurs systémiques, contre les dévastateurs errements, au bout d'un moment, par la force des choses, au nom de l'efficace et du réalisme, il n'y a que le changement de modèle qui vaille, puisque tous s'y inscrivent, même de biais, et tu pourrais dépenser ton énergie bien plus utilement, éprouver tes convictions jusqu'à leur bout ! Car, pendant que tu dépenses ici ton énergie, justement, et leur argent, si ce n'est toi c'est donc ton organisation, tu ne peux pas le faire ailleurs, supposé-je – ce qui reste nécessairement évident quant à l'aspect monétaire de cette affirmation. Merde, tu as le droit de vote, non ? Oh, mais, tiens, attends, si ça se trouve, tu ne fais même pas partie du mouvement dont tu viens me faire la publicité sur un coin de trottoir, au mépris de ma balade, préférant ta ballade, tu n'es potentiellement qu'un contractuel recruté pour recruter, entame d'une boucle exactement marchande, dans ses fins sinon dans ses moyens, inscrite alors dans le même système qui produit les effets qu'elle combat, ou voudrait combattre aussi vivement qu'elle le prétend. Sans même la boucle, le procédé signifierait déjà l'emprise du système sur l'idéal. Bref. Tu n'as donc peut-être même pas réfléchi à toutes ces questions, avant de gâcher ma journée. Tu n'en as peut-être rien d'autre à foutre que de toucher ton miséreux chèque en fin d'honorable mission. Le comique de cette situation t'échappe, alors, comme il croît à ton insu. D'une manière ou d'une autre, il me semble bien superflu de te répondre, maintenant.

Et, tandis que Fred ne lui fait que signe de se taire, d'un air probablement excédé, ne développant pourtant point tout son ressentiment, point du tout, mimant, pour imposer le silence, hasard ou circonstances, le geste qu'avait eu Elodie leur premier soir, le feu, enfin, il aura mis son temps, passe au vert, autorisant les piétons à franchir le passage clouté en deux grossiers flots, flux plus ou moins mal ordonnés, permettant aux questions de cesser comme on quitte leur source, la laissant-là s'étonner d'un manque de sympathie, d'empathie peut-être, de politesse au moins. L'offense n'est pas grande, ou l'habitude l'est plus, puisque le méprisé Tristan passe aussitôt au suivant de ces gens, entamant la bête répétition de sa rengaine d'accroche, persévérant putassier tel un porteur de Bonne Nouvelle – ou de toute autre belle parole – puisque nul verbe ne vint lui faire la grâce des précédentes remontrances, restées tout entières intériorisées.

— Bonjour, vous avez deux minutes ?

Bonne chance !

Tandis qu'il marche, Fred sent son téléphone vibrer. Qu'importe. Ce n'est certainement là qu'une distraction supplémentaire, puisque fortune le tient en respect, avare de ses dons, réservant à d'autres ses faveurs, ne lui prêtant que revers et perturbations, et que la dernière de celles-ci, imposée par racolage et concours de circonstances, aura pour aujourd'hui outrancièrement rempli son compte du supportable. Il ne vérifie donc pas la teneur ni la provenance du message, et poursuit sa route, d'autant que sa destination n'est plus qu'à quelques pas, là, toute proche, à peine plus loin, et que tout le reste, hormis Jane, en dehors de Jane et du secret qu'elle cache, qu'elle doit certainement cacher par orgueil ou égoïsme, peut et devra bien attendre un peu. Voilà. Il est arrivé.

A droite, sur l'opposée bordure de voie, le café du matin s'est rempli au fil des heures d'un trop plein nombre de clients ; ils en recouvrent maintenant les tables comme le macadam les vieux pavés, sombre uniformité de bavards consommateurs sur son structurel lit de nobles matériaux en disciplinée macédoine : bois, verre, métal, cuir, etc. Si la chose ne suffisait pas en elle-même, il serait, pourtant, toujours autant hors de question de s'y réinstaller, car la même tête de gland semble tenir le comptoir, surveillant, depuis l'arrière du zinc, la salle et la terrasse de son commerce comme on garde un enclos plein de poules, à la recherche d'un éventuel renard. Or, il n'a aucune envie de s'y frotter, aucune non plus d'entendre de nouvelles conneries s'il lui fallait courir encore, soudainement. Ni, du reste, de prendre des précautions contre la bêtise des gens, ce qui serait à dire à leur place, ce qui voudrait dire, par exemple, payer dès réception de sa commande pour que nul ne s'inquiète de sa fuite qui n'en serait point une. Non, il en a fini avec tout ça, il a fini de se soucier des idiots et de leurs idioties. Fini, pour de bon fini. Et puis Fred ne voudrait pas rater la porte, cette fois-ci, pour autant qu'on l'ouvre encore, maintenant que l'y voici revenu. C'est donc à son côté qu'il patiente, fumant une clope après l'autre, scrutant chaque passant du coin de l'œil et maudissant Jane de son obstiné silence, peut-être de ses alternatives occupations.

Pour peu qu'elle existe, la chance tourne toujours, ou le semble, un jour ou l'autre, ce qui est à dire plus tard que tôt, elle finit par tourner, forcément, donc, nécessairement, à défaut de vite, et Fred peut profiter de la sortie des classes, donc de la rentrée des mômes chez eux en compagnie d'une parente ou de la nounou pour pénétrer en la cage d'escalier. Voilà. La voilà qui tape le code et les pousse à l'intérieur. Occupée avec ces trois marmots, plutôt turbulents au demeurant, vilaine, retorse espèce oblige, la jeune femme ne le questionne pas, lui tenant même obligeamment la porte jusqu'à ce qu'il l'ait franchie, comme il s'engage précipitamment à sa suite. La gratifiant d'un sourire malgré l'infect brouhaha des détestables mioches, il se rend à l'étage de l'appartement qu'il avait hier quitté la fesse marquée, fait face au bois de sa porte, et toque, comme lui revient en mémoire le capricieux service de la défectueuse sonnette lorsqu'on l'actionne depuis ce point. Doucement. Trois fois. Un peu plus fort. Trois nouvelles fois. Et que va-t-il lui dire, si tant est qu'elle ouvre ? Rien. Il ne dit plus rien à personne depuis des jours, rapport aux bêtes et aux bêtises, ce qui lui fait le plus grand bien, d'ailleurs, d'avoir décidé de la complète futilité de la chose orale et de poursuivre depuis son idée. Merde. Chiotte ! Tant pis, il n'aura de toute façon rien à lui dire, puisque toutes les questions ont été posées par texto. Quand bien même elle n'y a pas encore répondu, au moins les sait-elle tout à fait, si toutefois elle les lut. Trois autres fois, ce qui commence à faire beaucoup. Il n'y a aucun bruit, de l'autre côté. Soit Jane est superbement silencieuse, soit elle n'est pour de bon pas chez elle. Rentrer n'était pas une si bonne idée que cela, tiens, car si cette conne met son temps pour arriver chez elle, il va lui naître, à lui, une belle envie de fumer en sus de celle de boire. Fred cesse de taper contre la porte et s'installe contre le mur, y calant son dos du mieux possible. Le vieil ascenseur monte vers les étages supérieurs, indifférent à sa misère, bruyant, grouillant de cette jeunesse dont on l'aura chargé. Il s'immobilise, débloque la sécurité de ses battants et de celui du palier, puis déverse le flot de ses quatre passagers, dont le vacarme sera resté continu tout du long, jusqu'à l'évanouissement en quelque grotte du – à vue d'oreille – sept ou huitième niveau. Puis, probablement appelé par un autre flemmard, concurrençant déloyalement les marches en son tour, il redescend nonchalamment au rez-de-chaussée, croisant à nouveau Fred sans le saluer autrement, lui pourtant immobile en ce sien jardin où pas un ne s'arrête, ou si peu, que par l'émission de ses permanents grincements, cliquetis et claquements, à tous et n'importe-qui distribués sans attention de mérite ni particulière distinction. Lesté de son énième paquet, le voici maintenant qui remonte. Et qui s'arrête, au niveau même de Fred. Tiens ! Salut, toi, sympathique vieux machin dont la porte grince, elle aussi, tandis qu'on la pousse depuis ton intérieur !

— Putain, merde, j'aurais dû m'y attendre !

Jane ! Jane, chargée comme un mulet, encombrée de ses courses et plus encore, visiblement, de la présence de Fred ! Jane, qui le fusille du regard ! Jane, qui dépose ses paquets devant sa porte, se retourne et lui adresse, comme ça, sans prévenir, cinglante, la plus magistrale baffe qu'il lui ait jusqu'à présent été donné de recevoir !

— Ca, c'est pour avoir retourné mon appart, livre-t-elle simultanément à son geste, défoulant en le verbe une autre part de sa colère ! Et tu peux être content que je ne te tienne pas de rigueur pour ma fesse !

Bon, faut dire que c'était presque mérité, qu'il ne l'a pas volée, cette volée, de bois vert ou de main ferme ! Fred se frotte la joue, tout de même un peu sonné par la brutalité et la soudaineté du geste, tandis que Jane, ayant rapidement ouvert sa porte, récupère ses affaires, rentre chez elle et la lui claque au nez. Euh, oui, mais non, ma petite chérie, mon adorable chose, ça ne peut pas se passer ainsi ! Je dois savoir, moi, et toi tu vas me dire ! Alors il frappe derechef sur la porte. Trois, cinq, sept, vingt fois, le double peut-être. Il tambourine, maintenant ; il essaye même la sonnette, qui grésille sans répondre, comme on vous l'avait dit. Jane non plus. Conneries. Et puis elle rouvre, sans pourtant le laisser pénétrer.

— Ca y est, il est calmé le vilain garçon ?

Non, pauvre conne, il n'est pas calmé, mais tu peux arranger ça. Et tu le sais très bien.

— Je suppose que si tu es venu, c'est que tu as lu mon message. Alors j'attends, ajoute-t-elle tout sourire, lui barrant toujours l'accès à l'appartement.

Mais Fred n'a pas lu le message et ne comprend pas de quoi elle parle. Il doit avoir une tête de con, se dit-il, lucide pour un instant, avec ses yeux écarquillés et son air tout penaud. Percutant, se ressaisissant alors, il attrape son téléphone, ouvre sa messagerie, lit, relit, incrédule, s'énerve, se calme, relit encore, range enfin l'appareil et tourne les talons, la tête basse et le cœur gros. Il s'en va.

— Je le savais, lance-t-elle, moqueuse, comme il descend la seconde volée de marches, je savais bien que tu ne le ferais pas ! Si tu changes d'avis, tu pourras toujours revenir me voir !

Rue. Abattement. Désespoir. Complet. Clopes.

Ce n'est pas possible. Ça lui est impossible. Et elle le sait, que ça lui est impossible. Fred marche, droit devant. Il ne sait même pas où. Il marche. Vite. Il court, presque. Il avance. Ou il fuit, peut-être. Pourquoi pas. Quelle petite saloperie ! C'est vrai qu'il fut méchant. Dérangeant, du moins, ce qui n'est pas pareil. Pas exactement. Piquant ? Oui. Urticant ? Oui. Pas méchant. Mais il s'est expliqué, même si c'était par écrit. Il le sait, parce qu'il a vu ses notes, pas toutes très droites, parfois même brouillonnes, tremblantes, pas vraiment assurées, mais des notes, malgré tout, dans son carnet, le lendemain matin, lorsqu'il cherchait les souvenirs que sa mémoire ne savait pas lui restituer. Il a vu ses notes, sa propre écriture et les questions de Jane, écrites elles aussi, elle qui trouvait ça marrant, très marrant, chou, terriblement chou, qu'on puisse, comme ça, d'un coup, innocemment, décider de ne plus parler, à la manière dont un gamin décide de ne plus respirer. Donc, elle sait ; il lui a expliqué. Et elle n'a pas oublié. Oh non, elle n'a pas oublié ! Non, son injonction n'est pas naïve ! Non, décidément non.

Bar, là, quelconque, au milieu du reste. Bonne idée, tiens. Table. Whisky. Le premier que tu trouveras, tête de con. Et le deuxième avec. Hochement de tête. Oui, celui-ci sera parfait, puisque j'ai dit le premier que tu trouveras ! Reprise du bras ; carnet. Et sans glaçons, surtout !

La gorgée fait du bien. Elle claque comme la gifle, après tant d'attente, après tant de patience, après tant d'énervement, aussi, peut-être. Elle claque comme la gifle, mais en plus agréable.

Un rien revigoré, sinon moins précautionneux, Fred relit encore le message, plein du faux espoir de l'avoir mal saisi. Non, il est toujours le même, insolent et offensant.

J'accepte de te dire ce que je sais de ta soirée, et je sais pourquoi tu as cette marque. J'accepterai même de te pardonner. A une et une seule condition : je veux que tu t'excuses, je veux entendre de plates et sincères excuses sortir directement de ta bouche, comme elles te viendront immédiatement du cœur ! Tu peux faire ça pour moi ?

E. « Si vous n'aimez pas le cul »

N'en dégoûtez pas les autres. Jamais, malheureux ! Jamais, au grand jamais ! Ne dégoûtez surtout pas les autres d'une chose ou d'une façon que vous détesteriez, et dont vous mentiriez à vous-même la manière, c'est-à-dire que vous vous la cacheriez de telle sorte qu'elle vous en paraîtrait infâme où vous vous pensez homme, ou bien Homme, bon Homme, allez, si vous voilà soudainement plus généreux ou bien, c'est gratuit, grandiloquent, oui, c'est vrai, c'est un brin prétentieux ou gentil, mais qui veut aller loin ménage et sa monture et sa mouture, et cette carotte en vaudra bien une autre pour l'avancée du canasson, dont acte pour l'avoine de notre affaire, sans qu'on y fasse tout un foin, ni grosse salade, ni mauvais boudin pour ne rien dire du bougre. Bref. Ce serait inutile, d'abord, que d'essayer, pour la plupart des gens intelligents, à leur encontre, et puis salement moche, ensuite, surtout, quant à votre propre estime, si vous teniez à en parler malgré l'accommodation dont vous pensez pouvoir vous revendiquer. Oui, quoi que vous en disiez, ce serait petit ; ce ne serait que mesquin. Ce serait aussi moche et vilain que de tenter d'imposer aux autres, de manière exclusive ou préférentielle, les seuls fruits que vous aimez. Quoi, il vous faut cet appétit-là de puissance comme faux, vil outil sur autrui ? Il vous faut cette basse idée de l'uniformité pour notion de la conformité ? Allons-donc ! Redevenez un instant humains, simples humains, sans les fallacieuses limites de la morale – nous ne la confondons pas ici avec l'éthique, que nous, le modeste, puisqu'humain, pouvons dégager du nombre comme de ses bêlants moutons. Et si le conseil vous paraît en cette heure aussi finement avisé que celui déconseillant vivement de chasser le sanglier à la seule pointe des canines, c'est peut-être que vous vous tenez justement en estime, que vous êtes bonnes gens, et que nous n'avons point à craindre, quant à ce qui va suivre et pour ce qui vous concerne, le rance caractère d'arriérées humeurs sur les choses du monde. Le cul, du reste, vous ne l'ignorez pas, n'est parfois qu'un symbole, une porte d'entrée, et l'on aurait fort tort, jusqu'au Dupond du rire, de trouver à redire sur qui ou ce qui accueille la clé ou nous la fait tourner.

Il ne lui aura pas fallu bien longtemps pour se trouver bourré, ni beaucoup plus pour retrouver le chemin de l'hôtel, rejoindre le moelleux confort de la chambre, revoir les illogiques et improductives errances télévisuelles, tout ça tout ça. Non. On attrape les vilaines habitudes et les sales coutumes plus facilement qu'on ne s'applique à la conduite vertueuse, l'efficace s'entendant, et on les retrouve, on les rattrape, de fait, après leur prime conquête, sur le même mode qu'on les avait prises. Le sommeil, par contre, et la suite de son affaire s'avèrent rapidement être des questions plus épineuses, à la solubilité ô combien plus problématique, sans beaucoup plus de finesse que celle, brute, de leur évidence, avec à leur tête, lancinante, celle-ci : il ne dort pas.

Non, Fred ne parvient pas à dormir. Sa tête travaille trop pour cela, là-haut, sans inclinaisons, qui cogite, tandis qu'il lutte contre lui-même, en lui-même, entre plusieurs inclinations, pas forcément contradictoires mais en tout cas dérangeantes, urticantes, lourdes, chiantes, en fait. Et vas-y que je me tourne, et vas-y que je me retourne, et vas-y que je me re-retourne, puisque je te connais déjà, toi, ce côté-ci, qui n'est toujours pas le bon, tant pis, réessayons l'autre, là, non, pas plus, et ainsi de suite qui n'en font pas une agréable. Bon dieu ! Jane ne pouvait pas choisir une meilleure façon de l'emmerder ! Je te donne ce que tu veux, si tu me donnes ce que tu ne peux ! Car c'est bien de capacité, qu'il s'agit en l'espèce. Non, ce n'est pas que de l'entêtement. Ça y ressemble peut-être, mais ce n'est pas que cela. Non. Non, il ne peut pas. Il ne peut pas renoncer. Il doit il y avoir un autre moyen. Oui : un moyen de contourner l'obstacle, de se passer de Jane, d'obtenir ce qu'il veut sans lui donner ce qu'elle réclame. Mais lequel ? Creuse ! Un autre verre de whisky, peut-être. Non, pas pour le moyen ; juste pour passer le temps, puisqu'on ne peut dormir d'un côté ni de l'autre, puisqu'on ne peut s'affaler ici ni là, puisqu'on ne trouve pas non plus immédiatement de solution à laquelle s'atteler. Allez ! Tant pis. Usons définitivement d'une vieille résolution, tout incertains que soient en vérité – ou de mémoire - ses effets. Fred se lève, enfin, se relève, se sert, et boit. Et pense, toujours. Cogite. Encore. Inutilement, ou bien sans résultat un tant soit peu probant, sans éclair de génie, sans Eurêka, ce qui revient au même que le futile précédemment énoncé. Alors il se sert à nouveau, et boit, encore, pour tomber comme au hasard sur un côté sans avoir à décider de la justesse de son accueil, sans avoir à gamberger sur cet ersatz de solution, pas même consolateur. On a parfois l'alcool mauvais, mais lui l'est toujours bougre quant aux quêtes des Hommes : le sommeil ne vient pas plus, il s'échappe et condamne Fred à rester comme il était, soit sans aucune solution ni véritable repos, baigné de son alcool, noyé en sa misère. Face à lui, la télévision ronronne la sienne comme elle le fait continuellement, sans plus de pérenne gloire à constater que de profond intérêt à débusquer.

C'est le hasard, la chance, ou les circonstances, allez, les circonstances, donc, va pour la dénomination, va pour celle-ci plutôt qu'une autre, les circonstances, donc, qui vont, comme souvent, permettre à Fred de sortir de son impasse au moment même où il n'y croira plus – les clichés, en sus de leur praticité, ont la vie aussi dure en leur événementielle factualité que d'autres tiennent la dent. Il est dans une brasserie, tout près de chez Jane, pour le cas où cette proximité l'aiderait à réfléchir, du moins est-ce pour cela qu'il est venu, croit-il se souvenir, et il boit, comme il n'y parvient pas bien, à réfléchir, comme si, de tout point de vue, la veille n'avait jamais cessé, comme si le faux sommeil n'avait été qu'une brève halte sans profitable conséquence ni notable incidence. Ceci dit, tout de même, au titre des différences, le whisky du matin n'est pas exactement celui du soir. Non. Oh non. Oh que non. Une lassitude s'est entre-temps installée, qui éclipse la saveur des choses et le piquant de la boisson. Eh bien, tant pis, ce seront des grives faute de merles, et le verre suivant reste un oiseau fort acceptable. Un oisillon, conséquemment. Mais acceptable.

Qu'avons-nous laissé derrière ? Ah, oui, la chance, tout ça. Fred a donc refait un tour du côté de chez Jane, ou du moins pas très loin, puisque cela se saurait si l'on avait selon nos souhaits, et il boit. Et le bar se remplit, comme le temps suit son cours. Et les clients débarquent, comme la matinée passe. Et certains s'en vont, laissant la place à d'autres. Et certains visages ne semblent plus si étrangers, comme l'heure est familière – ou bien est-ce ladite boisson ? Plus du tout étrangers, d'ailleurs. Oui. Il a déjà vu ces têtes-là. Il a déjà vu celle-ci, là, là-bas, bruyante et animée de tant de compagnie, oui, il a déjà vu celle-là en particulier. Où donc ? Ce n'est pas qu'il sorte beaucoup, ces derniers temps. Ce devait donc être avant. Bien avant. Il y a fort longtemps, presque il était une fois. Il était une fois une drôle de tête...

Non. Ce n'est pas cela que ça lui dit, ce n'est pas ainsi qu'il s'en rappelle. Il était une fois un ivrogne bavard, ou fracassant, voire pérorant...

Non. Trop vague. Il était une fois un gros connard...

Non ; il y en a toujours trop pour vous marquer, et les êtres exceptionnels se font rares, qu'il s'agisse d'ailleurs indifféremment des bons ou des mauvais – l'humanité n'étant plus nulle part à la hauteur de sa réputation. Il était peut-être une fois un vieil ami...

Non ; il s'en rappellerait pour sûr. Il était par contre une fois l'ami d'un ami, ou l'ami d'une amie, ou l'ami d'un ami d'un ami, ou l'ami d'un...

Oui ! Bingo ! L'ami d'une amie, c'est exactement ça ! Et le meilleur sur lequel tomber, encore, quant à pouvoir présentement l'aider et s'il se rappelle correctement de leur lien, à ces deux amis-là ! Comme le monde est bien fait, par moments ! De bien précieux moments, pourrait-on noter au titre du loisible inconséquent, pour ce qu'ils ne sont pas fréquents, alors profitons-en, se dit-on, d'autant qu'on n'a pas, non, de meilleure solution sous la main ni d'autre corde à l'arc.

L'ami de Jane ! Incroyable – mais il faut y croire un peu quand même, hein, n'est-ce pas, tant qu'on y est, un minimum de bonne volonté, s'il vous plaît, un peu de bon cœur, sans quoi l'histoire se meurt avant qu'on ait atteint le sien, et le propos se trouve manqué bien plus encore que l'acte ! Bon, en tout cas, le voici, à la table d'en face, qui n'a pas encore remarqué Fred mais ne manquerait certainement pas de le reconnaître s'il venait à le voir, ce qui ne va pas tarder à arriver puisque ce dernier vide son verre, saisit sa bouteille – oui, autant ne pas faire les choses à moitié – et entreprend d'imposer bon an mal an sa compagnie à la table en question. Le flacon aidant peut-être, c'est un Matthieu jovial qui l'accueille.

— Hey hey, Fred, le moine, qu'est-ce que tu fous ici ? Toujours en kilt, hein, mon cochon !

Un bon point, comme prévu : on se souvient de lui, et en bien, encore, de manière positive, semblerait-il, vu qu'on tente un amical, trivial chat-bite par en-dessous l'écossais tissu, mais sans l'annoncer, détail, surprise, tandis qu'on énonce la porcine référence ; pas besoin de refaire les présentations après les embrassades. On les expédie même vite fait bien fait à sa place auprès des inconnus convives du jour, avec une réciproque à la netteté gâchée, certainement, par son degré, à lui, d'alcoolisation. On lui dit poliment bonjour sans qu'il réponde de trop ; on n'ose ensuite que quelques brèves questions ; il ne griffonne enfin que quelques mots en retour. De fait, par suite, relativement à la communication, carnet, *et cætera*, dont acte, disons que c'est commun, admis, allez, rendons les formalismes aux jean-foutre, avançons, envoyons se faire voir les dogmes, bon, d'accord, pas tous, on n'aurait en substance plus de communication qui tienne, soit, mais au moins quelques-unes des conventions, progressons et considérons le reste admis tout en concédant le paradoxe de dénuder Paul de son blanc bonnet pour habiller Jacques du nôtre, oui, puisque nous échangeons un dogme pour un autre, puisque nous prétendons au partiel chaos sans dire qu'il est un ordre entier, complet, alternatif, tant pis, concédons, puisque l'on cède tant de choses au con, l'âne ou l'autre, bref, ne nous éparpillons pas, cédons, concédons, admettons, tout de go, toutes nos nouvelles formes, pour tout neuf que n'est peut-être bien pas ce sou-ci, c'est-à-dire cette voie-là, tout comme cette soirée qu'ils eurent, Matthieu, Jane et lui, un morceau de temps en arrière, voyez, nous y sommes passés sans trop le voir, comme si de rien n'était, et nous pouvons à présent aborder cette conversation qu'ils eurent à propos des essences singulières, oui, cela peut se faire, ce genre de conversation, cela peut arriver, même si, insistons, quand bien même, de fait, elles sont plus rares que d'autres échanges se rapportant au dernier match de l'équipe de foot qu'on supporte ou au dernier épisode en date de la série que l'on suit depuis une antérieure encore. Plus rares, mais plus attrayantes, ce qui est à dire plus riches : ce jour-là, ils avaient parlé pendant des heures, ou bien un long moment, qui n'en parut pourtant pas tant, confrontant leurs points de vue – au départ divergents – quant à la nature des Hommes et à l'état du monde ; quant à la qualification anale, pour devenir précis, pour en arriver à la précision mémorielle de Fred, précision qui fut celle de Matthieu, telle que premièrement mise, soit la qualification des êtres par leur usage du cul – ce qui comprend la négation de l'usage du cul, soit le non-usage du cul, comme partie intégrante des possibles, des variables de l'équation. Mais cela, bonnes gens, c'est-à-dire que la négation logique tient du réel aussi certainement que l'antimatière au regard de la matière, que l'antiparticule face à la particule, et que ne saurions-nous vous dire d'autre en l'instant, vous le savez certainement déjà, pour tout sages que nous vous découvrions sitôt le partiel préambule, quelques lignes plus tôt.

— Non, tu vois, avait-t-il claironné, ce qui l'aurait presque et si tôt fait passer pour un autre de ces heureux du verbe, jouisseurs de l'oreille parce qu'à l'écoute du leur, je pourrais te dire la même chose en partant des habitudes vestimentaires, mais quand tu choques les gens, pour peu que tu n'aies pas à leur dire que le choc, rien que le choc, pour peu qu'il ne te soit qu'un moyen, que tu leur en dises un peu plus que l'horreur ou la surprise, tu leur parles plus directement, ce qui revient à dire que tu les touches plus directement, qu'ils entendent mieux ton propos, avant d'après mieux l'inscrire, et ce même s'ils s'offusquent du personnage et de sa grossièreté. Donc, je parle du cul, puisque peu de choses choquent plus dès lors qu'on ne fait pas que dire de lui qu'il est magnifiquement rond ou parfaitement animé, gigoteur ! Et puis il faut noter que débattre du cul et de la façon de son emploi, c'est quelque-chose qui touche les gens plus essentiellement, ou plus au fond, quelque-chose qui les définit plus que leur manière de s'habiller, au-delà de la perception, des leurs aperceptions.

— Et puis il faut dire, ajouta Jane, que tu aimes bien choquer les gens.

Ce à quoi Fred, qui pourtant ne connaissait alors Matthieu que depuis peu, opina derechef, ou bien fut-ce simplement du chef mais en tout cas en étant en son for pleinement convaincu, persuadé de l'étant et de sa qualité, déjà. On juge bien les légumes en un rapide coup d'œil ou par la grâce d'une légère palpation.

— C'est vrai. Mais c'est anecdotique. Oui, tout à fait anecdotique. Accidentel, sinon. Accidentel au sens de non-essentiel, bien entendu, pas à celui de non-voulu. Je le jure, Vos Honneurs ! Presque un hasard.

— Mettons que l'on te croit.

— Consensuels, donc, ajouta-t-il en observant l'absence d'objection de Fred à la poursuite et en clignant de l'œil à l'adresse de Jane. Je vous en suis fort gré, et vous remercie de ce bon et chaud, chaleureux accueil. Bon, eh bien, au risque de me répéter : dis-moi ce que tu fais de ton anus, ou ce que tu admettes qu'on en fasse, du tien ou d'un autre, et je te dirai qui tu es, voire ce que tu tiens pour vrai du monde, ou celui que tu crois être le tien !

— Mort au con, en somme, pour la définition. Vaste programme, tout de même.

— J'en conviens, mais relèverai le défi ; ne serait-ce que pour son insolence à vos yeux ou à d'autres.

— Ce que tu dis, donc, si tu me permets de te reprendre, et sache que je ne le fais que pour m'assurer d'avoir bien tout compris, c'est que ce qui définit le mieux les Hommes, c'est leur cul et l'usage qu'ils en ont ? En somme, si je résume et ne m'abuse, si moi, Jane, je ne l'utilise que pour déféquer ou péter, ce qui n'est en fait qu'une seule et même fonction en deux facettes ou manifestations, je suis... quoi, coincée du cul ?

— Non, non de non, crénom de nom, et re-non, et re-re-non : tout ceci n'a rien à voir avec la dévalorisation sous-jacente à ton affirmation ! C'est l'idée du cul, qui compte, et son prisme, pas l'appréciation qualitative des individus qui le portent. Je ne viens pas vous faire juger autrui, mais réfléchir à la manière dont il s'inscrit au monde ; dans cette optique, le cul est un symptôme, au demeurant le plus parlant que je conçoive. Mais ce n'est pas, je le répète, que tel usage soit meilleur qu'un autre, ni telle conception de la chose, ni moins encore tel être que ses semblables. Je ne vous propose qu'une simple grille de lecture. Il faut savoir voir au-delà.

— A travers le cul et au-delà ? On frôle la poésie !

Jane avait tourné l'affaire à la dérision, mais elle semblait avoir aussi bien compris les prémisses que Fred, pour ce qu'il avait alors pu juger à leur respective encontre. La taquinerie de l'espèce, sûrement.

— On ne fait pas de la poésie en nettoyant un magasin de plumes par une bourrasque de vent ! Poète ? Non. Il rejeta l'idée d'un vif mouvement de main. Restons sérieux.

— Une bonne fois pour toutes, disons que nous t'avons compris : nous ne sommes pas là pour classer ni catégoriser les êtres humains, ni pour juger leurs us ou leur prêcher d'autres coutumes, mais pour saisir leurs lois, d'un point de vue phénoménologique. Tu peux maintenant poursuivre, sereinement je l'espère – et je gage que Fred aussi.

Oui, Fred aussi, pour ce qu'on en a à foutre.

— Bon, maintenant que tout le monde est avec moi, répondez à cette question : que penseriez-vous, si je vous disais qu'une de mes connaissances prend du plaisir, pendant l'acte sexuel, à ce qu'on lui doigte l'anus ?

— Je ne sais pas, que grand bien lui en fasse, le plus grand bien possible, ou que c'est quelqu'un de suffisamment ouvert, pour tendre la perche aux mauvais jeux de mots et aux images graveleuses – mais tu auras introduit le sujet le premier. En fait, pour tout te dire, en y pensant bien, ma réponse dépendrait peut-être du fait, ou serait appelée à changer selon qu'il s'agisse d'un homme ou d'une femme.

Oui, il avait mis le doigt dedans en premier.

— Ah, et voilà toute la question ! Un homme ou une femme, hétéro ou homo ? Parce qu'un homme, par exemple, hétérosexuel, qui prendrait une partie de son plaisir de cette manière, vous questionnerait un brin ? Ça vous ferait bizarre, hein ?

— Oui, je crois que c'est possible, en effet. Moi ou d'autres plus rigides.

— On peut pousser plus loin, si vous me permettez : quid d'un hétérosexuel qui prendrait son pied en se faisant fister, mais par des femmes uniquement ?

— Tu cherches la petite bête.

— Essaye, un jour, pour voir, tu verras que ça n'a rien d'une petite bête.

— Disons que je ne relève pas, et revenons à tes moutons hétéros. A ton mouton, pour rester dans le particularisme de l'anecdotique.

— Sans pourtant trop nous y complaire, n'est-ce pas, dans le particularisme, ou nous tomberions alors dans une casuistique à nous faire devenir chèvre, ou nous sombrerions dès lors dans le récit historique, ce qui nous éloignerait du mouton, ce qui nous rendrait les nôtres inaccessibles. Trop s'y égarent, de nos jours, en cet art du récit, tout en prétendant relever de l'argumentatif. Bref. Bien. Merci. Ne m'éparpillons pas. Et donc ? Comment allons-nous le considérer ? Comme un homo, diraient la plupart des honnêtes gens, dont certains iraient jusque la pédale ou la putain de tapette et n'entendraient pas, non, même chez une femme, ladite pratique, ni celle-ci ni l'anale en règle générale, trop peu proprement procréatrice, tandis que seul le désir d'une interaction sexuée ou sexualisée avec un corps et un être – soit une façon, un mode d'être - masculin pourrait par définition le rendre tel...

— Mais ceux-là se tromperaient, en ce cas, qui l'affirmeraient.

— Assurément ! Je ne te le fais pas dire !

— Un peu, quand même, mine de rien, sans vouloir en avoir l'air.

— Ah-ah, et qui cherche la petite bête, maintenant ?

— Passons, donc. Mais où veux-tu en venir ?

Hé !

— J'en viens à ce que la conception de l'usage d'un cul, le sien ou le tiers, est à mon sens un critère acceptable d'objectivité des mondes.

— Rien que ça ?

— Tout à fait ça. Mais ce n'est pas exactement rien, si l'on considère la majorité des avis sur la question. Aujourd'hui, si tu confesses aimer d'une quelconque manière qu'on te passe par le cul, pour dire les choses grossièrement, tu es classé dans la catégorie du dominé zouave par la plupart de ces autres contemporains, catégorie dans laquelle se retrouvent et se confondent les idées de femme et d'homosexuel, parce qu'on les résume vulgairement à la notion de pénétrés – ceux qui sont pénétrés, ceux qui ne sont point l'alpha, extraordinaire mal conceptuel, ceux qui ne sont pas dangereux car ils n'incarnent pas la puissance en acte, ce qui est à dire l'active, pour retomber sur une éculée notion ! De là la répandue tolérance à l'encontre des gouines, à qui, moqueur, l'on demandera comme à tout couple homosexuel qui donc des deux fait l'homme (ou la femme, ce qui revient au même pris sous un autre angle), c'est-à-dire le seul qui compte, l'alpha, le pénétrant : le mâle, comme et tel qu'il s'entend, ne les voit absolument pas dangereuses, les femelles, inférieures, même, dans sa théorisation du rapport de force, puisqu'elles ne savent naturellement pénétrer autrui physiquement, mécaniquement, le percer comme lui le fait, armé de son engin qui mord et de la folle idée qu'il s'en fait : « dans un monde réglé par les appétits de puissance, *in fine*, même nu, contre le reste des loups, ma bite est mon invincible couteau, ma meilleure et plus certaine défense ! » Et l'on sait trop bien qu'en matière d'*ego*, pour ne pas tergiverser à propos de stratégie, la meilleure d'entre elles reste l'attaque, sans nôtre et instantanée considération pour le courage des choses. Ce périmètre établi à son monde, l'alpha se doit de dénigrer tout ce qui menace ou nuance ce rapport de forces ; question de survie – celle de son système de croyances, celui qu'il sème ou qu'il laisse germer en d'autres esprits. Car l'idée n'est pas exclusive à l'alpha. Non. Elle transpire ailleurs, elle s'inscrit ailleurs, d'ailleurs, insidieusement, petits pas masqués par petits pas en douce, et la rivière fait fleuve, par un bais ou par l'autre, puisque c'est ainsi que les briques foncent dans le mur. Ainsi, en renversement paradoxal, sous l'effet d'un mimétisme et d'une conscience de corps pas piqués des hannetons, les homos eux-mêmes ne sont pas en reste, eux qui s'accrochent, victimes qu'ils en sont par ailleurs, à cette catégorisation, au sein même de leurs rapports, et qui vont dans leur majorité, amusant et annexe détail toujours pas exclusif, se méfier des bisexuels – ceux-là qui ne rentrent pas dans la même case qu'eux, qui transcendent les catégories, qui quelque-part s'affranchissent enfin, et quasi totalement, en la matière du moins, des limites conceptuelles dominantes – pour autant qu'ils ne deviennent pas à leur tour sectaires envers l'ensemble des moins-ouverts-que-nous, c'est-à-dire qu'eux. Ainsi, mon préambule se valide : dis-moi ce que tu fais de ton anus, ou ce que tu entends qu'on en fasse, je te dirai qui tu es. Avec cette idée que, pour être pleinement objectif, tu dois pouvoir concevoir la négation totale du possible anal, soit qu'on n'en fasse rien, rien qu'un objet absolument non-sexuel. Et pourtant, je me répète, aujourd'hui, la modification d'un des termes de l'équation semble à l'un ou à l'autre, selon sa position conceptuelle, une absolue maladie, une non-normalité.

— En somme, les fermés du cul sont des coincés du bulbe, ou plutôt, pardon, ceux du bulbe le sont du cul – et *a fortiori* vraiment du bulbe.

Hé !

— Non, Jane, pardon de te reprendre, mais si tu dis encore cela c'est que tu as cessé de m'écouter avant mon introduction de la négation et de sa capitale importance, peut-être même avant mon avertissement initial quant au fait que nous n'allions pas juger les individus.

— On aurait pu juger les individus sans en venir aux singularités effectives, soit le principe de l'individu sans ses historicités particulières.

— Précaution soigneuse, élégante et envisageable si l'on prenait attentivement soin de préalablement clore la voie régressive, celle nous entraînant hypothétiquement jusque vers l'infini, mais non. Et quand bien même, tu descendrais alors dangereusement proche des singularités, et donc de leur jugement, en maintenant ta précédente assertion. Non, vraiment, je te parle de quelque-chose qui est bien au-delà des positions réciproques et relatives consistant à aimer ou ne pas aimer ceci ou cela, de quelque-chose de bien au-delà du simple débat relativiste et stérile – dans lequel on s'enferme aussi sûrement, de nos jours, dès qu'on prétend débattre, et puisqu'on n'analyse plus les choses qu'en confrontant des avis au lieu des idées, puisqu'on s'égare à quelques lieues des idées, perdant là l'universalisme de la pensée, l'y pendant comme une sentence, lui interdisant toute universalité puisque toute existence pratique et puis tout exercice autre que le figuratif, nominal, pompeux, au moche milieu d'innombrables points Godwin survalorisés en points de vue donc de départ au compromis.

Hé !

Fred tapa du poing sur la table, avant de s'expliquer, satisfait de l'attention captée, ou de la captation seulement mais enfin libre de s'exprimer sans vent risquer : les deux compères, emportés par leur échange, allaient un peu vite en besogne ; surtout Matthieu, puisqu'il en avait été l'introducteur, qui gageait trop légèrement que tout un chacun sait par infusion de science en quoi consiste un fist. Le poing, donc, en sa violence, pour le rappeler.

— Ben tu vois, mon cher, c'est exactement ça, lui répondit Jane en désignant son poing, le sourire en coin. Un fist, c'est un poing. Un poing que tu insères dans un orifice, au gré de ta convenance ou de celle du recevant puisque, faut-il le rappeler, le beau sexe en dispose par paire. Enfin, une main, plus généralement qu'un poing ; après, sa forme finale, tu la mets à ta sauce, bien entendu, ou à celle de son bénéficiaire.

Certains y osent même leur pied, pariant peut-être sur le fait que ledit bénéficiaire du geste y saisisse mieux le sien.

Oh ! Ben tout était plus clair, alors, sauf cette affaire d'homosexualité, de trou du cul et de possible fonctionnel, un peu noyée dans la masse. Fort heureusement, les compères étaient lancés, et poursuivirent.

— Et, donc, chers amis, puisque tout un chacun sait désormais la nature du point que nous avions en vue, nous reprendrons où nous avons cessé, afin de rejoindre celui que nous visions pour suivant : il ne s'agit que de montrer les limites conceptuelles de la morale civile ou religieuse, ce que d'autres ont fait avant moi avec d'autres images, mais aussi, et peut-être même surtout, d'ouvrir des horizons conceptuels, d'autoriser logiquement – soit par la logique – des pratiques en plus grand nombre, à défaut d'induire effectivement des pratiques en leur exécution physique. Il s'agit de prendre pour principe la méfiance à l'égard des conventions, sous toute forme que ce soit. Ceci, car ce qui se conçoit bien n'est plus craint et que ce qui n'est point craint n'est plus hâtivement dénoncé sans préalable examen.

— Peut-être bien que les gens s'en moquent totalement, de tes ouvertures !

— Certes. Ce pour quoi nous n'en parlons qu'entre nous ! Car tu remarqueras en effet que je ne suis pas en train de réciter un discours de politique générale face à l'assemblée de nos concitoyens, alors même que mon propos tient, un rien tout de même, à l'idée du vivre-ensemble ! Bref. Non, loin de tant de formalités, je suis là, seul ou presque, entouré de deux amis, si vous me permettez la familiarité, et je discute ; j'échange. Ainsi, puis-je continuer ?

— Assurément, mais de grâce, et nous t'en prions au besoin !

Il me semblait pourtant que le point était admis : le perforé du cul n'est pas nécessairement homosexuel.

— Deux choses, Fred : ce n'est pas encore totalement admis, puisqu'il m'en reste à dire, et ce qui compte, c'est l'entendement qu'en ont ces autres de nos sociétaires ; en la matière, deux précautions valent mieux qu'une. Ce pour et sur quoi, d'ailleurs, je vais me permettre d'insister si tant est que l'on ne m'interrompe plus.

Fred avait alors écarté les bras, les rejetant en arrière paumes en avant, singeant qu'il s'en lavait les mains, et Jane ne les eut pas notablement plus sales, ou pas au point de le leur faire savoir.

— Non, c'est vrai, on ne peut pas dire qu'on est homo parce qu'un truc nous traverse l'anus. Regarde les lesbiennes : il y en a qui n'usent pas de la pénétration, ou bien pas de l'anale, et elles sont pourtant bien, parfaitement et totalement homosexuelles, pour ce qu'on peut communément en juger ! Bon, allez, c'était un peu facile. Mais, ceci dit, nous avions dit, justement, que l'on ne comptait pas les femmes, pour nous en tenir à la démocratique majorité sociale, à l'avis dominant – avis bien pratique, dans le présent cas, je l'accorde volontiers, mais nous nous en permettrons l'usage rhétorique puisque la réfutation, de cette manière, l'évitement, ne se veut que théorique.

Alors passons, et revenons.

Supposons donc, précautionneusement, que mon premier argument ne convainque pas, ou ne soit entendu que par les non-choqués. Une main, c'est vrai, c'est peut-être trop gros, trop d'un coup, en un mot : indigeste. C'est peut-être s'y prendre à l'envers, il faut dire. Il se pourrait que notre passage en force, voulu comme coup d'éclat, nous interdise par sa nature, en son effet, un objectif jugement au tribunal de la raison. Il m'en faudrait un second, alors, un rien plus passe-partout, pour réduire le nombre des laissés-derrière. Pourquoi ne pas imaginer, en conséquence, un homme d'honneur, soit un être humain qui tiendrait la parole qu'il donne pour définissant sa propre qualité, au-dessus du reste en tout cas : pour on ne sait quelle raison sinon celle des défis idiots dont les hommes sont friands et de secondes gents avec eux en de tierces formes parfois (ainsi de l'infantile et connu pari quant à savoir qui pissera le plus loin, ou de la répandue comparaison entre la plus imposante paire de seins, ou, de manière plus neutre, le jeu de qui boira le plus d'alcool sans vomir ni sombrer dans un défaitiste sommeil), il gagerait avec un autre que celui qui a la plus grosse bite enculera le détenteur de la petite, dans un graveleux et bête succédané de courte-paille. N'y voyez rien qui dise globalement l'absurdité des jeux ni des sieurs ; n'y voyez rien, nulle part, qui aille dans notre sens. Bon. Il perdrait, notre malheureux quidam. Et se ferait enculer, conséquemment, sans pourtant broncher, sans aimer l'acte, mais par seul respect pour la parole donnée, la sienne en tout état des choses. Nul ne saurait dire qu'il est homo, tandis qu'on lui perforerait pourtant bel et bien l'anus avec un gland, masculin, et sa colonne tout entière, masculine elle aussi. Voyez : c'est donc que l'on n'est pas homosexuel par l'usage de l'anus, ou pas que, pas du seul fait de l'usage de la serrure ni même de celui du passage de telle clé ! Un excès contre un autre, pour l'anéantir en l'équation, puisque tout à l'heure d'aucuns voulaient, supposions-nous si peu injustement, théoriser une loi depuis un point phénoménal. Or, on ne peut généraliser, se hâter en besogne, ni dans un sens ni dans son opposé, comme on ne le peut ailleurs ni en faveur ni en défaveur, sauf à risquer fort la terrible méprise.

— Du coup, quelle raison de s'en méfier ?

— J'y venais !

— Pourtant, ta seconde démonstration était bien inutile ; nous avons, je crois, saisi ton propos, au-delà de ta défense d'un plus vaste usage du cul : méfions-nous des conventions, qui plus est des hâtives puisqu'elles ne sont finalement que de hasardeux jugements à l'emporte-pièce !

— Je suis heureux de te l'entendre dire, et gage que tu t'en rappelleras en temps utile, indifféremment de l'anecdotique aspect de mon exemple, sinon pour son utilité, soit pour le revers de son efficacité mémorielle. Malgré tout, tout mon propos n'est pas là : je disais aussi que le cul, ou l'anus, définit son Homme. Ainsi, en accord avec tout ce que nous avons précédemment examiné, si, voyant un être, tu percevais immédiatement, comme flottant à ses côtés, sa conception de l'usage d'un cul, tu saurais dans l'instant pour une grande part ce qu'il entend du monde, c'est-à-dire la manière dont il le conçoit, tant la chose raconte de ses propres limites. On veut en effet croire qu'un individu se définit, en ce qui fait et s'appelle son individualité, par son appartenance à tel ou tel groupe religieux, tel ou tel groupe social, par sa foncière dépendance à l'égard de telle ou telle histoire familiale ; c'est faux, sinon par accident, soit sinon qu'il apprit à le faire à leur contact, mais alors en regard de son propre mode d'être, de ses propres et intérieures, intrinsèques façons ! C'est faux en tant que l'individu n'est pas réductible à ses inscriptions ensemblistes, qu'on ne peut l'y résumer. C'est faux du fait de la conscience, qui lui fait se réapproprier les codes et les interdits, les limites de ces diverses appartenances, conscience qui forme une nouvelle primauté phénoménologique, un nouvel axe et sens de lecture de ce permanent jeu entre l'environnement modifiant et celui modifié, entre l'individu modifiant et celui modifié, entre ces deux pleines ou parcellaires entités ensuite bien entendu. La conscience donne un nouveau « la » de lecture du monde, nécessairement, mais d'ordonnancement aussi. Ce n'est pas, ainsi, prenons cet exemple, parce que je suis croyant que je tiens l'homosexualité pour une déviance, mais parce-que je n'accepte pas celle-ci que je me conserve en cet ensemble religieux et son système de valeur, que j'accepte mon appartenance à cette communauté, que j'apprécie la concorde intellectuelle – puis caractérielle, parfois, peut-être – avec ses membres. Pour preuve, je serais capable d'en sortir, d'en faire – la chose s'est déjà vue – d'une manière ou d'une autre scission, si la majorité des membres de ladite communauté se fourvoyait à mes yeux en adoptant une position plus ouverte sur un sujet ou bien l'autre, position qui irait à l'encontre de mes propres limites, plus alors en adéquation avec les leurs. Je me rapproche ou m'éloigne d'ensembles sociaux, de groupes d'individus, je n'en suis pas dépendant ; influencé, parfois, oui, mais pas dépendant, ou bien cela est maladif, pathologique au sens social, et condamnable quant au fort et secourable quant au faible. Donc, pour finir et conclure, et comme je le disais au départ, c'est l'anus qui cerne le mieux les Hommes, non le détail des symptômes historiques, accidentels de leur socialisation.

— Eh bien, avait alors conclu Jane, à défaut de pouvoir considérer de visu cet aperceptif halo, il nous faudra nous résigner à interroger les êtres selon la vieille façon discursive, à l'aune bien sûr de ce nouveau tien prisme !

Sans que la chose soit parfaitement certaine, il avait un moment semblé à Fred que, quelque-part, si l'anus doit être ce qui ceint le mieux les Hommes, Matthieu venait de les traiter de merdes !

Prout !

« Prout », bien entendu, gênante onomatopée ou pirouette narrative, allez savoir, tonitruante en tous les cas, allez savoir sans trop chercher non plus parce qu'on pourrait sinon remonter jusque l'introductif discours prétendant qualifier les contemporaines conversations d'autant d'aériens ou aérés échanges en venteuse et vaseuse concurrence, « prout », donc, onomatopée, allez, n'était nullement contenue dans la mémoire conversationnelle de Fred, celle dont il suivait le fil et qui, constatons-le, l'a passablement distrait et retiré du présent du moment, c'est-à-dire de l'instant, jusqu'au présent instant, jusqu'à l'instantané, bruyant réveil. Non, « prout », pied de nez comique, anachronique alors et certainement de toute manière parfaitement involontaire à la teneur de feu l'ancien débat, puisque conditionnellement, nécessairement sans sa conscience, « prout » tire Fred de sa rêverie, l'extirpe soudainement de sa souvenance, lui offrant un vent pour tout remède à cet effet madeleine propre à tout songe aux passéistes relents. Précédant l'odeur, « prout », c'est le bruit qui provient à l'instant de l'inexistant ou imperceptible espace entre la chaise et les fesses de la vieille dame installée à un mètre tout au plus de leur propre table, accoudée à l'un de ces autres harmonieux assemblages de métal et de verre, tandis que Matthieu distribue des lampées de whisky aux quelques compagnons du jour, leur résumant en quelques mots l'épique soirée au cours de laquelle, jadis, il connut Fred et découvrit ses manières pendant que lui savourait ses façons. Elle fait semblant de rien, la pauvre vieille, maladroite génitrice de « prout », comme n'importe qui le fait à n'importe quel âge lorsque, malencontreusement, publiquement, il égare un si peu poli son, et comme elle se demande peut-être si l'histoire narrée par ce fort-parleur se veut ou non conséquence de son oubli. On la devine gênée, aux premiers coups d'œil, à bien la regarder, et puis pas prête à assumer. Non, bien au contraire. Elle persévère, ainsi, fait semblant malgré tout, contre tous ces nez et puis têtes qui ne tardent pas à l'identifier comme incommodante source de ce répulsif gaz. Puis, « prout » grandit, comme tout gaz non ceint il se dilate et comme tous les enfants il quitte le giron parental, s'égare au loin, ne revient pas, s'évanouit dans la nature – la ville, microcosme comme un autre.

— Ne vas surtout pas me dire que tu es choqué, Fred ! Ce n'est qu'un usage parmi d'autres, hein ?

Choqué ? Non, certainement pas, pas avec ma fraîche mémoire de toi !

— Bien ! Santé ! A mes amis !

Et ils boivent, tous, cul sec sur l'injonction de Matthieu, tandis que l'autre, un poil moins, probablement, s'éloigne et sort, quitte la place le plus discrètement possible puisque l'attention n'est plus aux grabataires.

Au-revoir, madame !

— Putain, tu as raison. Et Matthieu de répéter à haute voix l'écrite apostrophe de Fred, poussant mémé à sortir plus vite, beaucoup moins sereinement puisque moins discrètement.

Puis, aux quatre coins du lieu, les discussions reprennent. A leur table aussi. Non qu'elles soient très productives. Alors, très vite, les deux compères discutent en aparté, s'y retrouvent par hasard ou circonstances à l'occasion d'une sortie-clope, aux proches portes de l'établissement. Mais après tout, on est venu pour ça, ou tout au moins resté, alors si le terrain est dégagé, autant foncer direct au but.

— Je ne vais pas te mentir, parce-que ça ne m'amuserait même pas : j'ai eu Jane tout à l'heure, elle est vraiment en pétard. Tu n'as pas été très malin, sur ce coup, mais je suppose que, vu l'état dans lequel tu étais, personne n'aurait été beaucoup plus malin que ça à ta place.

Et peut-être même moins.

— Ouais, ce n'est pas la question.

Acquiescement.

— Ce qui m'amuserait énormément, par contre, ce serait d'embêter Jane, de la titiller ; je ne t'apprendrai pas comme c'est drôle. Je trouve qu'elle devient un peu pantouflarde. Vieux jeu, si tu veux. Enfin ce que tu voudras, donc, mais elle se laisse aller, elle n'accepte plus qu'on change quoi que ce soit dans sa vie. Elle change, elle, et pas en bien. Il faudrait la bousculer un peu. Donc, au fond, je te dis bravo : le coup de l'appartement, c'était du génie, en la circonstance. Un peu brusque, dans la forme, mais du génie. Chapeau l'artiste.

Merci.

— Ouais, bon. On ne va pas y passer la journée, parce-que j'ai une soirée ce soir et que...

Pléonasme. Redondance.

— Oui, et je t'emmerde, connard ! Tu me laisses finir, ou tu retournes chez toi tranquillement, la queue pendante entre les jambes et la satisfaction manquante ? Parce qu'elle m'a aussi dit, Jane, que tu voudrais certainement quelque-chose de moi, ajoutant d'ailleurs que je ferais mieux de ne pas te la donner, cette chose, et, bien que tu ne m'aies à ce propos encore rien annoncé, sale vicelard, je sais que tu n'as pas d'autre recours que moi...

Mille excuses.

— C'est mieux, petit con. Bien mieux. Je finis, donc. J'ai une soirée, disais-je, ce soir, ce qui je l'accorde est mieux pour une soirée, et plusieurs problèmes à régler quant à ceci : larguer la présente troupe, décider de l'heure à laquelle j'y arrive, de l'état dans lequel je serai lors de mon arrivée pour l'apprécier comme il se doit sur la longueur, trouver un coéquipier, le cadeau pour mes hôtes, le ravitaillement, et je te passe le reste des détails pour ne pas perdre plus de temps. J'ai cette soirée, et pourtant je veux embêter Jane, pour son bien comme pour le mien. Alors je me dis que je peux tout aussi bien faire d'une pierre deux coups : donc, si tu m'accompagnes à cette soirée, je te dis tout ce que cette petite cachottière te cache !

Fred l'aurait bien traité d'enculé, mais ni la qualité ni la confidence ne lui semblent plus en l'espèce relever de l'insulte, ou l'insulte porter un quelconque outrage, et cette dernière lui paraît même maintenant, à la réflexion, quant à son général usage, incroyablement sexiste, performatrice d'une misogynie-type, méprisante donc méprisable, et parfaitement réactionnaire, encore, à l'encontre des catégorisations individuelles, soit des arbitraires considérations sur les diverses et gentes gents. Il s'abstient donc, d'autant qu'on peut tout à fait mépriser la serviable altérité, et parfois de bon droit, mais plus difficilement l'informer de notre considération. Oui, se rappelant qu'il faut toujours ruser, pragmatique, il n'oublie pas le service qu'il attend de Matthieu. Il se focalise même dessus. Alors, tant pis, il accepte.

Soit. J'accepte.

— Merveilleux !

Si tu le dis.
— Et, oh, Fred : il te faudra probablement un costume...

F. « Ni votre dieu, ni mon maître »

Les grandes idées se dégonflent. Certaines comme des baudruches. Certaines faute de porteur, de ce qui réellement et par mérite s'appelle un porteur, soit du fait des humains manquements, d'autres intrinsèquement, soit à la seule et nécessaire condition qu'on les examine bien, ce qui souvent requiert patience et puis longueur de temps, lorsque la démonstrative rage fait au contraire, partout, galopante force de loi. Mais nous vous savons dorénavant et tout à fait non-dépendants, indifférents à cette préventive fatigue submergeant irrémédiablement ces autres dès l'entame de la raisonnée critique, appréhendée ou supputée pénible. Nous vous savons curieux courageux, soit curieux, courageux et drôles au sens d'exceptionnels, c'est-à-dire un rien bizarres, un tantinet étonnants ou décidément trop rares Hommes dotés du nécessaire de courage, rapport à la question que la masse dégage sans vouloir s'y soumettre. De la brosse à reluire pour *ego* mal-branlant ? Dans la forme, peut-être, point dans l'idée. Ainsi, celle de Dieu est merveilleuse, oui, terrible et merveilleuse, ou terriblement merveilleuse, ce qui ne fait pas si loin, ni plus des multiples panthéons de polymorphes aïeux, mais la beauté est dans l'œil de celui qui regarde, n'est-ce pas, dit-on, et Dieu aussi, comme n'importe laquelle des autres choses rangées au genre, soumises catégoriques. De fait, sans le degré second de l'existence propre aux objets imaginaires, qui les fait exister mais sous la seule et nécessaire supposition d'un tiers pour soutenir leur trame existentielle, tiers existant, lui, directement ou par un autre encore, mais existant *in fine* au premier degré (quelque étant, quelque-part, en bout de réductive chaîne, existe au premier degré et soutient le second et tous les primes suivants), soit tout relativisme et tous observateurs ôtés, Dieu n'existe pas ; s'il existe, il nous est conditionnellement inaccessible – c'est-à-dire du fait de nos conditions d'existence, et des siennes, si elles devaient jamais être ailleurs que dans nos théories ou nos superstitions, soit techniquement enfermé dans les strictes limites de notre inventif esprit, ce qui nous fait là, joyeusement, avouons-le, un double paradoxe (Dieu enfermé, pourtant théoriquement maître illimité d'un royaume sans confins, et les bornes à l'inventivité, insondable par définition quant à sa totalité). D'ailleurs, ne l'a-t-on pas hâtivement enterré, jadis déjà, pour certains plusieurs fois tué, le coquin, puisque c'était plus facile, plus évident, plus rassurant, plus compréhensible que de le relativiser et de constater qu'il n'était pas plus humainement possible, à son hypothétique sujet, de trancher que d'entendre sa voix, saufs les tours de passe-passe argumentatifs drapés d'une aube théologique pour érotique du verbe, sauves les illuminations dont le précis de psychiatrie nous dit tant qu'il en devient incontournable pour animer Rodin hors de la morne, crispée posture d'éternité ?

Bon, ni Dieu, c'est dit, ni cœur, ni âme sinon la poétique, figurative, narrant à tous notre façon de l'être, c'est-à-dire des êtres, ou étants, aux autres, leur singulière façon d'être. Vous acceptez le scepticisme, tout en regrettant le fâcheux de cette terre-à-terre pensée que vous omettez au moins de confondre avec son frère cynisme – félicitations, du reste. Ni Dieu, ni cœur, ni âme. Mais aussi, qui suit, cerise sur les gâteux : ni argent. Ah, et nous voilà au point, saignant, bleu de nos crispations, lorsque d'aucuns refusent la viande pour la conviction de quelques maux ou l'héritage de quelques mots ! Tant pis, après tout, puisque l'assiette n'est pas l'affaire du jour.

Nous nous moquons aisément, nous autres raisonnables gens, du monde des licornes et des vieilles fables mystiques, bien que nous vivions au quotidien sous le coup de deux grandes abstractions dont l'être n'est au mieux qu'au second degré. Oui, nous vivons sous la loi de fantasmagories ! Dieu, pour ne pas le redire ni la numéraire majorité de ses fidèles branleurs, pardon, joyeux fantassins ou professoraux lutins, et l'argent, puisque son modèle s'étend et se conforte, à défaut d'universellement son culte, sans que plus rien ne soit convenablement dit contre depuis que quelques-uns ont sérieusement dérapé, proprement chié dans la colle en prétendant incarner totalement l'alternative, confondant-là, eux, comme ils y allèrent fort et vite, humaine, hautaine bassesse oblige, total avec totalitaire. Car non, décidément non, invariablement non, l'argent n'existe pas ; c'est une abstraction, et une abstraction, encore, dont on pourrait tout à fait se passer, dont on pourrait, en cherchant bien, faire la radicale économie si l'on se rendait honnêtement compte que dans la superbe équation rendant le temps égal à l'argent il n'y a de superbe que le temps, qui se trouve être notre seule, humaine et tangible monnaie. Son seul et unique bénéfice, pourra-t-on dire un jour (lointain, semblerait-il), et la chose sera pesée contre ses nombreux dommages, directs ou secondaires à la manière de l'être, aura été la mondialisation, c'est-à-dire (puisque le terme n'est pour le moment, pour une bonne part de l'opinion, que d'une négative conception) l'émergence, cahin-caha, d'une conscience planétaire, d'une globale communauté sans l'unique fracas des matérielles armes pour ciment – dirions-nous dysfonctionnelle sans pourtant exagérer le sarcasme. Ça, et – le temps aidant – le timide dessin d'une langue universelle, une vraie langue, commune à tous hors les dialectes, pour peu que l'on se décide à en établir le dessein, à favoriser la communication et les échanges entre les peuples – hors les monétaires, cela s'entend, puisque nous venons d'en dresser un à-propos tout sauf beau.

Moche, inconfortable et bête. Idiot. Racoleur, aussi, au vu du contexte. Oui, incroyablement racoleur, même, dans ce contexte. Il le hait. Le costume, bien sûr, mais Matthieu, aussi, surtout et par-dessus tout. Il le hait à tel point qu'il le frapperait, s'il l'avait sous la main et s'ils n'étaient en société. Mais il ne l'a pas sous la main, là, tout de suite, immédiatement, et ils sont en société. Et il est enfermé dans ce putain de costume, moche, inconfortable, bête, idiot et racoleur.

— Ah ah, au moins, comme cela, on sait pourquoi on est venus, lui glisse pourtant une heureuse et satisfaite tête de gland tout en lui serrant mollement la main !

— Oui, ajoute la femme ornant son bras sans manquer au sourire de circonstance. Mais bon, qui pourrait l'oublier ?

— C'est juste, mon cœur, très juste, lui répond-on. Et cette manière que vous avez de ne pas parler, reprend-il à la prime adresse, c'est... c'est froid, c'est distant, c'est indifférent, oui, c'est tout à fait dans le personnage ! Franchement, bravo, ajoute l'homme, tout en resserrant plus ferme sa poigne sur cette pogne qu'il n'avait pas lâchée depuis ses premiers mots, tout affairé à son extase et pour mieux la signifier comme il la tient !

Non, connard, c'est juste tout à fait moi. Et, franchement, tu peux reprendre ta main, ce qui veut dire lâcher enfin la mienne. Te foutre tes félicitations au cul, aussi. Bon, ce n'est pas tout, mais il me faut maintenant retrouver cet enculé de costumier, ce qui veut dire te laisser là, dans ton jus.

Néanmoins, les lourdauds faisant troupeau, tête de gland lâche le membre mais pas l'affaire et souhaite montrer sa merveille à ses présents amis, qu'il apostrophe sans trop de manières, au gré de leur proche passage, sans non plus, *a fortiori*, l'avis de Fred sur sa disponibilité ni son consentement à leur contentement, soit à la bête instanciation de leur chose de foire. Ainsi, la petite troupe se forme, commente, discute, délibère autant que faire se peut, s'engage bientôt pour ne rien arranger sur le chemin de l'œuf et de la poule puisque voici Matthieu qui ramène sa fraise dans un costume tout aussi détonnant, aux yeux des scrutateurs émerveillés, que celui de notre premier sieur.

— Et voici son seigneur et maître, lance-t-on n'importe comment sans qu'importe vraiment de savoir qui. On montre du doigt, en même temps, le supposé régnant, ce qui est si peu poli que c'en est mal élevé – ne serait, déjà, la vile supposition.

— Comment, reprend-on à côté pour un peu corriger, comment celui-ci serait-il seigneur et maître tandis qu'il se trouverait parfaitement dépendant de son vassal ? Ne serait-ce pas l'inverse, de préférence ?

— Comment, corrige-t-on pour de bon, pour se défendre ou bien se faire saucer ? Et comment, dites-moi, alors, les seigneurs moyenâgeux ? Ne dépendaient-ils pas de ces serfs, de ces paysans, de ces vassaux sur lesquels ils régnaient, pour ne citer là qu'eux ? Et les rois eux-mêmes desdits seigneurs et autres grands puissants ?

On commence à agacer Fred – nous cesserons donc de le répéter, puisque l'attribution quasi-nominale des tours de parole aux quelques anonymes, en leur singularité, n'est pas ce qui devrait compter dans le présent exercice discursif.

— Tu en dis quoi, toi, mon petit billet de banque adoré, suis-je ton seigneur et maître ?

J'en dis que je ne trouve pas ça drôle pour un sou, et qu'entre le vieux et dégueulasse billet et la cochonne tirelire, il n'y a là à faire qu'à des idiots, deux parmi ces autres venus au râtelier sous couvert de charité, puisqu'on recueille des fonds, ici, ce soir, si j'ai bien tout compris, pour je ne sais pas encore très bien quelle cause exactement ni trop de quelle façon puisque je n'avais jamais vu une collecte se faire dans une soirée privée. D'ailleurs, pour un événement sur le thème du couple, tu aurais pu faire plus classique. Oui, tu aurais dû faire bien plus classique, s'il ne s'était agi que de mon avis, ou s'il s'était tout court agi de mon avis. Regarde : même si la fausse blonde Marilyn et le lubrique John, l'agaçant César et la pâle Cléopâtre, la rêveuse Juliette et l'indifférent Roméo, l'envoûtant monsieur Hyde et le collant docteur Jekyll, la troublante Colette et sa vénéneuse marquise, enfin, sont déjà là et pris, il te restait quant à nous et sous réserve des prochaines arrivées de ces chers Laurel et Hardy, Zorro et Bernardo, Starsky et Hutch, Tic et Tac, pourquoi pas, et d'autres, au-delà, fantastiques mais un poil moins fantasques que ton final choix. Alors je conçois, et très bien, encore, que ça te fasse tant rire, surtout que j'y suis obligé par ta promesse de tout me révéler en fin de soirée, mais moi, ça ne me fait pas du tout rire, et je t'emmerde, avec ta question à la con et ton air malin ! J'en dis tout ça, j'en dirais ceci, si mon avis était compté et s'il t'était conté, mais je n'en aurai pas le temps, hein, puisque les veaux reprennent ces brames dont en cour ils sont fous – bouffons, pour coller à l'époque des costumes de ce bal.

— Peu importe, au fond, ce qu'en dit le billet ; c'est le cochon, pardon, la tirelire, qui est dépendante de lui, puisqu'elle n'a pas d'autre raison d'exister que celle de le garder au chaud !

— Faux, pardi ! Il y a les pièces, aussi, qu'on peut mettre dedans !

— Vous pinaillez.

— Peut-être.

— Oui. Il pinaille.

— De toute manière, dépendance ou pas, nous disions tous, ici, que ce n'était pas fondamental pour apprécier leur équilibre.

— Oui, mais quoi, alors ? Chacun est dépendant de tout le monde, et vice-versa, et la question du maître ou du serf était sans nous servir, ce qui veut dire idiote ou inutile ?

— Idiote, peut-être pas, car enfin les questions sont utiles et nous donnent connaissance, mais le monde est bien compliqué, il faut le dire, le constater, et ceci nous fait au moins ce soir un point de concorde. Ou ce pourrait nous le faire, mes chers amis, et voilà le mot final que j'y mettrais.

Et voilà qu'à force de paroles creuses et de gâchette intellectuelle facile, à force de dégainer son avis à tout-va, on en arrive à dire n'importe-quoi, on en revient aux éternelles rengaines conversationnelles et aux fausses conciliations de piètre conciliabule, on en arrive à édicter tautologies et évidences sur des airs satisfaits et des refrains vieillis par le trop vaste nombre de leurs énonciations ou la trop étendue bêtise de leurs conteurs !

— Oh mon dieu, est-ce que quelqu'un parmi vous n'a pas encore goûté ces merveilleux, délicieux, succulents petits fours, crie-t-on soudain, interrogatif, au milieu de l'échange ? Passant du poussin au dinosaure plus encore que du coq à l'âne, c'est notre bon vieux tête de gland qui vient de trouver un nouveau sujet d'extase en laissant sa main se balader sur une table garnie ou une autre tout aussi fournie et qui, de fait, s'apprête à en proposer toute une nouvelle ballade aux à côté convives.

— Te voici sauvé, mon cher billet. Et si tu m'accompagnais au ravitaillement, qu'on aille faire le plein de bonne humeur puis gai compagnonnage ?

Avec joie. Salut, tête de gland, et au déplaisir ; et que ta joie demeure, hein, surtout, ne va pas les en priver ! Non, tiens, d'ailleurs, tu n'as pas l'air parti pour les en priver, plus pour les en enivrer, c'est-à-dire les soûler ; je tâcherai de te faire compétitif honneur de mon côté...

Ravitaillement, donc. Fuite, en somme ; mais stratégique, calculée, soit justifiée, pour autant que la chose est possible. Buffet. Canapés. Temps qui passe, ou soirée qui avance. Peu vite, cependant, ou point assez. Discussions éparses, barbantes, rébarbatives, redondantes. Fatigantes. Nouveaux couples débarqués ; sans concurrence réelle quant à l'originalité. Ils sont donc toujours, tous les deux, les plus remarqués à défaut de remarquables au sens moral et commun. Car Matthieu, qui a déjà entrepris de courtiser Cléopâtre dans les toilettes, est à présent sur le dossier suivant et fait du rentre-dedans à la très avenante et réceptive Yseult, une tardive arrivante que Tristan a le tort de délaisser pour les beaux yeux d'un plus frêle morceau. Tant pis, celui-ci convient correctement à d'autres. Délicieusement, même. Pour le coup, ils sont deux sur ce cou, puisque Keats, venu seul mais prétendant qu'un poète ne saurait s'inviter sans poésie, ni de fait se présenter où que ce soit réellement solitaire, prétend lui, maintenant, à l'autre joue de la belle, visiblement disponible, en même temps qu'il lui susurre quelques douceurs à la correspondante oreille. Tiens, en fait de disponible, la belle serait plutôt une copieuse gourmande au pantagruélique ou sinon gargantuesque appétit : la voici qui encourage les deux bords, bardée d'un cochon et d'un porc aux allures romantiques, un porc qui aime mettre les pieds dans le plat, et tente en sus les yeux doux au voyeur.

Non, merci. Salut.

Salon. Apéro, digestif, trou normand, ou ce que vous voudrez bien lui donner comme nom. De toute manière, c'est du whisky. Le temps que Matthieu achève son entreprise. Le temps que la soirée se termine. Le temps que Fred obtienne enfin son dû.

— Mais où va le monde, je vous le demande ! Un rien écorchée par l'alcool et quelques autres récréations usitées sans trop de discrétion, peu interrogative, l'invective est à mettre au glorieux crédit de tête de gland, César de son initial costume et dorénavant minable de son état, vautré qu'il se trouve dans un canapé du reste passablement encombré, perdu qu'il s'avère en une mouvante réalité peut-être alternative, ailleurs, là-bas, loin, là-haut.

Vomi. Violent. Vu comme il suait, c'était à peu près inévitable.

— Oh ! A qui donc appartient cette délicieuse flaque de sucs gastriques ?

Tête de gland est défoncé, à l'ouest, c'est maintenant clair et net. Un peu trop défoncé, même. Totalement déchiré. Über-déchiré. Autour de lui, probablement, les mêmes, car place ne se fait pas, non, malgré la fraîche gerbe. Drôlement curieux de son œuvre, inconscient de sa paternité, de sa nature aussi, peut-être trop centré, focalisé sur sa texture, le voici qui la touche, l'observe, la commente, la goûte, l'aime, y fait comme des dessins...

— Sens-moi ça, mon cochon !

L'injonction vient cette fois de Matthieu, les doigts savamment placés sous les narines de Fred et que, se repaissant de sa contemplation, ce dernier n'avait point vu venir.

Cyprine ! Ca sent bon. Bisou.

— Ok, j'y retourne.

César aussi, à sa bizarre conquête de l'étrange. Le spectacle qu'il propose ainsi est proprement fascinant, beau, tiens, oui, beau comme une trainée de sperme au milieu d'un océan de mouille, où chacun retrouve son plaisir, mais dont il ne sera pas sans concession dit du tableau que chacun le concède magnifique en le cru, soit plein à poil état : drapé de son habit d'empereur romain, dans une déchéance mentale, une perdition digne de celle de Néron ou de sa seule réputation, le mec se révèle être un vrai poisson rouge ; la mémoire cramée, il oublie toutes les deux ou trois minutes qu'il a dégobillé, qu'il a trifouillé sa galette comme un gamin sa purée et qu'il a déjà fait de son retour la buccale et douce-amère expérience ! Alors, nécessairement, toutes les deux ou trois minutes, il recommence le même et identique manège : s'émerveiller, toucher, goûter ! Mais en quasi-silence, maintenant, ce qui est encore plus appréciable que le reste – qui ne l'en devient pourtant pas moins, ne lasse pas de l'être pour autant.

Et puis, dommage, écoutant sa conscience et se fiant à celle qu'il a du monde, Tristan, triste sire résolument plus interventionniste que Fred décide de venir lui manger le plaisir sous le pied – comme on y coupe l'herbe – en évacuant le pauvre tête de gland, l'escortant jusqu'aux toilettes afin qu'il s'y refasse la sienne et se mettant dans le même mouvement vocalement en quête de la maîtresse de maison pour qu'elle nettoie ou fasse nettoyer la poisseuse bavure. Quelle erreur, putain mais quelle erreur ! On ne saura jamais jusqu'où le mec pouvait aller, bordel ! Tu n'es qu'un con, Tristan ; un con et un cocu, en sus, en plus d'un piètre Don Juan, par le biais de cet autre Casanova dont la collégiale, orgiaque visite à ta dame, déridant visiblement ses fesses par la grâce d'arpèges sur la corde sensible, cessa quelques cycles gustatifs seulement avant que tu ne t'en mêles, toi, dans ce lieu même où tu portes généreuse assistance au vomisseur d'immonde et tripatouilleur d'étrange, lieu où tu vomirais, à ton tour, tiens, d'horreur ou de dégoût, ou de honte, si la scène en question t'y était à l'instant racontée, ou montrée, pour ignoble et inacceptable que tu la trouverais alors ! Il n'y a pas de hasards, hein ? Et te voilà, pauvre con, à gâcher mon plaisir et à ne pas savoir celui que tu manques !

Quoi qu'il en soit, la goujaterie se paye, se doit d'être rémunérée sans quoi les repères se perdent. Fred se met conséquemment en quête d'un mauvais coup pour marquer l'autre, mauvais coup qui soit de préférence étranger à toute révélation de la récente et amicale implication afin d'éviter tout sien préjudice relativement au tranquille calme de sa monture. Inutile de tenter le diable pour un si petit détail. Rien ne lui vient pour le moment, mais la vengeance, dit-on, est un plat qui s'apprécie froid, et la victime, bourreau de ses désirs, en a pour un plus long. En attendant, et comme la marche porte conseil à qui l'y cherche, il fait un tour du propriétaire, plein de l'espoir, aussi, anecdotique détail, d'y croiser Matthieu puisque sa sanitaire besogne semble achevée, pour autant qu'on puisse en juger d'après la désertion des toilettes et la libération de la place pour celle du nécessiteux. Petit tour, donc. Le temps d'une cigarette, avant de se décider. Sinon le temps de finir ce verre. Pourquoi celui-ci ? Aucune idée, ni aucune espèce d'importance. Celui-ci, c'est tout, parce qu'il faut parfois quelque ultimatum, même artificieux. Bref, le tour. Aucun des convives n'est de manière générale en super forme : il y a les vaporeux du canapé, dont on a déjà vu et sans pourtant tout en dire l'état peu proche de l'élégance ou de la classe, les éternelles pipelettes de la cuisine, cette fois indifféremment hommes ou femmes (gageons que le non-respect de la galanterie nous évitera la taxation sexiste, ce qui est à dire le reproche de sexisme – « connard de galant », qu'elles savent dire), les endormis ou peut-être évanouis dans les diverses chambres, les fumeux réflexifs sur l'unique balcon, les vagabonds enfin, en faim d'un peu d'agitation, pas encore sur le départ mais bien évidemment ennuyés de ne pas trouver là, quelque-part, une évidente et nécessaire tromperie à l'ennui qui s'installe comme le rythme général s'essouffle – comme il le fait souvent à cette heure, d'ailleurs. Il y a aussi le désaxé – il y a toujours un désaxé, passée une certaine heure ou passé un certain stade, mais enfin trépassées les bornes de ses limites – qui a renversé un paquet de coquillettes dans le couloir – ne demandez pas pourquoi il se promenait avec un paquet de coquillettes dans le couloir – et qui les a par suite séparées en deux groupes, les bons et les mauvais, enfin les bonnes et les mauvaises, les gentilles et les méchantes – ne demandez pas pourquoi l'on sépare idiotement les choses selon cet abstrait arbitraire – et qui gronde maintenant les méchantes, une à une, soit une méchante coquillette après l'autre, pour n'avoir pas été gentille et ne pas dénoncer l'originelle fautive, la première des pousseuses, ordonnatrice présumée et coupable désignée de cet imbrogliesque chaos ! Désaxé, gentillet ou bien moins, car le voici qui tape contre les murs en menaçant lesdites coquillettes ! Car pas une, en toute logique, n'ose dénoncer l'autre.

— Vous êtes nombreuses, petites salopes, mais je suis plus fort que vous ! Bien plus fort que vous toutes ! Tremblez ! Je suis le roi des nouilles et je me fâche quand bon me semble ! Et paf, simultanément, le poing dans le mur et les pieds, les talons des pattes sur les pâtes, qui craquent, rejoignant le désespoir des humains congénères qui avaient, eux, plus tôt, déjà, craqué devant l'accès d'excès du désaxé.

Fred poursuit son petit tour, peu pressé de côtoyer longtemps le massacreur, le saigneur de ces dames, moitiés industrielles de tore dont l'acheteur, comme toujours, sauf de leur nombre, est pauvre et le vendeur si peu. Il ne fait jamais bon rester trop près des désaxés, dérangés ou déphasés, car très vite trépasse notre sécurité. Oui, il suffit généralement d'une petite larme, d'une légère goutte, à l'incontrôlable débordement du vase.

De la salle d'eau, haut et fort, un impérial cri.

— Les causeurs et gloseurs de leurs gutturales bottes se gaussent, sans s'aviser qu'en fait, et de fait, en glotte faîte et fête, sombre grotte et sotte gent, ils rotent et non papotent !

Puis, plus rien. Pas de justification à cette verbale saillie, non, pas la moindre sinon son énonciation elle-même, ce qui reste peu. Un vif éclair de conscience de soi, certainement, puisqu'il en faut pour pouvoir les délaisser sans rien en faire d'utile ni d'honnête. Bref. Après cette brève victoire sur la lucidité, César s'en est probablement et pour un moment retourné à ses lointaines et sauvages conquêtes, renvoyant tout de même son aide de camp puisque voici Tristan, à l'autre extrémité du couloir, sans plus ni cobaye à sa bonté d'âme ni gratitude à son serviable ou servile exercice.

Balcon. Clope. Verre. Seul. Enfin, seul, il y a bien quelques voix, toutes proches, crapotant comme depuis toujours, Zéphyrs sur les nuages, mais pas d'interaction ni d'écoute précise. Juste une cigarette, un whisky, et le monde en face-à-face sur l'horizon, bien en vue sur sa ligne, où les lumières s'estompent lorsque les ombres font voile, ouvrant un ténébreux chemin plein de mille promesses, sans aucun engagement, à pas un réservé, prêt à nous faire marcher, tous et chacun, sans aucun trouble-fête ni casse-bonbons car à tue-tête commentateur. Enfin seul, en grossier résumé, et qui dit seul dit que c'est un parfait moment pour écrire, tiens. Allez, hop, carnet ! Fred y reporte les quelques anecdotes intéressantes de la soirée ainsi, comme à son habitude, qu'un rapide rapport du déroulement de celle-ci. Question de sécurité, on ne sait jamais dans quel état on peut finir une nuit. S'il avait pris plus de notes, cette autre fois, avant de finir sous l'arbre, il aurait pu, depuis, retrouver la géniale idée alors germée à propos du vingt-sixième chapitre, ou bien il aurait pu, cette plus récente fois, retrouver ce qui avait mené le point d'interrogation à se trouver aussi ostensiblement inscrit sur le coin de son cul. Oui, et il aurait alors pu se passer de Matthieu, de la présente soirée et de l'insupportable costume. Alors, consciencieux car motivé contre l'éventualité d'une affreuse répétition de ses idiotes erreurs, convaincu de ne pas s'exposer encore à leurs conséquences du regrettable fait de sa propre inconséquence, Fred s'applique à bien noter toutes les grandes lignes de ces dernières heures, ainsi que les quelques projections d'écriture à la timide poussée qui fleurirent durant celles-ci.

— Qu'est-ce que tu racontes de beau là-dedans ?

Des choses et d'autres, des souvenirs ou intentions. Tiens, tu veux jeter un œil ? J'ai assez bu pour te, enfin me l'autoriser. Matthieu prend le carnet qu'on lui tend, tourne quelques pages, lit des extraits à voix haute en y mettant quelque large intonation dont il aura senti la nécessité, amusé par certains, sincèrement intrigué par d'autres, puis revient à la page de ce soir et y glisse une culotte avant de remettre le tout entre les mains de son obligé.

— Ça t'en fera un bon, palpable, comme ça, de souvenir !

Et pas qu'à moi, tiens, car je suppose qu'elle va avec la douce senteur de tout à l'heure, et souffle ainsi soudain le vent vengeur de mon aigreur contre ce détestable sieur...

Oui, César promène toujours sa faible conscience en l'extérieur de sa bordure, à deux respirations de la cuvette des chiottes, l'écume des rêves au coin des lèvres et quelques traces des songes passés essuyées sur sa toge, au revers probable d'un réflexif mouvement. Le pari est osé, mais le jeu en vaut la chandelle. Oui, c'est forcément oui. Il est passé par ici, il repassera par là. Mais alors quel endroit, pour ce morceau de tissu ? La prestigieuse étoffe ? Non, on risquerait de ne pas l'y voir. Petite claque à César : bon, il ne se réveillera pas de sitôt ; pas de risque, donc, qu'il égare la preuve de la conquise toison. Lunette ? Réservoir ? Allez, réservoir, ça fera moins de variables à gérer, il y aura de meilleures probabilités qu'on la trouve ! Allez, Tristan, c'est le moment de revenir, et pour moi celui de partir, avant que tu ne me croises et fasses des liens logiques que je ne souhaite pas te voir faire ! Je gage que tu reconnaîtras le dessous de ta belle, ce qui me comblera car cela rattrapera, un peu, par la tienne détresse, le plaisir précédemment ôté par ta trop chevaleresque bienveillance...

Tandis qu'il s'éclipse, Fred regrette un peu son choix. Oh, pas par culpabilité, la belle et si drôle idée, mais du fait qu'il lui interdit la lecture directe de la tête de tête de gland au moment précis de sa découverte. Tant pis, on ne peut pas tout avoir : le beurre, l'argent du beurre et le cul de la crémière, soit la relative sécurité, pour tous, de l'anonymat et la pleine jouissance en situation ; sauf peut-être si l'on pouvait choisir de se faire omniscient et point plus impotent que ce dernier degré, ce que l'Homme n'est pas (c'est qu'il y a, disons-le sans mentir, trop de pain sur la planche), ce que pas un n'est sinon supputé, ce qui règle la question sans autoriser ni même encourager le débat puisque nous n'aurons rien dit de la perfectibilité.

Le gros de l'orage est dorénavant passé : les errances s'achèvent, les somnolents s'éveillent, les conversations reprennent et la belle, artificieuse collégialité des soirées entre amis et amis d'amis retrouve un rien de vraisemblance à l'énigmatique carrefour des faux-semblants de politesse. L'harmonie diplomatique se rompt, pourtant, lorsque Tristan, pourfendeur d'ambiance devant l'éternel absent, au chevet de l'empereur, découvre l'indice de la maritale traîtrise et entreprend auprès d'Yseult d'en obtenir le fin mot de l'histoire, vociférant quant au dessous plus tellement dessous, lui gueulant dessus sans veiller à rester au-dessous du confidentiel niveau sonore. Mais comme l'Histoire est capricieuse aux grandes puissances, qu'elle sait renverser à sa volage guise, soit mettre sens-dessus-dessous, comme même César sombra, qu'est donc Tristan, fils mortel d'autres simples mortels, toute puissante que soit sa rage, tout complet que soit son désespoir, face à la femme, face aux grands, face au non, pour se permettre de rêver d'une Vérité que les Hommes courtisent depuis tellement longtemps qu'ils auraient déjà dû, depuis, sagement déduire son inexistence hors de la minuscule ? Oui, la femme est capricieuse, à son tour, qu'elle prend du reste bien fréquemment puisqu'on l'élève ainsi, et l'homme ne saura rien, non, pas la peine d'insister, rien sinon ce qu'il peut imaginer au vu et auprès des historiques traces ! Mais l'homme est colérique, puisqu'il s'en croit plus dur face au vilain, moche monde, et, son cher honneur bafoué, son verbe trop lointainement et si imprudemment semé puisque du haut de son melon pourtant peu virginal et moins encore original il a vêtu Yseult d'infâmes bottes de cuir aux relents de trottoir, il prend porte et exil sans merci ni salut.

Gagné, se réjouit l'argent, billet d'humeur ravie par la discorde ! Du blé qui sème à l'envi le vent de la tempête et le récolte jusqu'à la lie, s'y couchant comme il l'a fait, son lit, s'y vautrant avec la même délectation qu'il attendait, gourmand cochon pervers, n'est-ce donc pas magnifique ? Et Yseult, pourtant fautive quant au propos du couple, mais là n'est pas notre propre propos, de se faire consoler par un, deux, trois convives, par bientôt toute l'uniforme assemblée de ces gens déguisés, dont la conversation ne quitte conséquemment plus les lieux communs que pour s'abandonner immédiatement, alors, corps et âme aux clichés, dont on sait qu'ils les gagnent et les adorent, ces deux moitiés ou parties de l'être, exactement et précisément corvéables. Tant pis, on n'était pas venu pour discuter. Non, on était venu pour révéler, ou se faire révéler. Bon, en parlant de ça : où est Charlie ?

Charlie, enfin Matthieu, est au balcon, en train d'admirer le résultat des efforts de Fred : Tristan est en bas, qui finit son chocolat, qui nous fait du boudin et beugle toujours après sa salope de compagne, battant campagne lorsqu'il n'est qu'improprement intègre lui-même (mais la vertu clamée n'est en la matière que rarement celle de l'exemple), qui fait de la rue sa scène à la fin du spectacle, renverse les bennes à ordures en insultant la sienne et finit par s'éloigner pour de bon, promettant malgré-tout en un ultime élan, dernier bête sursaut, à qui ne l'entend pas et qui voudra savoir, ou pas, de saccager ce nid au trépassé douillet. Bon, c'est bien mignon, tout ça, mais il est maintenant l'heure des explications. Oui, il est grand temps, et tu n'y couperas pas, cher cochon ; je m'en vais profiter de cette tienne hilarité qui devrait te laisser à moi dans les meilleures dispositions. J'ai assez patienté et n'ai plus grande distraction à opposer à ma soif de savoir.

— C'était vraiment du bon boulot, glisse la tirelire entre deux rires ! Oui, tu m'as bluffé sur ce coup, et je ne regrette vraiment pas de t'avoir fait venir.

Ouais, enfin d'après ce que j'ai pu suivre, tu n'avais pas grand monde sous la main non plus ! D'ailleurs, en parlant de ce que j'ai pu suivre, éclaire ma faible lanterne, c'était quoi, cette histoire de charité ?

— Oh, ça ? C'est la dernière lubie de Sophie, la maîtresse de maison. Elle en avait marre de faire des soirées où tout le monde se déchire la gueule sans que ça ne veuille rien dire, et elle est tombée sur ce truc, tu sais, en ligne, le financement participatif. Ben voilà, elle n'a pas pu résister à la mode et a décrété que pour chaque soirée chez elle, il y a avait dorénavant un droit d'entrée, lequel sert ensuite à une bonne œuvre ou l'autre, selon l'idée du jour et le sens de la girouette.

Chouette. Et nos moutons, sans vouloir te commander ?

— Ah ah, ce serait donc bien le billet le chef, alors ?

On ne va peut-être pas rentrer dans ce jeu-là ?

— Soit, j'aurai tenté l'esquive...

Bien, bravo, et tu veux une médaille ? Allez, vide ton sac, connard ! Tu m'as assez torturé, sauf mon bref et dernier amusement.

— Que tu dis, mais je suis en la matière seul juge ! Pourtant, grand seigneur, je serai beau joueur. Ainsi, parle, j'écoute !

Tu écoutes ? Ne te fous pas de ma gueule ! C'est moi, qui écoute, c'est moi, qui veux savoir, et c'est donc toi qui vides ton sac ! Fred s'énerve tant qu'il n'écrit plus très droit. Mais tant pis, l'autre a compris.

— On se calme, mon bichon, on se calme ! Y'a pas d'entourloupe : si je te dis que je t'écoute, c'est simplement que j'ai besoin de savoir où en est ta mémoire de cette fameuse soirée, afin d'en reprendre un cours dicible, de t'en faire bonne et compréhensible narration...

Ouais, ben la chose est simple : je veux seulement savoir comment ce point s'est retrouvé sur ma fesse !

— C'est tout ?

Oui, c'est tout.

— Je m'en voudrais presque de t'avoir fait payer si cher ce si petit renseignement, dis-donc !

Merci pour tes remords. Crache le morceau, maintenant.

— Oui, oui, pas de souci ; seulement, c'est un peu délicat à te dire, là, comme ça, tout brut de décoffrage. Quand je pense, pauvre petit, que tu n'attendais que ce tout fin détail et qu'il ne va pas t'aider du tout...

Arrête un peu tes conneries, je suis assez grand pour juger de l'usage et de l'utilité ! Crache, bordel ! Compassion ou mesquinerie, condescendance, peut-être, humanisme ou méchanceté, je ne saurais trancher, comme souvent on ne le peut en pareilles circonstances sans gager d'une plus générale façon la valeur du bonhomme, mais c'en est assez, de toutes les manières, de tes hésitations ! Alors ?

— Bon, voilà, d'après le rapport de Jane, tu t'es fait ça tout seul...

C'est une plaisanterie ?

— J'en sais rien mon vieux ! Ne me demande pas de certifier l'invérifiable ! Ce pourrait en être une, de ta part ou de la sienne, mais je te garantis que c'est bien là ce que Jane m'a confié et, pour ce que je sais la lire, elle me paraissait honnête dans sa confidence. Et pourquoi, d'ailleurs et dans le cas contraire, aurait-elle insisté pour que je retienne ma langue à ton égard ? Tu la connais un peu, suffisamment pour savoir qu'elle n'est pas calculatrice, que la manipulation lui est hors de portée sinon de volonté !

Ouais. Va pour la première option, pour le mauvais giron. Jane n'a rien de machiavélique ; il n'y a qu'à regarder, effectivement, sa confidence à ton encontre et mon sujet : intelligente, elle ne se serait pas livrée, par vrai calcul du risque de divulgation. Et elle t'a dit pourquoi ?

— Pourquoi le point, pourquoi sur toi-même ? Non. Elle n'en savait rien. Tu es arrivé chez elle ainsi, marqué, et lorsqu'elle t'a questionné là-dessus, tu lui as répondu que ce n'était rien d'important, qu'il reste toujours des traces, quand les hommes s'ennuient.

Putain !

— Salope, même, si tu veux ! Même si tu l'as bien cherché, elle aurait pu te le dire avant...

Euh, non, rien à voir. Ecoute, merci pour la délivrance, je dois y aller maintenant. Salutations. Générales aussi. Embrassades et tapotages de convenance. Sourires. Remerciements. Dehors. Taxi.

— Sympa, le cost...

Ta gueule.

Comment ? Les pensées divergent, ou divaguent, digressent tandis qu'on taille la route. Comment a-t-il pu oublier ça ? Alors que le futile, seul, devait et devrait prendre le large, nous laissant l'amer du nécessaire. Comment lui est venue cette putain d'idée de se marquer la fesse ? Et qu'il flotte pourtant des relents d'accessoire. Et comment, bordel, le choix du point d'interrogation ? Le choix, l'acte était personnel, la trace si commune. Et comment se fait-il qu'il ne s'en souvienne pas ? Tandis que la trace est une marque, et que c'est d'une marque qu'on échine le souvenir. Pourquoi ? Pourquoi aurait-il fait ça ? Il est un peu perdu. Il est celui que vous voudrez, puisque n'importe quel connard serait le même, et qu'*elle* vaut *il*, pour ce que nous en disions précédemment avec force de conviction. Comment ne pas tout mélanger ? Respirer, calmement, comme une fois sur deux ; prendre le temps. Respirer, et calmement, malgré le brise-couilles de chauffeur qui déclare puis répète et puis encore que nous sommes arrivés et qu'il te faut descendre et qu'il n'aurait pas dû prendre un original probablement bourré pour dernière course de sa nuit. Comment cela t'importerait-il puisque ton compteur tourne ? Respirer, payer, sans broncher. Tiens, prends-donc un vil, vicieux pourboire, pour ta peine, pour ne plus cracher sur la main qui te nourrit, puisqu'on ne parle pas ni rien d'autre à pleine bouche ! Rentrer. Passer la réception. Virer au bar. Commander. Boire. Oublier. Les questions et le reste.

G. « Je ne suis pas une faiseuse d'ange »

Gare au gorille, prévient-on sempiternellement sans plus se soucier des apparences que des circonstances, toutes aussi trompeuses qu'une indiscrète libertine en imprévu et non-maritalement-concerté cinq à sept, hurlant à l'occasion quasi comme ledit singe – moins coquine, plus maligne, elle sait à son instar et pour la picturale correspondance aussi piailler – pour peu qu'on sache tourner sa langue, cinq, six, sept fois ou plus, mais enfin pour ne rien dire et pourtant avec la bouche souffler ou insuffler via cette bosse au pied agile la vraie huitième et seule merveille du monde – le muet usage rognant un poil, sans les anéantir, les portions de ce temps qu'on nous promet en la chanson pour elle, sinon, au demeurant et majoritairement très emmerdant (quatre-vingt-quinze fois sur cent, chante l'air, et c'en est assez pour nous interpeller). La belle, rien à voir mais c'est à voir quand même pour cet avis avoir, la belle, donc, bête à ses heures perdues comme aux nôtres trouvées, mais point la bête, point, c'est tout, a cet étrange atout et pouvoir contre qui s'y frotte pour voir ou pour pourvoir à d'autres bêtes, joujoux extras, qui bêlent ou mordent ou bien qui font qu'elles bêlent sans mordre même si belles ou non elles s'en mordent et s'en moquent, bêlent comme elles s'emmêlent et se libèrent les ailes (ne cherchons pas trop la précise petite bête, soyons ostensiblement généreux aux acceptions et interprétations puisque si nous osions nous gêner nous tuerions le plaisir en sa lancée), pouvoir un peu bête aussi, mais toujours point la bête, non plus, ni plus, enfin moins, le poing de la bête, c'est bête, mais un point n'est pas tout même s'il en faut un de départ à défaut d'arrivée et sans toujours y parvenir en début ou en fin, même si son orthographique variante fût un des nôtres, et si l'on cherche la phrase plus belle on ne l'aura que plus bête alors changeons de sujet sans varier de propos, venons-en tendrement à la bête, belle bête, moins bête que belle ou belle bête, et point du tout du coup la belle, sinon la belle bête, mais pas la bête belle, non, rien que la bête, c'est déjà bien assez bête sans être totalement bête non plus ni la bête de surcroît, belle bête n'étant pas bête ni bête belle sinon pour l'inversion déraisonnant l'aversion selon celle des versions, la bête, donc, plus trop bête ni belle et dont on ne sait plus bien si nous la dirions bête ou belle ni quant à laquelle, de bête, ou de belle, ou de belle bête ou de bête belle, nous devrions le dire, se laisse parfois conter quand le gorille s'effondre que la belle sait tuer bête, ou le fit sans bien savoir comment – c'est que les grands et fantastiques pouvoirs en leurs grosses conséquences impliquent une grande inconscience, pendant de l'innocence. Mais alors, entendant que la belle a tué la bête, on se demande très justement en l'entendant et en l'entendement, c'est bête, mais bêle qui voudra et nous nous ferons, nous, la belle de ces bruyantes réclamations en mimant le rond dos, à deux – ou plus – reprises si nécessaire : soit, mais laquelle ? Et comment ?

On a ses obsessions, toutes confuses, surprenantes ou vaines qu'elles soient ou paraissent, et si la veine semble le brut produit de l'effort, elle reste un ornement sans lecture précisément déterminable une bonne et unique fois pour toutes et pour l'éternité, sauf à prendre le symptôme, le maquillage, le semblant-être pour réalité du profond mécanisme à l'origine de cette frontale apparence. Bla-bla, murmurent-elles sûrement, déjà, les promptes mauvaises langues, vipères qui vitupèrent. Mais la langue reste bien secondaire. C'est toujours la même chose : face à cet outrageux rouge, hypnotisé par la danse des charnues et charnelles jumelles qu'il orne, Fred ne parvient à se concentrer qu'avec difficulté, qu'à grand renfort d'exagéré volontarisme. Oui, c'est toujours le même mobile, causant rouge à lèvres, pétant, pétaradant ou provocant quant à sa seule couleur, bref, superbe, et pour celles-ci, de lèvres, la même doucereuse grâce lorsque, délicates, elles se meuvent, toute incommodante réprimande qui puisse bien présentement en sortir à son encontre. Elodie, la labiale Elodie, la magnifique Elodie n'est pas de très bonne humeur, du moins ne montre-t-elle pas de réel contentement suite au brusque virage littéraire ou stylistique si soudainement pris par son dernier protégé conséquemment au soir qui révéla, brutale, l'amplitude de son extraordinaire capacité à s'emmerder lui-même, son incapacité, en fait, à ne pas s'enfoncer un peu plus et sans extérieure aide en son sordide trou existentiel, son œuvre destructrice, sa nombriliste galère. Non, ce serait bien plutôt le contraire, et ce jet-ci est minable, se sent-elle obligée d'asséner. Car non, renchérit-elle encore, et j'enfoncerai le clou sans me lasser et si cela me chante, ce n'est pas une solution, et si c'en est une, ce n'est en aucun cas la bonne. Il va bien falloir que tu le comprennes, de préférence avant la fin de cette journée parce-que les miennes sont longues et que je ne suis pas inépuisable.

— Rentre-toi bien ça dans le crâne, l'avise-t-elle après avoir déjà, précédemment, préventivement, au cours de son introductif et pourtant bref prologue à sa remontrance, plusieurs fois martelé son étonnante et tonitruante expression. Je ne suis pas de ces filles-là, ni, du reste, de ces éditrices-ci ! D'ailleurs, les deux points se rejoignent ou se confondent, chez moi, pour le meilleur ou pour le pire, c'est selon les avis dont pas un ne m'importe sincèrement, pas en ce qu'il pourrait singulièrement me toucher, et tu me permettras en l'occurrence une courte anecdote dont tu ne manqueras pas la portée ni la concorde avec ta propre problématique du moment si tu la suis, du moment que tu la suives jusque son terme et puis moi jusqu'au mien.

Voilà : j'ai une très bonne amie, Estelle, mais tu peux te foutre de son prénom comme de ta première chemise, de ta dernière cravate ou de tes trouées chaussettes, car je m'étonnerais moi-même, et fort, de te la faire ou ne serait-ce que voir croiser un jour tant vos mondes me semblent éloignés et par essence inconciliables, plus encore qu'incompatibles, tant ce n'est pas là l'essentiel, aussi, surtout. Bref, passons. Bon, Estelle est sympathique, de manière générale, et sur le plan de l'amitié je dois dire ne rien avoir à en redire, c'est-à-dire devoir honnêtement confesser ne rien trouver à lui reprocher puisqu'elle est présente quand il faut et absente dès que nécessaire ; que demander de plus ? Elle sait s'effacer, et tombe juste quant à l'inscription temporelle de ses discrétions, ce qui dit tout d'un bon compagnonnage. Tout du moins avec moi. Avec certains autres de ses amis, ou amies, hein, c'est une tout autre affaire, une affaire aux tyranniques relents pour objectivement qu'on puisse les prendre. Vois-tu, elle est heureuse, Estelle, incroyablement heureuse, au point d'en déborder publiquement de joie, de bonne humeur et de bonheur à revendre, enfin, à distribuer tous azimuts, comme le vent souffle à droite ou bien à gauche sans particulier regard pour l'assentiment de ces gens qu'il décoiffe ou renverse, bouscule, glace, désespère sans espoir de changement sinon le fatalisme d'une tôt-ou-tardive survenance de l'incontrôlable phénomène. Elle est un peu totalitaire, en un peu lourde somme, et tu pourrais vérifier l'assertion, constater le caractère en l'observant agir au sein de son couple. C'est qu'elle aime bien les grandes idées qu'elle se fait de l'amour, ma chère copine Estelle, ce qui inclut l'idée de perfection, idée qu'elle définit elle-même en ce qui la concerne et très idéalement, et puis son couple avec selon la même recette, dans un identique moule et un ressemblant four ; du coup, son mec doit s'y plier plus que tout autre, sauf bien sûr à préférer qu'un autre prenne sa place, autre qui s'accepterait plus docile que le plus pacifiste et a-vindicatif des rebelles. Bon, ceci dit comme on pourrait s'en foutre, restons à nos semis, peu loin de la semence : le docile du moment, depuis un long moment maintenant, assez long pour qu'elle en fasse, par provision de prévision, son dernier et définitif prince charmant, c'est Yves. Mais à ce stade, tu dois apprendre que Yves, il avait plutôt tout du crapaud, avant de la connaître. Enfin, du crapaud ; comparativement au prince charmant, bien sûr, ce qui m'amène à l'idée qu'elle s'en fait et cultive avec cette propension à l'exagération dans le perfectionnisme. C'est-à-dire qu'elle l'a transformé, adouci, rendu meilleur, allez, même, si l'on écoute le nombre de ses poupées qui disent oui quand elles devraient dire non ou *a minima* s'interroger relativement au juste d'une approbation. Oui, elle a des poupées qui disent oui, qui acquiescent à la moindre de ses façons d'être, qui la trouvent merveilleuse et pleine de jugeote, peu importe ou presque ce qu'elle peut déclarer ou acter – c'est-à-dire sans critique regard sur son agir. Oui, elle a des poupées qui trouvent cela charmant, tellement charmant, l'édification du prince depuis l'affreux crapaud. Oui, elle a de suiveuses et serviables poupées qui taisent leur admiration quant à son art du jouir, c'est-à-dire sa façon du bas emploi de son sexe, quant à son art d'en jouir, aussi, du prince, de l'homme, de la chose masculine, qui taisent donc cette admiration vouée pour la seule raison d'un refus de l'avouer. Je crois qu'elle les a bien formées, ou correctement déformées, ses poupées. Mais c'est hors de propos, pour l'heure, puisque je ne te parlais que d'Yves, avec lequel, là aussi, elle s'est bien – même si c'est mal – débrouillée. Oui, elle l'a modelé, petit à petit et tant bien que mal, à coup de crises, de colères, de caprices et de conditionnement sexuel, le récompensant de son entrée dans le moule par la graveleuse rétribution de ses molluscaires faveurs, mareyage sans mariage sinon celui machiavélique du calcul et des coups du bas, sulfureuse union à l'ontologique mytilisme pour rejeton, infantilisant suffisamment le bougre pour en faire, en la vilaine espèce, son adorable et tant chéri toutou de Pavlov.

Ouais, blague à part, s'interrompt-elle, joyeuse, je l'appelle le prince de Pavlov, Yves, et ça me fait beaucoup rire. Puis, sa confession livrée, la voici qui reprend le cours de son exposition, sans plus d'insistance que nécessaire sur sa drolatique et toute privée confidence.

Où en étais-je ? Ah, oui : le remodelage, la modulation de l'être à travers sa superficielle manière – la façon profonde n'étant pas directement accessible aux manipulations. Je dois dire qu'elle a eu bien de la patience, si tant est qu'elle ait fait les choses avec intelligence, c'est-à-dire de manière préméditée et méthodique. Non que le problème soit en essence le changement, non, le problème, c'est l'ange et sa mise en chantier, la subordination, le paradigme du prince charmant et l'abjecte mise en conformité, par objectivation, au sens de sujétion, c'est-à-dire en rendant l'autre sujet objet de son vouloir à soi. Car, changer au tiers contact, soit à celui de l'altérité, voilà bien une chose très naturelle et tout à fait normale, mais il y a tout un vertigineux fossé entre la variation inhérente, naturelle, au frottement des mondes et le conditionnement, l'assujettissement, qui ne considère l'autre, entier mais sans part entière, que comme dépendant et malléable objet, dont l'hypothétique étude ne pourrait et ne devrait servir qu'en regard de l'efficace du processus de réécriture de la singularité.

Quoi qu'il en soit, elle a bien mené sa barque, et lui en bateau, qu'il soit un niais suiveur ou bien un complaisant soumis. Oui, à force de lui dire ce qui lui convenait ou non, à elle, sur le mode de ce qui convient ou non, pour lui, ce qui fait une phénoménologique différence de perspective, ce qui fait une simplification, ce qui fait un outrage à la cour du vivant en niant toute sa complexité, elle l'a éduqué, elle l'a dressé, elle l'a très impoliment poli sans plus pour lui de mot à dire que pour les autres de choses à redire. Tu vois, par et pour exemple, il ne va plus jouer au foot avec ses potes le dimanche après-midi, il ne joue même plus à la console, le soir, pendant la semaine, il ne choisit plus son télévisuel programme, ni aucun autre agenda sans la préalable consultation de ses disponibilités à elle, et puis il n'ose plus péter en compagnie, il ne se cure plus le nez, ne laisse pas la moindre assiette traîner, ne mange plus de chips sur le coin du canapé, ni rien d'autre qui s'appelle ou s'appelait précédemment oser lorsque, célibataire ou sous une tierce et complaisante, conciliante coupe, le cœur lui en disait sans la restrictive raison du gland dont il subit dorénavant la loi ; en fait, il n'ose plus rien du tout qu'il puisse penser contraire aux attentes et aux aspirations d'Estelle ! Voilà pourquoi je te dis qu'il fut bien dressé et, partant, qu'on peut faire des anges depuis les plus incorrigibles de ces diables d'enfants, grands, petits, toujours gamins au fond, à jamais et pour le pire ou le meilleur éducables.

Or ce n'est pas mon genre ni mon mode d'amour, ni mon modèle d'amour, c'est-à-dire ma façon d'aimer, même si ce n'est généralement pas mon genre d'aimer, de m'autoriser à aimer, et ce n'est pas non plus mon genre de littérature, surtout, puisque je vais comme promis t'en toucher à présent quelques mots, si tu me suis toujours et si je puis poursuivre sans t'ennuyer de trop.

Car non, de même que je ne le suis pas en amour, je ne saurais l'être quant à la littérature, tant j'aime celle-ci trop passionnellement, professionnelle déformation m'oblige, et, ce qu'il ne sera plus besoin de démontrer, trop personnellement. Je ne crois pas, et je vais insister sur ce point puisque tu me sembles l'avoir à mon propos et par le mien compris tout de travers dès le début, oui, je n'ai qu'à voir ton virage du jour, je ne crois pas, donc, qu'il faille polir les œuvres ni les auteurs selon l'attente supposée d'un – à l'identique – postulé public. Je ne crois pas, de toute manière, que la littérature s'acoquine avec les anges, au sens où l'on peut en faire et où Yves en est devenu un. Ce n'est pas vicieux, un ange, par définition, ça n'a même pas de sexe, ça n'existe pas sinon comme proprette idée, alors comment cela pourrait-il te prendre, te prendre jusqu'à t'en retourner les tripes par le frisson de ta stupeur et l'amplitude de tes tremblements, comment te ferait-il vibrer pleinement, l'ange, comment saurait-il te faire rêver dans la totalité de ton être, dans sa complexité, en son plein cours et jusqu'au moindre de ses insondés mais non-insondables méandres, tandis que son maître aura cloîtré la seconde moitié du monde aux sombres oubliettes de son premier jugement, préférant les Hommes de beaucoup de foi mais de bien piètre, faible profondeur ? Non, je ne crois pas que la littérature se satisfasse des gagne-petit que font ces gens lissés et policés lorsqu'ils s'épanchent de nivelés fantasmes ou se targuent d'un bonheur dont ils ne soupçonnent même pas qu'il n'est qu'un bien pauvre bien-être auquel manque cruellement et très essentiellement le fantastique examen de tout un vierge océan, promis aux seules ivresses que leur sérieux leur refuse. Je ne crois pas que l'histoire s'en émeuve. Je ne crois pas que le lecteur s'y plaise ni, profondément, s'y sustente, qu'il puisse s'y étancher la soif existentielle. Je crois que la littérature, ce qui peut prétendre à s'appeler littérature, ce qui reste en tant que tel, tu l'auras compris puisque déjà entendu, c'est un peu sans qu'on l'aime et beaucoup comme on aime : une atmosphère, une ambiance, qu'elle soit faite ou sentie, sensorielle ou textuelle, naturelle ou fabriquée, compliquée sinon tronquée, et puis de la passion, violente, de l'intensité à défaut de violence, de l'épatant plutôt que du sensationnel, de l'important à la place du futile, avec un rien de léger saupoudré, quand même, et de l'informatif, relativement aux vitales questions, bref, du vibrant et surprenant détonnant.

Mais ça ne veut rien dire, tout ça, annonce-t-elle après une courte pause, car ne sont exposés-là, pour ainsi le dire, que mes humbles goûts et mes toutes personnelles couleurs, parce-que, surtout, ce qu'il lui faut avant tout, à la littérature, par-delà mon avis ou le reste de ces autres plus divers que variés et dont l'ouverture sera tantôt plus restreinte que mon sein gauche est petit, tantôt plus large que mon droit est gros respectivement à l'autre, ce qui fait qu'on ne sait plus auquel se vouer quant au bon équilibre lorsqu'il faut l'un choisir, ce qu'il lui faut, donc, c'est s'accorder relativement à son auteur : on a coutume, à son propos, de collecter les avis de fabrication comme si l'on pouvait en obtenir quelque manuel – comme il y en a d'idoines d'utilisation – qui vaille dogme et universelle mesure, en plus de commettre l'erreur d'une analytique post-événementielle, soit en l'occurrence, pour nous, post-productive ; pourtant, tout n'est que littérature, sans être la littérature, car ce n'est que jugement et que le pot commun ne réside pas dans le meilleur qu'un autre, non, le transcendant des mondes n'est pas dans la forme des maux ni la façon de leur étalage mais dans la pure adéquation entre l'entendu style, le sous-tendu message et l'être porteur et façonneur dudit dit. C'est l'émotivité, l'émotion, l'émouvoir, et l'harmonique justesse du tout.

La littérature, en effet, est une capricieuse bandaison, en sus de la facétieuse maîtresse que sa réputation précède, de celles qui ne se commandent pas, sans manquer pourtant de requérir un originel stimulus, qu'il ne s'agira pas de confondre indéfiniment avec l'original : il faut, pour qu'elle se dresse et s'élève de brefs sursauts d'un seul en soubresauts pour tous, il lui faut à l'origine des mondes l'astreinte d'une piété à soi, une culture de l'être qui n'est pas celle de l'*ego*, soit la formidable et sévère exigence d'une authenticité du dire en miroir de l'être qui dit. Impérativement, indépendamment des styles et de leurs accidentels caractères, le produit – c'est-à-dire le résultat – littéraire se doit de tutoyer cette authenticité, avec le sérieux qu'on appellera talent, sinon le décalage se sent ou se voit, la magie s'estompe et la confuse, tue admiration se brise comme se trahit la maladresse, l'imperfection de la tentative de traduction ontologique, de l'être vers son fait – faits d'armes, faits d'être, tu auras tout suivi.

Car il faut du vrai, au littéraire, pour dépasser les mots, comme il en faut à tout artiste pour toucher sa grandeur – la sienne par celle de son vrai. Non que le vrai existe, non, non qu'il y ait une vérité une et universelle, à la notable exception du concept en lui-même, ce qui n'est pas grand-chose, vu de près, non, pas tant qu'il faille s'en émouvoir ! Non, en factualité, soit en réalité, pour ne pas dire en vérité, il n'y a de vérité que relative, situationnelle, c'est-à-dire entre les mondes et non au-delà d'eux, transcendant leur niveau et réduisant leur valeur, leur qualité au nom de l'accident, qui n'est pas l'incident mais le nom de ce qu'ils sont accidentels. C'est justement là, néanmoins, dans cet entre-être, dans l'insignifiance car la relativité de cet interstice que réside tout l'intérêt littéraire, sans que ne l'emporte la réduction nihiliste sinon par un vulgaire et très hors de propos excès de volontarisme ; car les êtres sont rares, tristement rares, qui peuvent se prévaloir d'un accord avec eux-mêmes, qu'ils soient, du reste, gueux ou sous feu, simples mortels ou sous la rampe, et c'est ce que trouve l'artiste, cet accord, lorsqu'il est grand, l'artiste, du verbe, pour nous, parfois au point de bien le dire, par d'autres fois au point de bien le transmettre, de bien le faire voir et de se faire valoir aux yeux des boit-sans-soif des bêtes renommées. Je t'épargne ici, remercie m'en si tu veux ou désole-toi de tant de peu, le développement plus long du fait que d'autres peuvent trouver un tel accord sans le compléter d'une artistique fibre, car l'artiste, lui, ayant trouvé le sien ou profitant sinon du fait que d'autres l'ont fait avant d'une remarquable façon et qu'on l'y confond vite, en cette masse des êtres, oui, on l'y confond dare-dare, lui qui est du nombre de ceux qui le montrent, qu'il l'ait ou non trouvé, le vrai, ce qui nous fait le voir et permet d'en causer puisque la chose visible, par tous, est donc vue ou, potentiellement, visible – c'est-à-dire visible en tous les cas, de fait ou de potentiel. Un accord, donc, qu'il trouve avec lui-même, plus qu'une justesse au monde et à ses vastes attentes. Car il y a des artistes déchirés, détruits par leur inscription au monde ou les stigmates de son accidentelle histoire. Mais lorsqu'ils sont grands, ce qui fait leur grandeur n'est pas le nombre des suiveurs qu'ils promènent ni ce qu'ils nous diraient d'une manière de l'être préférable à sa sœur ou cousine, non, c'est l'accord entre leur façon d'être et la manière dont ils la disent, le vibrant hommage qu'ils rendent égoïstement à eux-mêmes dans un impeccable style, impeccable en son raccord avec leur être, et non l'implacable leçon de vivre qu'ils donneraient à tous et à chacun. Il n'y a rien d'admirable, en l'artistique personne ; non qu'il n'y ait rien d'admirable en personne, et il y a beaucoup d'humain à aimer pour leur personne, mais tout l'admirable reste, quant aux artistes, quant au fait artistique comme il y a des faits de guerre ou de jeu, en propre, à l'art lui-même et non à son vivant vecteur, même si l'on aime à se tromper en masse sur la valeur des choses en comptant de travers et de trop grosse façon celle des gens. C'est-à-dire que le chérissable n'est que ce produit dérivé de l'être qu'est l'œuvre, lorsqu'elle transgresse la catégorie des productions pour accéder à son final et génial rang d'œuvre. C'est-à-dire que l'Homme est un vecteur et ne saurait être analysable quant à son art, indifféremment du fait qu'il le reste partiellement en tant qu'être seul ; non, ou pas pour sa valeur propre.

Et comment, me rétorqueras-tu pour me porter contradiction, comment se fait-il qu'on s'autorise la considération singulière, c'est-à-dire celle de la singularité, de l'être, puisque l'on interroge l'accord, tandis qu'on clame dans le même temps que le produit, le dérivé d'être, seul, compte ? C'est que l'Homme se sent, derrière le texte, comme le père derrière le fils, comme tout créateur derrière sa chose, qu'elle soit indistinctement créature ou création ; car si le jour se fait, si le décalage se trahit lorsque l'harmonie vient bancale, c'est bien que l'Homme, derrière, n'est tant tôt tapi qu'il sache rester caché, et qu'il peut bien cacher, savant, bien des traits à nos yeux mais ne peut, de son être, dont il faut bien paraître, le total invisible, puisque pour dessiner, en surplus du dessein, il faut bien, quelque-part, quelque main qui le tient. Ainsi, sans véritable car insurmontable obstacle, la véracité transpire, et son sous-jacent excédent avec, du producteur d'écrit jusqu'au lecteur de texte.

La cohérence, même, n'est pas sauve, histoire de prendre malgré les apparences un dernier exemple à même de te convaincre, exemple qui ne soit pas nécessairement étranger à notre dernier crayon, la cohérence, donc, avant que tu ne la gommes de ta mémoire, en-deçà du problème que pose sa reconnaissance tant l'ordre reste une définition relativement arbitraire, cohérence dont on attendrait pourtant comme absolument nécessaire la présence en tout récit, cohérence que d'aucuns louent en l'évidence de son besoin telle l'importance d'être constant, la preuve par la régulière et condescendante critique de son absence, mais dont on doit bien reconnaître, à l'attentif bien que vif examen, qu'elle n'est pas essentielle à, par exemple, un propos sur l'incompréhensibilité du monde qui voudrait faire sa fable en exemplarité. On a déjà vu des dessins, des peintures sinon qui changeaient sa vision, qui bouleversaient ainsi son code.

Non, si cohérence il y a, et cohérence il y a, ce n'est pas l'immédiatement perceptible, ce n'est pas celle du style, ce n'est pas même celle de l'être. Ce n'est que celle de l'accord entre ce dernier et sa production, soit le produit littéraire pour ce qui, égoïstement, m'intéresse ce jour et t'aura valu ce peu bref exposé. La cohérence est celle de l'harmonie ontologique, entre l'être et son dérivé. Et, donc, ton dernier jet, vois-tu, puisque m'y revoici, loin de te permettre cette transgression, cette transcendance, est un mensonge à ton être, et c'est ce qui le rend proprement misérable, détestable, recyclable. Jetable, en l'état et mon choix. Oui, tout ceci étant dit et à toutes fins utiles j'en reviens à mon genre, puisqu'à défaut de faire la littérature il fait bien l'éditrice : tu ne peux pas partir te perdre dans ces conneries, non, pas toi, pas tel que je te connais, même si je ne te connais pas depuis si longtemps que ça et même si connaître quelqu'un, jusqu'à se connaître soi, ce n'est toujours qu'en avoir une certaine collection temporelle, en avoir collecté une succession plus ou moins pleine de regards, collection en l'idée temporaire en sa finitude et partielle en son achèvement, oui, oui mais non, mais voilà, toujours est-il que tu ne peux pas perdre ton temps à écrire des phrases aussi insipides que celles-ci, non, tu ne peux pas, tu ne dois pas, je ne veux pas, je n'en veux pas, de ton racolage pour midinettes et incomplets du bulbe. Non, je ne t'ai pas signé pour cela, et tu ne peux donc pas te satisfaire d'un abaissement de tes exigences pour te sentir, toi, mieux ; non, j'avais aimé que tu dises quelque-chose, en écrivant, ce qui est un rien différent de porter un message, et ta nouvelle manière d'en faire des caisses sans plus rien signifier que ton venteux brassage est une erreur idiote. Et, oh, enfin, par pitié, ne va pas plus avant vers les vers, vermoulus, c'est pourri. Ce n'est plus d'époque, ce n'est pas ton dire et ce n'est pas mon plaisir.

Et maintenant, on baise, achève-t-elle en lançant l'injonction comme elle se dévêtit, dans un probable souci démonstratif de ce que peut ou va se trouver être un parfait point structurel, sans particulière ni sérieuse considération pour le pavlovien parallèle, tout seulement possible, soit non-vérifié qu'il soit en fait. Dans une distinguable car non-dissimulée envie, aussi, en sus de l'hypothétique tête-à-queue et puisqu'elle parlait de ses désirs et venait en son terme à l'expression de son annoncée satisfaction.

Corriger le tir, redresser les lignes, se remettre d'aplomb, soi, soit les idées plus droites et, peut-être, sûrement, les habitudes plus saines, sinon plus habituelles, plus siennes, alors, comme un retour en la terre qui pour tous est un indélébile pigment, une indécrottable tache de naissance, au point d'en induire quelques fanatiques débiles en à qui mieux mieux erreurs, à qui se lancera pour la plus grosse boulette contre à qui décrochera carrément boule de neige, tous ne voyant, pour tout encre, que l'ancre originelle. Oui, plus habituelles, c'est ce qu'elle aurait voulu dire. Elle est bien marrante, d'ailleurs, Elodie, avec ses bons conseils, mais ce n'est pas si simple ; ce n'est pas quelque-chose que l'on décide, d'aller mieux, ni bien, ou bien on peut du moins le décider mais sans grande maîtrise sur l'effectif efficace.

Whisky. Ouais, voilà un bon repère, dont *a minima* l'usage n'est singulièrement plus à démontrer. Ainsi, c'est dit : whisky. Tant pis pour feu le ver, qu'on vient presque de remiser sans lui demander le droit de passage – ce que la politesse voudrait mais que la contemporaine grille en insufflant à tous la vile judiciarisation des esprits, la prééminence du droit contre l'ancien bon sens, si rare que, comme l'or, peut-être, on a dû l'enfermer pour ne plus avoir à trop le partager. Ainsi, sûr du sien, et bon, encore, on avance sans crier gare ni respecter, même silencieux, le cordial arrêt dicté par la bienséance. Le droit, celui-ci ou son homonyme concept contre les choses tordues, bientôt immonde proéminence à la paradoxale bestialité, lui qui prétend à la contenir mais s'en fera un si parlant et total exemple si l'on n'y prend pas vite meilleure garde que l'actuelle, trop basse et molle face à l'irraisonnée dureté de la chose légale ; oui : l'intellectuel fascisme guette, toujours, partout, de tous côtés et en tous lieux, si l'on abandonne l'idée de veille et d'attention – et l'enfer, après tout, n'est-il pas réputé pour se trouver pavé de si bonnes intentions qu'il en brûle pourtant à l'envi comme autant de bûches à son brasier, intentions que les idiots confondent avec ces autres, précédentes, qui riment avec si simplement, et qu'ils continueront à confondre demain si rien n'est enseigné ? Oui parce-que, idiot argument du si-la-bouteille écarté, trop facile à chanter, plus tard, lorsque les gosses, en sus de molles couilles seront plus bêtes qu'une bite, la faute ne sera pas auxdites têtes de gland mais à ces autres saucisses qui, par paresse ou bêtise, ne les auront point charmées à réfléchir ; oui, les générations a-réflexives sont le meilleur terreau, tout vieux con mis à part, des fascismes et autres déchéances à venir, et si le vieux sait l'être c'est que le jeune, qui sera vieux, n'a pas du vieux reçu son jeûne quant au lot de conneries. Mais, donc, le passage en force de droit (contraction visant le succinct rappel sans répétitive lourdeur, suivez-donc ou reprenez alors plus haut), et Fred, à l'esprit de qui surgit, peu ragoûtante, l'image d'un malheureux bougre innocemment venu visiter le rayon d'un hypermarché pour ne pas refaire celui de la presse pendant que femme charge le commun caddie, et finalement, bêtement reparti avec le dernier-sorti et non né des écrans, convaincu malgré-lui, ce qui sera forcément à dire malgré-eux et sous l'ire d'elle, convaincu – deux fois, ainsi, plus tard, attendez, ça viendra – de la nécessité de l'acheter sur l'instant pour bénéficier de la bonne occasion ou de l'indéniable prestige de la propriété – ou possession, en le cas d'un crédit que la plupart prendraient sans savoir qu'ils y perdent et engraissent cochons.

Whisky. Oui, le whisky est une ancre, ou, proche, un très accueillant port, alors, sur suggestion de sa belle, mais si, puisque ce fut ainsi entendu puis compris, et, tout bête que cela le rende, Fred compense les aimables vers perdus par quelques minables verres trouvés. Le procédé est hypocrite, puisqu'on le sait à long terme non-viable, sa facilité passée, mais qu'importe la façon, avant qu'on n'ait l'ivresse, puisque ne viennent qu'ensuite les remords et regrets, par mémoire des torts et – parfois – souvenir des corps !

Le whisky est une ancre, ou bien un acceptable port, tout cochon, brouillon qu'il puisse sembler, et les meilleures ou plus significatives décisions, pour tout marin qui se respecte, sont prises antérieurement à la sortie en mer, sous peine de dérision, ce qui est à signifier une adéquate et prudente préparation, en amont, soit au sein blanc des agitées écumes et du tourment de l'instant. Ainsi, présentement, de celle de fin de séjour. Oui, l'alcoolisé virage tenait tendanciellement d'une relative mauvaise foi ; il faut par conséquent une plus honnête décision : ce sera la maison, le retour au bercail, le réinvestissement du chez-soi. Soit. Allez !

Salut, le douillet hôtel. Salut, son fantomatique personnel. Salut, l'irraisonnable exil. Salut, chez moi.

Ce n'est pas, pourtant, que chez soi sente bon comme chez soi. Pas ou plus encore. Ça ne peut pas éternellement fonctionner. Ça ne pouvait pas être si simple, il ne pouvait pas suffire d'en revenir chez soi pour se réinstaller dans ses repères et se sentir d'emblée d'aplomb. Et du reste tant pis. Enfin : et tant pis, du reste. Remettons un rien d'ordre, puisqu'on est là pour ça, puisque nous en sommes mine de rien ici pour ceci, tout indifférent que cela laisse autrui. Et qui dit mine dit creuse, qui dit creuse dit trou, qui dit trou dit en l'occurrence boire...

Rien n'a bougé, rien n'a changé sinon l'épaisseur de la couche de poussière. C'est le prix à payer, lorsqu'on laisse traîner les choses : rien ne disparaît que faussement ce qui s'estompe, rien n'apparaît que le duvet du temps, sec manteau de peaux mortes et autres grains atmosphériques dont la précision de l'origine nous laisserait – si nous devions ici la dire – d'une totale indifférence sans compter ni narrer sa lourdeur, et rien ne se transforme, au fond, sans qu'on mette sa pierre, soi-même, au coin de l'édifice avec les manches troussées, c'est-à-dire sans qu'on se décide à l'acte et qu'on s'engage résolument en son passage ; et encore faut-il par suite quelque patience, encore faut-il s'abstenir de croire en l'immédiateté des résultats, lorsque déjà l'on s'illusionne sur leur possible. A défaut de consciencieusement, sérieusement s'atteler à la tâche du complet récurage (récurrente folie, doux travers, d'où naît ce pas de remettre à demain ou de baisser les bras lorsque tombe, évident en ampleur et vidant tant de pleurs ou trop de jérémiades, le fardeau, lourd et gros, du plumeau), Fred ouvre grand ses fenêtres. De l'air. Oui, il faut de l'air, comme il faudrait un net ménage. Pourtant, au contraire de celui précédemment pris, d'air, tel le large, l'un pris comme on prend l'autre, l'actuel s'engouffre dans l'appartement sans contribuer à l'échappée, sinon celle naturelle relative aux échanges thermiques entre deux inégaux milieux. Oui, enfin, non, plutôt, l'air n'est plus l'ère d'une fuite qu'on avait plus tôt prise, mais désormais en cette aire un sain vent de fraîcheur, même si ce n'est qu'une brise, au dehors, revigorante, en cette heure folle ou givrée, même si rien ne se brise de l'ancienne blessure quant au clos périmètre de cette maisonnée lors des bris de son heur en débris de malheur, car même est toujours même, malgré ce nouveau souffle, même si même n'est plus même, car que le bruit demeure, de feu son innocence et de la porte prise, voilà qui la claque au nez du prompt ou vif rétablissement si nous l'entendions établi comme calque d'une soudaine et merveilleuse magie, mais zoner hors ces murs, enfin, et c'est qu'il était temps et que c'est déjà ça, trouver ailleurs meilleur repos n'est plus tant d'actualité, pour le grand bien du sein, chez-soi, jusqu'ici fort cloîtré sans le moindre entretien tandis qu'on les en sait friands – si, mais pourvu, pour que glousse frimousse, que le mousse évite la frousse.

Allez ! Mouille ta chemise, pas ta culotte : cesse de pleurer sur ton sort et déclenche celui de la saleté ! Enclenche le délicat, trop précieux ressort de ta paresseuse volonté ! Patience et longueur de temps font peut-être plus que force ni que rage, mais au bout d'un moment, au bout du bout de la patience du temps et de tant d'autres étants, à force de longueurs, il n'y a de réelle, de tangible, d'efficace force que la rage. Alors vas-y ! Nettoie, avant d'en prendre une seconde fois ombrage et prétexte pour ne pas t'installer, ce qui serait un comble, vu que tu es chez toi ! Ouais, allez, ôte tes doigts de leur onaniste position, actualise tes conceptions du monde et dépoussière par-là tes blocages ! Prends ta récompense ; en l'espèce, personne, jamais, ne te la donnera sans que tu n'ailles la chercher ! Tu sais, tu sais très bien que le vent n'y suffira pas, qu'il te faut mettre la main à la pâte. Tu sais que, s'il fallait un moment pour poser l'acte de ton aller-mieux, eh bien, t'y voici sinon plus. Allez, quoi, ce ne sont que quelques coups de chiffon, un branlage d'aspirateur et quelques éclaboussures ici ou là, sur les diverses surfaces voilées par ton absence et qui n'attendent que ta volonté pour retrouver leur verni masque. Ce n'est rien que si peu, rien que pour signifier ton envie d'avancer. Tu peux le faire ; tu dois le faire. Tu sais qu'elle a raison.

Whisky ; repère et repaire, probable et variable, ancre ou pas, port ou non, mais whisky. Hey, les bonnes raisons s'estompent sans qu'on les sache forcément mauvaises, et puis ne reste plus que le strict essentiel ! L'essentiel, en tout état des choses et au vu du sien, d'état, c'est que Fred voit, comme il boit et rumine, comme il rumine car boit, comme la boisson redevient familière, facilitatrice, généreuse mais approximative conseillère. Il y a, ainsi, chemin faisant, une mémoire du gosier comme on en sait une des muscles. Oui, il voit pourquoi, pourquoi il a dessiné ce point d'interrogation sur son cul, tout au moins il devine : puisqu'elle fut sienne, l'idée devait être de faire quelque-chose de stupide. C'est toujours très utile, de faire quelque-chose de stupide. Non que ce soit très malin ni forcément recommandé, le malin étant exclu par le terme lui-même, stupide, et puis, bien que faisant tous très souvent et chacun notre tour ou de concert plus ou moins le malin, on n'agit pas toujours de manière très maline, non, bien plus souvent maligne, soit maladivement, ou pas de la façon qui nous soit la plus saine, rapport à l'intégrité, la sécurité, la tranquillité, et tout cet ensemble d'identiques ou semblables choses dont le réveil surprend les failles lorsqu'il nous prend à leur sujet, mémoire aidant, en moche et vilaine faute, en irréparable défaut ; mais, ceci considéré comme on eût pu ne pas, la bête action introduit, toute vaine qu'elle puisse se révéler en elle-même, quelque garanti frisson en la monotonie – ce qui n'est pas tant rien qu'il faille admettre de ne rien en dire. Oui, la chose stupide c'est, bien sûr, pour répétition, éviter de s'ennuyer, embêter les autres et leur porter réflexion par le dérangement, mais c'est aussi donner du sens, de la joie à une existence sinon tendanciellement trop carrée, trop ordonnée, en cruel manque de spontanéité. Sans cet inattendu, en effet, sans cette dose d'improbable dans l'équation sociale, en regard de la prévisibilité des êtres, individuellement pris ou constitués en groupes, et bien que ladite prévisibilité soit précisément imparfaite, statistiques, mathématiques règles obligent, sans donc ces grains de sable qui en sont autant de folie et pourquoi pas de sel, le monde se dévoile terriblement ennuyeux et son parcours trop fade. Alors, à cette sienne pensée, Fred s'illustre en saisissant un glaçon – l'illustration n'est pas, ici, le louable sens de l'exemplarité, sa vertu n'est point celle de l'exemple (mais, la grande abandonnée, sachons que les petites restent bien sympathiques et sinon agréables). Alors, au froid contact de la madeleine de glace, il se rappelle qu'alors. Et même plus qu'alors, soit en supplément tout ce qui jusque lors savait fâcheusement lui échapper. Voilà, il sait, de ce qui, décidément, s'appelle savoir et non plus seulement tâtonner en la capricieuse souvenance par l'en la matière maladroit truchement déductif. Il ne sait plus seulement être son seul bourreau, quant au point, l'interrogation permanente face au pesant caractère des destinées, interrogation pour le coup par trop autocentrée en sa visée, mais aussi les raisons qui le poussèrent, alors, à s'infliger torture. Et avec certitude, encore, pour se rappeler, jadis, leur choix. Oui, tout est enfin plus clair, dans le brumeux esprit, plein comme une barrique. Tout est enfin plus clair, grâce aux chargées vapeurs, ce qui fait un léger comble en plus du trouble de la redécouverte, mais qu'importe, puisqu'il l'est, lui, à présent, comblé. Ou presque.

Car, malgré tout, reste que c'est embêtant. Point trop le point, l'embêtant ; non, l'embêtant, c'est la désormais morte impossibilité de sa souvenance, désormais morte mais non sans avoir été, oui, l'inconsistance mémorielle hors la cage alcoolisée est un problème, l'insuffisance personnelle de Fred à sa propre encontre une douleur, l'inamovible chemin par lequel il ne cesse de devoir passer pour parvenir à sa propre rencontre une tragédie, quand on y pense, quand il s'y lance, et sans pourtant que penser soit une obligation. Non, c'est bien connu, il existe à ce mal de tendres échappatoires, tout mauvais que leurs bénéfiques effets s'avèrent à ne pas péricliter, tout tristes qu'ils s'entêtent à ne pas à jamais satisfaire sans engendrer, pervers, une nouvelle génération de congénères. Eh bien, tant pis, dit-on, imprudent, je ne vais pas plus m'emmerder que ce que j'ai déjà réussi à faire. C'est ennuyant, gênant, cela m'embête aussi de ne pas, mais je vais malgré tout ne pas. Oui, je préfère.

Whisky. Les repères nous abusent, les habitudes nous pèsent, les ancres nous retiennent et, vite, peu ou prou, condamnent implacablement au surplace – lequel, il faut le dire, par trop gros temps et sans raisonnables précautions, s'avère indéniablement dangereux. Ainsi, arraisonner sa barque sans raison garder ou prévoir, et toutes raisons qu'on y mette pourtant, à l'affaire, tels de jolis motifs au mur, c'est-à-dire la mener, sa barque, d'une irraisonnable manière, l'amener sur les flots sans se méfier de leur grondant tumulte, c'est être rondement couillu mais bêtement mésestimer le danger et la frêle relativité d'une coquille de noix lorsqu'on la sort du sac – du port, mais l'image n'y serait plus que par homonymie.

H. « Les vibrations de l'être »

Il n'y a de poésie que rimée ; encore en sus devrions-nous ajouter rythmée, si nous n'avions à craindre quelque terrible lecture, si nous ne redoutions que lors on la confonde avec les airs dont les chansons sont faites et qu'en l'occasion la musique supporte – non que l'inverse ni l'osmose ne sachent se produire. Mais, donc, parons l'urgence d'une désastreuse mésinterprétation d'une touche de simplicité, acceptons l'assertive unicité en sa probable nécessité, descendons d'un chiffre le nombre des variables, tout condescendant qu'exagérément on nous taxe par suite : il n'y a de poésie que rimée. Non que le poétique s'efface, non que de toute éternité on lui refuse l'être, ce qui relèverait premièrement plus d'un détestable orgueil que d'une jouissive voire orgasmique audace et souffrirait ensuite d'un patent manque de véracité, en superfétatoire addition d'un clair défaut d'incidence au réel. Non. Le poétique existe, et si tant était que nous puissions être en droit de l'être nous n'y sommes aucunement réticent ; il a pleinement et évidemment droit et factualité d'existence. Et il y a, en sus, beaucoup plus de poétique que de poésie, pour peu qu'on cesse de les amalgamer et d'encenser l'âme de l'un au glorieux nom des prestigieuses gammes de l'autre, autre du reste tout aussi notable, quand bien même, toutefois, on devrait au moins littéralement l'en séparer pour ce qu'on l'en reconnaîtrait en la matière moins noble. Mais, tout bien considéré, tous deux conservent intacte la théorique prétention aux qualités, l'accessibilité à celles-ci, voire pourquoi pas l'idée d'une pléthore d'elles. Mais l'un n'est pas l'autre. Non, certainement pas. Ou bien, allons, fous sans raison, foutons-nous en, partons vagabonder en quelques assertions légères sans juste regard sur leur profond signifié : au même titre que la précédente largesse, à laquelle abusivement on s'adonne en s'extasiant tout haut et tout faux, devant un texte aux poétiques relents, soit au poétique semblant, qu'il est belle poésie, ou face à un assemblage de mots sans véritables queue ni tête mais à l'évocateur fumet qu'il est, là encore, savoureuse poésie, ou confronté à un léché discours qu'il est, toujours, véritablement et en l'essence poésie, tout ça pour un tir à la ligne, pour une visuelle structure, pour les picturaux non-dits dont pourtant la poésie ne saurait avoir l'exclusif apanage ni la seule maîtrise, tout ça pour un manque de savoir qui dit celui du vivre puisqu'on ne devrait pas s'autoriser à étaler ses lacunes, cognitives ou logiques, pas plus que ses méprises en la publique place que les ignares vénèrent sans en relever le niveau lorsqu'ils s'agitent, lorsqu'ils s'y agitent telles des hyènes à la curée sans conserver longtemps le pompon bataillé, tout aux deux contraires pour leur majorité, ni sans savoir ensuite qu'elle révèle sans adoucissants fards leur piètre et triste niveau à ces autres, cachés, qui n'aiment pas tant crier qu'ils dussent en fin de l'intérêt rompre l'heureux retrait dont ils firent maxime et poursuivent remarquablement, sinon honorablement vertu. Tout ça pour une justification, pour un textuel agencement, pour un minimalisme du dire auquel on résume, alors, l'esprit de concision des vers, qui l'ont pour consigne et contrainte. Tout ça pour une vague saveur, une diffuse couleur, voire une coloration, quand du pied, pour le prendre et voler, s'envoler vers les cieux et non voler les vers, preux, c'est à la lettre qu'on compte. Non, il n'y a de poésie que rimée, et le poétique semblant n'est pas, résolument pas du même acabit. Ou bien l'artisanat est un art comme un autre et, partant, l'artisan par raison un artiste toujours, suivant le déductif fil, d'où suit naturellement et comme s'emballe le crépusculaire avènement que le boulanger, tout en restant tout aussi mal chaussé que son forgeron de confrère, mâle tenant au général instar sa baguette en aussi haute estime qu'il se figure aux autres, par-là, en faire autant de la dragée, est un virtuose tel l'autre, de la baguette de pain comme d'illustres magiciens de celle d'orchestre, régalant, lui, papilles et ventres, cette digestion-ci remplaçant ici celle courant là-bas des oreilles aux esprits. D'où découle, encore, toutes choses étant égales et tous les artistes entre eux, non négociable question d'égalité trempée sans sourciller dans l'égalitarisme, sombrée dans lui comme d'aucun fut un jour suicidé, que ledit boulanger, indifféremment de son indéniable avantage d'essentialité en regard de notre quotidien pain (ne sombrons pas dans un brutal et simpliste renversement), mérite autant d'honneurs, de gloire que celle pendant des siècles et des siècles réservés aux fastueuses partitions. Oui, alors, allez, le simple est au niveau de l'élégant, l'alimentaire au rang du divertissement, tout génie qu'il abrite, et le relativisme réduit une nouvelle fois la hiérarchie des mondes en un inconsistant néant tandis que jamais il ne fut dit que la relativité devait abroger toute constante comme s'il s'était agi d'un privilège ! Non, bien entendu que non, bien entendu que la relativité des vues n'est pas un abrutissement mais, au contraire, pour peu que des brutes on fasse de fins gourmets et qu'on cultive assez des divers jardins et potagers, une mise en exergue des valeurs par leur mise en lumière, qu'on sait source de beaucoup ! Mais, tant pis, allez, après dingues soyons carrément déraisonnables, achevons la démonstration, poursuivons notre pis-aller tout cousu de fil blanc par le coloré-jumeau-seing de l'idiot, la permission, donc, impudemment et imprudemment donnée aux idioties dès le commencement, et prétendons, allons impunément jusqu'à prétendre qu'il n'y a de communication qu'en le discours, le verbe, qu'il n'en est en l'espèce qui vaille que la parole, elle-même et seule – mais sans donner la nôtre, ce mal chemin faisant, réservant à l'ultérieur notre jugement quant à la sage tournure des prochains événements, soit quant à la teneur vraie de cette impunité promise ! Oui, rien ne sera dit qui soit justement dit de l'accueil de la terre avant son labourage...

Il est fort probable qu'à ce stade, ayant dû subir l'ensemble de la précédente diatribe tout au long de son conséquent développement, l'issu jugement vous en semble particulièrement négatif, sinon son long parcours – en sus de justement constituer un cheminement pénible et difficile – en sa forme, son style, très négativement tracé. Le cas échéant, ce serait presque tant mieux, que cette conscience, cette évidence d'un tout pas vraiment positif, laissant une belle part à l'expression de la négation, et l'erreur ne serait de surcroît pas d'y entrapercevoir, après le propos même, à l'arrière-œuvre, la vigilante garde de quelques fumeux ou ténébreux desseins : la négativité serait alors un but, un avoué moyen de porter réflexion, laquelle interrogerait, à la nécessaire condition de naître et de n'être pas sombre, de n'être point brouillard, la valeur ou raison de ladite impression, les fondements de cette représentation. Oui, ce serait un point de gagné, un temps et quelques pas pas perdus pour un sou, ce qui eût fait double chimère comme emploi. Les solutions les plus simples étant telles les blagues les meilleures, voici, brièvement, le fin mot de la manœuvre : indices. Oui, indices : l'idée, c'est de se mettre progressivement sur la voie, d'y glisser sans violence, d'y venir en douceur, avec un monde autour, un environnement, un univers pas nécessairement cohérent mais qui dise un peu, quand même, et à l'identique, encore, ou au semblable sinon, de l'argument premier et principal à travers cet ensemble inductif, soit pour le dire autrement propre à induire, ce qui fait une différence avec la claire et nette déduction, brutale aux âmes florales et vagabondes pour ou par sa théâtrale implacabilité, poursuivie ou tenue, soit réussie ou non. Décidément, nom de non, encore un non. Bon, alors, tant mieux, à votre tour : c'en est assez, nous y sommes, nous constatons l'esprit mauvais, et ton indice nous les brise, puisque nous avons bien compris que la négation, pour ne rien dire de la négativité, tenait d'une pathologie rédactionnelle. Est-ce cela ? Une pathologie rédactionnelle ? Non. Ou pas que, puisqu'en disant non nous consacrerions le non que nous nions. Bon, alors, nous y sommes pour de bon : c'est une pathologie de l'étant, de ce particulier étant surtout, un défaut du mode d'être, une tare existentielle dont les effets se feraient jusqu'ici sentir comme en collatéraux dommages de l'être. Bon, vous n'y comprenez rien, ou insuffisamment ; en fait de brume, c'est une complète vase où nous vous embourbons, bien qu'à défaut du bon train vous choisissiez la voie, puisqu'il existe bien des effets, des ondes ontologiques ; oui, l'être est gravifique, il se répercute en la totalité, en la plénitude de son œuvre, il vibre ici ou là selon l'état, la composition, l'agitation de son noyau – selon, aussi, son alignement à lui et la concorde avec le reste de ses alentours. Mais, donc : vous n'y êtes pas, ou pas encore, pas exactement, et nous avons remarqué que le précis taisait les fautes. La présente compréhensive est assurément imputable au manque de talent du rhéteur, piètre maître de son exposition comme de vos déductions, très mauvais aiguilleur de l'impénétrable leçon. Ou progressiste pédagogue, l'avenir – encore une fois – jugera sur pièces, celles du terminal dividende entre l'effort fourni et l'effectif de la démonstration. Gageons – au sens de l'humble espoir sans le souffle duquel on ne se lancerait pas sauf à vouloir le vain pour premier de nos mots et veilleur de tous maux – l'obtention du reconnaissant paiement, parions sur la juste rétribution de ce commun travail.

Lucien non plus, ne comprend pas. Ce n'est pourtant pas faute de patiemment tenter de minutieusement lui expliquer le pourquoi du comment. Mais le tant tenté ment au lui aussi tenté comment, pavoisant d'un atteint sans le fond de son tain. La distance, peut-être, rendant – comme en le cas de la déperdition d'un signal – le détail et ses répercutées importances au seul usage de l'inexistant diable, telle l'évaporée part des anges, comme s'il ne s'agissait là que de rendre à l'illusoire le service de ses choses ; ou bien alors est-ce le manque d'interaction directe, ou l'absence de visuel, qui ne sont *in fine* que deux mineurs dires de la distance. Oui, ça en perturbe certains, la distance, ça change en tout cas les règles de compréhension, parce-que celles d'attention, donc en fait celles d'interaction, selon le rapport que l'on a à l'écrit, à la parole, au discours, aux idées ou concepts. Et, donc, pour ce pauvre Lucien, en plein, en sus du plein à côté du mille de la cible, le syndrome de l'écran : il ne comprend rien de rien et ne paraît pas faire d'efforts pour s'arranger, ou pas tant significatifs qu'ils puissent justement signifier une quelconque avancée ; non, bien qu'ayant perçu le manque compréhensif, il semble indifférent à l'objectif d'une concorde, peu soucieux d'une entente alors qu'il était, lui, initialement, le premier d'entre eux deux venu ouvrir la discussion. A un autre sujet, cependant ; il faut honnêtement s'en rappeler. De là à dire qu'il y a de la mauvaise volonté dans l'air, et de là à en conclure que c'est parce-que ce dernier, de sujet, ne lui plaît guère, cela dessinerait trois propositions de solution pour une peut-être bonne, ou bien plutôt un faisceau d'indices pour un réel à l'éventuelle congruence mais en tout cas irréductible fruit de confluences, l'unicité explicative ne résistant qu'aux paradigmes tandis que ledit réel, lui, non-simple, s'alignant en l'espèce à défaut de matière sur la croisée des mondes individuels, cultive le profond vice d'une foison des causes.

Clope. D'ici, soit hors de portée de vue, et il faut bien après tout quelque avantage à la chose, on ne saura pas s'émouvoir du geste comme d'une indélicatesse, comme d'un divertissement, rapport au conversationnel enlisement, ni s'offusquer, au titre de la gêne occasionnée, par l'immanquable fumée dégagée. On ne pourra pas s'indisposer ni s'incommoder de ce flagrant et usuel, indéniable indice d'exaspération. Et c'est tant mieux. Car putain qu'elle est bonne, qu'est-ce qu'elle fait du bien ! Allez ! On se remotive, on précise et on reprend ce qu'on avait laissé sur le feu, sans quoi les précédentes souffrances tiendraient du gaspillage, toujours et partout semble-t-il détestable. Bon, c'est pourtant simple, Lucien, évidemment simple : l'être est gravifique, il ondule, ou pulse, c'est-à-dire qu'il produit ici ou là des ondes, qu'il a des répercussions à travers son propre monde et contre les tiers en intersection (voir l'ensembliste opération), à la manière d'une source électromagnétique, à la façon d'un émetteur radio pour être moins exact et ô combien plus restrictif mais peut-être à tes oreilles plus familier, ce qui n'est pas à dire grossier si tu l'entends vulgaire ; l'être produit en ses alentours des distorsions ontologiques, depuis lesquelles il est possible de le lire et qu'il est dans une certaine mesure aussi possible de prévoir en le connaissant bien. Non, je ne sais pas, moi, comment mieux t'aider à comprendre ! Je pensais que la métaphore scientifique le ferait assez, serait à la manœuvre d'une suffisante efficacité ! Oui, je vois bien que mon étalage te perd lorsqu'il devait tout au contraire te permettre une meilleure saisie. Non, vraiment, je ne sais pas comment te l'expliquer autrement. Merde. Consens un petit effort, bordel ! Bon, pense à une planète, dont tu n'es pas sans savoir qu'on sait la détecter sans la voir, à la seule observation de la manière dont elle pèse sur le tissu spatial, toute double dénomination qu'il devrait revêtir – mais je ne veux plus t'ennuyer ni te perdre en mes exactes précisions. Ou bien non, tiens, attends, pense à toi, plutôt, le schmilblick pourrait s'en porter fier pour avoir progressé : tu sais comme tu es, n'est-ce pas, comme tout se passe mal autour de toi dès que tu tentes d'y mettre ton grain de sable, comme tous les espoirs s'effondrent dès que tu prétends porter ta personnelle touche à la manœuvre, oui, tu sais comme tout se catastrophe alors parce-que le concept même de l'écoute des gens t'est parfaitement étranger et que, de fait, tu n'y vas conséquemment pas avec le dos ni l'arête de la cuillère pour leur pourrir la vie ; tu sais de quoi je parle, hein ?

Oui, c'est sûr, sûr et certain, Lucien sait très exactement de quoi il parle. Il n'a même pas besoin de répondre pour que Fred le sache ; d'ailleurs, il ne le fait pas, et quelques centaines de kilomètres ont beau les séparer, le clavier a beau leur servir de seul média et étaler, flagrant, son inhérent manque de complétude graphique, on peut aisément deviner la gêne qui doit se lire sur son visage à cette évocation. Alors, notre tuteur de fortune poursuit son œuvre d'éclaircissement ; il remue le couteau dans la plaie pour y ancrer la certitude. C'est une affaire de bonhommes : je sais comment j'agis pour atteindre mon but, car je sais comment tu es, en réaction, en opposée posture, là-bas, de l'autre côté, et ce que tu retiens, sinon ta façon de retenir, car je sais ce qui te marque ou te laisse inchangé. Alors j'appuie, où ça fait mal, pour que tu me comprennes, que tu me comprennes bien.

C'est que Lucien n'est pas, avec sa sainte horreur des précieux, ce qu'on appelle communément un délicat. Enfin, c'est un grand cœur, ça oui, il se baladerait presque avec le sien sur la main, paume grande ouverte, mais un grand cœur avec de brutales manières, tel un généreux humaniste particulièrement maladroit. C'est une sorte de main de velours dans un regrettable gant de fer. Ainsi avait-il dernièrement entrepris de pousser deux brouillées de ses amis à retenter l'omelette commune. Anne et Anne, dont les amicaux déboires, dont les relationnels revers relevaient plus d'une circonstancielle bêtise que d'un profond mépris l'une envers l'autre : pour une broutille, les deux Anne s'étaient disputées, violemment encanaillées, comme une poule avec les dents pour arme, et Lucien, tout à son objectif de réconciliation, les qualifia préférentiellement de deux ânes. Mais, ce qui devait dans l'intention permettre un front commun et une réconciliation au nom d'un même ennemi ne servit au final qu'à une double mais non concordante détestation, ainsi qu'à un envenimement de la situation entre les anciennes complices. Les voies diplomatiques sont impénétrables, et ces deux cruches de véritables connes, en avait conclu Lucien, tandis qu'elles ne le sont simplement et certainement pas par la brutale façon, les voies, du moins pas celles de ces deux amazones au gentillet dehors mais au tant trempé tempérament. Après s'être tant trompé, Lucien, lui, indécrottable lui et irréductible entêté, avait conservé l'appellation des deux ânes, pour ce qu'elle s'avérait suffisamment cocasse et savoureuse à son goût, ce qui au gré des conversations n'avait pas manqué de la transmettre à d'autres et d'entretenir la haine vouée par les œufs, brouillés, brouillés mais pas ensemble, contre lui mais non ligués, restés en leurs respectives et internes cuisines regrettablement séparés en deux distincts appareils ; Anne la jaune, contre Anne la blanche, aux couleurs de leurs robes, ce qui coïncidait d'une remarquable manière avec la façon dont l'en tout autre point semblable modèle tombait originellement sur leurs quatre frêles épaules, soit avant le crêpage de chignons et les mots plus hauts l'un que – et trop pour – l'autre.

Lucien n'est pas content, il se serait bien plus que volontiers passé de ce rappel des faits, sauve l'immanquable fierté relative à l'antérieure trouvaille de la méchante appellation des jumelles fâchées. Il s'en serait passé puisque, oui, il l'avait déjà dit, il savait par cœur avoir encore une fois déçu, péché, manqué. On s'en fout, en soi, soit ou ceci dit en passant, puisque l'éventuelle éruption colérique ne serait pas différente de celle de Pompéi : lointaine. Mais pour nous, pour nos moutons, pour notre affaire commune, c'est une tout autre histoire. C'est que ça commence à faire comme une cascade événementielle, n'est-ce pas, au milieu de cette chaîne réactive qui nous tient lieu de causale inversée ? Entre notre premier tempérament, soit la lecture supposée de notre naturel penchant au non, la résolution de Fred, soit ses bonnes dispositions prises pour assurer en miroir la tierce compréhension, et l'agir, le mode d'action de Lucien, on se dit qu'il n'y a pas de fumée sans feu et que le hasard c'est beau mais que ça n'existe qu'au titre d'artifice dans les romans et que personne n'est assez téméraire pour aller en pratique vérifier si pour de bon il s'avère ou non opportun d'offrir si légèrement que le suggère le dicton de la bonne confiture à ce porc de cochon. Non ? Oh ! Allons-donc, quittez ou cachez cette négativité que nous ne souffrons voir, puisque fut critiqué le régal avec lequel nous mangions antécédemment de ce pain-là !

Car il y a bien cascade événementielle, cascade qui dit le lieu aveugle des vibrations de l'être, qui le dit à l'aveugle, sans trop le préciser, qui dit l'incidence ontologique en cette étonnante place dont lui tient lieu de lieu la rencontre des mondes, en crête des vagues qui ici ou là se produisent entre tous les courants dont le monde, l'unique et global monde s'agite, tout hypothétique que son être à lui puisse phénoménologiquement être lorsque l'on considère attentivement son degré d'existence, potentiellement universellement partagé mais toujours second degré en l'essence. Ainsi, hein, si Lucien agit effectivement par nature, Fred réagit *a minima* par supposition de nature, et notre préparation, visant artificiellement à la mise en abîme de l'état de nature, faisait, elle, donc, nature ou peinture, propos sur la nature d'une supposition de nature quant à l'effectivité d'une nature, le tout de même nature, soit dans la même teinte : l'un peu brusque, le rustre, de la façon d'agir jusqu'à celle de raisonner, ce qui fait un peu celle-autre-ci de résonner, où se bousculent les similitudes comme autant d'accidents.

Alors ? Et alors, dira-t-on, c'est tout, on affirme à grands cris qu'il y a bel et bien cascade et l'on s'en retourne aux champs ou à la ville sans autre clé compréhensive que la vile déductive, champ plutôt hasardeux, sans plus d'explication que ce chant sans risque de l'anticipée raison, celle qu'on se vante ou peut se vanter d'avoir eue contre le reste des variés et différents avis ? Non – toujours. Certainement non, ou pas ; ce n'était que le premier, de pas, et non pas que ce pas soit non, non, pas à pas de non-non, du non de non nous prenons le pas, ce qui revient à dire le pli. Car, alors, l'introduction est faite, alors l'ambiance est fête, la fête faite aux maîtres, c'est-à-dire ceux qui maîtrisent, pas si loin de ceux qui comprennent et sans particulière dépréciation pour le chien, non, c'est beau, un chien, y'a même de belles chansons dessus ou qui en prennent le nom sans non plus résumer l'être à son nom, non, et donc la fête est faite, aux bonnes âmes de la compréhension, aux bonnes volontés de l'écoute, aux courageux de ce premier des pas pour ne pas y revenir. Ça commence à faire beaucoup, en termes de simagrées sans fin ? Oui, peut-être, mais tout n'est pas tant mal cousu qu'on puisse le dire décousu pour l'enterrer fissa, ni tant gratuit qu'il faille confondre gratuité et inutilité, la preuve par le prétexte – qui n'est pas l'excuse – de l'ensemble inductif, et vous n'avez par ailleurs pas fait tout ce chemin pour repartir sans rien que la riche collection de nos déblatérées vantardises ! Si ? Ah, voilà qui nous rassemblerait, si nous en avions l'avisée visée et si de plus le reste de nos billevesées n'avait en la balance qu'insuffisamment pesé. Mais la présente, de visée, rappelons-le, n'est pas au style : il y a des vibrations de l'être, au-delà de savoir si la cascade est d'eau ou relativement plus consistante. Il y a des vibrations de l'être, oui, et nous ne pouvons nous contenter d'inlassablement ou idiotement le répéter pour s'autoriser à penser que la chose est pour de bon ou mauvais démontrée, ce qui revient par défaut à dire enregistrée et serait de toutes façons et tout court absolument très vain. Oui, c'en est assez, de l'induction et des autres foutaises, induction qui risque de finir par se départir du seul propre à induire dont nous vantions précédemment les mérites, induction qui menace de se résumer à la seule induction, tautologie, ou tautologique semblant, à cette opération logique, à cette généralisation depuis le particulier que chaque particulier qui la comprend déteste raisonnablement et à raison, avec de justifiés motifs aux griefs.

Incohérence résolutive ? Humanité, plutôt, dans la démarche autant que quant à ses motivations, ce qui serait à dire les nôtres, mais tant pis et embrayons, au risque de concéder, sous peine d'additionner bêtement la perte de temps à celle, actée, de vitesse.

Oui, car pressentir n'est pas savoir, sans quoi savoir serait tout près sentir et l'on ne pourrait plus cordialement détester les livresques bonhommes pour ce qu'ils savent sans voir ou pour ce que leur savoir n'est pas tant savant qu'il manque de vent, de brises et tierces bousculades que le réel produit et qu'on subit en son sein pour peu qu'on ose y pénétrer.

Lucien n'est de manière générale pas une édifiante lumière, et voilà qu'il ne se trouve pas particulièrement ce jour, ni cette heure, ni cette minute en humeur de clarté. C'est bien beau, les vibrations de l'être, mais ça doit lui parler pratiquement ou quasiment se taire, c'est-à-dire être tu si l'évidence s'en fait désirer ou attendre. Or, là, le moins que l'on puisse dire ou tout au moins qu'il en dise, lui, c'est que c'est un petit peu, rien ou tantinet brouillon. Le mauvais bougre se moque des injonctions à la patience comme de la promesse du tout proche advenir de la démonstration de pertinence, et ce n'est qu'au prix d'une lamentable supplication qu'il consent un dernier instant à l'écoute, non sans une énième perturbation de l'exposé par une terre-à-terre question sur la réalité des distorsions ontologiques, question non pourtant dénuée de tout intérêt : faut-il entendre-là comme une inexplorée dimension, factuelle s'entend, de celles que la science pourrait un jour ou l'autre découvrir mais que pour le moment seule la fiction décrit au titre des imaginaires ? Peut-être, Lucien, ou peut-être pas du tout, mais là n'est pour le moment pas l'important. Parce qu'on s'en moque, au fond, de savoir si le réel l'entend, cet être gravifique, au sens où il le comprendrait comme intégrée, matérielle partie, puisque le propos est phénoménologique, puisque le propos n'est que phénoménologique, rien que ça et rien d'autre, ce qui signifie que le curseur est du très singulier côté de l'individu, de la sensitive individualité, aperception douée, dotée de sensations, et tu n'es pas sans savoir qu'en l'espèce la perception n'est pas par nécessité concordante au vérifiable, loin de là, tout comme l'appréciable n'est pas que le quantifiable, sinon le désirable serait l'indispensable et, puisque nous en demeurons aux gros traits de crayon pour approximative voire caricaturale esquisse, il n'y aurait de nécessaire que le monétaire, ce qui laisserait bien pauvres les pions sur l'échiquier, numéros en des cases sans véritable compte.

Pour avoir en d'autres temps et divers lieux subi de nombreuses brimades et quelques moqueries du fait de pourtant feu la modeste tournure de son verbe, Lucien n'aime pas l'affligeante vulgarité des grands mots qu'il trouve gros et s'en brusque invariablement sans plus de raisons qu'il n'en faut pour ne pas supporter la vue du chocolat au sortir ou milieu d'un régime, aussi peste-t-il vertement contre ce dernier verbiage aux airs d'ambages, qu'il en soit après tout réellement gavé ou non, et si le trait, sous cette teinte ou d'autres, est d'une banalité sans nom et conduit à une désespérance complète quant à l'inamovible qualité conclusive, Fred ménage néanmoins sa monture afin d'en éviter l'épuisement, le sien propre aussi, probablement, en parallèle, face au constat que l'histoire encombre une énième fois, et fort regrettablement encore, la raison et ses droits enchaînements tandis que misérablement on la conspue pour extraordinairement complexe et lourde lorsque précisément elle les épure des historiques fards et anecdotiques faux-semblants.

Bon. Vois-tu ta capacité à avoir et porter un avis sur les choses, et toute la relativité de la valeur dudit avis en tant qu'il est tien ? Je t'arrête tout de suite : ceci n'est pas une critique qualitative, ou sinon générale, en aucun cas vis-à-vis de ton avis, qui existe pour sûr en tant que tien, en tant que toi tu le tiens, et puisque toi tu le tiens, justement, mais qui pourrait n'être au monde, au réel monde qu'un insignifiant détail, sauve, pour la redire, l'importance qu'il revêt ou pourrait revêtir pour ton être et lui seul, soit pour toi et toi seul. Ainsi, lorsque tu regardes mes mots alignés, pour ne point t'éloigner du présent, pour ne pas s'éloigner du tien, lorsque tu lis ce que j'écris, lorsque tu lis celui-ci, en particulier, de mot, le dernier que tu lises, là, ou, non, tiens, attends, lorsque tu regardes ce ciel, ce qui correspondra plus directement à ton imaginatif horizon, lorsque tu regardes le ciel bleu, donc, à travers les carreaux, la fenêtre ou sans matériel filtre aucun, ce ciel bleu ou gris selon la météo, ou tout autre semblant mais en tout cas pour toi *bleurz*, parce-que *bleurz* est une couleur d'enfance, que tu avais inventée avec tes potes quand vous étiez petits, tandis que le ciel avait la drôle de couleur dont il est à nouveau ou proche teinté aujourd'hui et que vous refaisiez le monde jusqu'à son vocabulaire pour y faire votre trou sans vous sentir perdus, sans vous en sentir plombés, mis en bière sans en avoir choisi la marque, eh bien, *bleurz* – l'actuel – est la traduction de ton interprétation d'un état ou phénomène, en somme de ce qu'est le ciel en ce moment et en cet endroit d'après et en fonction des informations oculaires que tu reçois et de l'ensemble mémoriel pour partie constitutif de ta personne, de ce qui te fait toi, toi qui dis *bleurz*, état ou phénomène, ou même mot dont on se moque de savoir s'il existe ou non en tant que tel tant qu'on ne le considère que pour ta seule personne, tant que tu n'as par exemple pas à l'exposer à d'autres, tant que *bleurz* n'est qu'un terme dans ton esprit ou, avant le mot, l'idée de *bleurz* qui te permet de ranger son souvenir ou son présent dans une catégorie mémorielle ou fonctionnelle. Le *bleurz* ou le bleu simple, pour sûr, relèvent d'une même et identique logique, conduisent en l'idée à une même identification du particularisme, de l'individualité, mais j'entendais pourtant que tu me suivrais plus aisément avec ce familier propos, avec le biais mais l'aide d'un par toi connu néologisme – peu ou prou barbarisme mais en tout cas non complet artifice au sens où il ne change pas le résultat final en fonction d'alternatives variables prises dans le même ensemble catégoriel – pour révélateur logique, au sens où il en est des chimiques et que le mien fait ressortir plus clairement qu'en normalité conditionnelle la raisonnable évidence.

Oui, je sais bien que tu ne vois pas encore le rapport avec les vibrations de l'être, et pourtant il est là, exactement là, directement ici : elles sont le *bleurz* de la conscience face à la réalité du monde, elles peuvent bien être toutes relatives à la seule conscience mais exister quand même, tout comme le phénomène ou mot *bleurz* n'existait tendanciellement que pour la tienne, de conscience, et sinon à l'origine, à la première lecture, oui, elles peuvent bien avoir un degré d'existence secondaire mais le tenir pourtant pour tout à fait valable, ce qui se confond ici avec valide puisqu'en fait de secondaire le degré n'est que relatif, ce qui constitue, qu'on y prête ou non attention, un très moindre et très préférable mal ; car dans cette guerre des mots, dans cette opposition du moins entre eux, le relatif du point de vue conscient peut tout à fait être le premier degré duquel il nous faudrait partir pour considérer l'ensemble du reste du monde, puisque ce dernier, de monde, le général, le grand, n'est toujours, du point de vue des humains qui le peuplent, qu'une collection de consciences, qu'un ensemble d'avis, qu'un agrégat de considérations dont certaines se recoupent et se confondent, ou s'affrontent. C'est là, d'ailleurs, ce que fait la phénoménologie, pour telle que nous l'appelions et la considérions en l'instant et pour me permettre un de ces mots honnis, que tu rattacheras pourtant, dorénavant et sans peine au phénomène ci-dessus exposé : elle considère l'individuel comme source, unité systémique, ce qui est à dire qu'elle ne reconnaît que la représentation que tu te fais du monde et non le monde en tant qu'il existerait indépendamment de ce que tu le considères, sans nier toujours qu'il puisse ainsi exister mais en affirmant haut et clair qu'il ne lui importe nullement de traiter de son existence, si encore elle le pouvait – et tu vois alors comme le rapport d'essentialité se renverse ; mais, ne nous appesantissons pas, tant nous risquerions de nous éloigner trop longuement de notre étude du jour.

Ainsi, qu'elles existent ou non, sensiblement, ce qui signifie la mise en balance du fait qu'elles aient une incidence directe au réel et de celui disant qu'elles se trouvent strictement confinées à la conscience, les vibrations de l'être sont indéniables, oui, indéniablement, elles sont, et observables, encore, ce qui n'est pas non plus entièrement étonnant puisque c'est de conscience à conscience, alors, qu'on parle, lorsque l'on discute d'observation, lorsqu'à d'autres êtres on dit d'un être qu'il est comme il les en bouscule. Et puis, tous comptes bien faits, même simples phénomènes de conscience, les vibrations de l'être restent perceptibles en la matérielle, palpable réalité du monde : l'être vibre premièrement pour lui, comme te le dirait l'organe son cœur, ainsi qu'en rencontre, ensuite, soit celle d'autrui, et puis à l'encontre, enfin, c'est-à-dire celle du monde, les deux derniers points étant les plus prompts à ne pas nous laisser confondre être et être, soit être et étant, soit l'idée et son instanciation, ou le concept et son exemple. Tu as déjà dû, me dis-je, entendre ton propre cœur battre, pour peu que tu y aies prêté l'oreille, ou celui d'un animal, ou celui d'une compagne : il y a là, sensibles, palpitantes, les premières des vibrations de l'être, pas toujours régulières, pas forcément constantes, mais peu importe, qui disent donc par vibration le passager, temporaire état de l'être, puisque ton cœur s'emballe sous le coup d'une excitation, d'une peur, d'une assez large palette d'agréables ou différemment stressants stimuli pour qu'il se révèle incorrectement téméraire ou simplement beaucoup trop fastidieux de tenter tous les énoncer. Là, donc, les premières ondes, puisque les premières vibrations, de celles que la matérialité mesure et jauge, de celles que la science entend en dur, qu'elle peut ou saurait reconnaître puisqu'elle en donne ou calculerait alors un rythme, avant une moyenne, avant d'en induire une norme et l'exhaustif reste logique des mathématiques considérations qui font et refont le sans fond fonds de commerce du contemporain vacarme, lui marasme des humanités et, sinon celui de chaque individu pour leur total, du moins, peut-être, de celle prise au singulier et pour ensemble, pour de bon cuite si sa valeur est ici et ainsi crue.

Bref, oui, je sais, pardon, tu avais dit concis, court et net, comme chez le coiffeur, surtout rien de plus compliqué qu'un bon vieux coup de ciseaux sur l'épi, nonobstant l'évidence d'une nécessaire multiplicité distributive des coups de ciseaux lorsqu'on s'épargne le mécanique avantage d'une tondeuse quant à la globalité de la coupe. Mais, voilà voilà, mon bon monsieur, non, ne nous énervons pas, je reprends, je te montre. Alors, là, voilà, nous en étions au cœur, l'organe, le seul, pour première place spatiale et temporelle des vibrations de l'être, précédant la rencontre et l'encontre, réduisant idéellement et pour les besoins de la démonstration les Hommes à d'ondulants cœurs sur pattes. Et, d'ailleurs, vient la rencontre, là, maintenant, où se croisent les mondes sans encore l'exposé du lieu aveugle puisque, en fait de rencontre, c'est un échange de dires – que tu n'amalgameras pas avec le verbe, sachant pertinemment qu'on peut tout à fait et très bien dire sans dire, que dire n'est pas tout dire et que tout dire n'est pas trop dire, aux sens dont tu voudras, ce qui est à dire dont l'appétit t'en dira. Un échange entre des êtres qui disent, donc, d'une manière ou de l'autre, depuis l'émotivité qu'ils eurent avant, chacun pour soi peut-être, car chacun peut être pour soi, et que chacun soit pour soi est une très raisonnable prémisse qui forme les justes prémices de toute suite, historique ou analytique ou quoi qu'elle soit d'autre. Un échange entre des êtres qui disent, qui racontent aux autres sans nécessairement le dire la teneur de l'émoi dont ils avaient vibré ou dont toujours ils vibrent au long même de ladite – ou non – narration, confidence pour résonnance, échange où le cœur vibrant fait office de sorte de balise radio, d'émetteur d'un côté et de récepteur de l'autre, échange et donc rencontre de perceptions individuelles. Ainsi, devant un paysage, en souvenir d'un concert ou au plein vivant et présent milieu d'un moment de bonheur, ton cœur vibre, ton être s'anime et cet état de fait fait déjà la transmission aux environnantes altérités, avant même le point final de l'encontre – qui, lui, fera pour de bon face au réel sans que les plus sceptiques n'y trouvent objections à chanter.

Oui, ton cœur bat, tu vibres, tu transmets, et tu inscrits au monde, aussi, surtout, enfin, et ce, pas rien que directement aux tierces consciences : tout inexistant qu'il puisse théoriquement être, et c'est ce qui en fait un lieu aveugle du point de vue phénoménologique, tant que nous ne considérons le monde que du point de vue de ses phénomènes, de ses manifestations à la conscience, tu en passes par le réel pour être, tu t'y répercutes, en cet entre-deux-consciences, en cet entre-idéalement-toutes-les-consciences, tu t'y inscris sensiblement, selon ses règles, en sus des remous que tu provoques de l'immatérielle façon dans l'esprit de tes semblables, à l'identique manière dont toi tu les produis. Attention, hein ! Cela ne tranche pas la question de l'existence réelle du réel, et j'insiste sur ce point en rappelant encore l'appellation de lieu aveugle : ici, pour nous, c'est un non lieu, le réel n'est qu'une supposition, un pouvant être relatif à l'interaction des étants, secondaire donc quant à l'existentielle hiérarchie – ce qui revient à dire que c'est lui, le monde, le réel, qui revêt le caractère second relativement à son degré d'existence, ou, plus simplement, que le réel vient en second (et quoi de plus normal, puisque nous partons du phénomène : le monde pourrait exister et même être premier, mais nous ne le considérons présentement que comme s'il était second, ce qu'il est effectivement pour la conscience, qui s'examine en premier lieu elle-même et seule, avant de se tourner vers ses extérieurs, découverts en chemin tandis qu'accessoirement ils la renseignaient sur, toujours, elle-même). Le réel n'est qu'une supposition de zone tampon entre les êtres, zone où donc tu t'inscris pour autant qu'elle existe mais selon les conditions supposées de son existence, alors, soit en obéissant strictement à ses lois, nécessairement identiques pour tous – et c'est là l'essence du matériel, que cette communauté des conditions – sans quoi le tampon ne ferait corps que pour les seuls heureux bénéficiaires de la collégialité conditionnelle, laquelle, dès lors qu'elle s'avérerait déchue de son universalité, se trouverait bien en peine de tenir le rang de son idée. Ouais, je sais, la barbe, à la fin, et les gros sabots du coiffeur : ton cœur, qui vibre, et les effets de ton être, qui peuvent se sentir physiquement, bien au-delà de ton seul corps, car après avoir transmis autour de toi les vibrations ou palpitations éprouvées, tu agis *a minima* selon elles et modèles ton environnement, ton monde qui est partie du grand, ne serait-ce qu'en fonction de ce que tu aimes voir, vivre ou regarder. Ta maison, par exemple, découle en son architecture ou son intérieure décoration – ne serait-ce que selon l'état capacitaire de tes finances – de ton être et de ses vibrations, ce qui fait d'elle une vibration dérivée, ou secondaire pour reprendre un terme antécédemment employé, ce qui ferait un schéma-type et t'aiguillerait un peu, présumé-je. Un relai, un répétiteur, en somme. L'essentiel étant la vibration, première ou secondaire n'étant que secondaire, retiens et comprends que ta maison, inscription ô combien matérielle en le physique du monde, honore et conforte l'idée de vibration de son exemple, transcrivant le phénomène de conscience qu'est ton goût – ce qui revient en fin de chaîne causale à dire tes perceptions - en concret et solide. Plus encore qu'illustrer le transcendant processus courant de ta conscience au monde, ta maison – ton jardin, ou d'autres friches et cultures qui nous procureront autant de foisonnants exemples, ainsi de tes organisations relationnelles, sociales, *et cætera*, et de leurs conséquences concrètes à nouveau dérivables – en tant que vibration issue de ton être renseigne sur lui tout observateur assez fin pour avoir l'idée d'y remonter de cette détournée manière.

Ainsi, comme je te l'annonçai plus tôt et te le répétais, l'être est gravifique et tout ou presque le trahit, de la maison qui n'est qu'un exemple parmi la disponible multitude, jusque ton propre cœur si bien caché dans ta poitrine, en passant par les répercussions, réactions de même en même ou de même en contraire suscitées chez les tiers êtres que tu croises et avec lesquels tu interagis – nul besoin, je crois, de te remémorer ici l'anecdote de ton exploit raté ni la cascade des événements qui s'en suivirent.

Au sortir du didactique exercice, Lucien prétend encore ne rien y saisir sauf peut-être enfin l'occasion de s'y résoudre, en addition à celle, tue, de s'échapper enfin d'un échange plus subi que savouré. C'est énervant. Ce pourrait être frustrant, mais c'est énervant, tant la mauvaise foi se trahit, toute mal déguisée. Lucien, lui, à cet énoncé reproche, se gonfle nerveux, oui, décidément nerveux, avec pour appétit de puissance ou d'*ego* les yeux plus gros que son pourtant déjà bien rebondi ventre, telle une grenouille championne de la malbouffe s'autorisant d'elle-même en un bœuf victime d'obésité morbide, ce qui exaspère Fred, tant c'est moche, tant le tableau manque d'élégance et n'offre pour toute classe qu'un parfait exemple de relationnel cas d'école. Fred, alors, à son tour, se gonfle un peu comme il s'en trouve et réduit ses diplomatiques efforts, ce qui ne manque pas d'enliser la conversation tandis qu'eux se lisent ou se survolent et s'emportent pour de bon, loin l'un de l'autre et pourtant proches en le même identique qu'ils font, colère contre colère, et, sans vraiment de raisons sinon d'évanescents motifs, la bienséance prend le large et s'y perd, avant que la communication, rompue par l'un qui pourrait être le second sans importance à l'ordre, ne s'estompe en leurs réciproques mémoires sans grand regret ni vive joie, sans autre contentement que l'immédiat soulagement d'une tension dont l'âcre arrière-goût s'invite déjà, vicieux, non-sollicité, aux tristes et mineures, minables et pauvres réjouissances respectives.

Et, dehors, pour ajouter encore par-dessus le trop-plein du moment une superfétatoire et très superflue couche, histoire d'annoncer un rebondissement assurément promis comme une additionnelle contrariété sur le tas de la grosse vilaine toute fraîche, on sonne.

I. « Le retour des petites cuillères »

Elodie ! C'est Elodie, en bas, à l'autre bout de l'interphone, et sa charmante voix à son oreille à lui, ici, de ce côté-ci de l'appareil ! C'est bien le moment, tiens ! Mais que vient-elle donc foutre ici ? Est-ce que surprises et contrariétés se passent le mot, pour former ensemble des tas événementiels au gigantisme aussi déluré, soit indécent que possible ? Fred libère la gâche et se remplit un verre en attendant qu'elle monte, curieux c'est vrai si c'est à dire intrigué mais pas franchement impatient de connaître les certainement bonnes raisons de sa visite, et si mieux vaut probablement prévenir que guérir, il sera toujours temps de faire les deux d'un coup dès les talons entrés puisque, d'utile en ironique agréable, enjoignant au deux au sens de faire deux, tout sourire, voici l'annonce du jour : elle s'installe chez lui !

Euh, ok, bonne nouvelle, mais pourquoi ?

— Franchement, tu pourrais avoir l'air plus heureux, débute-t-elle sur un faux air de je te tiens comme je minaude, là, debout, au milieu de l'entrée et comme elle n'agrippe pour l'instant que son unique bagage. Oui, bon, d'accord, il y a aussi son sac à main, mais il se trouve pendu à son épaule et on ne peut en conséquence pas littéralement dire qu'elle le tienne.

Ne nous méprenons pas, hein, j'aime plutôt bien l'idée...

— Attends, le ravise-t-elle immédiatement, se ravissant visiblement de l'emprise, je sais très bien que ton petit chez toi est d'une grande importance et qu'en plus ton retour n'y est que tout récent, ce qui t'en rend plus sensible et, de fait, me fait, moi, risquer plus que jamais de te déranger. Tu m'as suffisamment détaillé tout cela pour que, oui, je le sache parfaitement : le dérangement, le traumatisme que tu ne voulais en premier lieu pas t'avouer, le déménagement à l'hôtel, le temps qui passe, ta conscience à l'œuvre et ta dernière résolution de revenir chez toi afin de cesser de te mentir, avec l'objectif de régler le problème, de ne plus l'éviter, tout ça, tout ça. Mais, et l'objection l'emporte sur cette empathie qui me naîtrait naturellement, je t'avais ce me semble promis quelque-chose il y a peu.

Une pipe ? Une folle nuit de sexe ? Un entier week-end de débauche ?

— Non. Note que c'est plutôt mignon, cet élan naturel de ton imagination vers le graveleux. Mais non. Sais-tu que tu me vexerais presque en ne t'en souvenant pas ? Tant pis, ceci dit, je ne vais pas gâcher mon plaisir pour si peu. Non, ce que je t'avais promis, c'était que tu me paierais tôt ou tard ton refus de mon jouir. Ça y est, ça te revient ? Le bureau, mes cuisses ? Eh bien, donc, me voici, toute dérangeante que je m'annonce ! Je vais vivre chez toi un moment, et si tu veux que notre jeu se poursuive, si tu désires que nos plaisants petits jeux continuent, tu souffriras ma présence sans broncher – et je n'ai pas dit sans trop broncher mais sans broncher tout court. Si je te prends à râler, à te plaindre de ma présence, je siffle illico la fin de la récré !

C'est le pompon.

— Oh, et je vais commencer par un café.

Bien ! Noir, sans sucre.

— Non, tu ne m'as pas comprise, précise madame en installant confortablement son délicieux petit cul contre un coussin, toujours pas départie de sa labiale banane ; je vais commencer par boire un café, que tu te feras un devoir de me servir. Noir, oui, mais avec un carré de sucre. Et ne t'avise pas de me fourguer une ignoble sucrette !

Ça promet donc d'être long.

Et, pour le coup, c'est pour de bon long. D'autres, avant elle, avaient vaguement tenté de s'installer chez lui, mais cela n'eut alors rien de comparable, peut-être du fait de l'assumée malice de l'éditrice en la présente action. Si, en effet, ni Nina, ni Maïté, n'étaient restées longtemps, et si Elodie n'a pas pour l'heure annoncé la durée du supplice, pas plus d'ailleurs que l'exhaustive nature de ses sévices, les précédentes avaient en arrivant tenté de suivre son rythme à lui, ses habitudes aussi, histoire de s'intégrer, tandis que madame prend aujourd'hui volontairement ses aises à sa seule guise, mâtinée sans couvert d'un très malin plaisir. Ainsi, après cette première dégustation, Elodie lui fait mettre de l'ordre et du propre, du vrai propre, de ce qui s'appelle propre, de ce qu'elle appellerait propre à l'odeur et au toucher, ce qu'elle ne manquera pas de faire au titre de finale inspection, tu peux en être sûr et veiller à ne pas produire de fausse note. Allez, hop ! Ça ne va pas se faire tout seul, tu peux en conséquence commencer dès maintenant ! Elle, dirigiste tyran et non bienveillante samaritaine, ne l'aidera pas, c'était prévisible et désormais certain puisqu'elle sort du bagage une pile de bouquins qu'elle attaque aussitôt, se mettant plus à son aise au coin du canapé, les pieds dénudés et les jambes ramassées, un genou contre son frère. Lire creuse, cependant, la tête comme le ventre, et si le ménage aussi, madame s'en moque ostensiblement.

— A tout hasard, tu n'aurais pas quelque-chose à manger ?

Non, tiens, il avait prévu de commander une pizza.

— Je n'aime pas ça, la pizza. Je préférerais que tu me cuisines quelque-chose. Tu n'as pas, je ne sais pas, comme une recette fétiche ?

Ça promet donc d'être vraiment long.

Je t'en ficherai, moi, des recettes fétiches, et pour peu originales qu'elles soient et le mouvement avec, je te les foutrai en même temps, dans la même mesure et en cadence ! Bordel, elle en a de bonnes, quand même ! Je t'en ficherai bien, aussi, putain, de la rapidité, chez ce lourdaud de boucher et ses bœufs de compères, avec une dose de sourire et une autre de bonne humeur pour la vilaine caissière, hideuse poulette dont on peut supposer qu'elle a cette nuit manqué le loup rien qu'au général dessin de son visage, sans même avoir besoin d'entendre l'indifférence du ton dont elle honore ses en majorité décrépis clients ! Manqué le loup ou levé un autre perturbant lièvre, mais en tout cas manque-t-elle évidemment de professionnalisme ce matin, et la cause ne doit pas en être temporellement très éloignée, ce type de volaille ayant souvent la même évanescente mémoire qu'un poisson rouge. Il y a foule, pendant ce temps-là, oui, le bocal déborde, le chaland s'agglutine et faute de banc s'impatiente. Fred, lui, se dit que pour quatre ou six saucisses il aurait tout autant pu s'accommoder d'une qualité de grande surface.

— Voilà de la bien petite gastronomie, observe une Elodie goûtant visiblement très peu le choix de son nouveau commis ! De la purée et des saucisses, tu voudrais te foutre de moi que tu ne t'y prendrais pas différemment !

Oh, je n'oserais sûrement pas me moquer ouvertement de votre altesse, madame ! Mais, puisque tu m'as demandé ma recette fétiche, la voici. Je note, d'abord, à bon entendeur, que si j'avais dû en rire, de toi, de tes consignes ou de ton appétit, quitte à m'en foutre, je ne l'aurais pas faite maison, cette purée, avec ce soin porté au choix des pommes de terre et cette attention appliquée à les écraser sans en réduire tous les morceaux à néant. Ensuite, toute insolente velléité mise à part et nos compteurs momentanément à plat, celui-ci me rappelle ma mère, laquelle, que le prétexte me serve d'heureuse excuse ou non, n'avait aucun particulier talent de cuisinière et nous gratifiait périodiquement, ce qui est à dire fréquemment, mon cher père et moi-même, de cet enfantin tour de passe-passe culinaire, peu riche et fort maigre Loyal aux papilles, certes, leur offrant un bien facile spectacle, je te le concède volontiers, sans débattre, ce qui revient à dire, toujours ainsi que tu le souhaitais, sans nullement broncher, ni quant à ton propos ni au sujet de rien. Selon ta volonté, donc, ma recette, et ton assiette servie.

Les tranchées creusées, les positions établies, Elodie se calme un peu, comme cadrée par le retour de flammes : tempérant alors la hardiesse de ses revendications, elle s'enjoint à plus de normalité après ces premières échauffourées, ce qui laisse Fred et tranquille et serein, ou un peu plus tranquille et un poil plus serein, ce qui sonne déjà comme une victoire. N'importe quoi, du reste, aurait sonné comme une victoire, qui permettait l'accalmie, qu'il se soit ou non agi du rapport de force ; mais, comme d'habitude, le rapport de force, la bousculade. Tant mieux, c'est d'autant plus marrant. A tout prendre, c'est aussi, comment, oui, habituel, ce qu'on a déjà dit mais ce qu'on réalise mieux, là, maintenant, à l'aune du réexamen lexical. Oui, entre eux deux, c'est ainsi depuis le début, et la poursuite à l'identique produit comme un repère, pour Fred, au moins, ce qui pourrait ne pas être étranger à l'intention de cette calculatrice d'éditrice...

Décoratrice, aussi, d'ailleurs, d'intérieur, comme tout habitant l'est de l'endroit qu'il habite même si parfois ce n'est que par le vide, et voilà l'occasion d'un nouvel affrontement quant à l'agencement d'un monde, du moins de réciproques affronts relatifs à celui du clos lieu, petit à petit et petitesse pour petitesse d'une seconde mais non-ouverte guerre, disons plutôt bataille, furtive, passe d'armes cette fois-ci tout à fait silencieuse, soit engagée sans annonce puis exécutée sans prononcés ni lus mots : comme le temps file et s'écoule, et c'est ce qu'il fait très bien tout seul, c'est à qui sans le dire – ni plus dévoiler son intention que sa perception de celle du camp d'en face – imprimera sa marque, à qui la conservera contre qui progressera dans l'imposition d'une plus féminine, à coup de plantes et de fleurs innocemment achetées au retour du boulot, d'un côté, contre des coups de maladresse, de l'autre, tel l'oubli systématique de l'arrosage de ces maudits morceaux de verdure, à coup de nappe négligemment chinée au détour d'un dimanche contre la soudaine et surprenante adoption d'un chaton, à coup de vaisselle rapportée sous couvert de l'utile contre la faible poigne la laissant malencontreusement se fracasser au sol, à coup de colorés rideaux contre un petit et si mignon compagnon de jeu pour la première bestiole, à coup de doux, tout neufs draps contre le refus de se glisser dessous par ces si chaudes nuits, à coup bientôt d'une grosse et imposante bibliothèque, histoire de lutter contre les grandissantes piles de livres et manuscrits qui sont autant de plaisants immeubles d'évasion mais aussi et d'abord d'encombrantes tours de poussière, mais si, tu verras, si tu n'as déjà vu, et puis les chats qui dansent autour, dessus, dedans, comme si le tanguant puis effondré bâtiment abritait des souris, de délicieuses petites souris assurément appréciables à la dégustation mais qu'ils ne trouvent pourtant jamais dans les ruinés décombres de mon outil de travail, oui, parce-que c'est ma matière première, entre autres, que tes bêtes assassinent, bon, d'accord, soit, alors la hache est officiellement déterrée, alors les reproches sont permis, alors on peut vomir sa bile, mais je dis que les chatons peuvent bien jouer et que tu ne remplaceras certainement pas ma télévision par des étagères, même si, oui, c'est vrai, je déteste la télévision, mais ce ne suffit pas à justifier qu'on la jette, enfin pas que tu la jettes, toi, et puis si je n'ai plus ma télévision je n'ai plus rien à détester, oui, c'est ça, je conserve ma télé pour mieux la détester et ses programmes avec, c'est idiot, je sais, et alors, que veux-tu, c'est ainsi, je suis bête, moi aussi, comme mes petits chatons, et cette proximité t'interdit de les mettre en cause pour justifier un meuble dont tu ne voulais originellement que pour me nuire, à moi ou bien à ma tranquillité, si, je le sais bien, non, ne le nie pas, tu es venue pour ça, attends.

Vite : tiroir, bazar, carnet – nouveau. Vite, mais pas assez : l'instant retombe comme un gâché soufflé, le recul se propose et l'on n'a plus d'autre voie que d'embrasser sa route.

Pardon, pour la coupure, je n'avais plus de place. Pardon, un peu, pour mon emportement, aussi, peut-être. Mais je dois garder la télé. Peut-être pas ici, tu pourrais mettre tes étagères, mais je dois garder la télé. C'est mon point fixe de détestation, ma certitude d'ancrage au monde, à ce qu'ils appellent tel. Et, non, tu ne peux pas la remplacer au titre de la détestation ni même à celui de l'ancrage au monde. Parce-que. Parce-que tu n'as rien d'un ancrage, ou pas encore. Parce-que. Parce-que ! Parce-que je ne peux pas te détester, toi.

Inutile de préciser si c'est en conséquence de l'initiale règle du jeu ou non. Car, dans le doute, Elodie choisit ce qui lui plaît, et même sans choisir tout ça lui plaît beaucoup, et cela convient parfaitement à Fred, qui peut goûter ses lèvres avec passion et dévorer le reste de ses corporelles délices avec une gargantuesque gourmandise. Non qu'il faille confondre l'instant avec le pavlovien dressage, prévient-elle comme pour s'en prémunir : ils sont tous deux conscients des enjeux non réglés, mais profitent pourtant de l'offerte impulsion, réciproquement, ce qui revient à dire de la concorde pulsionnelle, ce qui n'est pas tant rien qu'on puisse se permettre de la négliger, ce qui ne produit rien qui ne soit bon à prendre.

Chut, tais-toi ; tais-moi, taisons-nous.

Fred se sent bien, et ce n'est pas que le cou de la belle, ce n'est pas en rapport avec la vidange, la cartouche, ou pas que. Non, ce sont bien plus les coups de la belle, de fait devenus leurs, échangés sur le mode d'un prêté pour un rendu, ce sont ces coups qui l'ont rendu, à nouveau, maître de chez lui, propriétaire bien entendu mais surtout – façon phénix – possesseur des lieux et de son bien-aller ; c'est que l'affrontement l'aura subrepticement réinscrit, lui, en sus de la simple inscription de la féminine présence, dans cet espace qu'il avait fui parce qu'il ne le supportait plus après la dépossession induite par le cambriolage, violent, rappelons-le, à sa psychique intimité et non à la seule serrure. Mais c'est fini, tout ça, car Elodie a trouvé la clé, oui, sciemment ou non, elle a délogé ses craintes pour lui permettre de réemménager chez lui, et ça la rend belle, la gentille Elodie, oui, ça la rend même très belle. Et du coup ça vaut bien le coup de remettre un petit coup.

Mais pas celui de la garder éternellement ici. Non. Faudrait pas déconner, et même si par naïve insouciance on souhaitait déconner l'espace d'un bref instant, cela deviendrait vite insupportable. D'ailleurs, ça y est, il la trouve déjà insupportable. Enfin, pas elle pour ce qu'elle aurait mauvais caractère, mais sa quotidienne présence. Oui, c'est plutôt dérangeant, que d'avoir en permanence quelqu'un dans les pattes, quand bien même il reste très agréable de se retrouver coincé entre les siennes. Seulement, il n'a pas le droit de le lui dire, qu'elle est dérangeante, sauf à vouloir que leur petit jeu s'arrête, ce qu'il ne désire absolument pas. Non. Tout au contraire, et il ne lui viendrait pas à l'idée de manquer de reconnaissance à son égard : s'il se sent bien chez lui, il sait parfaitement que c'est entièrement grâce à elle. Mais le voici guéri, voici le bien vite fait bien fait, et insister, ce serait risquer de transformer les bienfaits en excès, qui de toute chose font la ruine. Le voici bien, chez lui, content d'être chez lui et désireux de n'être que chez lui. Loin pourtant de la lâcheté prêtée aux hommes, Fred ne sait que faire pour la faire s'en aller. L'affront serait très vain, qui peu importe sa nature risquerait de les entraîner derechef dans une valse dont les pas ne sont plus à découvrir tant ils finissent par être aussi usuels que la bourrée. Le lui dire, faire tout bêtement savoir à son auto-invitée qu'elle n'est plus la bienvenue reste plus interdit qu'inutile, se profile comme un dangereux débat à leurs ébats, dont s'il fallait omettre toute autre forme d'échange il ne se résigne pas au deuil. Sans solution mais non sans tergiversations ni infectes répétitions, l'épineux paradoxe subsiste : Elodie doit partir, mais Elodie ne part pas.

Alors Elodie traîne, tant pis, s'installe, un peu plus chaque jour, persévère en son dérangement après avoir bon ou mal gré tant fait pour arranger le bonhomme, tel un caillou dans la chaussette qui ne quittera donc point la chaussure tant que la courante marche dure. Elle semble s'être prise au jeu, la conne, elle semble s'être vilainement prise à cet annoncé sien jeu d'emmerder Fred au possible afin de lui faire payer feu sa tentative de putsch. De plus, elle le sait, la vicieuse, qu'il n'en peut plus.

Ainsi, de plaisantes à moroses, Elodie comme l'ambiance sombrent jour après jour sans salutaire rouage à l'engrenage. Et comment serait-ce différent, lorsqu'elle sait que c'est assez et sait qu'il sait qu'elle sait mais ne sait pas comment cesser ? Même elle, la partie ne l'amuse plus que parce qu'elle est assurée de la gagner ! Alors quoi ? Alors c'est à qui comme toujours et sans joli-joli craquera le premier, sachant qu'aucun des deux n'apprécie suffisamment la saveur de l'orgueil pour ravaler le sien.

Alors, le jeu s'éternise, lui ne la quitte pas et elle ne le quitte plus.

Parfois, pourtant, de doux moments et de tendres distractions relativisent le ténébreux tableau par l'adjonction d'une légère touche de joie, sinon de bonne humeur, ce qui ne fait pas grande différence relativement à l'alors agréable des choses. Toujours, du reste, quant à ces momentanées distractions, extérieurement à l'essentialité de leur duo, surtout en dehors de leur désormais partagé et gentiment conflictuel intérieur, lequel ne cesse encore d'osciller entre leurs deux influences : comme souvent, que ce soit parce qu'on les moque ou parce qu'ils nous inspirent d'une plus positive façon, les bouffées d'oxygène se prennent chez d'autres. C'est qu'Elodie et Fred ne s'assemblent pas pour rien – taisons lors l'attirance des contraires, alternatif dicton permettant en somme et tout et son contraire. Ponctuant donc la tristesse de leurs non-dits, quelques sorties et visites, en ce qu'on appelle couple, toute dégueulasse que l'idée leur en semble communément, d'un identique instinct à défaut d'une même voix.

Ce soir, par exemple, ils se rendent chez les coquins, au domicile de cette paire de fatigués des amours, les physiques indifféremment des sentimentales, fatigués qui n'ont pas trouvé de meilleur moyen pour regonfler la réciprocité de leur plus tant mutuel intérêt l'un pour l'autre et de leur depuis un moment évanescente libido que l'excitation résultant de la vente par correspondance d'usagées petites culottes, pour elle, et pour lui que la gestion des idoines annonces sur le net et l'éreintante, allez, exigeante, avait-il cafouillé, non, tiens, avaient ensuite tardivement corrigé les vipères, l'à tout casser astreignante direction artistique des prises de vue, partant, en supplément, que le coaching relatif à la manière d'appâter efficacement le vicieux, de préférence et par insistance qui consiste en moult répétitions en lui faisant croire que le vice n'est pas ou pas exclusivement sien. Minaude, allèche, allume, éructa le preneur d'images lors du dévoilement de ses avisés conseils, s'y replongeant avec le même appétit qu'il prenait à les prodiguer. Le planifié plaisant de cette soirée, pour ne pas en oublier nos brebis comme on parle des moutons, c'est de se moquer des veaux au long de la conversation sans qu'ils s'en rendent compte, de faire de bien bêtes grimaces dès qu'ils tournent le dos, en non-exhaustive somme de s'amuser puéril et de rire à dépend, et c'est à qui osera pousser le bouchon le plus loin sans dévoiler la nature de leur jeu, au risque sinon de trop froisser la chèvre pour qu'elle reste au piquet. A ce petit amusement-là, Elodie s'avère traditionnellement la plus forte parce-que la plus délicate, la plus fine ou précise au lieu de téméraire, mais Fred ne désespère pas de renverser une fois au moins la vapeur. Sinon, d'ailleurs, sans un tel espoir, sans l'idée d'un alternatif dénouement de la concurrence, sans tangible à l'émulation, pourquoi jouer ?

Pourquoi en parlent-ils à nos deux compères, pourquoi plus exactement leur en parlèrent-ils plus tôt ? On ne sait pas, et l'on se ficherait bien de le savoir, oui, si on le savait avec exactitude ce serait aussi avec indifférence ; Elodie et Fred doivent avoir une tête prêtant à confidence, ou celle-ci faire partie du ludique aspect de la lubrique partie, indéniable rapport à l'exhibition. Toujours est-il que les voici rendus au domicile du couple et que sitôt les salutations formulées et la seconde bouteille ouverte le sujet en vient vite à cette intimité plus tellement privée qu'on la pense, comme le sieur photographe dérape et propose, si besoin, pour pimenter un plat dont il ne sait pourtant pas grand-chose, au point même de ne pas se rendre compte qu'il met impoliment les pieds dedans tout en visant bien mal, la faute aux projections aperceptives, de leur montrer le site par le biais duquel ils proposent ensemble les dessous, des fois que l'inspiration leur vienne plus tard, au détour d'une calme réflexion ; autant, alors, selon lui, qu'on vous ait précédemment indiqué où sont rangées les clés du garde-manger, à défaut de d'emblée vous les donner. Là, lui, il est gentil, d'humeur, il veut bien tout expliquer patiemment. Oui, il est gentil, mais ce sera non, malgré tout le leur intérêt qu'on devine à l'examen des lieux, lesquels transpirent en traces d'une organisation toute tournée vers l'exercice de leur récent attrait pour la sale lingerie et tout ce qu'elle instancie pour eux : au milieu du salon, celle-ci peut-être parce-que c'est la plus vaste des pièces, on a contre le mur punaisé un drap dont l'originelle couleur devait être le blanc mais dont la moitié couvrant ou reposant sur le sol ne cache pas les outrages des différents passages en chaussures à la caoutchouteuse donc pauvre semelle, drap auquel on a adjoint, trônant-là tels deux flippants miradors contre un lugubre enclos, ou dira-t-on plus tard d'une collégiale entente deux phares au sein d'un océan de limpide connerie, deux lampes, deux gros éclairages de studio sur leurs noirs et métalliques pieds, façon tapis rouge et tout le clinquant tralala, avec tout le superflu dont se vêtissent les amateurs comme d'un absolu nécessaire lorsqu'ils se rêvent grands sans avoir la patience ni l'éculée longueur de temps de justement attendre la rêche collecte du savoir, avec à l'immédiat côté de ce qu'il convient de nommer cette scène un ordinateur, pour les retouches, ce qui n'est pas dit mais est à dire les seuls recadrages et partiels flous, ordinateur lui connecté à une caméra, tournée vers ladite scène, pour la suite du programme assure-t-on sans trop la détailler, glissant qu'à ce sujet l'accord est encore en balance, la tentation point trop commune, ce qui n'empêche pas, non, de tenir prêt le matériel, des fois sait-on jamais que l'indécise envie naisse, qu'elle finisse par capricieusement naître, ce serait alors con, n'est-ce pas, de ne pouvoir passer à table après tant d'hésitations et de minutes, de mois ou d'années perdus au réfléchi parcours de la carte, au détail du menu. Oui, monsieur est décidément très prévoyant et tout amateur de culinaires métaphores, le mal est récurrent aux grossiers libertins et autres finauds imbéciles. Regards entendus, sourires, promesse de véhiculés commentaires quant à la considération de la viande sur l'étal ; bref. Dans la chambre, puisqu'on poursuit la visite en l'imposant, le traitement des images prenant un certain temps, voici l'unité centrale de la coquine, qui peut ainsi selon son gré surveiller son compte et ses suiveurs ou vaquer à d'autres distantes occupations tandis que l'homme se charge de la rébarbative technique, homme tout à fait fier de lui lorsqu'il confie que le cadeau fut sien, de ce second écran, lors du dernier Noël et même si l'entendu budget n'aurait point dû l'y autoriser – encore que la maîtrise de ladite technique suffirait seule à porter la masculine fierté. L'insignifiant reste des pièces provoque moins de livraison d'âme, aussi peut-on raisonnablement juger qu'il n'est pas tant important qu'il faille vainement s'appesantir à son sujet, ce que dont acte nous ne ferons pas.

Reste pourtant avant de conclure une ensembliste cohérence, à l'issue de cette balade dont les hôtes poussent ballade sans réelle chansonnette. Oui, vraiment, il n'y a pas à dire, l'intérieure disposition de la maison plus encore que l'attachement qu'ils portent à raconter leur nouvelle passion dit tout de la dernière chance qu'ils n'ont pas évidente conscience de mal s'accorder par son truchement ! Oui, c'est un complet dessin, un entier tableau qu'ils visitent, avec Elodie, tandis qu'on pensait probablement premièrement les convertir par cette exposition, tandis qu'on l'annonçait orgueilleusement, l'aptitude à convertir, pleins qu'ils étaient de l'illusion de puissance, ivres qu'ils étaient encore du beau de leur fraîche pulsion, invitant tout un chacun qui pourrait être n'importe-qui à plonger avec eux dans la nouveauté d'une grille de lecture du monde qui semble universelle du seul fait d'être en son abord toute neuve pour ces preux qui l'abordent ; mais le charme n'opère pas, la magie n'est que celle de l'éternel renouveau des moqueries, toutes dissimulées qu'on les tienne, puisque l'insistance et le juvénile émerveillement du taulier – et dans une moindre mesure de sa compagne – offrent à leur distraction un permanent et génial entretien. Oui, si Elodie et Fred n'émettent pas de réserves au-delà de leur poli refus d'immédiate imitation, ils en font bel et bien de plaisir, pour pas plus tard que tout à l'heure, se promettant l'un à l'autre de franches barres de rires saucées de mesquines critiques, petites au rang du courage mais pas moins savoureuses à ce titre. Il y a du foutage de gueule dans l'air, au moment du dessert, flottant sensiblement, dangereusement, comme il s'est accumulé sans trop être évacué, et chacun retient son souffle : nos compères pour ne pas se manquer à deux courtes enjambées de la ligne, la cuisinière car elle attend l'avis de tous sur la cuisson comme la recette de sa tarte et la texture de sa chantilly, le gourmand, enfin, pour la crainte qui l'habite quant à l'à venir bonne disposition de sa femme en cas de mitigée réception de ces derniers aliments. Ainsi, en cette fin de soirée, pas nécessairement directement liées mais cependant reliées à la mode de chez nous, fondues dans une improbable unicité, les différentes dégustations se font attendre.

C'est Elodie, finalement, pour étonnant que cela ne soit pas, qui rompra le silence, ouvrant le feu des diverses remontrances par l'énonciation d'un désobligeant commentaire.

— Cette tarte était ignoble.

Pas très belle, d'accord, mais de là à dire ignoble...

— Non, pas la cruche, idiot : la tarte ! Elle était infecte !

L'étincelle suffit à la lancer, là, au beau milieu du bus, oui, oh que oui, on aurait certainement été mieux en taxi mais pas la scène et Elodie tenait au bus, et l'y voici, la voilà juchée sur la tournante, métallique plateforme bardée de ses remparts à l'air d'accordéons, ce qui produirait une scène surréaliste si le terme n'avait été purement et simplement galvaudé et si la scène n'avait probablement été parfaitement éculée en de nombreux ailleurs, que ce soit à dire ou vécue ou narrée, ce qui produit en tout cas un instant hors du temps, pour la perception qu'en a Fred en sa voyeuriste contemplation, lorsque, libérée, elle s'épand, explose et se répand, lorsqu'elle mime coquin, lorsqu'elle grossit coquine, lorsqu'elle récite leurs mots, fidèle à l'esprit plus qu'aux lettres, fidèle à l'esprit qu'ils produisent plus qu'à la lettre des maux qu'ils abhorrent et dont ils blâment, pardon, dont elle blâme pour eux deux leur précédente compagnie, lorsqu'elle tire de celle-ci un portrait que pas un même distant spectateur ne croira complaisant, lorsqu'elle sourit toujours après les réflexions de deux vieux rabat-joie dérangés par la remuante et bruyante vie de ces jeunes excités, soit, d'accord, le trait peut bien s'avérer souvent tiré tel sans que le vrai n'y survive, sans qu'il résiste à la récurrence, et reste toujours Elodie, les tournant à leur tour en dérision, les croulants, sans outre mesure relever l'égard sinon par outrage à leur peu chevaleresque mesure, démontant l'arrogance réflexive par l'altière, impertinente imposition de la sienne en miroir ; lorsqu'elle moque et s'en moque, elle est belle, Elodie, extrêmement belle, des talons aux cheveux en passant par les ongles, tout entière, toute entière, plutôt, qui vous paraîtrait faux mais rendrait plus évidemment compte de sa merveilleuse féminité et de la débordante complétude de celle-ci, ferait justice à cette beauté de corps et d'être qui transparaît tandis que la moquerie reste habituellement marque de petitesse. Eh : tant pis ; elle est belle, démoniquement belle, alors, la diablesse, tandis que ses pieds dansent sur leurs pointues aiguilles, portés par cette musique qu'elle se joue à elle-même, dont elle écrivit elle-même la rusée partition, emportée désormais en un rythme en sus ponctué par son entrain, sur lequel vole sa robe ou son jupon du moins, qui virevolte, léger, s'élève jusque mi-cuisses et puis retombe à plat au gré des tours sur soi imprimés par la fantasque belle, fantastiquement belle, belle comme son vêtement marqué d'innocentes fleurs contrastées par le cuir du minuscule blouson qui, plus haut, couvre leurs identiques, belle à l'impromptue mais néanmoins non moins ravissante floraison, produite lorsqu'elle tourne, et vire, et pique, lorsqu'elle moque, et pique, et tourne, et pique et moque, et pique et moque en pointes et piques, et tourne, et tourne et s'esclaffe, soudain, au faîte d'une retenue qu'on pensait éventrée.

Elle est vachement belle, Elodie, survolté toréador domptant l'inspiration, derviche à ses intrigantes spirales, amazone montant à cru la froide saveur de sa revanche, sauvage cavalière sur sa vengeance, ah, oui, on ne vous en avait rien dit et Fred l'apprend à peine en le merveilleux instant, sa vengeance, sa vengeance et ses modalités, parce qu'elle se venge, Elodie, parce qu'elle se venge en se moquant, elle se venge encore plus agréablement en se moquant en compagnie, en choisie compagnie, rendant à sa façon la monnaie de hardiesse à ces deux hurluberlus qui avaient un jour choisi d'en société rire de son premier auteur, de son insuccès et de son mauvais choix, à elle, elle qui maintenant rit à son tour et la dernière, surtout, elle qui est belle aux yeux d'avec qui elle se moque sans qu'à cet à qui importe de savoir ou considérer qu'elle se moque, sinon qu'il trouve la chose et la personne d'autant plus charmantes, chacune et pour de vrai, l'une ou l'autre ou les deux ensemble, oui, il rit, il se moque avec elle, de monsieur et madame plouc comme on fait des bouseux lorsqu'on est capitale, et il la trouve belle, elle, nue ou vengeresse, sous ses plus beaux atours comme au travers de ses plus bas détours ! Elle peut bien se moquer, elle peut même complètement lâcher la bride de la bienséance, oublier toute réserve, il ne la trouvera pas moins bandante et poursuivra, qui plus est, l'endiablée valse entamée sur l'esquisse de votre pitoyable misère ! Elle est sa muse, pour cette soirée au moins, sa formidable muse et donc sa source vive, et toute la création, aujourd'hui, ce soir, en le délectable instant de sa vengeance, dit votre lamentable !

Et c'est vrai qu'elle est belle, oh, oui, putain qu'elle est belle, Elodie, lorsqu'elle se pâme sous le coup des baisers, lorsqu'elle se tend du cou jusqu'aux tétons, lorsqu'elle perd ses barrières, textiles ou intérieures, lorsqu'elle se crispe un poil, lorsque tous ils se dressent, lorsqu'elle frissonne encore sous l'effet d'une caresse par le dessus joli de ses reins duvetés, lorsque pour épiderme elle offre ce grondant plaisir incapable de dire si déjà du désir il sait en l'heure se départir comme d'un superflu, telle la pluie de l'orage, flux et refluent lorsqu'elle geint, gémit, s'agite, lorsqu'elle palpite, lorsque bientôt elle halète, lorsqu'elle en vient à point contre qui sait l'atteindre, tendre, vive, déboussolée par la tension, ravie par les contraires, tiraillée, confuse et confusion, confusionnel, de con, fusante, fuyante, reprise, rattrapée, au vol, envol, enfin, plus faim !

Elle est terriblement belle, Elodie, repue, l'espace d'un si bel et bref instant tellement sans défense qu'on n'ose en profiter à mal, qu'il hésite même à s'en rincer l'œil de bonheur ainsi que le jetterait en arrière le guerrier sur son combat ou son champ de bataille, celui-là, de bonheur, qui exhale encore de la vulnérable bête, de l'animale toujours un brin esclave du paroxystique point de cette communion entre ses ailes et elle, en somme toujours un rien captive de cette fondamentale union d'elle avec elle-même, partielle prisonnière suintant de son repos tandis qu'elle achève d'en sucer la substantifique moelle, lorsqu'elle reste moelleuse au monde parce-que là vautrée, en corps, encore trop à l'aise dans le sien.

Elle est laide, Elodie, lorsqu'elle se venge, horriblement laide et pas tant – épatant ! – douce qu'on le croirait, bien moins qu'il le croyait, puisqu'en fait de sucer elle refuse toute suite, son propre plaisir pris, à celui du désormais frustré Fred.

— Quoi, tu ne me sais pas tenace en mes rancœurs, interroge-t-elle tout sourire ?

Tandis qu'il réalise avec et à grand peine que rien n'y fera plus, restant alors un peu penaud et puis sonné à son tour, Elodie, elle, s'éclipse après avoir tant rayonné, s'envole et file sous la douche, s'assurant en l'endroit de sa tranquillité d'un vilain tour de clé, lequel achève la mise hors jeu du défait, frit confit boxeur. Après quelques minutes, les esprits reviennent à notre contrarié jouteur en le génial éclair d'une méchante, imparable botte, dont la trouvaille ce n'est rien de le dire le réjouit franchement : oh, vraiment, tu es tenace, hein ? Tu les aimes froides, tes vengeances, n'est-ce pas ? Et bien je vais en savourer une chaude, moi, qui t'offrira ce qu'il te faut de froid ! Et direction la cuisine, puisqu'on ne change que difficilement une dynamique relationnelle et que l'évier au demeurant et quant à l'important déborde, ce qui n'est plus tolérable, ce qui ne saurait être laissé tel, non, plus un instant supplémentaire, tant pis pour la communication des vases, le partage des vasques, la tubulaire répartition du disponible. Hop, bien fait, vaisselle, qui va mieux à l'eau chaude, voilà la chose suffisamment connue pour ne pas nécessiter de tergiversations, ni même d'hésitation !

Cris. Sourire ; sadique, mais pleine satisfaction. Semblant de rien : poursuivons la vaisselle. Cachez pourtant cette joie qu'elle ne saurait bien voir : la colère étant la ruine de toute autre inscription à l'émotionnel registre, il lui faut un objet à son exercice. Vite, car voici qu'il entend la serrure, la porte et le vent précédant le courroux de la divine grincheuse ! Ok. Allez, concentre-toi, Fred. Tu l'as, tiens-le bien, jusqu'au bout !

— C'est ça, oui, commente immédiatement la dubitative spectatrice lorsqu'elle parvient à sa hauteur et se heurte à la scène !

Visiblement, la mayonnaise ne prend pas...

— Je le vois, ton cinéma, ducon ! Je vois ton masque, tant il est maladroit et surfait ! C'est gros comme une maison, évident comme le manque de pif au milieu de la figure du sphinx : tu fais semblant de te mettre en colère pour éviter la mienne ! Combien de temps as-tu cru que ça pouvait fonctionner, hein ? Non, sans rire, tu me crois si facile à berner, tu me prends vraiment pour aussi conne que ça, que j'aille aussi facilement gober tes conneries ?

Visiblement, si je t'ai belle sous tes reins prise, tu n'as par contre sale bête rien gobé du tout ; mais je vais taire cette remarque-là, devinant ton intérêt pour elle et conservant pour le moment les mains dans la vaisselle, et tenter malgré-tout de poursuivre ma feinte colère, puisque c'est ma seule défense et que j'ai déjà mis les doigts dans cette prise avant de me faire prendre la paluche dans le sac. Colère, donc, jouée contre l'évidence, surjouée, tant qu'à faire, contre la poule fraîchement rincée, à coup d'exagérées expirations, d'exaspérantes gesticulations, de passionnées grimaces et, peut-être bien, allez, de quelques aléatoires jets de couverts en travers de l'évier, dont l'inévitable rebond ne manque pas de faire monter la tension par l'attentatoire direction alors malencontreusement prise par un erratique couteau, rendant son involontaire ou imprécis expéditeur véritable hérétique aux yeux de la dame du froid lac.

— Allez, ça suffit, petit malin ! Je ne vais pas attendre que tu me crèves un œil pour la beauté du spectacle ! Puisque tu es en colère et que ce n'est rien de la représentation que j'entends, je t'écoute : pourquoi ? Pourquoi donc serais-tu en colère, hein, gros malin ? Sors tes mains de là, tiens, sèche-les, prends ton maudit carnet et mets-toi à table !

Le gong sauve Fred d'un achèvement de la vaisselle et d'une inévitable honte à la révélation de sa misère : on sonne, dehors, pour une voix au chapitre. Mais Elodie ne l'entends pas avant la fin du jeu et bloque le passage au maître de maison, lui tout juste à peine libéré de son circonstanciel rôle d'homme de ménage.

— J'ai dit, tonne-t-elle, que tu allais poser tes cartes, et tu ne toucheras pas à cet interphone avant d'avoir admis que tu mentais ou d'avoir révélé la raison de ta prétendue colère !

Merde, c'eût été beau, pourtant, et si par défaut seulement très utile eh bien le défaut pardonnable ; et l'on sonne toujours, dehors, qui que ce puisse bien être mais qui se trouve assurément ignorant du déroulé de l'action au sein de la cuisine, de cet inamovible désir de vaincre qui ravage l'ambiance, de ce besoin de l'emporter sur l'autre qui se fait un peu massacreur de toutes et chacune des singularités en présence.

— Alors, j'écoute, insiste la vilaine tandis qu'on sonne encore. Qu'est-ce qui t'énerve ainsi ? Et je ne suis pas certaine, si tu tiens à répondre à cet interphone, qu'on y patiente éternellement...

Et puis Fred sourit, lorsqu'il la voit, là, balancée sans précaution et atterrie à portée de main comme d'aubaine, conséquence logique de cette addition de sucre dans un café qui s'en passerait, dont lui se passe pour boire les siens, opportunité de se défendre et de sauver la face tout en évitant l'interdiction de se plaindre de la sérénissime présence, détournée façon de sa colère, voilà, ce sera bien ainsi, justifiée par la réapparition de l'ustensile dans le bac à laver ! Fred se saisit de son carnet, souriant toujours, ravi de son inattendue victoire, enchanté de pouvoir immédiatement après s'emparer du combiné.

J. « Petite salope »

Les chiens éternellement croqueront mais jamais ne craqueront, se feront mais ne feront pas des chats tant qu'aucune poule n'aura sa belle rangée de dents blanches et bien alignées, à force de jouer avec le feu on finit par se brûler aussi certainement que l'eau ça mouille et qui sème le vent récolte la tempête, qui en emporte autant qu'un complet ouragan au-dessus ou dedans d'un verre d'eau, laissant lors au diable l'avarice et la tranquille ivresse des moyens qui ne valent que flacon contre celle somptueuse de la fin, telle la grande vertu se payant le misérable luxe du dédain d'une luxure des petites ! Ce qui ne veut probablement rien dire, ce qui ne dit rien ici de plus que l'affreuse confusion régnant présentement en l'esprit de notre pauvre Fred après la fracassante annonce de Jane. Jane, puisque c'est d'elle qu'il s'agissait au pied de l'appartement, de l'immeuble pour jouer la modestie, Jane la surprenante, Jane qu'on ne soupçonnait pas un instant d'être capable du moindre coup bas, sinon de la moindre réussite à défaut d'envie ou même de tentative de coup bas. Oui, c'était Jane, en bas, toute fière de sa nouvelle, bouffie de sa révélation, l'imbue Jane venue toquer à cette porte dont Fred se demande désormais sérieusement s'il ne faudrait pas en changer une seconde fois et complètement celle-ci, au vu de l'attirance naturelle que cette dernière exerce sur les fâcheuses colporteuses d'idées tordues !

Il avait choisi ses mots, parmi la myriade en spontanée profusion.

Il n'avait pas eu à les mâcher plus que superficiellement.

Il avait fini par les laisser s'échapper, hors de portée.

Il l'aurait insultée, Jane, Fred, s'il avait décidé d'ouvrir la bouche après la porte, au bord des lèvres de laquelle salivait sa haine, là, comme le mépris de s'être fait prendre et la nécessité de l'exulter lui pendait au bout de la langue telle la bave aux enragés clébards, oui, il l'aurait insultée s'il avait pu l'ouvrir, surtout, puisque la question fut la capacitaire, tant il se retrouva scotché par la surprise, troublé par l'uppercut, par la formidable et déstabilisatrice puissance du pourtant concis verbe ; l'espace d'un instant, Fred s'était découvert totalement incapable de recoller au monde. Mais ce fut bien payé, après tout ; trop peu suffisamment attentif, limite suffisant, il s'est retrouvé pris à son propre piège par orgueilleuse mégarde (et souvent telle elle blesse) : elle avait menti, la conne, ou pas tant, oui, calculatrice, elle avait prévu le sabotage, la trahison de Matthieu et le raccourci de Fred, alors elle mentit au premier pour que le second enfariné se fasse rouler dans la foulée, histoire de conserver la main ou au moins de ne pas la perdre, histoire de moudre le grain selon le sien, histoire de jouer un joli tour à ces deux garçons si fiers de la penser si cruche et tellement malléable ! Décidément, il les collectionne, en ce moment, les dilettantes du bras de fer, les amatrices de l'opposition de la ruse et demie à la ruse initiale, les prétendantes à la brute rivalité des égos.

Plus encore que son insupportable transformation en quiche, dont il partage après tout l'honorifique statut avec l'ami Matthieu, Fred souffre son retour au point zéro, la visite de la case départ telle celle de la prison dans ce jeu de l'oie dont il institue contre son gré le plumé oiseau, pas plus malin ni chanceux que ces autres artificiels qu'on créait jadis, là-bas, ou bien était-ce ici, bref, qu'on fabriquait jadis avec des plumes et du goudron pour les coller aux peaux : à ce dit point, il ne sait toujours rien de celui d'interrogation, il n'en sait plus rien de ce qu'il croyait en savoir, il n'est plus certain de pouvoir être certain ni sûr de quoi que ce soit. Jane, elle, dont conséquemment il ne sait plus non plus s'il doit d'une certaine ou même incertaine manière en savoir quelque-chose de certain, non contente de son méfait, impose derechef et pour changer ses conditions au complet rétablissement de la vérité. C'est que rien n'est gratuit, dans la vie, sinon le sourire qu'elle ne manque pas de gracieusement lui offrir à pleines dents dans les siennes, comme on dit même en toquant le ventre ou en ne touchant rien, pour littéralité défendre et poursuivre le n'importe quoi dire. Oui, la mesquine exige, la tricheuse dicte sa loi, bien que teintée d'une plus large complaisance que la précédente règle : se reposant peut-être sur ses lauriers après son autosuffisante dégustation, Jane demande, ne demande que la brève manipulation de Matthieu quant à ces changements dont il avait fait vœu. Fred doit tout mettre en œuvre pour lui faire croire, au feu compère, que la pauvre fille, toujours rappelle-t-elle pas au courant du raté mauvais tour, que la pauvre fille, donc, pète un plomb, perd les pédales avant même d'avoir appris leur manœuvre, ce qui devrait interroger le bien-fondé de la mise au jour de celle-ci. Ainsi, prévoit-elle, la compassion l'emportera, la réserve primera, ou bien la méchanceté, pure, éclatera, véritable et vilaine et laide. Ainsi saura-t-elle le fond de son prétendu ami – lui qui adore aller en celui des choses ou des siens.

Ce fut bouleversant, de croire s'être fait ça tout seul, profondément bouleversant, de penser pouvoir se faire ça tout seul et l'oublier ensuite, de se rendre compte qu'on pouvait en arriver jusque-là, tomber si bas, au-delà du simple vacillement de bord de gouffre, mais le choc est cette fois plus brutal parce-que plus vif, plus à vif, plus piquant pour l'orgueil et toujours pas rassurant puisque non détaillant, absolument pas révélateur, tout au contraire. Et puis l'effet cicatrice, disant que les blessures ne guérissent jamais vraiment et que si la foudre ne tombe pas deux fois au même endroit, c'est probablement pour préserver l'intégrité de l'endroit en question et non une seule affaire de statistiques. Bref. Ce fut donc bouleversant, la fois précédente, et Fred doit tout faire pour ne pas laisser le mal le ronger plus avant. Non, jamais, plus jamais, plus comme avant, il fera donc tout ce que Jane veut comme s'il s'agissait de la peu probable divine volonté. Oui, c'est décidé : il sera le bon petit toutou qu'on lui demande d'être.

Elodie, elle, d'un poil tout différent et croirait-on hérissé trouve l'idée plutôt mauvaise, que d'aller s'encanailler en gamineries, bien plus encore que Fred, lequel pourtant se sauve d'un net refus de la pratique ou du moins de son dire en l'expectative d'un final dévoilement de son histoire par la bonne Jane, que sait bien mais pour se répéter ne partage pas Elodie, et elle le fait d'ailleurs ouvertement savoir, là, maintenant, en insistant encore, quelques minutes avant de partir travailler, sur son mécontentement, sans qu'une quelconque douceur n'y change rien, non, ni les baisers en ras de cou ni les frotti frotta n'y changent ni n'y changeront rien, eux, dommage, qui se voulaient ou qu'on avait voulus attentives caresses en doux contours de taille, pas plus efficaces *in fine* que l'attention suivante, le non-sollicité café, refusé, oui, c'est ça, refusé, pour ne pas imposer de supplémentaire lavage de petites cuillères, si, allons, un petit effort, il doit comprendre pourquoi puisqu'il n'est pas si bête que prétendu, malgré le plaisir qu'irrémédiablement il prend à jouer l'idiot devant elle.

La défense est aisée pour ne pas dire presque fort de café, l'attaque il n'est pas faux prévisible et pourtant imparable sans de nouvelles grandes manœuvres assurément aussi rébarbatives que les exercices de prévention des incendies qu'on a pour usage d'imposer aux écoliers en pensant les instruire jusque sous le préau comme d'autres promettent par parallèle ou ressemblante vocation de traquer les mécréants jusque sur leurs chiottes et tandis qu'ils ne se ravissent pour la plupart, les petits ou grands écoliers, là rassemblés en troupeau comme en récréation, comme plus tard les lycéens puis étudiants en le cas d'une grève, faisant derrière la banderole en signe d'intellectuelle demi-molle et en la matière qui vaut espèce des émules, des mules, des convertis ou cons vaincus avant l'âge qui donc ne se ravissent que du passage gratuit d'une demi-heure, d'une heure et demie ou bientôt d'une complète ou plus encore – puisque l'appétit vient en mangeant – journée de cours sans justement de déroulé de cours ; c'est ça, c'est ainsi, ou sinon c'est de la cour, dont on ne veut pas le déroulé, la cour et ses traîtresses courbettes et ses miséricordes travesties en dagues, en assassins poignards, la cour et son dissonant tribunal du paraître, oui, sinon c'est qu'il ne lui chaut guère de veiller le lait de la soupe ou tout autre nominal potage un brin ou tantinet même résonnant lorsque, au milieu du tournant manège et de son étourdissant entrain, tel un signal de gare donnant et valant ordre de curée, on vient de suspendre la scintillante peluche, un ours, un panda, un truc à poils, une peluche à la claire intimation, breloque qu'il faut saisir le premier si l'on entend gagner un répit sur son siège sans avoir à pleurnicher sous la maternelle jupe pour l'impossible don de la pièce qu'on n'a pas, c'est-à-dire au plus vite, quant à l'attrapage, sous peine de la manquer pour toujours et à jamais, la peluche ou la victoire c'est le même gros-lot, option plus que détestable et particulièrement décevante, la puisqu'il faut la reconnaître défaite, à laquelle il est impossible de se résigner, à laquelle pour les raisons qu'on sait Fred refuse *mordicus* de se résigner et donc quoi qu'il en coûte ne se résignera pas, tu peux te brosser tu n'auras pas le poil de la peluche. Une puisqu'il faut aussi l'appeler ainsi compagne du reste insatisfaite de cette se rend-elle compte irrémédiable perte d'emprise, semble-t-il mais n'avouera-t-elle pas parce qu'elles – pas plus qu'ils, osons pour la beauté de l'image contre admettons-le sans plus de mauvaise foi que nécessaire celle du geste la conservation du trait général en le terme pas mâle – ne s'avouent jamais vraiment jalouses ou sans la perception systémique de l'aveu et leur subséquente mise en défaut permanente si la faute est concédée et pourtant maintenue, poursuivie, poursuivons, moutons, nôtres, moutonne, elle, jalouse de ce temps promis à être passé en tierce compagnie, féminine qui plus est, ce qui n'est pas tant restrictif si l'on ne parle que de théoriques conditions mais se veut jolie épice pour autant que l'on se borne au constat de la situation, pimentant l'anecdote d'une généreuse dose d'émulation phéromonale en la phénoménale, relationnelle émulsion, hey, autant pour les métaphores culinaires et l'inique cynique, alors : ajoutant une délectable touche de chaos en le bordélique théâtre – non qu'on ne se foute pas proprement de la forme et qu'il soit de fait inconséquent de se le faire sur la gueule pour si peu. Car l'essentiel est comme la vérité, ailleurs, et que c'est moche, la jalousie, sauf le sublime des grandeurs, sauve la magnificence des grandes choses, qu'elles soient bonnes ou mauvaises si vous vous accrochez encore au binaire, oui, oui, terriblement moche, plus d'ailleurs à l'encontre de son sujet support qu'envers les autres, mais enfin c'est moche partout et il faut se garder de lui donner d'une quelconque façon que ce soit du grain à moudre, du blé à faucher ou ce que vous voudrez qui dise l'eau du moulin et l'affreux pétrin dans lequel on s'embourbe comme dans une poisseuse mélasse si même rien que l'espace d'un vif ou court ou bref mais trop tard un instant on concède hasardeusement ce qui est pour l'heurt à dire malheureusement s'y abandonner, comme un doigt dans l'engrenage qui vous emporte soudainement le bras et tout le reste ensuite par nature attaché ; partant, l'indifférence étant le plus frappant soit le plus utile à l'efficace sens des mépris, Fred ne prête plus attention à Elodie, qui vaque, alors, vers le blasant et morne et habituel puisque presque éternel salariat, entendu qu'il n'est plus possible de vivre vite et fort après un certain compte d'années, parfois même pas obligatoirement particulièrement avancé – c'est selon, sur un relativisant air de j'ai fait mon beau discours mais vous en penserez bien ce que vous voulez en penser sans que cela m'empêche moi de penser comme je viens de vous dire que je pensais ou que j'allais penser sans plus que ça penser à ce que vous en penserez ou du moins sans trop chercher à m'en abstenir de dormir, ce qui fera que, que vous pensiez ou non comme je pense que vous pensez, vous penserez comme je pense que vous pensez puisque j'ai tout aussi bien dit donc pensé que vous alliez penser et ne pas penser comme je l'ai dit, ce qui dit penser sans le dire pour ne pas le répéter, ledit dire. Le faux performatif comme il y a des positifs ne serait à juxtaposer à celui des doutes et des craintes de la jalouse équation que si nous étions taquins, or nous ne savons que peu de vous, sinon votre bonne âme soit volonté à nous laisser finir nos phrases, tout ubuesques soient-elles.

Bref. Elodie fait sa tête de chien – rendons ici la pareille des genres mais alors genre, l'air de rien et ne disons galamment pas de chienne sans que l'exemple valle dalle de vertu – des mauvais jours de pluie et tout le monde sait que ce n'est pas uniquement à cause des nuages, cet air sombre qu'elle emporte avec elle vers le bureau et ses plus ou moins fixes impératifs horaires, se retenant d'en venir aux mains pour attraper sa rivale par la peau du cul et la jeter dehors mais promettant néanmoins à son peu cher mais tendre, pour demain, la rudesse équivalente à celle d'une claque de fesses.

La ténébreuse récalcitrante partie telle la pluie face au beau temps, ne reste plus en tour de table que l'alphabétiquement trié groupe de Fred et Jane, nouvel infernal couple sans la coïtale fréquence de ceux qui sèment ou aimeraient semer, tous deux sur la même fourbe ligne à défaut du même vengeur délire, l'un relativement forcé l'autre complètement ravie, et pour cause du fait de son commandement. Ainsi, Jane ayant la main pour la plus vive désolation de Fred, la voici qui distribue ses consignes, dévoilant en somme et final le jeu qu'elle avait initialement annoncé, avant la perturbation des réprobateurs mais vains caquètements de mère ou maîtresse poule. Voici donc les souris réglant les derniers détails de leur danse, qu'on n'improvisera pas car, *dixit*, Matthieu ne doit pas voir venir l'entourloupe, sous peine de se dérober et de voler à Jane son trop rare soit précieux contentement. Il faudra donc le voir comme si de rien n'était, au prétexte d'un motif crédible ou l'occasion d'une habituelle ou paraissant inopinée rencontre. Ceci étant dit et entendu, les modalités d'action, les règles d'engagement ayant été établies, il est temps pour la générale en chef, derechef après sa consœur, de quitter le navire en l'opération d'un stratégique exil, qui n'est pas tant repli ni retraite qu'il faille croire l'amiral maître de ses mouvements ou libéré de son service.

Laissée seule soit à son piquet en attendant l'antérieurement prévu donc non suspect rendez-vous avec le loup, la chèvre enfin Fred engage un intérieur monologue à la réflexive allure et au propos de l'éventuelle possibilité d'un recours, un avec ou sans grâce mais un en tout cas tel un encas aux affamés gourmets qui tienne principe de recours, plus préoccupé par le viscéral besoin de liberté inhérent à tout membre du règne animal que retenu par d'obscures et trop anticipés remords à l'amicale manipulation ; c'est qu'il n'aime pas se faire conduire à l'abattoir sans le plaisir de rechigner. C'est qu'il n'aime pas se faire conduire tout court, s'il faut dire les choses en leur fin ou gros mais enfin final mot. Mais, rien à faire, décidément non, tu tournes l'affaire dans tous les sens sans l'esquisse d'une échappatoire, rien ne se dessine que la triste précision de ton vague embarras, et tu pourras toujours la retourner cinquante fois encore, l'affaire, que tu ne trouveras pas plus de bienheureuse providence : la corde semble trop bien tressée pour tenter prendre la belle à revers, et le risque d'un nouveau piège, d'une tierce embuscade, d'une énième surprise trop grand. Le prix, en est ou en serait trop grand. L'évanouissement ferme et définitif de l'éclaircissement promis par Jane en cas de rébellion tient à la fois lieu de redoutable carotte, attrayante en son évitement, et de très dissuasif bâton, dont on ne veut tâter qu'en étant sûr, sûr et certain d'être guignol et non gendarme car le second n'est pas si rigolo si l'on porte le képi – tout jambonné sens de l'humour mis à part, c'est-à-dire pas à la question, et après tout ledit képi étant militaire il ne se trouve essentiellement porté qu'à la tête et non inutilement, subversivement au débat. La logorrhée se poursuit sur le donné modèle et sans qu'il n'y ait d'intérêt à relever quant au goût de la viande, et lors approche le loup, à la rencontre duquel on se concentre un peu pour montrer patte correctement blanche, puisque voici la demi-pavlovienne chose pour de bon décidée – ou, plus justement : consentie.

Fidèle au personnage comme à ses habitudes, au sien dressé comme on l'est par les siennes, Matthieu se trouve bien entouré mais pourrait tout autant être seul tant pour ne pas varier son verbe s'épand sans se soucier du qui ni pourquoi ni comment m'entendra-t-on donc. On ne change pas les gens aussi facilement qu'on refait le monde, tout inclus que paradoxalement, d'un autre côté ils s'y trouvent lorsqu'on entend matière, ou physique matière pour insister et ne pas donner matière à discuter matière, et si l'assertion semble gratuite, trop gratuite, qui pourrait être ici l'une ou quelconque, si la vue paraît artificieuse, c'est qu'elle entre certainement dans une sorte de lunatique soit approximative démonstration du second point des deux mis en balance – l'absurde n'étant pas plus détestable que l'exemple, ni le moins profitable des exemples, soit le plus irraisonnable de sa classe, par conséquence pas nécessairement stupide quant à son intrinsèque. Bref, Matthieu se répand en déclamations et démonstration, comme ses us font sa coutume, sans du reste manquer à d'annexes habitudes, telle l'inconséquente alcoolisation, telle la pause clope si fréquente qu'elle n'est plus tant la pause que le continuel exercice duquel parfois on se détache pour un repos ou l'autre, telle la prise à partie d'éléments tout à fait extérieurs à la conversation, tel encore l'entraînement bon gré mal gré mais pas non plus par trop mal gré de son visiteur en le joyeux mimétisme de ses originellement propres turpitudes.

Pour le moment fidèle à sa promesse, Fred, lui, dès l'enfiévré tribun devenu disponible, son auditoire peut-être bien lassé, en tout cas son attention ruinée, l'orateur dégradé en trublion, engage auprès du pigeon-confesseur le mythomane récit d'une déchéance de Jane, suivant les structurelles directives de cette dernière, dressant le portrait d'une sage, trop sage femme perturbée comme tant d'autres à son âge ou de son caractère par l'implacable tic-tac de sa biologique horloge, obnubilée par l'impératif d'enfanter sans encore avoir déniché le donneur de sperme qui fasse dans la lancée, en sus de la giclée, fier et droit mari, travaillée par le souci de ne surtout pas finir nullipare, de ne pas comme rester sur le carreau de la vie, de ne pas rater la sienne pour ne pas lui avoir rendu grâce, pour ne pas lui avoir rendu la grâce de sa fractale, fœtale reproduction. Portrait, en somme, d'une usine à mômes désespérée du vide de sa viscérale fonction, triturée par l'inconsistant vide de ses boyaux ou approchants tuyaux. Plus macho qu'il ne s'en défendrait au prétoire, dont lui tient lieu tout crachoir, Matthieu n'a aucun mal à le croire. Oui, le loup ne marche ni ne courre mais galope tel un Dalton après la diligence ou auprès la battante porte d'une banque. Oui, le malade avale sans peine la pilule, tout paranoïaque qu'il se conserve à l'encontre du corps parental : avaler n'est pas encore digérer, demandez-donc à l'un quelconque des bénéficiaires d'une trithérapie, et elle ne peut pas, non, elle ne peut pas, parce qu'elle n'est pas stable, la gentille Jane, toute gentille mais pas stable, pas assez stable ni mûre pour avoir et élever un enfant ! Peut-être, mais la maturité ne fait ni ne doit rien à l'affaire de l'enfantement, qui tient souvent de l'enfantillage quand ce n'est pas du cafouillage, tout le monde le sait ou le découvre tôt avec en gorge le rance dégoût des choses sérieuses bradées aux impotents pour manque de conviction des compétents. Il faut faire quelque-chose, se promet-on, alors, sans pour autant relever les manches dès l'instant, des fois qu'on nous surveille ou simplement nous voie et prenne le geste pour une marque de volontariat anticipant l'immanquablement suivante désignation d'office ; il faut faire quelque-chose, il faut l'en empêcher, il faut la protéger de son erreur pour la préserver de son malheur. Quelque-chose de préférence drôle ou divertissant, ce qui revient à méchant, histoire de marquer sa petite tête d'une pérenne façon, histoire de ne pas s'ennuyer en chemin, car le gratuit secours reste une ennuyeuse manière. Il ne fallait rien démontrer de plus, quant à ce que Jane attendait pour certain à propos de la réaction de feu l'ami et de la juste teneur de leur amitié : Matthieu est un gros con, un égocentrique je m'en foutiste de la première heure qui consacrera jusqu'à la dernière sienne le moindre de ses efforts à son unique et seul divertissement. La mission remplie, l'information obtenue, les aveux arrachés, l'affaire pourrait être pliée, mais Fred hésite, pourtant, à l'immédiat rapport, tant il connaît son ami, tant il ne le connaît pas ainsi, tant plus exactement il le connaît non-ainsi, tant il se refuse à le livrer en fausse ou incomplète ou trop aisée, calomnieuse car simpliste pâture.

S'en suit tout logiquement une réflexion sur le bien-fondé, le bien ou malséant d'un sans-esprit-agir ; s'en suit un affrontement entre l'envie de se libérer, soi, soit Fred, entre l'appétit d'enfin et pour de bon savoir ce qui pour de vrai se passa ce soir-là en pré carré coin de fesse et le cas de conscience d'abandonner l'ami sur le bas-côté de la route, de lui porter misère qui est à dire bas coup, à la faible excuse d'une individuelle préservation, d'une poursuite, s'un seul souci de soi, toujours. S'en suit un involontaire aparté, s'en suit que Matthieu le remarque et s'en suit qu'il s'interroge et se risque à questionner. S'en suit un gros silence, plus parlant qu'à l'ordinaire lorsqu'on l'eût voulu moins mais c'est là le jeu vilain de l'au monde inscription volontariste.

— Sans déconner, tu ne vas pas essayer de me faire croire que tu ne me caches rien, là ?

Flûte, zut, truc – sur un air embêté d'acte consciemment ou que l'on a peu lourde conscience d'avoir manqué, tel au placard le squelette tellement encombrant qu'on se réjouit qu'il soit trouvé, *a minima* pour la place résultant du débarrassage. Mais, tout de même, toute résultante acquise n'est pas toute résistance prise, vaincue, débusqué n'est pas piégé, et Fred hésite, rechigne, encore, toujours. Et ça prend du temps, d'hésiter, du temps bien relatif donc pas commun. Pas commun ni à deux, ce qui est à dire que mutisme mime silence.

— Merci. Plus besoin de le nier, tu viens de me faire ta réponse. Bon, alors : qu'est-ce ? Qu'est-ce que tu caches, bon sang ? Crache !

Et, avec le véridique frôlement, avec le tout proche voisinage de l'inquisiteur entendement, s'approchant sournoisement du but telles les caresses des frissons, la tentation grandit, inévitablement, nourrie de la parallèle évidence de l'incontournable interdit, parallèle peut-être mais qui occupe tout le devant de la phénoménologique scène, qu'on le prenne, l'interdit, à revers qui serait à dire rebrousse ou dans le sens du poil. Non. Non, il ne faut pas, il ne doit pas craquer, le jeu n'en vaut pas la chandelle. Mais que répondre, alors, au rendu curieux questeur ? Quel bobard inventer pour proprement se dédouaner de tout soupçon, maintenant que la dubitative boîte est ouverte, qui ne se refermera pas plus sobrement que celle de Pandore si l'on n'y applique pas quelque performant verrou au réparateur efficace ? Et le temps qui presse, comme on ne l'emploie pas ou pas à bon, communicatif escient ! Merde ! Putain de dilemme de merde ! Sois con et jouis de ta vie ! Mais non ; non, il faut que tu te poses des cas de conscience pour existentielle question, hein, il faut que tu interroges ta putain d'éthique sans te rendre compte avant la fatidique heure et malgré les précédentes expériences que c'est là même, exactement ici que réside ta connerie, puisqu'après tout elle s'y sent bien et que tu lui fais si confortable accueil, poussant jusque l'hébergement ! Tu le sais, pourtant, qu'on ne vit que par et pour soi, que même le plus profond altruisme n'obéit d'abord, en premier et d'ailleurs dernier lieu qu'à une intime satisfaction de la seule nature de l'altruiste sujet, tout intègre que soit sa sollicitude, à cet énergumène d'abord et toujours généreux à satisfaire la plus incontournable de ses façons, serviteur du plus pressant de ses besoins s'il fallait les hiérarchiser, esclave de la plus irrépressible de toutes ses envies, quand bien même se trouve-t-elle être la considération d'autres êtres avant ce qu'il croit être lui mais qui n'est déjà qu'une image, fabriquée, façonnée – et les images sont pleines de défaut, le créateur soit-il théorisé vierge d'eux. Tu le sais, mais n'empêche : on ne refait pas les gens comme on parcourt le vaste monde avec pour point de départ la bordure d'un verre pour révolutionnaire lisière. Impossible, donc. Impossible de se muer volontairement en con, sinon par amusement et ce n'est pas de jeu qu'il s'agit en l'instant. Impossible de t'autoriser trop légèrement à condamner l'ami.

Bon, ok, soit, alors, va pour une seconde chance. Disons que la mission n'est pas encore complète, puisque je ne t'ai pas encore proposé de remettre à plus tard ou de tout bonnement annuler la révélation à Jane du court-circuit réalisé par nos soins, enfin, les tiens, tu te rappelles, dis, que tu souhaitais la bousculer un rien dans ses trop arrêtées habitudes ? Allez, va pour une seconde chance qui sera aussi la mienne, seule, la seule, ou la seule que je vois en l'instant d'élégamment échapper à tes soupçons. Vas-y, je ne peux que te l'offrir, cette seconde chance, attendu que tu es mon ami, entendu pour répété son actuel état, tout à fait différent de tel que tu le crus.

Voilà, je t'explique. Si je suis silencieux, c'est que je suis gêné. Oui, gêné. Car Jane, bla-bla, tout ça. Et je me demande s'il faut lui dire, ainsi que tu souhaitais le faire au préalable. Et j'y réfléchissais, comme je ne tranchais point, me balançant incessamment du non au oui.

— Mais bien entendu que oui !

Raté.

— Et qui sait, peut-être que ça lui ôtera cette folle envie de se faire nidifier le con pour célébration de sa femelle nature, à laquelle suffit pourtant très suffisamment, tu en conviendras, la classique farce du dindon ou toute forme d'ébrouement des escalopes ! Sinon, tant pis, une occasion pour nous de nous repaître du spectacle du spectacle de sa méprise. Rien n'est gratuit, pas même les petits plaisirs, sachons les prendre au détriment d'autrui plutôt qu'au nôtre, ne crois-tu pas ? Moi, si, alors, sans te commander, conservons la main sur la fine couture de notre plaisir, restons-en même maladroits maîtres et n'en boudons pas la moindre miette ni la plus petite once.

Définitivement, raté. À volonté s'oppose regrettablement volonté et demie, et suite, par suite, exponentielle, soit chaotique à l'humain, lui si peu ouvert aux grands nombres malgré le sociétal atour de le compter pour dieu, le grand nombre, pour alpha jusqu'oméga de l'avoir-raison, sinon de l'emporter-morceau ; comme on pouvait le craindre, à la manière d'un être répond une semblable ou taillée selon manière d'être, transmettant l'*ego* telle une patate chaude, l'obligeant ou l'invitant fortement à singer son prédécesseur au sein de cette en chaîne réaction pas piquée des neurones où les ondes ontologiques répliquent leur modulation en son égotiste forme car voilà la plus aisée, la plus rapide et probablement la plus naturelle des manières de réagir, ce que d'aucuns l'ayant ainsi vu défendront assurément comme valable et suffisant motif à l'action.

Le change ensuite n'est plus donné que pour la pure forme et ceci dit bien peu longuement, puisque non dit mais évident il s'avérerait en effet inutile d'en faire trop, au risque de se perdre en effets et de manquer l'effectif qui signifie l'efficace. Sur ce : salut. Salut l'ami, au-revoir, à bientôt si ma traîtrise n'entache point nos amours, et pourvu que ma trahison paye, mais pas ici. Et puis retour maison. Enfin, maison : appartement. Et puis attente. Somme, qui est à dire dodo et somnolent récapitulatif des tergiversations, avant, avant de sombrer en la douce obscurité du repos, les paupières closes sur la brûlante question, l'inachevée réflexion refusant de s'éteindre, la conne.

Réveil ? Oui, réveil ; mais c'est toujours pareil, rien n'a bougé qui n'ait aussi perduré, rien n'a donc réellement bougé ni changé, car si la nuit porte conseil – et la sieste est une convenable forme de nuit, plus fidèle même à l'originelle idée que les entre autres linguistiques dérivations d'hibernation ou de déclin qu'on assimile régulièrement au mot par excès de largesse – elle garde jalousement pour elle-même toute salutaire solution. Salope ! Egoïste ! Sans-cœur ! Bref, l'insulte d'un inexistant ne pouvant être qu'improductive, on s'extirpe définitivement la tête du cul et tel le mariage on consomme son réveil.

On se calme et on raisonne. Oui, au sortir de la nuit, c'est encore la volonté qui s'affirme ou qui doit s'affirmer, pour ne pas changer de la veille ni de tout autre instant. Facile à dire, parce-que la volonté n'est pas sûre. Fred, n'est pas sûr. Pas sûr de lui ni de son choix, pas assuré de vouloir le poursuivre tel qu'il fut tout à l'heure fait, pas certain de pouvoir indéfiniment se le justifier, pas tranquille au froid contact de sa répulsion, de son aversion pour le demi-choix presque effectué, soit l'envie ou le besoin de vendre Matthieu contre la connaissance – qui a donc un prix, c'est dit, même si l'on se moque de l'inductif tour de passe-passe comme de cet autre plus anecdotique où l'autre appellerait ainsi son zob, *conoissance*, pour ce que toute ainsi dénommée est bonne à prendre et que le vieux terme lui chuchoterait de l'agréable en titillant son imagination par ce qu'il se figurerait être le chevaleresque versant. Mais, assez parlé de volonté, assez discuté du long terme, assez des bêtes hésitations : il faut choisir ! Pour de bon ; il faut progresser. C'est-à-dire qu'à défaut de choisir, on a choisi de choisir, à la manière dont à défaut de ne plus aimer on choisit de ne plus chérir – ce qui déjà n'est pas tout à fait rien, mais n'est rien au moins ou sinon moins que bien à l'essence du problème, récalcitrant schmilblick.

Alors, afin d'emporter une nette à défaut de franche, honnête victoire sur son indécision, histoire de se donner artificieusement le courage qui lui manque, peu original en l'usage de cette couarde dérivation dont le panache n'est jamais le but glané ni dès l'entame celui suivi, le peu soucieux d'être intègre tant qu'il parvient à rassasier sa faim et pourvu d'ailleurs qu'il y parvienne parce-que l'appétit vient surtout en ne mangeant pas Fred tente tout, conscient du pressant de la chose et de l'impossibilité d'un éternel *statuquo*, en un tout touchant touche-à-tout qui est un tout pour le tout où tout est tout sans, du tout, du tout tout tourner à tout-va jusqu'à tout retourner au tout-allant tant tout-à-l'égout, ou peut-être que si, après tourmentant tout : whisky, café, douche, whisky, whisky, balade, café, repos, café, whisky, douche, douche, café, écriture, whisky, douche, balade, pute, pute et non fille de joie car la joie n'est pas joie sans celle gratuite des impromptues et éphémères, douche, whisky, whisky, whisky, whisky, whisky ; et merde ! Putain ! Fade, fade, fade, encore fade, encore et toujours fade, en corps et tous jours fades ! Tout y passe, tout y sera bientôt passé, ou presque, tout ou n'importe quoi, un peu comme on peut soit en fait sans fête n'importe comment, ou presque tout ou presque rien, en fin de compte, puisque, non, rien à faire, rien n'y fait ni ne marche de ce méli-mélo, de cette pêle-mêle macédoine d'enchevêtrées passions, essayées l'une après l'autre en leur salvateur statut statué toujours au petit bonheur la chance, rien ne fonctionne pour de bon ni du tout, ruinant tout du tout au tout, comme il multiplie, additionne, répète les dites tentatives sans probant résultat, sinon l'indésirable : car il est sans conteste plus tendu, ce qui est un comble et pour sûr une contrariété mais pas forcément un illogisme malgré l'inverse visée, ce qui est alors une négation du visé à ne pas confondre avec une négation de visée, bref, il est plus tendu qu'avant le coup marqué de ses essais à la détente, ainsi qu'incroyablement las de se tourner et retourner le cerveau, de s'être tourné et retourné le cerveau. Tout y passe mais rien n'y fait, donc, et voilà qu'il jure à nouveau tout en fumant inutilement l'on ne sait combientième cigarette de ces huit dernières heures ! Il s'embourbe, Fred, il s'enlise dans le mouvant sable de ses interrogations ; et il n'aime pas ça. Sursaut, alors ; dans une fulgurance rattachable aux états alcooliques, et il faut dire après ça qu'il en tient un plutôt bon, il décide, enfin. Il décide que rien ne justifierait *a posteriori* l'invalidation du sentiment de conservation, qu'il n'y gagnerait que des regrets et qu'à tout prendre les remords auront bien meilleur goût, même s'il doit en fait être plus moins-dégueulasse que meilleur. Hey : quelle importance ? Parfait ou farpait, la ressemblance pourrait être trompeuse et le crime loin d'à coup-sûr condamnable. Tant pis, Matthieu, pour toi, pour moi, tant pis pour l'éthique réprobation, tant pis pour l'éventualité de mes tortures futures quant à ma réflexive tambouille et banzaï pour mon présent instinct de survie, que vive célébrée mon individuelle unicité !

Hein ? Quoi, comment ça, rien à voir ? Tant pis. C'est choisi, qu'on vous dit. Enfin, choisi de choisir, mais choisi. Alors au diable ou au déluge ou tout qui vous plaira cataclysme tout l'insignifiant reste des possibles objections ! On se focalise sur soi, sur son individualité, sur ses conséquences, sur son chemin, et tout à côté de la plaque que cela soit de se considérer trop égoïste et traître ce faisant, eh bien l'on se considère égoïste et traître par son choix de réaction aux événements !

Assurant autant que faire se peut et *a posteriori* celui qu'il vient de se bricoler à l'agir comme d'autres, ailleurs, consolident après coup le leur au crime et l'étayent de postérieurs rajouts qu'on nomme reconstruction, Fred rallume son mobile, comme à nouveau mouvant au monde, autorisant finalement ce dernier à le stimuler ou à le perturber puisque lui l'est intérieurement un peu moins, ayant cahin-caha réglé sa problématique affaire, l'ayant enfin pliée même si point au carré. Veillant d'un coin de l'œil sur l'enclenché démarrage de l'appareil, mécaniquement, il verse quelques larmes sous un brumeux couvert.

C'est étrange, très étrange, car il est bon, ce verre, étonnamment bon, si différent de ses aînés alors qu'issu du même ou d'un identique flacon ; et elle est bonne, par-dessus, cette cigarette, vraiment très bonne, tel un canon parmi les thons pour toujours suivant l'idée d'un didactique excès bien se figurer la différence, meilleure que celle d'après l'amour, cette méritant de s'appeler plus que simplement clope, presque aussi bonne que celle d'après la baise, pour gagner un cran sensoriel, au sens de l'éternelle comparaison avec la toute première jamais fumée plus authentique encore que celle d'après le film, mais si, vous savez bien, à l'immédiat sortir de la salle obscure, après au mieux quatre-vingt-dix minutes dans le noir et la temporellement correspondante privation de nicotine et tandis que vous flottez encore entre deux mondes, l'artificiel projeté et le réel distant, avec au ventre la sensation de vous assoir un poil trop vite dans l'un sans au préalable vous être suffisamment défait de l'autre... Allez : elle est délicieuse, succulente, excellente sinon le tort que, additionnée à de tiers travers, inéluctablement elle cause au vivant organisme qui la secoue puis la cogne contre le rebord du cendrier pour raccourcir sa fraise. Car les veines sont gonflées, sacrément gonflées, même, lorsqu'on y regarde bien, loin sous la surface de chair ou plus à fleur de peau, les doigts sont lourds et les membres avec eux, qu'il s'agisse-là d'une conséquence du poids des abus ou du prix de l'effort à présent achevé, tiens, voilà, c'est probablement le deuxième effet pervers de l'effort, qui rend bonne toute chose, mais peu importe, noterez-vous, tant que toute chose est bonne, et les veines finiront bien par dégonfler avec le temps, peut-être, qui est pour l'heure suffisamment passé pour permettre l'achèvement de l'initialisation de l'appareil et autoriser Fred à composer son code de déverrouillage. En parlant de météo, il faut relever et l'on se rend soudain compte que c'est une belle journée, aujourd'hui, tout seulement par extension, débordement ou tel celui de terrain glissement de bon que le phénomène se produise, et tant pis, alors, car c'est quoi qu'on en dise et qu'il en soit une belle journée, avec un beau soleil, pas trop fort ni trop doux, variante plus satisfaisante de l'équilibré mais non satisfaisant ni trop peu ni pas assez, tout juste équilibré, l'astre, et sa lumière, aussi, avec, tel l'un de ces printaniers soleils couvrant les choses d'un timide voile de vie, les animant d'une énergie point trop envahissante, un soleil frais mais pas grave et pas tellement pas grave que c'en soit ce qui serait par trop paradoxal frais, soleil et picturales considérations obligent. On pourrait bien finement tendre l'oreille et entendre de petits oiseaux chanter en délicats gazouillis que ce n'en serait pas surprenant, on pourrait se promener en chantant sous la pluie sans différencier la pluie de ses par germain alliés – ce qui peut dire le proche en l'absence de semblable – éléments que ça n'ôterait rien au réjouissant air de la ballade, on pourrait presque s'en faire une, de promenade, dehors, pour un plus gratiné, non, attendez, de notre eau mouillé moulin, et ne pas dès le premier con venu trouver l'ensemble du monde particulièrement détestable. Dans le doute, on se contentera d'une solitaire exploration, et puis un peu plus tard, car les premiers messages apparaissent, sur l'écran de l'appareil, comme il fut trop longtemps conservé hors-service pour ne pas en récolter : Jane, Elodie, Elodie, Jane, *et cætera* ; une bonne dizaine chacune, ou vocaux ou textuels, comme à chaque fois des points de situation à d'éculés instants. Elles l'attendent, pour résumer, pendues à son bon vouloir, dépendantes de sa réaction quant au poursuivre des respectives affaires, frustrées de son silence, et ça, au risque de finir par se dire que le singularisme est un nombrilisme et par voie de conséquence l'humanisme un incohérent agrégat de crétinisme, c'est odieusement bon.

K. « Au point où j'en suis »

A chacune de nos amours son temps et son idoine saveur du temps en sus de la sienne propre, au nôtre de la vie la qualité qu'on lui trouvera : non qu'il faille l'apprécier, la vie, pour condition de nos rencontres, entendu que la haine est un amour aussi, comme négation de la première passion incluse pourtant dans le même catégoriel ensemble et tellement parallèle en ses manières que la paire n'est pas sans rester fraternelle et nous n'avons pas dit intriquée mais aurions raisonnablement pu, allez, revenons à l'entendu, entendu donc qu'entre deux grandes eaux l'on peut choisir toute une flopée de moindres au nom du bel espoir d'en recevoir alors en gratification un léger brin de ménage, c'est-à-dire de s'en trouver un brin ménagé, mais la teinture du linge ne se fait pas sans la bassine, sans le chaudron des couleurs, ce qui pour tout phénomène est à dire le trempage en la psychique soupe, bain de digestion et tôt fait d'interprétation comme il en est de coloration – retombons mine de rien sur nos pattes : le phénomène est le moyen ou véhicule des interactions, en tant qu'il leur fait nécessaire support si le chat s'appelle chat et si l'interaction suppose toujours *a minima* deux interprétations réciproques, ce qui est à dire ou poser une réduction probabiliste (en jaugé de probable) de l'altérité à un phénomène de conscience, indépendamment de son ou non existence réelle, indépendamment de l'extérieure (à la considérée conscience) réalité de son existence, indépendamment donc de toute question d'essence. Shirel – elle aura précédemment consenti à la confidence de son prénom – est un parfum d'étoiles, le temps de Shirel c'est une saveur spatiale au sens stellaire, une douce odeur de ciel, comme la résonnance d'une épopée lunaire avant même l'allumage, l'embrasement du carburant sous les propulseurs de la fusée. Oui, car ça promet en tout cas d'être tout ça dès le premier regard. Parce qu'elle est dans la Lune, Shirel, dès que l'heure et les circonstances le permettent, parce qu'elle la regarde, continuellement sinon le plus souvent possible, et lorsque ce n'est pas la Lune du fait de la nouvelle, ce sont toutes les étoiles, jusqu'à l'aveuglant Soleil en milieu de journée, aussi longtemps que la tête ne se met pas à tourner à la suite de l'excessif apport lumineux. Il l'aime bien, beaucoup, même, trop, probablement, Fred, Shirel, avec sa tête dans les étoiles ou dans la Lune, avec ses graciles pieds que partout elle aime exposer nus afin que librement ils courent sur les diverses surface dont la terre se meuble, avec ses deux ovales émeraudes desquelles on pourrait maladroitement narrer deux yeux, avec sa main qu'elle tend très volontiers à qui voudra la lui baiser et tant que l'acte survit galant, tant qu'il est tel acté, soit distant, distanciant les lèvres du revers qu'on doit frôler mais pas toucher, voilà, tant que survit la prudente réserve de ceux qui ne se savent pas et que surtout ne naît pas la suffisance de l'exécutant qui croit déjà savoir, avec ses bruns, non, roux cheveux disciplinés sans convaincant ordre en un ébouriffé de bataille, telle la timide mais éclose des premières échauffourées ou escarmouches, toutes deux combatives ou combattantes, certes, bellicistes ou belliqueuses, d'accord, mais non encore complètement guerrières, avec ses avant-bras généreusement mais point excessivement duvetés, et puis fins, longs, pas plus enrobés que ses après, enfin ses longilignes bras, quoi, on s'en fout puisque personne ne les verra, cachés qu'ils resteront sous son habit, à l'instar du tatouage qu'elle cache au creux des seins comme d'autres au sein des reins, ou de cette pas plus montrée chaînette tout d'argent constituée dont elle ferme tous les matins le tour à sa cheville, euh, la gauche, allez, avec, avec quoi d'autre ? Attends. Ah ! Avec ses ongles vernis jusque ceux des orteils, toujours mariés en concordance de tons, avec ses mille et une petites habitudes qu'il est inutile de raconter si l'on souhaite préserver leur charmant, leur charmante innocence et leur charmeuse découverte sur l'instant qui est à dire le vif, avec si tu veux tout savoir une myriade encore de petites choses que j'aimerais ajouter parce qu'à coup sûr elles me plairaient en elle et elle d'elles parée, comme de délicates taches de rousseur un peu partout fleuries, qu'on viendrait embrasser jusque sur la promenade de ses fines gambettes, comme sa prude manière de retenir son rire, ou comme son innocente façon de basculer légèrement sa tête sur le côté droit lorsqu'un événement ou un comportement l'intrigue !

— Tu ne peux pas faire ça, tu ne peux pas construire un personnage parce qu'il te plaît, pour la seule raison qu'il te plaît et de la seule façon dont il te plaît ! Non, s'il te plaît, non, il faut qu'il colle à ton histoire, il faut qu'il vienne s'y inscrire et il faut encore que cette inscription ait du sens ! Et puis merde, c'est quoi, encore, cette histoire de suffisance ? Je crois te l'avoir déjà dit : ne perds pas ton lecteur en digressions inutiles.

Si tu veux. Mettons que l'inutile revête une évidence universellement partagée. Allez ! Je ne suis plus à ça près ; de toute façon, ça ne changera plus rien, maintenant. Enfin, quant à ton avis sur mon élaboration du personnage, hein, parce-que pour ce qui est du baisemain, je maintiens, je persiste et je signe : on a beau l'exécuter proprement, il a beau passer aussi doucereusement que la crème sur le café, on n'en dit pas moins par lui que « je te baise », ou que j'en ai bien assez envie pour te l'annoncer d'emblée, et ce malgré l'acte manqué du baiser si celui du baisemain s'effectue très classique. Oui, on le dit sans le dire ni le faire, forcément, ni sur la main ni ailleurs en l'instant ; mais on le dit tout de même. On dit à la jeune pousse, nous, vieux, enfin plus qu'elle, bref à la bien des égards petite chose en face qu'elle nous est insuffisamment intimidante pour qu'on manque la tentative de l'impressionner par ce geste un tantinet vieux-jeu, ou bien à la vieille fleur, nous, jeune, enfin plus qu'elle, bref à la petite chose en face, toujours petite car inévitablement marquée par le geste de rentre-dedans, qu'elle remarquera *a minima*, reconnaîtra peut-être, on lui dit, donc, à l'éternelle petite chose ou à l'éternellement considérée petite chose, que l'on connaît ce code et qu'elle en mérite l'effort, le particularisme puisqu'on ne fait plus trop de baisemains de nos jours. A l'une ou l'autre, finalement, des petites choses, on dit bien : « je te baise », que l'actée confidence soit l'annonce d'une lubrique intention ou celle plus méprisante d'une sexiste attention. « Je te baise » comme je vais te baiser, ou « je te baise » en l'individuelle estime. Tu la vois, maintenant, la suffisance ? Bon, alors, le point accordé, je te laisse Shirel et ma manière de la construire. Oh, va, je sais, je ne sais que trop bien te brader ce faisant mon intégrité, mais, allez, d'accord, j'acquiesce, je t'entends et t'écoute, je ne répugne plus.

— Et cette façon que tu as, poursuit Elodie, sautant pour l'exploiter sans plus de vergogne que de retenue sur la brèche inexplicablement ouverte, là, quelques pages après, de la faire parler : ça ne va pas. Non, ça ne va pas, parce-que ce n'est pas féminin.

Pas féminin ? Ben voyons ! Et je peux, j'ai le droit de rire avant de m'abstenir de te demander ce que ce peut être qu'un verbe, un phrasé féminin ? Non, parce-que je sens d'ici qu'il ne s'agirait probablement que d'une belle idée particulièrement bien arrêtée qui ne voudrait en plus rien dire sinon l'apposition de quelques marqueurs linguistiques suffisamment peu fins pour sauter aux yeux de ces lecteurs plus attentifs à la forme qu'au fond et, partant, absolument pas questionneurs de la normalité ni de la loi du nombre et de ses verts travers ! Je devine que pour décrire le mal d'amour il me faudrait enfermer un abattu célibataire en survêtement, pyjama ou tout autre dégueulasse costume dans son appartement, peut-être sur le sofa, coupé du monde et volontaire seulement de ne pas s'y frotter, sa volonté réduite à ça, à souhaiter ne plus devoir vivre pour ne plus souffrir, comme si vivre n'était qu'aimer, tandis que le mal d'amour est puissant et réel en ce qu'il se laisse supporter profondément blessant pendant qu'on continue à vivre, à peu près normalement aux yeux environnants. Ainsi serait encore la chose, aux mêmes rouages serais-je condamné si je décidais de faire parler ce qu'on appelle un homme du peuple, qu'il me faudrait alors dessiner jurant comme un charretier, dont il me faudrait emplir la bouche ou les expressions de vieillis jurons et de fautes de français dont, c'est bien connu, les provinces sont pleines et les provinciales reines drapées auprès des rustres bestiaux qui maris les ont prises, provinciaux sans cervelle ni délicatesse de langue, la chose se saurait et l'on en jouirait plus souvent, tandis qu'on n'égaye le morne du perpétuel quotidien que par l'opulente familiarité d'une expression uniquement travaillée – à compter qu'elle soit travaillée – pour rendre ronchon bobonne et paisible le salon, familiarité dont on dira qu'à défaut de les définir, les rustres ploucs bouseux, elle les marque très correctement et les rend entre tous reconnaissables aux termes, telle la chatte à l'odeur ! Pas féminin ? Je t'en foutrais, moi, du féminin, comme elles se font bien foutre, d'ailleurs, dirait cette caricature, puisque nous en sommes là, puisque la lancée nous le permet, puisqu'il nous faut de l'évidence à défaut de bon sens et que ce n'est plus ce qu'on dit, ce qui est dit, qui est important, mais la forme du dire. C'est cela, n'est-ce pas, que je dois modifier : la forme ou l'aspect, la superficialité de ses propos ! Si ce ne sont pas ses mots ce seront ses sujets, au lieu de ce que je lui fais dire, au lieu de ce que je dis par elle ! Tu sais quoi ? Allez ! Disons que la forme vient au secours du fond ; disons que comme promis et pour de bon j'accède à tes demandes, toutes toujours et sans varier incongrues que je les trouve !

De bon cœur ou de mauvaise grâce, voilà qui lui importe peu, à Elodie, tant que l'ordre de marche est suivi, l'essentiel n'étant point la validation de ses objections mais bien la textuelle modification que les premières visaient. La chose acquise, elle lui donne des nouvelles de l'ouvrage en cours d'impression, nécessairement différent de celui des immédiats ou proches différends, et l'informe des modalités publicitaires, soit des afférentes démarches bientôt à effectuer au gracieux titre de sa promotion. Parce-que oui, ça y est, voici le temps marchand venu, voici l'heure des racolages, le moment de s'offrir en pâture aux foules en espérant qu'aucun de ces publics ne se trouve en sa carnassière période pour se trouver en corps par d'autres écrasé ou plus singulièrement pour ne pas maîtriser l'arrêt de ses conceptions du monde, fluctuantes tantôt au gré des quotidiens courants, fixes toujours et pas tant tard contre qui les questionne sans lui lustrer le poil, préférentiellement dans le sens de sa peu souvent éclairée humeur du jour ! Voici le fatidique instant de l'apport d'arguments supplémentaires au culte des personnalités, qui synthétisera celui de nos siècles, de culte, inassumée et bien embarrassante religion, *a posteriori*, à l'inconvenablement tété sein desquels, de siècles, on aura favorisé la mise en lumière des anecdotes et des récits de vie contre celles jugées obsolètes, de lumières, des argumentations. Mais, bon, bonne idée ou bien non, allez, on avait dit : allez ! Et cela commencera par quelques prises de vue et une petite, gentillette interview, contentant Elodie sans que même ça ne compte.

Eh bien, allons-y. Et c'est vrai qu'elle est gentillette, la questionneuse, si l'on excepte ses questions et qu'on oublie l'indélicat photographe qui l'aura précédée, si l'on ne prend pas ombrage de l'embêtement produit par cet insupportable obsédé du trois-quart-face-contre-jour pour dénigrer le complet reste de la journée. Ouais, bref : gentillette, la verte plante. Hey : un prêté pour un rendu, non ? Tu t'intéresses à ma petite personne, aux petitesses de ma personne plus qu'à l'œuvre produite, alors je te rends ta monnaie en occultant la tienne, de pièce, d'œuvre, autrement dit le travail que tu fournis, qu'ainsi tu fournis puisque la commande t'en fut faite. Et si j'en juge par la courbe de ta cuisse, là, comme son arrière fait ton dessous, oui, si j'en juge par cette courbure qui est un véritable appel à paume, je ne perds pas nécessairement au change, d'autant que ton ravissement m'insupporte, lorsqu'il porte sur ce personnage d'écrivain qui pousse le vice jusqu'à ne plus parler, qui se condamne lors à toujours et encore écrire, et lorsque tu gages ensuite d'un engouement des lecteurs pour ledit personnage, lorsque je m'y coule et complais, en ton distractif désir, lorsque je m'y conforme, à ta manière de dire que ce n'est pas tout de dire mais qu'il faut encore que, en l'amusement, parler soit futile, entendu pour distrayant, sans quoi la lourdeur induite du dire ne produit plus que fuir. Oui, gentillette mignonette, d'accord, allez, pourquoi pas, allégeons gaiement et contons ensemble ta peu nouvelle fable, agrémentons le propos de quelques superflus ornements, présentons au grand jour ce qui ne devrait être que murmuré tant immanquablement lorsqu'il ne l'est il gêne l'essence de ce que c'est que dire et de ce qui se trouve effectivement dit ; travestissons, divertissons au nom de ce que nous pourrions ainsi intéresser. Oui, pour te répondre, ça fait comme un petit moment, que je ne parle plus, comme une éternité, même, devrais-je préciser, indépendamment de ma décision de ne plus le faire, et c'est dans tous les cas très bien ainsi. Ce sait même être utile, parfois, ainsi que ce le serait si tu prenais des notes sur un ordinateur et que tu me laissais tapoter mes réponses directement sur ton clavier ; ainsi, la moitié de ton travail serait faite par un autre ! Oui, j'ai quelques influences, oui, des auteurs que j'apprécie ou dont j'ai su aimer les textes, mais non, décidément non, je ne souhaite pas en faire la liste. Parce-que ; parce-que ce n'est pas utile, parce-que les noms devraient s'effacer devant les idées, parce-que si les concepts naissent dans l'humain esprit ils n'en restent pas dépendants, sinon de manière générale, c'est-à-dire de la persistance d'esprits pour les faire vivre mais non de l'esprit de celui qui les aura vus naître. De là, l'accessoire de la culture des noms et ma préférence à ne pas en livrer, en sus de l'interprétation qui serait faite de mon attachement à eux et de la confusion qu'on serait tenté d'opérer, du rapprochement qu'on ne manquerait pas de vouloir effectuer entre mots et pensées. Oui, j'aimerais, autant que faire se peut, mes lecteurs vierges d'appréhension, de prérequis, de préjugés voire d'attente. Oui, forcément, j'ai des parents, aussi, comme tout un chacun, enfin je les ai toujours, ce qui c'est vrai peut manquer ; maman est secrétaire, et papa directeur d'école. Pardon ? Oh ! Beaucoup de respect pour lui et bien de l'amour pour elle, en premier lieu pour chacun et sans que l'un n'interdise pourtant vraiment l'autre. Mère est la plus âgée, ce qu'il faut reconnaître comme n'étant pas vraiment d'époque, pour leur temps. Ils voulaient tous les deux que je passe des concours, afin martelèrent-ils en chœur et sans cesse ni lassitude d'assurer mon avenir. On a toujours vécu en ville, ou en gros village, jamais vraiment à la campagne. Non, je n'écris pas depuis tout petit ; je commençai comme ça, un jour, ou plutôt une nuit, par ennui, un peu par hasard et à défaut d'autre chose, et poursuivis jusqu'au dissonant conseil d'un ami qui, face à l'indigeste caractère de mes propos, me souhaita d'arrêter aussi vite que possible. Je sus alors que je continuerais, pour l'emmerder un peu et puis préciser mon dire, aussi, le préciser jusque me faire comme il se doit et s'appelle comprendre. Non, je ne sais pas, je ne me rappelle pas ; peut-être pilote, tous les garçons veulent devenir pilote. Si c'était ça, ça n'a pas duré longtemps. On sait comment ça finit, hein, les rêves d'enfants : pendant qu'on grandit, ils se jettent d'eux-mêmes et sans qu'il soit besoin d'en rajouter dans la poubelle ! Dis, jolie, tu en as encore beaucoup, là, des questions sur ma vie ? Parce-que j'ai quand même dans l'idée l'impression qu'en faisant tout un foin, une salade, une histoire de l'histoire des écrivains, au même titre d'ailleurs que de celles du reste des bestiaux médiatiques, on contribue fortement à favoriser la croyance chez les plus jeunes des plumes que le récit de leur parcours intéresse l'éditeur alors qu'en réalité il n'a, tel celui des piètres exemples qu'ils prirent parce qu'on les leur donna, probablement pas plus de valeur que celle du papier. Sans compter bien sûr la préférence donnée, pour qui voudra parler, à qui aura vécu, entendez à qui aura vécu ce dont il dit parler, tendance voisine de la quasi-interdiction du dire politiquement incorrect hors l'appartenance du diseur à une bruyante minorité, tendance tuant en tout cas ici idéellement, au nom de la très vendeuse authenticité et comme on ne sait vendre que cette acception-ci du terme, jusque l'essence du romancier en réduisant son art au témoignage ! Nan, donc, colérique ou passionnée plutôt que passionnelle parenthèse mise à part, tu en as encore pour long ? C'est que j'ai une envie de fumer qui me pousse aussi impérieuse que celle de selle et que, pour rester dans le thème, je m'emmerde sérieusement. Voilà, c'est ça : finissons-en au plus vite !

L'intérêt premier d'un éditeur, l'ajoutée valeur dont de lui-même – ou d'elle-même, ce qui sera toujours, continuellement, de l'égal au même à défaut du pareil – il se targue ou se défendra pour soustraire à l'auteur la majorité de la pécuniaire de ses écrits, hors les corrections en tous genres, c'est son réseau, ce sont ses relations. Exception pour le moment faite des intimes, Elodie offre les siennes à Fred et les rendez-vous promotionnels s'enchaînent. Ah, oui : ils ne baisent plus, dorénavant ; rapport, enfin, non, plus rapports, conséquence donc des heures passées à satisfaire Jane, qu'elle n'a que moyennement goûtées comme, tandis qu'elle s'y était opposée, elles le privaient de son favori passe-temps, ou juste l'un ou juste l'autre, enfin juste de l'un ou de l'autre, favori et passe-temps, l'essentiel, l'un dans l'autre, étant justement qu'ils ne le sont temporairement plus ! Le point positif, au milieu de tout ça, c'est qu'elle a déserté l'appartement, au moins pour quelque temps. Le négatif, c'est l'investissement supplémentaire dont fait montre l'éditrice en son idoine rôle et l'acharnement, la ténacité dont elle fait preuve à voir ses attachées attentes comblées. Ainsi, ce jour, les rendez-vous s'enchaînent, quoique Fred les trouve nulles, les attentes, hein, pas ou pas d'emblée les rendez-vous qui, eux, se suivent et s'enfilent à la queue leu leu et sous certains aspects se ressemblent.

Après la mignonette, le lettré. Le lettré, comme on dit, le fier lettré, devrait-on, le fier et pompeux lettré, faudrait-il, le fieffé, oserait-il, bref, restons poli, le simple lettré, empreint sans doute d'une égotiste volonté le poussant à inscrire au plus vite et au plus fort son sujet dans l'événementiel encours, entame l'entretien par des questions de style, certain probablement de poser ainsi quelques remarquables jalons prompts à épater la galerie ou plaire à son interlocuteur en l'abreuvant de (ou pour l'abuser par) l'usuel, honorifique service du soutenu charabia dont par habitude on abreuve en ritournelles et ribambelles les maîtres de la chose écrite. De là, bien sûr, cette fort pleine tête pourrait en venir aux intentions d'écriture ; ce qu'elle fait, d'ailleurs, mais sans y rester, sans s'y contenir, et voici que le bât blesse et qu'ici le bateleur s'empresse au-delà des raisonnables limites de la vitesse : voilà que le procédé narratif se veut mis en abyme depuis le personnel cheminement de vie du narrateur, voilà que le choix de telle ou telle technique, pourtant originellement opéré en unique fonction de sa relative utilité vis-à-vis de l'idée, se trouve lui mis en balance – esquintant procédé qui l'abîme – d'un caractère ou d'une singulière histoire. De fait, revoilà les précédents travers, face auxquels Fred se répète sans trop varier, lui non plus, puisqu'il n'est nul besoin ni raison, répondant que oui, ça fait comme un petit moment qu'il ne parle plus, enfin, manière de dire, une autre serait que ça fait un moment qu'il a décidé de ne plus parler, d'ailleurs il préfère bien celle-là, qui lui permet d'ajouter comme pour la souligner l'économie de temps et de salive ainsi permise, répondant aussi que, oui, toujours oui, ça va dans le mouvement du jour, non, rien, sinon que ça aussi, mais, donc, oui, il aime certains auteurs plus que la moyenne, auteurs qu'il lit ou relit de temps en temps ou bien de temps à autre, sans se résoudre à les citer au premier trouffion sinon trublion des mots venu, par faute de conviction d'utilité, non, pas la peine d'insister, répète Fred avec la touche d'autorité qu'il manquait précédemment en réception au lettré pour obéir, répondant ensuite que oui, on peut *a contrario* parler de ses parents, enfin, un peu, qu'il a toujours les deux, qu'ils ne l'ont jamais vraiment poussé vers l'écriture mais n'ont pas non plus trop tenté de l'en éloigner, ses deux éternels citadins de parents qu'il n'a pas mémoire, hors la période de fin d'adolescence, d'avoir exténués en leur provoquant moult coups de colères et tours de sang, ce qui de toutes les façons eût été contraire à l'esprit comme à la lettre – pour y retomber – de leurs deux respectives professions, plutôt tournées vers discrétions et retenues. Répondant encore que non, il n'écrit pas depuis son plus jeune âge, Fred ajoute soudainement qu'il l'avait presque oublié mais que, en parlant d'âge et à toutes fins utiles, sa mère est la plus vieille du couple, reprenant par suite le fil conversationnel et répondant qu'il ne s'est initialement mis à écrire que par ennui et qu'il n'a poursuivi ses griffonnages que par défi, répondant ainsi au sien comme au désobligeant commentaire d'un ami, répondant enfin que, non, il ne se rappelle pas ses rêves d'enfant, qu'il ne devait donc probablement pas en avoir, sinon peut-être celui de devenir pilote mais que la chose lui semble si répandue chez les petits garçons, à côté des pompiers et footballeurs, qu'il ne lui paraît pas utile de le mentionner, d'autant qu'il fut, s'il fut, depuis longtemps abandonné et que de toutes les façons, à nouveau, l'essentiel, aujourd'hui, n'est à ses yeux pas là, et qu'en en restant là on risque à son tout humble avis de s'y perdre, d'induire le curieux lecteur en quelques fausses et lointaines pistes quant au vrai du métier d'écrivain. Quelques légères mais bénignes variations agrémentent évidemment l'ébat, telle la question de savoir si ses personnages lui ressemblent, pourtant à celle-ci Fred déclare laisser le soin de répondre à ceux qui le connaissent et quant aux autres son esprit ne les retient que mal, frappé par la ressemblance des questionnements et leurs points d'identité qui dressent des généraux, globaux portraits une troublante ressemblance.

Après la mignonette, le lettré, et après l'insipide lettré, l'intrépide perché. Le perché est connu, dans la profession ou même de manière moins intime au milieu, soit des extérieurs à l'affaire spectateurs, soit de tout un chacun et de tous et chacun, ou presque, pour la singulière hauteur de son perchoir et l'à tous azimuts mouvement de girouette en permanence opéré par sa légère, volatile attention. Et quoi de plus normal, pour un perché, que le volatil ? Le perché, en fait, est un énergumène, et les pirouettes de cet hurluberlu produisent une distraction, comme elles s'inscrivent en faux au sein de la répétitive chaîne que Fred affronte à contrecœur depuis le début de l'éditique, promotionnel mouvement. Une distraction certainement peu salutaire et insignifiante au qualitatif souci du dire, mais enfin une distraction, et c'est en l'heure un petit rien de pris, à l'image de cette étrange, ambigüe satisfaction résultant du passage à la tant honnie télévision. Oui : le perché fait de la télé. Il fait même ça plutôt bien, pour de la télé, qu'on pour dire Fred déteste toujours autant telle qu'elle se montre mais à laquelle on est comme fier, malgré-tout, un peu, de passer faire une apparition pour défendre pour dire vendre, comme tant de nos cathodiques prédécesseurs, misérablement, son bifteck. Non qu'elle soit par essence antinature, cette belle télévision, en regard de ce que c'est qu'un livre, mais au moins en l'état, maigre, anorexique qu'elle se démontre du contenu, dénature-t-elle tout écrit propos encore plus que tout autre. Non, ce n'est pas que la télévision soit mauvaise en elle-même et que le monde télévisuel n'héberge que les pourris, vaseux esprits comme s'il les enfantait, ceux-là et ceux-là seuls ; non, c'est surtout qu'elle est la cour du moi comme jadis il en était une du roi, à laquelle il s'agissait, et impérativement, encore, comme le ton y plaisait, à qui voulait exister, de faire justement montre d'esprit : aujourd'hui, la scène télévisuelle accueille les fils de courtisans, les enfants de l'esprit sans plus à leur crédit, d'esprit, que celui de la franche rigolade, dilué dans l'apparente camaraderie et la dégueulasse mais tranquillisante inconséquence. Oui : pauvre télévision, qu'on pourrait croire riche de ses brassés millions mais qui souffre d'incarner, en le contemporain spectacle, le média de premier rang, le lieu de toutes les vantardises, le meilleur relai des plus grandes gueules, instituant la moderne cour de nos récréatifs enfantillages ! Oui, d'un siècle et d'une cour aux autres, le même pernicieux impératif vaut intangible règle : criez, au besoin, si le moment est bon, faites-vous surtout remarquer, que ce soit armé du subtil ou dans l'éclat, mais, attention, sans le poids du ridicule, dont vous ne devriez plus parvenir à vous défaire s'il se juchait sur vos épaules !

Le perché, lui, s'en torche volontiers, de ces ubuesques considérations sur la télévision, sinon qu'il en maîtrise fort les ficelles, sinon qu'il sait les règles de récréation, à défaut de se soucier de ses finaux enjeux. C'est qu'il fait de la télé, le bougre, pas de la philosophie, pas et nullement œuvre sociale ni réflexive. Il n'est pas là pour enrichir l'idée ni structurer les êtres. Non, son truc, à lui, la discipline dans laquelle il excelle, c'est de naviguer de semblants d'impairs en simagrées de boulettes, de cultiver la rigolade comme on chérit l'amour, de distraire, en somme, qui pour le coup n'est pas à confondre avec le littéraire pavé, bref, de distraire ces bonnes gens du temps qui passe comme s'il ne passait pas, niant son effectif en sautant d'une unité à l'autre comme on saute les moutons, pour s'endormir, donnant de l'assoupir, en fait, pour vrai du divertir, afin que pas un ne s'aperçoive qu'il passe et bel et bien, le temps, mais pas si beau que ça, au sens où, distrait, on ne voit pas l'absence de main mise à la pâte.

Et il fait ça vraiment bien, le con ; oui, on l'a peut-être déjà dit, tant pis, mais il fait vraiment ça bien. Et puis si cet exercice-ci ne se prête pas aux répétitions, c'est qu'on n'en aura rien compris et que la redondance n'aura plus que l'aéronautique pour seul et dernier paradis sur cette Terre. Oui, il réussit ça vraiment bien, le perché, faire de la télé, et l'espace d'un instant Fred veut croire au salut de la manœuvre, ainsi considéré l'évitement d'une énième réédition des désormais classiques questions – de leur type sinon. Mais non, raté ; dommage. Car si le perché, d'entame, les évite, soucieux justement d'une distraction formellement différenciée de celles de ses concurrents de confrères, le charme ne tient pas la longueur de sa route, ni ses effets les promesses du sort. C'est-à-dire que, qualitativement parlant, on ne gagne pas au change, lorsque change il y a, si même change il y a. Il y a bien, en fait, variation, certes, mais variation toujours manquant le point, variation donc en même, mime de distraction, soit variation sans plus, sans gain, sans mérite ni progrès, partant, ni non plus d'intérêt ni de grande vertu. Oui, c'est toujours et même plus encore qu'avant le personnage qu'on aime, l'histoire qu'on cultive, le paraître qui compte et le dire qu'on relègue, pour ce qu'on le croit lourd, pour ce qu'on le craint beaucoup moins plein de passion, moins apte à la produire, la passion, ce qui réduit d'autant auprès des foules l'humaine propension à suivre et la télévisuelle capacité à vendre le temps de son discours, qui compte plus que son discours lui-même. Même et même, et mêmes encore, ainsi, puisque le perché follement s'amuse et joue de ce drôle de hiatus entre la prééminence de l'image et de la voix en le présent média, et l'originalité vestimentaire de Fred, sa dissemblance et son refus de la parole hors de l'écrit moyen ; oui, il joue beaucoup de ce dernier, qui fait un comble lorsqu'on vient défendre son morceau de pain à la télé ! En d'autres termes, pour sûr, que les plus embrouillés précédents, pour ne pas perdre son public ; mais enfin s'amuse et en joue-t-il, du décalage, sans le mettre à profit sinon à celui de son émission. Quant au propos du gribouilleur, il s'efface face aux jeux incongrus que l'on propose à celui-ci, il se perd au milieu des idiots, farfelus défis qu'on le somme de relever au nom de la contagieuse chaleur prétendument revêtue par la bonne humeur, au prétexte que les gens n'aiment pas le compliqué, le froid et sobre compliqué, alors que le simple, seul, est mortifère, ennuyeux et glacial, n'est-ce pas, mais ce n'est pas la question, l'heure n'est pas aux questions, à ces questions qu'ils ne sont, tous, pas prêts à entendre, eux qui ne sont pas prêts à payer de leurs efforts pour peut-être en entrevoir la profonde substance, de ce complexe compliqué, complexant compliqué, condamnée part du sensible au nom d'une commerciale primeur du sensitif. Oui, on s'en excuse au motif que, si la télévision en raffole, des pitreries, c'est parce-que les téléspectateurs les savourent, plus en tout cas que les tristement intellectuelles rêvasseries. Ainsi vantés ou vendus se succèdent déguisements improbables et drôleries peu louables, clowneries et chamailleries, et tant et tant encore, à l'aune de l'adage des fous qui rient en compagnie sans l'autre, de délires cassant Cassandre, prédisant qu'il en faudra bien un, plus tard, en fin de faim et d'appétit, pour rire le dernier. En attendant, la télévision se retrouve en son ensemble à souffrir, pour dramatique pathologie, d'une catastrophique perte de sens, sens dont, comme malgré elle, boulimique, elle se met désespérément en quête, conduite par de mauvaises recettes – mais non dirigée par de moindres bénéfices, monétaires s'entendant. Oui, la quête de sens se trouve vouée à l'échec, puisque, lorsqu'elle est entamée, elle l'est incessamment pendant la course des choses, sans intelligence ni dessein quant à l'homonymique général – et pour autant qu'on en admette un tel – et puisque, le noyau se perpétuant distractif, les pourtours s'adaptent, en périphérie et en tant que telle. Alors, tout bien correctement pesé, Fred pourrait répéter, encore, tant pis, que vaille que vaille ses deux urbains parents l'aimèrent et le soutinrent, et que le goût de l'écrit ne vint point tôt mais suffisamment à point, ou qu'il ne se trouve pas vraiment enclin aux références, que c'en serait éternellement comme du pareil au même. Lorsque le perché en arrive à lui demander son signe astrologique d'un air on ne peut moins badin, il s'en rend parfaitement, oui, trop parfaitement compte et ne demande pas beaucoup plus de reste avant de s'en aller.

Le sérieux suit le perché, après la succession du lettré à la mignonette. Oui, effectivement, la parité n'y est pas mais, que voulez-vous, c'est ainsi, on ne saurait cacher qu'elle n'est pas – pas encore – universellement effective au sein des diverses représentations sociétales. Alors, sans que la fidélité de l'exemple vaille justification, et même plutôt bien au contraire s'il fallait une principielle position, poursuivons ; poursuivons sans parler d'une idéelle proportionnalité de la parité vis-à-vis du total de peuplement. Non. Restons sérieux et concentrés. Au sérieux, justement, de moins en moins rétif ou tout au moins vindicatif, et pourtant ce n'est pas que le sérieux manque de barbant, enfin ce sérieux-ci, au sérieux, donc, sérieux trop sérieux pour dévier de la ligne du quasi portrait chinois, Fred raconte son enfance, détaille ses passées, présentes ou pourquoi pas projetées, supputées relations familiales, sur le mode d'une confidence des attentes, puis puise en sa mémoire des bribes de vieux, infantiles rêves peut-être fantasmés, à coup sûr romancés, avant de réciter le désormais usuel laïus de l'écrivain doté du dire par son métier mais coupé d'une de ses formes par la volonté, avant, pour finir, de livrer ses références et de confesser ses littéraires préférences sans ouvertement s'offenser du crime, sans faire connaître au sieur son sens de l'outrage, sans d'ailleurs, d'une générale manière, quant au bazar, tas de tout ça, plus d'objections à la commerçante, commerciale ou publicitaire affaire que de mots à la bouche.

Vaincu ? Allons-donc ! Non. Etourdi, probablement, par le vacarme et l'en-avant des choses. Car, après la mignonette, le lettré, le perché et le sérieux vient la vilaine lassitude, indéniable signe d'une inadéquation aussi persistante que résiliente, qui subsiste donc et produit un trop-plein, qui dit en somme la fondamentale insatisfaction de n'être qu'un numéroté ou numérotable mais non notable produit du moule dans lequel la force des masses vous coule ou vous incite à vous laisser couler.

Voilà, c'en est assez, pour ne pas dire ou pour ne pas redire le trop, qu'il réserve à la bougonne Elodie, non bougonne de nature mais rendue un brin chafouin par l'intention de son auteur, compagnon, bref, par la nouvelle, toute récemment révélée posture du personnage. La voici excédée, l'éditrice, par le choix opéré par Fred après que lui-même se soit découvert excédé par le répétitif battage aux à son singulier goût relents d'abattage.

— Tu ne peux pas faire ça, s'emporte-t-elle, colérique, hors des gonds qu'on lui connaît comme on touche à sa pitance, comme on menace son gagne-pain ! Merde ! Tu n'as donc aucun respect pour moi ?

Ben voyons. Il faut que ça en vienne à toi, hein ? Ecoute, je peux bien faire ce que je veux. Si je voulais, sauf erreur, et retiens-moi si je me trompe, je pourrais même aller jusque le légal usage de mon droit de repentir.

— Ce que tu veux ? Ce que tu veux n'est pas ce que tu peux, mon cher, ou bien c'est que tu n'auras pas compris l'essence d'un contrat, très justement conclu pour éviter aux deux parties, venus de celle d'en face, les désagréments d'impromptus revirements ! Au petit jeu des rappels, et puisque tu sembles l'apprécier, poursuit-elle d'un ton ayant abruptement et très ouvertement viré au menaçant, laisse-moi te dire, petit con tatillon, que tu t'es engagé à faire œuvre de promotion, au mérite de ton possible conjugué à ton meilleur, et qu'en la matière c'est comme lorsque solennellement tu le reconnais lié au pire : tu ne peux pas, du jour au lendemain et sans conséquence aucune décider de cesser, d'arrêter la machine promotionnelle, tout infâme manège que tu la trouves ! Alors tu peux te mettre ta décision de ne plus honorer les rendez-vous que je te dégote où je pense, sans quoi tu le regretteras autant que si effectivement tu usais de ton droit de repentir ! Car tu n'es pas sans savoir la menace financière conséquente à l'exercice de celui-ci. Tu n'es pas sans connaître les contreparties que je serais en droit, à mon tour, de te demander pour ton départ ou ton refus d'obtempérer, pour ta rupture de contrat ou ton manquement aux obligations contractuelles, donne-lui donc le nom ou la raison que tu voudras ! Mais dis-moi si je me trompe, quant à ta connaissance de ces signés articles, et je me ferai un devoir de te rafraîchir la mémoire pour chaque lacune dont tu me diras l'être...

Ce n'est pas vraiment que tu te trompes, très chère, sinon quant au fait que l'argent, lui, m'est peu cher, ce qui rend Denys impuissant de son épée sur Damoclès, ou toi de ton pouvoir sur moi, ce qui revient à dire que vous pourriez bien l'un et l'autre déchaîner vos enfers que l'apocalypse, timide, se réserverait encore, traînant des pieds à honorer votre invitation aux réjouissances ; tu pourrais bien, toi, à compter que l'heur t'en sonne festif, libérer le couperet, ce n'en serait pas moins pour un fort misérable résultat, puisque je me fiche, mieux, je me fous de tes pénalités comme Crésus d'une pièce de cuivre. Tu veux porter ton estocade, tu tiens absolument à faire montre d'une combativité qui dirait la justesse de ton professionnel exercice ? Mais va ! Fais ! Te voici prévenue, pourtant, sincèrement et aimablement mise en garde : tu abîmeras lors le tranchant de ta lame dans l'eau, avec un retentissant « flop » ou « plouf » pour toute rétribution de ton infortunée dépense. Tu frapperas la surface sans rien toucher du fond, érafleras l'armure sans esquinter ma peau, tant tes pénalités me sont brumes au rocher ! Pour le personnel compte, je les subis déjà, toutes tes possibles foudres, puisque fâchée tu fus et que froide tu es, ce qui est à dire que nous sommes en les faits ou l'idée séparés, pour autant qu'il puisse être dit que nous avons été ensemble, au-delà de la certitude que nous avons été, ce qui veut aussi dire que nous ne partageons plus ni la couche ni le toit, ni même l'oreille vertueuse, soit l'écoute de l'âme et de ses soubresauts, de nos soubresauts, mutuels ou réciproques ; nous ne sommes plus l'un à l'autre que silence, regards et quelques fois attentes, confiants et concordants en la seule, tristement seule expectative. Ce qu'il reste, ainsi, pour cadre de ton jouir, pour aire de ton punir, n'est que professionnel, c'est-à-dire contractuel, c'est-à-dire monétaire. C'est-à-dire pas grand-chose, relativement à ce qui m'importe et pour ici me répéter, encore, tout amoureux aparté mis à part : je me moque de tes pénalités financières, que je peux bien supporter de payer sans demain manquer de pain ni d'eau, je ne suis pas à ces quelques pièces près, disposant en la matière plus que du nécessaire et ne considérant pas, du reste, que l'argent soit quelque-chose, autre chose que la somme des considérations qu'on lui prête – le degré second de l'existence, tout ça. Or, moi, misérable mais de toute évidence non-miséreux moi, je ne lui en prête guère, d'importance, de crédit, ce qui le rend inexistant sinon comme condition pour me frotter au monde de ces appréhensions le tenant, elles, en estime, en suffisante estime pour en faire le ciment liant les leurs ensemble, de mondes, telle une partition support et joint des notes ; et je me fiche autant de m'y frotter, au monde, ou bien au monde en cet état, tout soucieux qu'altruiste je reste de son présent état et des tournures qu'on lui imprime. Mais nous ne sommes pas là pour disserter des motifs à ma misanthropie ni de ce que probablement ils suivent l'état de l'homme dans le sommeil et dans le rêve, et tu pourrais dire que c'est justement d'en avoir trop, d'argent, et non de misanthropie ou d'altruisme, qui me le fait déconsidérer, mais tu pourrais tout aussi bien dire la même chose si j'en manquais d'autant que maintenant j'en déborde, et la limitation ontologique, la restriction de son être et donc de sa valeur aux seules bornes des estimes appréhensives resterait tout aussi vraie que si strictement j'étais dans la raisonnable moyenne ; aussi me contenté-je et me contenterai-je, en sus du rappel du fondamental non-être ou non-étant de l'argent, de mon profond manque de considération donc de courtoisie à son égard, du peu de cas que pour l'une ou l'autre des raisons je fais du sien, soit *in fine* des faibles risques que je cours en m'exposant à ton mécontentement et de la minimale valeur de tes moyens de pression s'ils existent par lui. Quoi, tu boudes une indécise moue ? N'entends-tu pas que l'argent n'est pas tout, au point final de n'être rien ? Que penses-tu, alors, que diraient tes collègues, chefs ou concurrents, ou même tes clients, s'ils apprenaient que tu t'es engagée en affaires avec un instable qui t'aura fait faux bond si rapidement, aussi rapidement, finalement, que tu l'auras initialement choisi ? Que penseraient-ils de tes capacités de choix ou de direction de tes qualités relativement à ton poste ? Ne crois-tu pas ta réputation entachée, alors, et l'argent le dernier ou cadet de tes soucis – soit subséquemment réduit à rien, par ce détourné biais montré pour ce rien que profondément il est ?

Je le redis, ainsi, ou l'écris, comme tu m'entends dorénavant clairement : j'arrête la promotion, la reporte *sine die*, pour ce qui est de mon singulier investissement, voire jusqu'aux calendes grecques, s'il te faut le secours, le rassurant espoir de l'arrêt d'une date, et tu te débrouilles, toi, avec cet état de fait, qu'il te plaise ou t'irrite et comme je me moque bien que tu t'en accommodes !

L. « Pas dans ma bouche »

Le soleil, tiède, transperçant d'un trait encore ou tôt puissant la plus ou moins bien rangée moitié des transparents et translucides verres, alignés tels des gosses à la kermesse, en une trop approximative file pour qu'elle soit dite droite, sur ce boisé plan de travail où l'on aura ce jour comme d'anciens flâné sans vraiment travailler, narguant, là, en milieu de cuisine et bordure de mur, tout contre lui vissé, l'utilité, pour la moquer en la mésestimant crânement, juste après l'inondation provoquée par la battante pluie, là-bas, dehors, de l'autre côté des désormais salis carreaux, en un vif épisode de lourdes et continues cordes qui auront trempé les plus frivoles et claires des printanières pousses en le tout fraîchement verdoyant jardin que l'on appelle parc en le croyant contre la naturelle évidence très ceint, ce détrempé, carré pré d'ailleurs délicieusement silencieux, exception faite du doux et léger carillon joué par les légions de gouttelettes, incomplets restes de pleurs, dernier humide ersatz de la divine tristesse, comme aimablement elles se soumettent au gravifique joug, au partir de leurs fugaces hôtes, tandis qu'elles glissent, quittent, abandonnent sans grand bruit leur temporaire support ; le même rayon solaire, ce chatoyant et fier rai, un petit brin plus loin, poursuivant sa précipitée route jusque faire étinceler tout ou clinquante partie des couverts en inox, compagnons de vaisselle comme on en connaît de fortune, composants malgré-eux du tapis au grand astre, cette lointaine étoile tant énamourée d'eux qu'elle se fixe dessus au prétexte bidon de l'espace d'un instant partager les joies et renommées de son illustre éclat, les illuminant de sa tempérée grâce à la manière dont on couve un enfant, fragile, fébrile, frêle et si peu céleste, lui, en le bain de ses larmoyants cris, pour n'avoir point encore brillé sous la oisive coquille de son duveteux, douillet car tant chéri cocon.

L'éphémère équilibre des choses, alors, tel le chant d'un oiseau sur de canonnées ruines ou de brûlées décombres, entre deux brutales averses, la douceur qu'elles acquièrent, les submersibles choses, en cette drôle de parenthèse dont nul ne sait ni ne peut assurément dire le final ou total temps de vie tandis qu'une promise à disparaître, indécise lumière la baigne, car si le tonnerre se retient, pour l'heure, d'exprimer toute la sauvagerie de son ardeur, le gris, noir, sombrement bigarré, le colérique rouleau se profile, lui, au loin, avec un nonchalant empressement, celui dont avec panache on se drape lorsqu'on est sûr de son fait, soit avec une vitesse ne se prenant pas pour précipitation mais les annonçant pour certaines, les précipitations, leur réitération, menaçant de caducité toute poétique vision de l'instant tel que flottant entre deux eaux, créé par elles, sinon par leur retrait, puis tué, mort car noyé dès leur envahissant, barbare retour, frappant sous peu de cécité le cœur donc la main du scribe d'âme, transcripteur des émotions, interprète plus ou moins adroit des proche ternis, vaporeux instants de grâce où l'involontaire délicatesse bat cadence et mesure.

Le faux jour des fins de jours, aussi, avec son ciel teinté de rouge et ses pastels aplats autour, ses doucereuses, dégressives bandes éparpillées en une diffuse aura, à l'alentour de la primaire, pure couleur, lorsque, à l'aube de la nuit, entre l'une ère et l'autre jaunissante ampoule, en lisière de son règne, à la diurne lampe, l'impossibilité se fait jour, alors, elle, comme à contrecourant de cette ambiante mort, de regretter l'extinctive voie empruntée par le roi, tant elle est balancée par le féminin apogée de la majesté, reine, en crime contre son seigneur, maître, qu'elle lèse de sa gloire et de toute attention, lui ravissant l'admiration, le gré de ses de force loyaux sujets, eux dorénavant et pour les prochaines heures subjugués par un fard, moindre phare, par cette partielle réverbération de la disparue source stellaire. Le sempiternellement joué décès des grands de notre monde sur la cosmique scène, ainsi, ici et maintenant une énième fois répétée, et la tension de leur si collégiale mascarade lors de leur brève et illusoire querelle de transition, lorsque chacun semble vouloir ravir à l'autre ou le début ou la fin des myrmicéennes gratitudes, offrant à qui voudra le voir un indécis tableau, ni complètement triste ni parfaitement heureux, ni vraiment grave ni trop léger, tout juste un peu terni puisque, à l'immédiat sortir de l'équilibre, c'est bien la nuit, l'implacable nuit qui viendra pour un temps enrober de ténèbres chaque résistante, persistante once de clarté.

La mélancolie des gouttes de rosée dans le froid du matin, encore, enfin l'ensemble des gouttes et du matin, soit ce suspendu et très fleurs bleues instant où les pétales se rincent sans qu'un seul ne se ruine, où la flore se fait une gratuite toilette à la lampée des derniers pleurs des ombres, avide autant de se laver que de se désaltérer, secourue en la matière par la liquide et providentielle manne, gracieusement prêtée l'instant d'un tour de chauffe, pour un photosynthétique cycle promis à s'effectuer en suite du flottant moment, de ce flottant moment où tout semble figé, où tout pourrait être immortel, éternel, sinon, où tout paraît attendre tel un sujet de chambre noire, chambre qui ne travaillerait pas pour les yeux mais par le cœur, cet apte organe aux plus vibrants clichés.

Les dénudés pieds d'une dominicale lectrice d'eau de rose en le vaste champ des sables, aussi, cet infantile royaume du bac, des idoines gamineries et des heures perdues, aux premiers coups de chaud, entre deux pleines saisons, ses petits petons défaits de leurs chaussures, elles démises d'eux et posées juste là, à côté, droites comme au placard pour ne point se salir, ses pompes, et ses jambes, au-dessus, fusant depuis chevilles et plongeant sous ourlet, sans doute celui d'une petite, courte robe, à fleurs, histoire d'encourager nature, pourtant et paradoxalement réprimée sur gambettes, soigneusement épilées, repliées sur le banc, empilées-là l'une sur l'autre en deux parallèles horizons, pour ne pas toucher terre et contredire alors l'évasion cervicale induite par les mots.

L'odeur du coin de nez, la brève senteur nasale, le fuyant parfum, subrepticement inscrit en recoin de narine, tel en indécise mémoire, faussement logé entre deux poils de pif, la furtive fragrance de l'entre-deux pas, au détour de la marche, perçue lors du fougueux élan d'un des pieds vers l'avant et puis sitôt partie, tant et si vite et bien qu'on ne la retrouve plus, plus en la cherchant fine, plus en inspirant fort, plus même au même endroit si le courage nous vient d'un demi-tour curieux.

Le mêlé goût des sels, de la larme à la sueur, ou des cris aux soupirs, lorsqu'entre caractères on navigue sans eau, sinon celles tragiques des douleurs spirituelles ou toute peine d'esprit et celles plus ludiques des plaisirs sensuels, dont les étreintes passions, lorsque donc se rencontrent les grandes crues d'en haut et les marées des pores, alors que se mélangent déceptions et pulsions, alors que se nourrissent, très réciproquement, des écoulés regrets les renaissants désirs et des montants désirs les avivés regrets, alors que s'entrechoquent, sans aucune violence sauf celle du contraste, les deux contraires vagues aux marins embruns, l'une, là, pas encore séchée, que presque l'on aimerait, soudain, n'avoir pas du tout vue, et l'autre, là, pas encore pleine sienne, qu'on voudrait déjà bue, alors que l'océan de tout ce sel versé, de la pomme à la poire, qu'après discorde on se fend tel l'abricot, se révèle en bouches une plus délicieuse friandise qu'un pur morceau sucre, lorsque sur l'oreiller, par terre, n'importe-où, la réconciliation chérit les différends pour savoureuses épices.

L'à point douloureux jouir, enfin, telle l'explosive fessée, et les ruinés désirs, avec, et puis les superflus plaisirs, le léger trop-plein d'une comprimée poitrine, le gras débordement d'un rebondi bidon pas encore embonpoint, l'à peine masquée insolence d'une ferme bandaison sous son taillé tissu, la pulpeuse lèvre qu'on se mordille pour retenir son galbe avant qu'il soit cambrure, aux orgasmiques jointures de la jouissive route, l'évanescente liberté d'un sein au précis instant du soutien dégrafé, en élastique suspens, juste avant l'entame de sa restreinte chute, l'incertitude de l'homme, au bord du précipice, à l'approche de venir et quant au juste coup pour clore son périple, et sa très brève vulnérabilité, alors, après, avant que ne l'emporte ailleurs la si peu modeste joie de son triomphe.

— C'est nul, commente une perplexe Elodie ; je vais te dire, c'est aussi crédible qu'une actrice porno qui attend de décrocher sa faciale, telle la timbale, pour sommet et clôture du coït ! Où es-tu donc allé pêcher ça ?

Pardon, madame, mais je te parle d'une rencontre. C'est-à-dire que ceci n'est pas de mon cru. Ce que je te raconte, ce sont des confidences, celles glanées auprès de cette jeune et adorablement timide femme, hier au soir, comme nous partageâmes un taxi pour avoir tous deux refusé d'en attendre un suivant. Normal, tu me diras, après vingt minutes déjà perdues à la station pour attraper celui-ci...

— Mouais – et l'idoine moue d'accompagner l'onomatopée, traduisant l'incrédulité de leur porteuse. C'est bizarre. Je ne saurais trop dire, mais c'est bizarre. Trop, bizarre, en fait. Ca y est, j'y suis : tu en parles comme de Shirel, assène l'éditrice, comme elle parvient enfin à mettre le doigt sur ces taquins mots qui ne faisaient jusqu'ici que lui danser sans gêne ni honte sur le bout de la langue.

Je te rapporte ses goûts ; je ne te demande pas ton avis sur ses couleurs...

— Certes. Mais pourquoi ? Pourquoi me rapporter ses goûts, du reste ? Car, et corrige-moi si je me trompe, je ne crois pas t'avoir demandé quoi que ce soit, sinon de passer me voir, aujourd'hui, pour qu'on avance.

Non ; tu n'as rien demandé, rétorque intérieurement Fred en se contentant, quant à la visible manière, de pencher un peu la tête et de hausser les épaules. Peut-être est-ce là un résidu de notre brève mais intense relation, tu sais, quand ensemble et chacun à notre tour nous nous amusions à un offensant prêté pour un offensant rendu, ou je ne sais quoi d'autre qui fleurait bon le blessant, mais enfin avais-je envie, là, maintenant, de t'en parler. Tant mieux si ça t'ennuie, de le savoir, tant pis si tu t'en moques.

— Tu as des nouvelles de Jane ?

Non. Bien sûr que non. Bien entendu, qu'il n'a pas de nouvelles ! Qu'est-ce que tu crois ? Qu'il s'embêterait à te faire le récit d'une fantasmée rencontre, qu'il perdrait du temps à créer de toutes pièces un personnage pour venir t'ennuyer avec ledit récit, que d'ailleurs tu n'auras pas cru plus d'une seconde, s'il avait effectivement eu des nouvelles de Jane, s'il avait pour de bon pu consoler son ignorance autrement qu'avec cette piètre distraction donc performance, soit très mauvais panneau où tu ne tombas point, dans lequel tu te refusas à tomber ? Non. Et non de même pour les nouvelles, relativement au paiement de la dette par cette écervelée, au mépris du crédit qu'on lui prêta et dont elle s'annonça redevable. Le prince honoré, voici la machiavélique, retorse perverse devenue tête en l'air, si ce n'est volontairement amnésique, car la voici libérée de toute obligation puisque dégagée du joug de l'attendue rétribution, qui valait gage de coercition ; la voici rétive au pacte, insoumise à ses contraintes, tributaire de son seul trou de mémoire, salope, pour être clair et pour de bon, plus seulement petite, comme il avait avant voulu la dire, non, grande, maintenant, salope, soit salope tout court, traîtresse à son engagement, et pute, *in fine*, puisque résumable à son trou et à son usage, pute payée trop tôt et dont naïvement, d'un fol espoir empreint on attendait tout de même qu'elle écarte gentiment les cuisses, qu'elle exécute sans fourberie sa prestation, mais non, *que nenni*, prononcé queue nenni, accrochez-vous à autre chose que ses cuisses, ça vaudra mieux pour tous, car la voilà larronne sur l'occasion, avide et pingre matrone de celle de se remplir les poches sans gâter la marchandise, sans se faire pour rien flétrir ou divertir le dindon, voilà qu'elle vous branle entre ses cuisses et geint comme si vous lui labouriez le con (labourer et non branler, puisque la feinte est moins aisée que l'art se fait précis), voilà qu'elle feint non plus seulement l'orgasme ou le plaisir mais aussi l'acte lui-même, voilà qu'elle vous escroque de votre relatif droit au sexe, ouais, relatif, n'abusez pas, quand même, ne copiez pas sur elle, qui vous trompe, là, quant à ce que vous croyez faire ou tenir, ou prendre, elle qui se joue de vos interprétations sensitives – ce qui est quelque part à dire de vos appréhensions – et vous dépossède de leur maîtrise en vous privant en conscience et avec une certaine habileté de leur justesse ! Salope de pute, ou pute de pute, putassier pléonasme pour un paradoxal comble, ainsi ce non-comblement, c'est amusant de le dire mais un peu moins de le vivre, ou de s'en apercevoir, après coup, enfin non-coup, tel Fred, baisé malgré-lui, abusé, comme un bleu, un bleuet, la fleur à son fusil parce-que l'autre, là, ce jour immaculée, lui sera restée refusée relativement à la pétaradante canonnée ! Pétard mouillé, présentement, pour tout dire de la manière dont il se sent et s'irrite, telle la poule, mouillée elle aussi, avec l'humiliation connotée à l'insulte ; mais tout n'est pas encore dit. Non. Non ! Parce qu'il a un plan, le cochon, et rira bien qui rira le dernier de s'être débiné et de s'être régalé, ivre d'avoir cru voir l'autre à sa guise et à son piège pris !

Oui, il a un plan, et un terrible, encore, de plan, oui, un terrible plan qui déchire, même, un putain de plan, allez, carrément, pour la vile catin, c'est toujours aussi amusant, un de ceux par le minutieux examen et l'attentive préparation desquels l'eau vous vient préventivement à la bouche, comme d'avance vous salivez de votre vous semble-t-il assurée délectation, à l'image du gamin déballant un cadeau dont il connaît déjà ou devine si tôt le convoité contenu, et il te le détaillerait plaisamment, son plan, s'il n'était occupé à rincer cette eau qui rouille par une lampée plus sèche, de celles qui assèchent ou déshydratent, bref, s'il n'était accaparé par le versement de sa prochaine rasade et s'il ne craignait de devoir manquer de whisky avant de te quitter s'il acceptait de te servir et pour peu que tu acquiesces comme la dernière des chiennes à sa proposition, peu respectueuse, malgré ta connaissance de la chose, de son profond besoin d'occupation – qui est à dire de whisky. Ainsi, c'est non. Non, tu n'auras pas la petite sœur de sa goulée, ni même son offre, tout comme tu n'auras pas l'exposition du plan, qu'il te déroulerait sans foncière gêne s'il n'avait depuis trouvé meilleur divertissement à son manque, là, au pas du métallique flacon et par la force des choses puisqu'en restant dubitative tu le privas de l'initial, de divertissement, et voici donc son lot de consolation, là, encore, le même, au coin de la brillante vis, dont la froide matière anesthésie partiellement sa cuisse dès que l'air se fait vif, puisqu'il cache la réserve sous l'écossais tissu de son kilt et que le pourtant dru duvet de ses jambes ne suffit pas à lui procurer une convenable protection thermique contre l'usiné objet, ni du reste contre le soufflant vent lorsqu'il devient vicieux et s'insinue sous la masculine jupe en les moindres recoins anatomiques. Et puis qu'en ferais-tu, de toute manière, de cette goutte, sinon rien de bon ni d'utile, puisque tu ne t'autoriseras pas ou plus à lâcher prise sur ton lieu de travail et que tes heures de boulot ne sont pas encore, pour ce jour, totalement écoulées ? Enfin, quoi qu'il en soit, fi fait de son ivrognerie en travers de la gorge, il t'aurait à coup sûr et sans plus frémir que férir confié la complète et délectable perfection, c'est-à-dire toute l'enivrante beauté de son plan.

Oui, il te dirait, alors, hors de ce retranchement où tu l'auras poussé, toi, en n'étant qu'insuffisamment sotte, en refusant le mandat de la dernière pluie, toi la précieuse difficile, la trop fine-bouche, il te dirait qu'en ce moment même elle sourit, Jane, au premier des coups d'œil, sous celui de la foudre, d'un pour le moment très réservé sourire mais enfin sourit-elle, indéniablement, assurément ravie d'une rencontre qu'elle croit tout à fait impromptue mais trouve non moins opportune, avec ce bel irlandais à l'allure de canadien bûcheron, en l'heure et l'espèce tout droit sorti d'un caricatural cliché ou d'un bidon roman-photo, le casque de chantier en moins, mais enfin le voici, planté-là, droit devant elle, beau comme un camion et rêche comme un camionneur, la grosse bedaine heureusement omise, comme brut de décoffrage, tout juste dégrossi d'un moule de virilité, avec son jean, bleu, par endroits déchiré, et son ouverte chemise à carreaux, son blanc maillot de corps, très juste au sien, et ses saillants muscles dessous, juste à fleur de tissu, entourée desquels on doit se sentir très en sécurité, avec ses grosses chaussures qui pourraient être de chantier pour remplacer le manquant casque, et son global air qui n'est autre que bourru, bourru mais pas trop, tout doucement bourru, soit bourru mais point ronchon ni brusque, non, sinon il ne pourrait te dire qu'elle l'apprécie déjà, le bûcheron, lui qui porte si joliment le forestier vêtement, lui qui détonne, au milieu du propret reste des visiteurs de la foire, peu ruraux en l'habit, lui le prince des champs contre la citadine horde, lui qui pourrait porter des fripes ou des guenilles que ça ne changerait trop rien, au fond, non, puisque ça ne changerait rien au vent dans ses cheveux ni à la coloration qu'en surface de chevelure et sous son direct effet ils arborent au soleil, ni rien à la calme puissance transpirant de ses mains, ni rien non plus aux mensonges si précocement vendus par ses pétillants et inquisiteurs yeux, ses superbes yeux bleus, inquisiteurs mais pas voyeurs, ni rien à son parfum, que la climatisation de la marchande halle ne suffit à masquer, ni absolument rien, au bout du compte, à son indéniable statut de véritable, troublante icône sexuelle. L'en aucun cas dégueulasse effet roux, probablement ; en tout cas pas celui du pantalon, qui dénote ostensiblement du convenable – mais ne dénote qu'à moitié, tant il faut attraper l'accessible, l'atteignable, l'abordable par un dommageable détail ou l'autre...

Il te dirait ensuite comme elle accepte facilement d'aller prendre un café avec son inconnu, un verre ou ce qu'il veut ou voudra, ça n'a pas grande importance, après l'instant charmant et puisqu'il lui sera apparu assez parfait pour cela, exquis, même, l'instant, en sus du sieur, tous deux parfaits de leurs imperfections, parfaits de n'être que presque parfaits et imparfaits sur de si minuscules et perfectibles détails, ce qui est à dire à sa portée, à elle, comme si la providence avait décidé la peinture d'un tableau sans s'autoriser à lésiner d'une quelconque manière sur les moyens accordés à la production du chef-d'œuvre, mais en laissant aux curieux yeux un guide de lecture, soit une porte d'entrée à leur hauteur en plus du ticket pour le merveilleux monde ! Il te dirait comme ils prennent rendez-vous pour après son travail, et comme elle le regarde s'éloigner avec au cœur le petit pincement consécutif à la satisfaction que cela ne veuille pas dire partir, comme elle le regarde jusqu'à ce qu'il atteigne le bout du bout de l'allée, comme elle en profite pour lui jauger les fesses, comme elle s'émeut qu'il se retourne et lui sourie une dernière fois, l'air de dire « reviens-y » du bord des lèvres et comme s'il était besoin de le dire alors que tout en lui la pousse naturellement au crime, jusque celui, jusque l'un poil gênant forfait, déjà commis, de secrètement l'émoustiller ; faut dire qu'il sourit bien, malicieusement, le coquin bougre, avant de tourner, là-bas, pour de bon, au coin du marchand de foie gras, en direction de l'extérieure crêperie, puisqu'il a promis, oui, juré, craché, promis-juré d'aller là-bas l'attendre de ce pas et de ne pas en bouger sans l'avoir vue, sans l'y avoir vue, enfin, sans l'y avoir revue – sourires.

Bientôt, il te raconterait aussi comment elle va s'empresser de clore son journalier compte, précipitant son programme sous le coup de sa pressante envie, soit comment elle va quitter plus tôt son poste, abandonner ses obligations salariales grâce à la bienveillante solidarité d'une amie et collègue, comment elle passera en premier lieu par les toilettes, et s'y changera, puisque ce jour elles servent de piètres loges aux potiches, moins correctement hébergées qu'elles n'accueillent, comment elle tentera tant bien que mal de s'y refaire une droite et symétrique, convenable beauté, comment elle tâchera de ne pas perdre là le temps précédemment gagné là-bas, au stand, à l'aide de la charitable âme dont c'est désormais entendu elle sera pour un prochain service redevable, comment elle vérifiera tout de même de plus nombreuses fois que nécessaire que rien ne déborde qui ne devrait pas, comment elle se pincera rapidement les joues, à la vieille mode de mamie, par défaut de main immédiatement mise sur sa poudre, mutine, cachée ni en surface, ni en fond, ni en milieu de sac, comment elle se forcera à quitter ces maudites toilettes sans le complet tour de ses pulsionnelles vérifications, comment elle se prendra à courir, ensuite, presque, sur ses talons, pour rattraper l'avance perdue, au risque de manquer un pas et de tomber bien bas, lamentable, et comment elle rejoindra enfin son travailleur des bois, au point de rendez-vous, heureusement présent mais tout à fait étonné de l'avance de la belle.

Et puis, sous peu, sans trop traîner, hein, histoire de ne pas se lancer à rebours des choses, afin de ne pas les brusquer – ni fâcher, ce qui serait à dire gâter – en se mouvant en l'inverse sens du leur, de sens, à ces choses qui, elles, déjà, d'elles-mêmes ou par eux, par les deux tourtereaux précipitées, tendront à se bousculer à vive allure, il t'entreprendrait indiscrètement la narration de quelques bribes, de choisis morceaux de leur échange, lors de ce crêpier ravitaillement, oui, il t'entretiendrait de leur entretien, aux oisillons, il te raconterait cette conversation qu'ils auront simultanément à leur sustentation, sans nécessairement te rapporter toute sa consistance, à la réflexion, soit son intégralité, sa littéralité, mais en tentant de s'en tenir, intègre, à son essence, ce qui, tu en conviendrais aisément, importe plus que les menus détails. Il te rapporterait sa joie, à Jane, cette inattendue joie naissant en son for ou sein, comme lui plaira le sentiment d'être écoutée, entendue, partagée – non, pas au sens de la partouze – et reconnue, comme l'est une terre non conquise mais particulièrement familière, comme similaire au pays, si semblable au doux sien, comme l'homme des bois explorera sa contrée et lui exposera la sienne, ajoutant à son trouble comme elle s'y reconnaîtra, encore, en l'exposition venue d'en face, après s'être déjà sentie très à son aise dans la manière de l'exploration, dans la façon qu'il aura eue de l'explorer, elle, de délicatement et sans étrangeté la découvrir, elle pour lui mais aussi et d'une certaine manière elle à elle, sans non plus précipitation, sans empressement ni subséquente maladresse, puisqu'à force d'aller vite on finit tôt ou tard par s'empêtrer ou trébucher, malgré les initiales, meilleures précautions et bandantes – puisque bonnes – intentions. Elle en éprouvera, Jane, de la joie, aux fil et terme de cette réciproque découverte, au point d'en apprécier craintivement chaque once, de sa joie, précocement apeurée qu'elle sera de se confondre en une trop hâtive, boulimique besogne dégustatrice après avoir tant et tant et depuis fort longtemps attendu cette succulente joie d'être sue !

Très vite, ensuite, il pourrait te confier que c'est elle, forcément, oui, que c'est forcément elle qui proposera un plus intime verre, qui risquera le premier pas pour qu'ils aillent le prendre, ce pot, oh, pas loin, non, pas si loin, allez, chez elle, elle qui prendra ou pensera prendre la direction des opérations, elle qui insistera pour qu'il entre, lorsqu'il feindra le doute, elle qui les servira tous deux généreusement, une fois qu'ils se seront installés près de la table basse, lui pour qu'il ose, elle-même pour qu'aucune inhibitrice ombre ne se rappelle à son bon souvenir après l'avoir si heureusement désertée, elle encore qui ne le quittera plus des yeux, tandis qu'il s'évertuera à la futile prononciation de quelques mots devenus inaudibles, elle qui frissonnera rien qu'en pensant à l'effet de ses mains sur sa peau, de ses belles mains sur sa peau nue, de ses puissantes mains le long de son hérissé désir, elle qui, n'y tenant plus, plus du tout, coupant court, mettant un temporaire terme à toute orale ou du moins verbalisée conversation, se jettera sur lui, l'embrassera, le plotera, un peu, le plotera, beaucoup, le déshabillera, le débarrassera de ses propres obstacles vestimentaires sur le mode de ne perdons pas une seconde à nous soucier de ne pas les maltraiter, le renversera, au galopant pas de course, le caressera, l'agressera de ses impulsives caresses, le saisira, en bas, le raidi, le branlera légèrement, le chevauchera, le guidera, l'accueillera et le baisera, le tout entier et peu récalcitrant bonhomme, le baisera passionnément, le baisera furieusement, même, encore, encore et encore, jusque se retrouver plus haut que le haut du haut, jusque joindre soudain l'au-dessus céleste, jusque déborder de bonheur après s'être gavée de joie, jusque crier tout son excessif plaisir comme il sera, en l'espèce, tout et plus que son truculent soûl ! Là, exactement ici, il te confierait indiscrètement l'envahissante satisfaction de la sauvageonne sous les combinés coups du coup et de la précédente concorde, satisfaction ô combien plus généreuse qu'un orgasme, lui – dans l'idée – déjà nettement mieux noté que la simple jouissance...

Il te relaterait ensuite comme elle manquera de garde, la fraîchement repue cavalière, toute encore ivre de son humide bourre, comme elle n'en ni n'y prendra pas, de gardes ou de garde, regarde, tandis que son essoufflé même si vaillant amant se trouvera sérieusement affairé à tracer de petits, tout petits cercles sur son flanc, du délicat bout des doigts et par légères pressions puis glissements, lové contre elle, chaud contact à son dos, et puis de plus grands cercles, et puis d'étirées lignes, toujours le long du flanc, poussant jusque la hanche, chatouillant même la fesse, puis comme elle lui proposera de traîner encore un peu, ce qui voudra sans faux-semblants dire « en corps », un peu, flattée par ses mièvres égards, de rester, même, pour peu et pourvu qu'il le veuille ou le souhaite, pour la fin de soirée, la nuit, le petit-déjeuner, ce qu'il choisira, selon ses éventuelles obligations matinales et pour peu qu'il continue à lui déposer des baisers, de tendres baisers dans le cou, pour peu que surtout il ne cesse de presser ses lèvres sur sa nuque, pour peu que son oreille, à elle, puisse se délecter de ses soufflés silences, pour peu que ses épaules ne perdent le manteau que leur offre son torse, pour peu que sa main n'arrête de lui enrober le sein, et pour peu, surtout, que le sergent ne fasse pas plus défaut qu'il n'a présentement l'air de vigoureusement et à nouveau, si tôt, fidèle et fier, valeureux soldat ardemment désireux, se porter volontaire au front des premiers feux, sur les ranimées braises de leur couvant partage, à la désarmante complétude et l'énigmatique concorde ou correspondance, oui, à l'en partie inexpliquée complétude, si tant devait alors être qu'elle cherche en l'heure à plus avant se creuser la tête pour tenter d'expliciter de long en large et en détail et sans travers et trop c'est trop le joyeux bazar réflexif y naissant à la pensée de peut-être, à l'évident risque de passer au travers de l'apaisement sensitif, du terriblement attrayant simplisme de l'apaisement sensitif opéré par le train, l'en train du cotonneux moment.

Il t'aurait assurément relaté son immédiate acceptation, au charmant prince, au l'à la manœuvre prince, son magnanime acquiescement de grand seigneur aux respectives et simultanées remises, celle, proche, du couvert et celle prochaine du départ, et puis son virage, aussi, face à la disponibilité de cette minaudante proie, de cette adoucie bestiole cette fois en quête d'une charnalité moins bestiale que la tout juste achevée, moins bestiale mais non moins intense, proposera-t-il, malicieusement, dans la foulée de la féminine expression du désir, un intriguant piquant qu'elle ne refusera point, la coquine, autant émoustillée par la promesse que par l'inconnu, à parts égales ou non, qui s'en souciera puisqu'enfin voici qu'elle s'émoustillera au seul fuyant toucher des draps dont on achèvera de la dévêtir, voici que, se surprenant elle-même en la soudaine matière, se surprenant même tellement qu'elle en omettra de s'interroger sur leur provenance, elle se liquéfiera rien qu'en voyant les cordes, voici qu'elle se réjouira de leur enlacement, voici qu'elle se ravira de leur étreinte, voici qu'elle se plaira, elle, elle-même et même elle, tendue, rendue implacablement immobile, tout juste apte à tressaillir, pas même tressauter, qu'elle se plaira ainsi, soit immobile, ou immobilisée, voici qu'elle aimera même le masque, le nocturne loup qu'on lui imposera, lui voilant toute vue et rendant plus sensible le disponible mais restreint reste de ses sens, et plus perceptible son expectative, voici qu'elle se délectera de l'improvisé bâillon-culotte, de la drôle de sensualité de ce bâillonnant choix lui provoquant salive, voici que, apprivoisant son exacerbée ouïe, elle en goûtera la jeune précision, la perçante acuité, lui faisant percevoir comme un cheminement, fin, précis, de plus en plus précis, en route et conquête vers l'exergue, le faîte, la cime, en fait, promise au coin du temps, voici qu'elle s'émerveillera de n'être que dispositions, de n'être qu'à disposition, et elle dans les meilleures, là, sauvageonne crucifiée (puisqu'en croix attachée) en couche avec pour lit de service le pétillant océan des mille plaisirs, ou du sien, au moins, en poupe de son désir, à cette étoile de mer aux tendus membres, à cette blanche oie à la merci du prince, prince sur son destrier s'il devait rester charmant, mais prince se muant cheval, soudain, oui, se révélant vraiment cheval au lieu de l'étalon, en l'instant cité, cheval de Troie contre l'imprenable défense, contre la jusque lors très hautaine rebelle, cette désormais terrassée belle aussi têtue qu'une bête lorsque bassement elle méprisait, dénigrait ou sous-estimait le juste prix de son cognitif contentement, dite justesse du lui aussi dit prix qu'elle pourra méditer à loisir après avoir réalisé le mal-tourner des choses, lorsque le maritime fantastique aura muté en le poisseux d'un marécage au milieu duquel rien ne viendra la secourir, marécage, que dis-je, ersatz ou résidu d'océan, résultat d'un assèchement de feues ses impropres et bouillonnantes eaux devenues collantes turpitudes, où rien ne viendra l'empêcher de patauger, puisque Machiavel n'est pas du nombre des secourables ni moins encore des bons samaritains, puisqu'il aura rempli son rôle, le spirituel enfant de l'illustre, et se sera sans bruit retiré de la chambre comme de la partie, puisqu'après l'avoir mise à disposition il aura signalé à Fred l'atteinte de cet objectif qu'ils auront tous deux préalablement fixé ensemble, puisque oui, sournois oui, Jim, puisqu'il s'appelle Jim, joueur dilettante mais non amateur au sens de l'approximatif, non, acteur à ses heures perdues certes mais pas seulement du dimanche puisque, en ce jour si impeccablement théâtral, en ce tragique mais non funeste jour, ce fidèle Jim, qui aura suivi son rôle à la ligne du cordeau, ce surprenant Jim qui fut – et non aura été – embauché pour tromper Jane, le bel objectif et la somptueuse atteinte, ce génial Jim aura tout de brio vêtu rendu vulnérable cette ingrate Jane, cette vilaine oublieuse des devoirs de l'entente, désormais et sous toutes les coutures ou acceptions bien baisée !

Il te la proposerait, maintenant, sa fiole, contre toute attente pas encore tout à fait vide, et volontiers, encore, avec plaisir, même, carrément, avec un plaisir probablement feint ou dissimulé, certes, pour une large partie, tant il n'en a foncièrement plus cure, de l'état sa réserve ni de la consistance des tiennes, avec un plaisir d'orgueil, au fond, mais enfin, puisque le veut l'expression et puisque le permet l'occasion, avec une sorte de restreint ou faux plaisir tout de même, puisque, selon sa nature, ta réaction saurait un brin ou tantinet l'amuser, et en fin de toast, aussi, que cette proposition, soit afin d'en porter un, délectable, d'en porter un à la santé, à la bonne santé, à la superbe santé de son splendide plan, lui qui s'est correctement exécuté, lui qu'on aura vu se dérouler sans anicroche, oui, c'est dit, puisqu'il vient de recevoir l'attendu message de Jim, ce que tu ne sais pas mais pourrais deviner ou tout du moins supposer s'il t'avait effectivement dit quelques-unes des tues choses au lieu de ne faire que boire et songer et si tu savais noter son sourire, en coin mais net sourire, si tu apercevais le rictus sous le rire de barbe, si tu savais comme il salive, si tu pouvais et voulais participer à la fête qui s'annonce, toute intérieure et donc invariablement indicible que présentement elle s'inscrive.

Mais tu n'en voudrais pas, ou plus, pour sûr, de son détestable toast ni de l'affiliée petite sœur, non, toujours pas, d'elle, et tant pis pour les ailes, puisque tu n'accepterais pas plus qu'avant le média, support ou moyen du partage d'une joie à laquelle tu te refuserais inconditionnellement, indignée que tu ne te surmonterais pas de ses viles idioties, au sinistre manipulateur, au joueur de dame, certainement solidaire que tu serais de la féminine cause, pour cause de féminité, sinon compatissante à la faiblesse, éprise d'une cause perdue pour ce que tout un chacun la tient pour définitivement perdue, érigeant toute chose en cause, même, pour ce qu'elle est perdue. Et qui blâmer, dans l'histoire, puisqu'on en aura vu d'autres, avant toi, se tenir debout, fiers, fiers défenseurs des prisonniers pour ce qu'ils le sont, altruistes, en somme et caractère, de tout cœur avec la misère et les miséreux du simple fait qu'elle est misère et qu'eux n'ont rien sinon la qualité de miséreux, misérable lorsqu'elle n'est que cela, soit charité sans amour, ou pitié sans piété, soit rien qu'un effet systémique, soit le simple et triste produit d'une automaticité nivellaire plus encore que caractérielle, uniquement redevable d'un jeu, d'une différence entre niveaux, lorsqu'elle émerge indépendamment des qualités ou des défauts dont l'individualité visée se vêt, elle, dont elle se fait montre, par lesquels elle devient, quelque-part et parfois, cette fois-ci, pour ne plus parler que d'elle, bâtisseur d'immonde pour ce qu'elle reste irrémédiablement architecte du monde en agissant au sein du grand par le modelage du sien – hey, de toute manière, que tu en apprécies ou non la façon, elle a bien cherché ce qui lui arrive, l'ingrate, elle qui se révéla si rétive à honorer sa contractée, contractuelle dette ! Ouais, c'est qu'elle l'aura bien cherché, et la voici rétribuée pour monnaie de sa pièce, en une drôle de monnaie qui n'est pas tant celle du singe, *a contrario* de toute autre, puisqu'elle rémunère ici en l'identique, soit par où l'on pécha, puisqu'elle rémunère en la contrant et sur son terrain l'idiote prétention à enseigner la grimace à celui qui se révèle, *in fine*, des deux, le plus vieux soit sage des macaques !

Il s'en moque, Fred, lui, du reste, dorénavant, s'il ne s'en moquait pas déjà avant, et totalement, même, que tu en veuilles ou non, de cette petite sœur, tant il salive tôt de sa délectation, de son à lui délectation, de sa rien qu'à lui délectation, subséquente au parfait déroulé de son plan et tributaire des seules promesses qu'elle anticipe elle-même en l'exercice performatif, c'est-à-dire qu'il en salive en avance, de cette délectation qu'il sait tout à fait à portée, atteinte ou presque, là, impudiquement disponible, comme presque acquise, à quelques encablures événementielles, au moindre effort spatial, et quelle douce sensation, et quel gourmand sentiment, que la délectation, et lorsqu'on sait gagner c'est comme quand on sait perdre, c'est-à-dire qu'on n'a goût à rien d'autre, qu'on peut bien y goûter, au reste des choses, mais sans leur trouver une quelconque appréciable saveur, au reste de ces choses qui ne sont pas résumables, non, pas rattachables à la focalisation sur laquelle notre esprit se concentre en l'instant ! Elle te le dirait, d'ailleurs, Jane, ce précis point-ci, elle te la dirait, cette réduction phénoménologique, oui, elle te la dirait, cette ignoble privation exploratoire ou sensitive, l'en cette heure fulminante Jane, ne serait-ce son bâillon, elle te le dirait, sinon, le détestable arrière-goût de la défaite, l'âpre sentiment du vaincu, avec ses poignets et ses chevilles en feu, brûlés par des cordes devenues désagréables sous l'effet de ce coup de vent qui aura emporté l'excitation, la condamnant à la pure et simple extinction tandis que croît la frustration, oui, elle te le dirait, que rien d'autre n'importe que l'écœurant trop-plein de cette frustration qu'elle n'a pas vue venir et qu'elle a peine à déglutir en même temps que sa peine, difficile à vomir, sous son buccal bouchon en travers de l'expiatoire voie, avec sa propre mais dégueulasse culotte dans la bouche et en l'exact endroit, débordant un rien jusque la gorge, avec son encordé statut contre l'idée d'issue, avec la générale tremblote qui la gagne, avec la sourde colère et les brutaux reproches qu'elle s'adresse, mentalement, puisque le possible n'est plus aux mots, se haïssant intérieurement et en forcé silence, elle-même plus encore que ses associés bourreaux, puisqu'elle aura été mise au courant de leur association afin de macérer en son jus, elle qui leur aura permis de la balader à leur infâme guise, de l'amener ici, là, sur le désormais collant ou poisseux dessus de ce lit la tenant tremblante et suante prisonnière, suante de peur en lieu et place de l'irradiante chaleur d'avant, prise de tremblements sur lesquels elle n'a pas plus de contrôle que sur les antécédents et éteints frémissements, les yeux bandés comme jadis son clitoris, les membres liés aux quatre coins et le corps nu, sans défense aucune, offert aux quatre vents et à dieu seul sait quoi qu'ils décideront de lui faire subir, à la captive, oui, captive en sa maison, idiote captive en sa propre maisonnée, le temps pour compagnon et la mauvaise fortune pour récompense de son inexcusable bêtise, impuissante sauvageonne sous le terrible joug des hommes, accablée du terrible, dramatique poids de la défaite, âpre tranchée dans la trachée, celle-ci comme tranchée net par une infectée lame la poussant au bord des larmes, tandis qu'elle se déteste et se déteste encore, tandis que monte la salée sauce, tandis que lui viennent les premières larmes, ça y est, à la piégée belle, assaillie, profondément heurtée par ce sentiment si dommageable à son espèce, la bête belle, qui se sent si bête de s'être laissée prendre pour prix ou tribut d'avoir voulu se faire prendre ! Et telle est prise, finalement, qui croyait pouvoir jouir de la liberté de se dédire sans finir en ficelé cochon ! Et telle est Jane, finalement, qui comme on l'avait silencieusement parié ne te dira pas, non, absolument pas le contraire ! Et que dirait-elle, d'ailleurs, la pauvre bête, dans sa drôle de situation ?

M. « Je ne suis pas d'humeur »

Misogynie mise à part, et vraiment, encore, oui, mise au rebut avec le secret espoir qu'elle trouve là sa place définitive et que dès lors elle s'y confine, comme si l'on pouvait ainsi prendre quelque avance, par l'exemple de ce rebut, de cette mise en marge disant la sociale à la page par la conceptuelle à l'index, tel un au pilon livre dont plus personne ne veut ou dont même personne n'aura jamais voulu et qu'on regarderait ensuite en se demandant pourquoi même on l'édita, jadis, et à compter qu'on s'en souvienne assez pour venir l'examiner, soit sans faux-semblants ni simagrées, que cette mise au ban, sans basse ni courtoise manœuvre, soit pour de bon et de bonne foi, c'est-à-dire sincèrement, puisqu'en la matière, l'identique manière et de toutes les façons la misandrie vaudrait autant, ou tout autant peu, soit si peu, bref, bêtes bêtises mises hors mise, ainsi, le tapis dégagé, il est un fait notable que, le cycle lunaire ou celui de Nature, la couleur du ciel ou celle de la bile, la faute du matin ou celle du malin, voire celui de la veille ou parce qu'elle est vieille, l'imputation au manque ou l'excuse de l'excès, tout est bon, dit-on, dans le cochon, pour se dédire d'un mot ou se défaire d'un choix, pour éviter l'action au nom de l'absence d'envie, tant et si bien que, de l'humeur, puisque d'humeurs il s'agit, de l'humeur, donc, l'Homme apprend tôt à se méfier comme des multiples pestes dont il aura souffert. Pourtant, l'humeur n'est pas le phénomène le plus attentatoire à l'humain bien-aller ; non, ça, c'est le non-exclusif mais réellement caractéristique rôle du remord...

Et de remords, ou de scrupules, leur pré-événementiel égal, Fred en déborde, chemin faisant, comme ils l'assaillent en compagnons du doute, sur la route de chez Jane, comme il anticipe son arrivée, son débarquement chez elle, en ce qu'il faut appeler sa cellule, et la question à laquelle il a ou s'est promis de la soumettre en ce sinistre lieu qu'elle nommerait donjon si elle pouvait présentement parler.

C'est que sa torture ou question le torture et l'interroge, Fred, c'est que le juste le travaille, oui, le juste des souffrances qu'il souhaite ardemment infliger à Jane au nom de la vérité à laquelle sa satisfaction et son propre équilibre, mis en péril par le trou cognitif, l'obligent et l'astreignent, c'est que le moyen est moyen, relativement au bon ou bien, même si la fin est faim et justifie l'appétit. C'est ça : le cœur y est, pour tout dire, peut-être même plus que de nécessaire, mais la tête ne suit pas, elle, en vrac, et le vengeur de se retrouver quelque peu dépassé par l'audace de son envie, de souffrir une pleine caboche, de devoir supporter le chaotique vacarme produit par le désordonné concert des enchevêtrées, idiotes ou bêtes et lassantes puisque classiques et perturbatrices questions à la mode de chez soi – sans soie ni faste. Faut-il, ou ne vaudrait-il mieux pas ? Doit-il, ou préférerait-il ne pas ? Peut-il, et pouvoir est-il source de faire ?

Tant pis ; victime et bourreau patienteront, d'improbable et discordant concert et de gré ou de force, car Fred fait une halte en son appartement, afin de remettre sa tête en place et en attendant de se décider au passage à l'acte, en attendant d'attenter aux obstacles persistant à lui barrer le chemin de son apaisement, en attendant de réduire au silence ses dernières objections, réticences à l'agir. De toute manière, que finalement il puisse ou non le faire, il ne peut pas se présenter chez Jane sans avoir résolu son dilemme, sans s'être résolu à l'une ou l'autre des façons de faire, sans s'être forgé une certitude et s'être, lui, consolidé sûr et certain de son fait. Non. Mieux vaut prendre le temps d'y penser, sous peine de tergiverser encore, l'instant venu, au risque de tout faire foirer, pour n'avoir pas bien exécuté le faire, puisque sans certitude ce serait cafouillage, et puisque cafouiller n'est pas interroger, ou trop improprement pour résultats produire !

La halte, donc, agrémentée de l'usuel ou courant petit ou pas tant verre, histoire de doucement huiler l'engrenage des méninges – ou peut-être simplement de s'aider à oser, sans frémir.

Là, au confortable creux de son si cher fauteuil et à fleur puis cœur de narines bourgeonnent avant de croître les d'abord timides, ensuite insistants effluves de voisinage, comme une des vieilles dames de l'immeuble doit depuis peu s'être mise aux fourneaux, produisant les ébauches olfactives d'un mijoté plat, délivrant les indices culinaires d'une ourdie recette, montrant accidentellement ou démontrant à dessein, par les nasales volutes et leur indiscrète réception, la parlante façon dont on pourrait symboliser ou rappeler l'efficace d'un déroulé de plan, d'un suivi de prévisionnel sans aucune tergiversation ni moindre hésitation, puisque la recette en l'idée en est un, de prévisionnel plan, moyen qu'on suit pour fin atteindre et puis pour faim restreindre – mais là n'est pas la question – et puisqu'en tout cas Fred le voit et s'en inquiète ainsi, de la recette, depuis ses envahissantes, flagrantes fragrances, comme malgré-lui ou sans l'avoir cherché il hume les traces de l'audacieuse mais non moins maîtrisée fête de cette âgée cuisinière lui signifiant quoi qu'il en soit un meilleur usage des casseroles que le pauvre et triste sien, traces qui lui sont donc comme autant de pratiques instanciations, au travers des successives étapes qu'elles disent, de ce que c'est qu'oser suivre son projet sans s'encombrer de rien – ni d'aucun de ces contrariants riens qui ne sont pas tant rien qu'ils sachent effectivement n'être que riens au sens de rien du tout. Oui, au lieu de l'habituelle ouverture d'appétit consécutive aux éloquents relents des anciennes marmites, dont on a tôt fait de prendre ombrage ou de goûter envie, au lieu de l'usuel sentiment de savoureuse concurrence induit par la chaude huile, les frits oignons, le roussi, semblant tout à coup sur le point de brunir ail, la bouillante tomate ou même la braisée puis noyée – enfin, baignée – viande, Fred n'entend que le violent, brutal, frénétique, picotant ou incommode rappel de son indécision, de son incapacité à définir sa ligne de conduite, lui qui n'en avait pas besoin pour savoir qu'il ne sait, non, oh que non, qu'il ne sait ni sa voie de choix ni conséquemment celle de son agir. Se rappelant ensuite qu'on pisse d'autant moins qu'on aura pleuré, ou, plus précis ou exact, ce tiers adage voulant voir soigné le mal par l'identique mal, identique en ce qu'il est lui aussi mal et non en ce qu'il serait le même et identique, unique mal, Fred se laisse quelque répit en se regardant vivre et tout en poursuivant, par l'odorat, sa propre torture ou, plus prosaïque, mise à l'épreuve.

C'est alors, et tandis qu'un tantinet il rêvasse, que peut-être même il s'assoupit un brin, en oubliant presque qu'il est attendu, qu'il aperçoit, là, entre deux clignements d'yeux, en bord de pieds, sous la petite table basse, roulés en mitoyennes boules, lovés au sein d'un kilt qu'on dira avoir négligemment oublié de ranger pour ne l'avoir pas vu traîner, les deux chatons, les deux encombrantes et destructrices bestioles, plaies à son quotidien par faute de leur comportement, regrettables fruits de l'ancienne bagarre, surplus collatéraux de l'éteint affrontement, plus si petits qu'il soient encore parfaitement mignons mais pas non plus si grands qu'ils soient déjà ou totalement sans attachant pouvoir, ce pourquoi on ne les aura pas encore abandonnés, et dont l'animale guerre ne tarde pas à se rouvrir, tandis que de haut on les observe, comme leur sieste prend fin, puisqu'un soudain et taquin coup de patte sur l'en face oreille vaut inévitablement déterrement de la hache de guerre, ou peut-être était-ce une première expiration trop proche de l'autre oreille et pas assez semblable au soupir en sa légèreté, mais enfin voici la bête exhumation du belliciste cadavre, fantôme planant sur les fragiles paix, spectre dont l'originel corps aura été trop récemment inhumé pour avoir déjà eu le temps de commencer à se décomposer, moins encore de purement et simplement s'évanouir. *Que nenni*, voyez-vous : les armes sont assurément prêtes, fourbies par la constante permanence de la lutte, et les deux félins belligérants avec elles, eux que voilà toutes griffes dehors, tous poils dressés, tous feulements émis, et voici que c'est à qui grognera le plus fort contre qui soufflera le plus vif, pour ce couple d'adversaires agrémentant ce viril ou virulent concours de nouveaux et putassiers crochets ! Spectateur de ce plutôt brusque passage des ronronnements à l'affrontement, en coin de ring sans aucune intention de l'arbitrer ni probabilité d'y monter, soit en retrait, soit sous le coup du recul, Fred n'évite alors pas l'évident parallèle lui sautant aux yeux, c'est-à-dire la mise en abyme avec sa propre situation et ses présentes turpitudes et de conscience réserves ou réticences – la clause des remords et scrupules, tout ça, jusque pourquoi être là, ici et maintenant.

Car si les chats se battent sans espoir d'apaisement, ou si ce dernier reste trop bref pour acquérir la qualité, le statut qu'on lui prête au nom ou titre de son nom, bref, si les chats se battent sans apaisement qui sur le long terme vaille de s'appeler apaisement, ou qui vaille plus substantielle matière que sa dénomination, c'est qu'ils ne sont indéniablement que des chats, et rien que ça ; et le chat, pauvre de lui, petite conscience, humble niveau sensitif – et non sensible – n'est absolument qu'un triste et très faible animal. Allez, disons juste un animal, pour ne fâcher personne et ne point nous encombrer de fortuites disputes quant au centré, trop anthropocentré propos. Partant, sa conscience, à l'animal, qui n'est rien qu'animal, à compter qu'on la compte et sans conte sur mots, n'est, elle, rien qu'animale, elle a son égal ailleurs et le service propre, ce qui d'une part est à dire qu'elle souffre concurrence des points de vue qualitatif ou – et essentiellement – capacitaire et, d'autre part, qu'elle n'opère aucun grandissement individuel (ou « singulier », si l'on tient l'individu pour plus riche que son nombre), qu'elle ne produit aucune majoration, appréciation nivellaire : du chat, la conscience supporte l'agir sans l'en sortir, elle ne le questionne pas sinon dans l'immédiateté du choix entre deux directes solutions sans perspective, ne le restreint pas, même ni non plus, entre telle ou telle autre solution aperspective, au nom d'un aperceptif principe supérieur au moment – sinon celui de préservation, principe logique coiffant l'instinct de conservation quant à son inclusion catégorielle, encore que l'on ait vu des chats, sauteurs par seul instinct ou réflexe, à l'allure suicidaire lorsqu'ils affrontèrent le vide au-delà du balcon pour le cul du pigeon, sans noter qu'ils manquaient, eux, d'ailes. Si le chat a une conscience, c'est ou ce n'est que conscience de quelque-chose, événement ou tiers-étant ; ce n'est que conscience stricte, de premier niveau, pour situer là l'animal et, dans la foulée, inversement, définir le primaire. On ne peut donc dire de lui qu'il a une conscience qu'au sens très restrictif – ou mineur ou minimal – du terme. Ainsi chasse-t-il, mange-t-il, miaule-t-il, se bat-il, et que ne fait-il d'autre encore, mais jamais, non, jamais ne produit-il de science, jamais ne forge-t-il d'outil, jamais ne subit-il l'existentielle question, jamais, en fait ou somme, au-delà d'une collection des signes extérieurs de conscience, ne se libère-t-il par la conscience de la primalité utile de ladite conscience – ou du moins, alors, ne la partage-t-il jusque nous le faire savoir, ce qui, sauf à suivre l'idée d'un ourdi complot des félidés félons pour vivre heureux, donc de leurs capacités à nous demeurer cachés, reste très improbable. Il n'y a pas, pour opérer redite et surtout ne pas ne se centrer que sur l'indicatif outil, de libération conditionnelle du chat (entendu que, oui, il serait alors dans sa condition de pouvoir se libérer de sa condition), en ceci qu'il ne saurait jamais rien engendrer d'immortel, rien qui n'ait de potentiel immortel, sinon la simple continuation de la bête série dont il n'est pas source mais maillon, au sens où il ne fera, comme tout (simple) vivant, que transmettre son accident génétique et – parfois – quelques habitudes sociales, *a contrario* de – au moins – l'Homme, lequel peut – et parfois ne fait que pouvoir – dépasser sa condition par le – pas forcément heureux, mais l'outil n'est jamais condamnable qu'à l'aune d'une volonté qui le déserte, ne l'habite pas en propre – maniement de ces impérissables ou possiblement impérissables que sont les idées et concepts (dont la capacité à être dépend pour ce que nous en savons de l'Homme mais, hors la probablement accidentelle éclosion, du reste certainement favorisée par telle ou telle histoire, absolument pas des mâles ou femelles de l'espèce humaine ; dont, aussi, évidemment, l'être n'est pas celui seul de la série, c'est-à-dire ne s'exprime pas par elle). Voilà. Jamais la conscience du chat ne dépasse le premier niveau de l'utile, où comme certainement d'autres elle naît ; elle ne sert qu'à celui-ci, n'existe que par lui, ne s'élève pas, ni jusque la volonté ni jusque les impérissables. Car il n'est pas plus dans l'humeur pour l'avoir décidé, d'y être, le chat, et tout juste peut-il en subir, des humeurs, puisqu'on l'observe ou qu'on croit l'observer irrité, par exemple, tout comme nous le pouvons aussi – mais pas seulement, la similarité, la concorde allant au moins-disant, sans commutativité subjective (au sens que les sujets ne sauraient être inversés sans dommage, relativement à la justesse de l'assertion, ainsi qu'il en est dans certaines équations). C'est une conscience spontanée, que celle du chat, une conscience de quelque-chose qui n'est jamais conscience pure, ou dirait-on pure, simple, de premier niveau mais jamais plus complexe (prenez-le dans le sens qui vous va, mais entendez surtout le fondamental ou premier niveau), une conscience donc qui n'est que par et pour l'instantané, qui n'est que pour lui servir et par l'utile situationnel – et l'exposé d'opérer une volontaire impasse sur les souvenirs, mémoriels purs ou dérivés (tels les musculaires), par souci d'économie soit de clarté et pour ce qu'ils ne questionnent point le général, fonctionnel dessin du conscient, greffons utiles qu'ils peuvent être entendus à l'acte de la décision. Ainsi, voici la chose sue, et bien sue : le chat n'est que chat, et le constant caractère de sa guerrière propension n'est que l'effet d'un manque de vues systémiques sur son agir, n'est que le fruit de son impossible, ce qui explique à défaut de justifier l'énième et courante et triviale rixe des chatons.

Mais l'Homme, lui, n'est foncièrement pas que ça, ni moins encore que chat, bien qu'il le soit fondamentalement – ça, bien sûr, non chat, c'est-à-dire animal, mais pas l'animal, soit pas celui-ci, soit pas chat. Il l'est, ça, ou cela, c'est sûr, c'est-à-dire animal, oui, il est un animal en même temps qu'il reste partiellement animal, en tant que la partie, pour partie, le constitue, mais ne s'y résume pas si l'on entend que l'acception d'humain s'oppose aux autres règnes du vivant en ce que la conscience transcende son sommaire – entendu pour primaire. Il est donc un animal, ce n'est ni négociable ni niable, mais pas que. Il est libéré ou peut en possible et tout cas se libérer de la fonction d'utile, en sus des impérissables et antécédemment à leur accès ou à leur production, car il n'est pas, lui, assujetti à sa seule primaire conscience. C'est-à-dire que l'humaine conscience, même condamnée à persister n'être que conscience de, atteint un niveau de complexité ou de diversité applicative suffisant, depuis l'initial des seuls besoins, peu riche de son possible quant aux divergences et digressions, rejoint un tel état d'imbrication, considérée sa multiplicité perceptive, soit *de facto* d'indétermination, pour se libérer du joug de l'utile – partant, et là, de nombre de déterminismes – et ne plus se résumer au principe de préservation, soit ne se rattacher qu'à lui, sinon comme lointaine source et origine, peut-être, indétectable ou tout du moins plutôt bien noyé noyau des empilés échafaudages et diverses ramifications de sa structure – lointain mais certes présent, puisqu'en l'extrémité situationnelle, parfois, en embuscade mais parfaitement net, on le retrouve qui soudain surgit, ce tapi principe de préservation. Il y a, là, en cette complexité structurelle, en cette richesse, la source d'une seconde émergence (avant la transcendance des impérissables, après celle première où l'on aura vu naître, tout feu mais pas tout flamme ou bien sans celles des lumières, soit un peu sage ou limitée, la spontanée conscience). Et cette dite seconde émergence qualifie l'Homme pour différent du chat, pour un peu plus que ça. Pourtant, tout bien considéré et pour tout ou presque dire, le recul pris et l'exemple sous les yeux, c'est bien ainsi que se sent Fred, en sus d'un peu puant, comme projectivement il se dégoûte, dans son opposition à Jane : comme un animal, et rien que ça, puisqu'ils enchaînent, se rendent les coups l'un pour l'autre et l'un à l'autre à la manière que les chatons ont de se les rendre, eux aussi, soit sans beaucoup plus de considérations ni de sagesse, sans largesse d'esprit ni fin usage de conscience, et pour autant qu'il décide de poursuivre encore à l'identique – soit sans ses présentes hésitations. Sans que l'analogie soit véridiquement vraie, de ce qui s'appelle vrai, sans que l'analogie soit autre chose qu'une éphémère et biaisée projection, elle suffit pourtant à renforcer ses doutes, à le retenir au moins temporairement de persévérer en ce qui lui semble en l'instant le parfait mimétisme d'un inférieur niveau de conscience – et sans que nous ne voulions rien dire de la qualité de cet inférieur, sans donc que l'infériorité d'un niveau dise la supériorité des êtres qui ne le peuplent pas, puisque reconnaître le nivellement des consciences n'est pas dire que tout y est dit, car si tout n'est que conscience tout n'est pas en conscience, ni du tout raisonné (ce qui scinde la conscience en alternatives fonctions et introduit ses parties, relatives à son application) et que même d'Homme à Homme on entend des niveaux, sans que l'Homme soit moins Homme ni même l'homme moins Homme, même s'il est plus brillant, plus sage ou efficace, soit *in fine* sans que l'animal – lui non plus – perde sa valeur d'être !

L'argumentatif effort serait assurément vain, ou menacerait du moins plutôt dangereusement de se réduire à vanité, si d'aventure et à ce point on omettait de relever qu'on saurait le ruiner en objectant d'un lecturiel donc potentiellement dommageable biais dès l'originel énoncé, avant même le parallèle osé par Fred (ou le soutenant) : l'affrontement, dirait-on alors, dès le félin départ, aura été entendu comme étant un état non-correct des relations entre individus ou singularités. Pour le chat, et au vu du risque d'anthropomorphisme, l'affaire est évidemment ouverte à la discussion, laquelle pourrait facilement se conclure sur l'idée que, oui, le conflit se laisse tout à fait catégoriser en expressif moyen – entendue la relative pauvreté du niveau en la matière, c'est-à-dire la limitation desdits moyens d'expression en leur nombre ou complexité, entendu que rentrer en conflit n'est pas encore tuer ni viser le létal acte, entendu, enfin, que l'équilibre des potentiels est grosso-modo garanti, ici au moins, puisque les deux individus tiennent pour le coup et ceux qu'ils se rendent des mêmes espèce et corpulence, ce qui donne l'idée du juste quant à la balance des forces en présence (oubliée l'agilité), rappelons-le non entravées en leur brute expression par une quelconque transcendante conscience, nous l'avons vu indisponible en l'animale catégorie. Pour l'Homme, par contre, c'est autre chose, puisque sa conscience ne se lasse pas de lui interdire de tranquillement mourir en sa seule primaire condition, puisqu'elle ne cesse de l'enjoindre à user son réflexif versant avant même le transcendant travers, puisqu'elle lui dit même, n'ayons pas peur du gouffre, l'opérable différence entre le conflictuel et le violent ! Mais voici bien ce dont il s'agit, lorsque Fred pense à la prochaine étape, celle qui l'attend chez Jane, où il lui faudra nécessairement choisir une façon de la faire parler dans l'éventualité où elle s'y refuserait, puisqu'elle risque fort de s'y refuser et puisque lui se refuse à refuser de gagner – où à accepter de perdre, ce qui revient ici au même ou au suffisamment semblable. On y viendra, au violent, alors, se convainc-t-il, inéluctablement, par la force des choses et contre son envie, lorsque précédemment il pensait avoir l'envie sans tenir la conviction ! Il faudra bien en venir à quelque-chose de violent, lorsque cette petite idiote refusera de coopérer, ce qu'elle ne manquera selon toute vraisemblance pas de tenter, avec son caractère et d'après ce que furent leurs éculés ébats, leurs antécédents échanges, sans quoi tout n'aura été que vain et lui pourra repartir sans avoir rien emporté de substantiel, ce qui n'aurait rien d'acceptable, ce qui n'a rien d'acceptable comme il en envisage préventivement l'idée ! De là naît l'impasse, ainsi se construit-elle, puisqu'il ne peut non plus ou pour autant et malgré l'identification de son besoin se résoudre à basculer, à verser dans une violence dont la non-gratuité ne le console pas de la laideur au niveau systémique ; puisqu'il ne se résout pas à l'inscription du violent comme paradigme – même partiel, soit non unique – des humaines affaires. Non, ça, c'est bon pour les chats, ce ne peut être valide qu'en l'animal (pour autant que ce le soit, valide, ce que nous laissâmes en suspens), et – la chose est dorénavant arrêtée – nous ne sommes pas que chats ! Ou bien, sinon, c'est que l'altérité mérite violence, enfin, que la violence mérite l'altérité, non au sens où le tiers mérite qu'on le frappe mais à celui où l'altérité en passe par ce type expressif, ce type d'expression, et qu'elle en est rémunérée par l'atteinte de l'altérité, que ledit type soit celui des expressions singulières ou qu'il dise quelque-chose de la rencontre des mondes. Or, ce n'est pas possible. Non, ce n'est pas possible, d'admettre ni d'autoriser que le conflit devienne violent, qu'on saute indifféremment du conflictuel à la violence, que l'une soit permise au nom de ce qu'elle serait naturelle suite ou conséquence de l'autre, promue au rang de paroxysme, excusée parce qu'épisodique, parce-que, en ce cas, l'ordre résultant, ainsi construit, est ou serait un ordre que d'aucuns diraient anarchique (ce qui serait une contradiction à la moindre portée argumentative, réduisant d'autant la présente voilure) et que nous dirons conflictuel, violent pour ce qu'il valorise le recours au violent, montrant ce pourquoi il n'est pas souhaitable, ou du moins moins souhaitable qu'un plus apaisé : nous nous avilirions, ce faisant, cet ordre choisissant, et cela n'aurait rien du délicieux parce-que sale ou simple, bestial plaisir charnel (qui sait parfois ainsi être), non, nous nous abaisserions de nous-mêmes et en conscience, faudrait-il dire (bien que l'assertion se discute si l'on est tatillon), en choisissant un mode régulateur de l'être-ensemble au demeurant dangereux et improductif, sinon quant à sa supposée capacité à faire, produire des forts, mais alors rien que des forts, ce qui reste loin de valablement égaler le préférable fait de choyer les malins (et puisque l'environnement compte pour ce qu'il favorise ou non, ce ne sont pas, après tout, les tenants de l'évolution qui diront le contraire). Ainsi, oui, optant pour la violence, la valorisant en possible que le conflictuel peut atteindre, qu'on l'autorise à atteindre au-delà de l'incident, soit en s'y fourvoyant volontairement, en la violence, on se condamne, puisque la réciprocité, à devoir l'accepter comme principe effectif et régulateur du vivre-ensemble, ce qui ouvre la voie, voire l'autoroute, au venimeux effet d'entraînement, aux regrettables cascades du pire et au triste constat que le civilisé n'est qu'un précieux, raffiné sauvage ! Agir en chats, c'est nous condamner à n'être que chats, et rien que ça ! Et ça, outre qu'il n'est pas certain de chez certain de pouvoir violenter Jane, Fred ne peut pas. A compter que le crime paie, ce qui n'est pas loin d'être incertain, il ne peut s'instancier responsable d'une gabegie sociale au sein de laquelle l'individu renonce à sa sécurité au nom de la pulsionnelle expression – et sans rien dire de ce que deviendrait, sous ces conditions, l'effectivité de l'idée de liberté. Oui, tout à fait, responsable, car il est de beau jeu de déclarer qu'un individu sur le nombre ne fait rien, mais c'est ainsi que les majorités se font, par l'individuel réuni en collection, et donc tout part d'un seul, si l'on y regarde bien et si l'on choisit d'observer la bonne série, l'exacte chaîne causale (ce qu'il est évidemment moins loisible et plus facile de faire après coup), oui, un seul suffit, alors, pour les sentencier tous, ne serait-ce que parce que ce seul, cet un seul pas tout seul devient la goutte d'eau dont ou par laquelle le vase déborde ; voilà, lors, pour la responsabilité, que Fred refuse d'endosser car il ne peut être celui-ci, soit celui qui provoquera système, qui le mettra en branle depuis sa condamnable et condamnante vibration d'être, pour l'avoir en l'occasion saisie violente au vol, teintant ensuite les vibrations de l'être-ensemble et, par répercussion, inévitablement, les autres, tiers êtres en autre, opposé bout de chaîne. Voici, ensuite, pour la gabegie : chaque choix, chaque individuelle action, au-delà (ou deçà) de la kantienne maxime (invitant chacun, pour rappel, en le catégorique impératif, à faire comme si la validité de toute réponse éthique à la question de l'agir devait pouvoir être universelle), peut en l'idée porter atteinte ou confort au vivre-ensemble, pour autant qu'elle porte, directement ou indirectement, sur l'être-ensemble, et doit donc se voir examinée selon la politique portée – soit l'angle du politique. Quoi de plus normal, après tout, que de persister à interroger le nombre sur sa dynamique d'ensemble, une fois la basse morale écartée et avant même d'envisager la mise en perspective conséquente aux échelles perceptives, soit de perception, soit modales des mondes en tant qu'elles donnent de ceux-ci, du point de vue phénoménologique, les bornes ou conditions d'existence ! Alors, non, décidément non ; avant tout enlisement supplémentaire imputable au déséquilibre entre le penser et l'agir, lui-même redevable de l'absence de choisir : non. Pas question. Même à admettre qu'il faille plusieurs essais, plusieurs contributeurs pour enclencher un systémisme, même à reconnaître qu'il n'est pas le seul qui compte, pour attenter au communément-vivre(-en-paix), il n'empêche : au rang des tireurs, en chaud creux ou simple sein de peloton, il ne peut être celui qui n'aura pas la balle à blanc – et le risque n'est pas si petit, considérée l'impossibilité d'un exact, précis calcul, en l'éternelle absence d'omniscience dans l'humaine condition !

L'impasse lui trotte ainsi en tête, irrémédiablement et sans vraie ni même fausse solution, y traînant, têtue, des pieds, prenant de l'envergure comme on ne lui oppose point résolution, s'y éternisant un poil tandis que les chatons, eux, tantôt boules tantôt saucisses de fourrure, au sol donc quelque-part à ses pieds, poursuivent leur jovial et sans queue ni tête combat, échangeant toujours aussi vivement coup de patte contre coup de patte, grognement contre grognement, soudaine course contre soudaine course, ou vive course contre acharnée poursuite, ou – c'est selon le point de vue qu'on adopte – générale course-poursuite, bref, tandis que les deux animales bestioles poursuivent leur bête jeu qui n'aura pas périclité – ni évolué d'une once, telle l'impasse. En somme : ils ne cessent de jouer à chat, tandis que Fred continue malgré-lui de s'en effrayer – de ne cesser de jouer à chat.

Et puis, fulgurante et à la bonne allure : l'idée.

Alors, hop ! Zou ! En un rien de temps et sans en perdre plus, pendant qu'on la tient, l'idée, qu'on la tient bien et fraîche et peut-être pendant qu'on la trouve toujours bonne, voilà les deux chatons vite fait bien fait dans une caisse, la caisse à la va-vite sous le bras, les deux bras et autres diversifiés mais pas tant membres, jusqu'au tronc, soit l'entier soi ou corps, illico dans un taxi, le taxi en presque trombe pour chez Jane, le taxi enfin chez Jane, le doigt qui tapote un bref message à Jim pour que l'on n'ait pas à se fâcher d'un caprice de la sonnette, puisqu'on l'en sait familière, Jim, lui, heureux, par trop heureux, qui déverrouille la porte, puis celle d'en haut aussi, sous peu, les escaliers avalés quatre à quatre, et celle de sortie toujours sous le bras gauche, pour Fred, lorsqu'il rejoint finalement son droit !

Oui : les chatons sont sa porte de sortie, rapportés à l'impasse. C'est par eux qu'il va vaincre, par eux qu'il va pouvoir agir sans pour autant pécher, grâce à leur observation qu'il est finalement parvenu à se décider, lorsqu'il les a vus, là, parfaitement chats, condamnés à leur condition sans possibilité d'en sortir, excusables de tout dérapage parce-que parfaitement et uniquement chats ! Hey ! Un gong pareil, venu tout droit et tout exact pour vous sauver, ça ne se savoure pas tous les jours, non ?

Mais chaque chose en son temps.

D'abord, informer Jane, pleinement, de sa situation comme des menaces, elle qui macère depuis fort longtemps en son asséché jus, fort suffisamment en tout cas pour devoir cracher quelque haine à la figure du premier bourreau venu. Avec méfiance, donc, mais informer Jane de ce qui l'attend.

Non, d'abord, vrai d'abord ou premier et sûr abord, se revigorer par l'action de la dans la précipitation du départ omise lampée !

Non, d'abord, et avant tout, simplement, remercier Jim, le rémunérer et s'en débarrasser puisqu'il n'a plus d'utile – ce qui dit de l'agréable.

Voilà.

Où est-elle, cette putain de flasque ?

Il la trouve, moins rapidement que heureusement, l'entame, ne l'amputant que d'une timide gorgée avant de se risquer en la délictuelle chambre, ou lieu du crime, probablement, si l'on devait vouloir écouter Jane, quoi qu'il en soit pièce où le spectacle offert n'est pas plus dégueulasse que le dernier dont il avait en la place vicieusement profité. Et toujours, c'est bizarre, c'est bizarre parce-que ça ne compte pas tant et que ça se répète, bien que pas à l'identique ou selon la même motivation, bref, toujours, donc, en arrière-plan, une pointe de culpabilité accompagnant le voyeurisme. Mais tant pis ; l'heure n'est plus aux états d'âme, les dédiées ayant très largement suffi. L'heure est au théâtre, au spectacle et au plaisir – même coupable. C'est que c'est beau, Jane, enfin, Jane attachée, c'est suprêmement beau, Jane contrainte par sa volonté, oui, c'est superbe, même, allez, que son plan se soit déroulé comme prévu – et le résultat, là, devant ses yeux, en tant que résultat, en sus de Jane en soi (ou pas tant, soi), nécessairement, aussi. C'est agité, Jane en colère, comme elle entend ou aura tout juste précédemment entendu du bruit lorsqu'il ne se fit que de l'autre côté du mur, et c'est immanquablement curieux ou du moins vindicatif (et pour un identique effet), comme ça doit se demander ce que c'est que ce bruit, comme ça essaye naïvement de marmonner quelque-chose, une fois qu'on s'assied le cul sur le lit et déclare pour de bon sa présence, comme ça pèse d'un nouveau poids sur la couche, comme ça fusille du regard, ensuite, sitôt le loup ôté, comme ça tuerait d'un coup de rétine, de pupille ou de n'importe quel oculaire morceau, si seulement ça pouvait, comme ça fulmine, clairement, mais pas distinctement, tant un bâillon, ça gêne, énormément, même, et peut-être plus encore lorsque c'est une culotte et que c'est dans une bouche, bien au fond, en tutoiement de gorge, depuis de forcément trop longues heures ! Reste que c'est beau, tout entravé. Oui, c'est beau, la réduction sensorielle de Jane et la subséquente maîtrise en découlant pour Fred ; c'est beau, mais c'est assez. Oui, voilà, c'est dit, c'est assez, cela suffit ; il est grand temps d'avancer !

Alors, délicatement, ou sans du moins trop se presser ni faire preuve d'inconsidérée hardiesse, après les yeux, il désentrave la bouche.

Comme c'était à craindre, pourtant, malgré toute la prudence du monde, et comme d'ailleurs ce fut craint, comme ce fut très à propos craint, du reste, c'est aussi très fâché et du coup très borné, Jane rancunière, ce qui est à dire récalcitrant, très récalcitrant, particulièrement farouche et, de fait, ça refuse de se livrer, de livrer confidence au lieu d'énième bataille, voyez, ça se dresse, ça oui, ça se dresse, et ça se dresse insolemment, encore, tout en corps contenu, bridé, mais tant pis, ça se dresse quand même, ça résiste à l'emprise des liens, ça veut médire leur de marbre ou de fer loi, briser leur implacabilité, et ça s'irrite, comme ça ne peut, oui, ça s'irrite, s'irrite encore, s'irrite toujours, ça se colère, grosse colère, d'une emprunte stature, grande, trop grande, beaucoup trop grande, telle l'ancienne grenouille se mirant en bœuf, voilà, ça s'érige ou ça tente malgré l'évidence de s'ériger en belliciste bestiole au lieu d'une bonne fois pour toutes s'avouer pusillanime femelle ! Ça pourrait se raviser, direz ou diriez-vous ; mais non, *que nenni*, ça va, au fond, jusque souhaiter se faire vengeresse d'un présent déjà passé, perdu, pour vrai, jusque se retrouver en retard d'un wagon voire d'un train, attelage au complet, ça s'acharne à se débattre, à se débattre pour rien et une supplémentaire et tout à fait superfétatoire fois contre les liens, peut-être par réflexe, alors que, et c'est aussi évident que le nez au milieu de la figure, ils ne bougeront pas plus que ça.

Comme c'était à craindre, donc, elle éructe, explose, insulte, comme la voici débâillonnée, déculottée, bref, libérée du buccal empêchement et vite rassérénée par les retrouvailles avec un normal flux de salive, ragaillardie par la récupération d'une gutturale respiration, aussi, et elle éructe, disait-on, et s'épand de ces virulents jurons dont on force le trait parce-que l'on sait fort clairement que l'histoire n'en retiendra que miettes, voire même rien du tout – rien, sinon, ce n'est, encore, presque rien de le dire, rien qui sache manquer à, justement, dire leur essence, aux dites ou abruptement omises exagérations, non, rien qui sache manquer à la dire, leur essence, donc à les faire connaître sans révéler la teneur de leur détail. Elle éructe, ainsi, pour revenir au premier mouvement d'humeur de l'hystérique folle, et lui la calme, ou veut la calmer, en tout cas, s'y attèle tant bien que mal et probablement un peu trop comme il peut, d'un impératif doigt barrant à la perpendiculaire ses propres lèvres et d'une attentiste patience à l'effectivité d'un effet, comme si le temps devait pouvoir faire quelque-chose à l'affaire ou comme si elle devait finir par noter, relever ou voir surgir qu'on attend cependant qu'elle cesse de s'époumoner, en vain, qui plus est, soit qu'elle ferme tout simplement son virulent claque-merde.

Ah, si, quand même !

Là, les choses calmées, stylo et carnet en main et en synchrones médias du verbe, il explique le pourquoi du comment des chatons dans la chambre, soit pourquoi il va, un bref instant plus tard, les y ramener et comment ils vont immanquablement commencer à y faire, en le considéré espace, en le considérablement propret et impeccablement rangé espace, ce que savent faire ou, par habitude, ainsi font les chats, c'est-à-dire détruire, déchiqueter, ruiner une pièce voire un appartement en deux ou trois coups de cuillère à pot – sinon, de griffe. L'expressif abordage entamé, tant qu'à faire et puisqu'elle n'a pas d'autre choix que de rester, là, à l'écouter ou du moins à suivre la totalité de son écrit exposé, il explique jusque ses anciennes déconvenues, il justifie son retard, il fait part de ces siennes ou qui furent siennes retenues à l'agir et de la façon dont il fut fait fi des dernières réticences, grâce aux bienheureux chats en question et puisque les deux animaux ne sont ni ne seront jamais rien que des animaux, ce qui lui permit de ne pas ou plus tenir compte d'une quelconque consciente – et très con, à la rétrograde lueur – objection, car, de fait, il ne se trouve, par la féline grâce, plus vraiment responsable de la situationnelle violence, laquelle ne s'exerce presque que parce qu'on préfère ne pas l'empêcher après sa quasi naturelle profusion. Notez qu'il n'est pas dit qu'il se satisfasse pleinement de ce vilain et pas trop malin tour de passe-passe, mais ceci, par contre, reste assurément et très certainement dit : si, et tant qu'elle ne lui livre pas le déroulé de l'antécédente soirée, c'est-à-dire la raison pour laquelle sa fesse se retrouva ornée du fameux et fumeux, ou aux fumeuses circonstances point d'interrogation, ce qu'elle avait promis de faire avant de honteusement s'en raviser, avant de manquer, impardonnable, à sa promesse, alors il lâchera les fauves, les félins si elle préfère, lesquels, peu importe leur dénomination, ne manqueront pas de mettre à sac la complète vastitude de son cher appartement tant qu'aucune secourable main ne viendra les en dissuader en les en retenant autoritairement.

Immanquablement, ça fait la moue ; mais ce n'est pas si grave, puisque le passage est ou se veut en force. Voyant qu'elle tente le diable, qu'elle semble vouloir tester le sérieux, la détermination de son bourreau, Fred ouvre la cage, l'espérant un peu de Pandore. Prudemment, Course puis Poursuite en sortent, examinant sans particulière fureur leur tout nouvel environnement, avant, leurs premières marques prises et toute idée d'à leur encontre danger écartée, de commencer à bêtement jouer à chat, des rideaux au placard et en passant par le lit – ce qui fait un commencement comme un autre et n'augure rien de meilleur que le possible mauvais.

La chose est bien connue : pour correctement le ferrer, il faut un rien travailler le poisson. Aussi Fred ponctue-t-il la progressivement ravageuse action des chatons de savantes ou savamment placées remarques, précisant par exemple qu'il ne fut point pourvu, chemin de mal faisant, à la nécessité d'une litière. Le poisson, ceci dit, un poil revêche, se laisse désirer ; c'est que le bougre connaît ou reconnaît l'hameçon et se méfie de sa méchante pointe, pour s'y être certainement déjà laissé prendre avant de savoir en jurer. Le ver-litière ne prenant pas, Fred lance aléatoirement quelques autres lignes, toutes aussi inefficaces que la première, laquelle finit par faire mouche lorsque l'un quelconque des deux animaux entreprend de gratter la housse de couette comme s'il était à la recherche de son bac, se prostrant soudain, les deux pattes arrières sur le point de livrer.

Enfin, faire mouche, il faut le dire vite. Mais au moins les circonstances produisent-elles quelque changement, puisque voici l'enfiévrée, encordée prisonnière prompte, sinon à la confidence, du moins à la parole – ce qui n'est pas tant rien, ni du tout si peu, pour ou venant de qui se refusait jusque lors et *mordicus* à la moindre formulation de phrase, soit à la moindre interaction avec son indélicat questionneur, en l'espèce griffonneur.

— Enfin, merde, arrête-le !

Ah, quand même, s'amuse Fred tandis que le chat pousse son « la ».

— Arrête-le, je te dis !

Et Fred d'exfiltrer les bestiaux jusqu'en la salle de bain, comme il ne souhaite pas perdre un fil si chèrement acquis, ne désirant surtout pas réduire à néant cet élan discursif si durement gagné – de haute lutte bien que de basse volée, tant pis, que voulez-vous, on fait selon qu'on puisse.

— Et si, commence, à son retour, une captive pas encore décidée à rendre toutes ses armes, et si je te disais que j'ai menti ? L'en coin sourire achevant de manifester que la rebelle attitude aura pris pas sur le précédent état de colérique rage.

Ça, je sais bien que tu as menti, pauvre conne, puisque, belle salope, tu as rompu ton engagement.

— Non, si je te disais que je ne sais rien de cette soirée et que je ne t'ai énoncé cette promesse de tout t'en dire que pour obtenir de toi ce que je voulais, rapport à Matthieu et à l'inquisition de ses pensées ?

Et si je te disais, moi, que je te laisse ici ?

— Non, sérieusement.

Sérieusement ? Vous n'êtes pas si bonne comédienne, très chère, et si je me méfie dorénavant, assurément plus qu'avant, de votre machiavélisme, je vous sais indifférente au mieux, plus attentive aux perfections innées, c'est-à-dire incapable du moindre progrès sur la question du jeu, je vous sais inapte à feindre la profondeur du réel ; or, je vous ai vue sincère, j'ai vu votre œil briller, lorsque vous promettiez. Alors, le plus sérieusement du monde, je sais, moi, que vous savez, plus certainement encore que je sais que vous direz ! Et, sérieusement toujours, vous pouvez à présent toute simagrée cesser, ce qui nous évitera de vous en rendre en mesure de notre politesse !

— Bien. Alors, disons que je sais, puisque c'est entendu.

Plus qu'entendu, c'est même certain.

— Si tu veux. Mais, pourtant, je me demande s'il ne se pourrait pas que je...

Stop. Arrête. Ne te demande pas si. Ne te demande rien du tout, même, ou rien qui n'ait rapport avec la véracité ou la plénitude, la complétude de la révélation que j'attends et conséquemment à la retenue de laquelle tu te retrouves prise au piège. Tu sais ou dois savoir que je peux toujours récupérer Poursuite, et le ramener ici ; je gage qu'il finira tôt ou tard par imiter Course, tout uniquement chat qu'il est et s'il faut cela pour te faire réagir ! C'est mon affaire, bordel, la mienne, à moi, qui se déroule, et tu vas cracher ton putain de morceau, que le félin besoin suffise ou non à la chose !

— Et si, par-dessus tout et malgré tes injonctions à céder, ajoute et persévère l'indécrottable tête dure, plus que sortir d'ici, je ne voulais pas, moi, je souhaitais surtout ne pas t'en dire quoi que ce soit ?

Et pourquoi donc, ne voudrais-tu pas, petite conne ?

N. « Le goût des cendres »

Il avait donc gagné. Là, maintenant, présentement, au coin du troquet où il se sera rendu pour fêter sa victoire après son expulsion *manu militari* par la désentravée Jane sitôt ses liens défaits, là, donc, ici, au creux de la capitonnée banquette, Fred a gagné. Il a gagné en parvenant même à ne prendre aucune claque, pendant la reconduite à la privative frontière, soit à s'en sortir sans récolter la moindre égratignure ni souffrir le plus petit bobo, malgré le formidable choc d'altérité. Mais cela ne signifie nullement qu'il n'y aura eu absolument aucun dommage, toute matérialité exclue. Car il a gagné comme l'emporta jadis Pyrrhus, dit-on, et se dit-il aveu faisant, c'est-à-dire en y laissant beaucoup, et beaucoup trop, même, au vu de la froide rage avec laquelle on le mit à la porte et au vu de ce qu'elle dit, finalement, cette glaçante colère, du décédé, terminal état de leur morte amitié ; oui, il a gagné en y laissant décidément trop, au vu de ce que cela dit du désormais implacable terme mis à leur relation, à ce qu'il convient plus d'appeler une relation qu'une amitié puisque la seconde resterait discutable au strict regard de sa définition. Il a salement gagné, dès lors, au sens du pas très propre de la manière ou des conséquences, mais il a gagné. Il a gagné et il se le répète, se le martèle en tête comme s'il fallait s'en persuader, ou s'en convaincre, tiens, puisque ça sonne tellement mieux et ô combien plus vrai que s'il ne s'agissait que d'une raisonnable élaboration, pauvre, étroite élucubration par trop poussive à l'exact et tellement faible en son impératif. Il a gagné, contre l'affrontée effrontée, malgré la tentative de celle-ci de ne pas, parce-que l'excuse n'aura pas suffi à ce qu'on taise le comment ou pourquoi de la fesse ; ce n'est pas qu'elle fut intrinsèquement mauvaise, cette raison de ne pas, elle justifiait même de ne pas vouloir divulguer, mais elle ne se justifiait pas assez en elle-même, mais elle n'aura pas tenu la longueur du ne pas dévoiler, mais elle n'aura pas fait plus long feu que la suivante réplique, tant sa volonté de savoir, à lui, aura été affirmée forte et claire, faisant finalement et irrémédiablement pencher la balance en sa seule faveur, balayant d'un revers d'argumentatif pilon tout futile – même si pas totalement inaudible – motif à même de le contrarier, route de soi faisant – route que tout autre soi que soi ne pouvait conséquemment pas tenir sans que sa perte soit. Cela pouvait s'entendre, comme excuse pour ne pas, comme objection au dire, mais ça ne pouvait point l'emporter. Non ; et c'est donc lui, qui a gagné. C'est lui qui devait gagner. C'est ce qu'il fallait faire, c'est ce qu'il devait faire et c'est ce qu'il a fait : il a gagné. Car la gustative raison, la buccale objection, qu'il avait su reconnaître, ne valait pas la sienne, ontologique, existentielle si vous préférez. Au moins pas pour lui, en tout cas. Alors Jane avait dû s'accommoder de sa victoire, à lui, ou de sa défaite à elle, ravaler sa fierté et le laisser gagner, et lui doit après coup s'en accommoder à son tour, de sa drôle de victoire. Oh, pour sûr, c'est certain, il a fini par l'emporter, la partie, il a fini par connaître le fin mot de sa jusque lors très vaporeuse histoire, soit la raison du point, en mettant un aussi définitif que bienheureux à sa troublante ignorance, et voilà l'essentiel si l'on ne se soucie pas ou que guère de la teinte trouvée, de la blancheur des dents du canasson ou de la manière dont l'acquisition en vint à qui sut aller la prendre plutôt que rester à l'attendre. Oui, voilà bien l'essentiel : dorénavant, il sait, puisqu'il a gagné. Oui : il a gagné, et voilà ce qui compte, voilà ce qui comptait, voilà ce qui compta, voilà ce qu'il se conte, à lui et à tout-va. Car il fallait, voyez-vous : oui, il fallait qu'il s'affirme, c'est ça, il fallait impérativement qu'il obtienne gain de cause, c'est même qu'il fallait absolument qu'il décroche la timbale, c'est en vérité qu'il fallait nécessairement qu'il emporte le morceau ; c'était une question de vie ou de mort – et, à défaut de mort, malgré-tout, de ce qui puisse s'appeler vie, parce qu'il n'aurait su survivre, poursuivre, continuer à vivre en devant se détester de n'avoir point saisi la passante et alléchante occasion ! De fait, et maintenant qu'il sait cette damnée raison au point, c'est-à-dire la cause de celui-ci, de celui d'interrogation, toute conne qu'elle ait en fait été, il ne regrette pas ; en fait, il ne peut pas regretter, puisqu'il sait et que ce qu'il voulait c'était savoir et que de toute façon il s'en voudrait de ne pas avoir pris ce savoir au pied levé. Mais il sait aussi, pour le constater s'opérant malgré lui devant ses propres et proprement désolés yeux, que les remords passent outre l'obtention de son consentement, lorsque et puisque voici qu'ils pointent à nouveau le bout de leur ignoble et détestable nez, s'invitant telle une plaie, une *a posteriori* désolation en son humble demeure, pourrissant cette dernière de leur rance parfum, avec en arrière-goût l'additionnelle note du pourri. Car, en sus de s'affirmer, l'infirme s'est par la même pierre abimé : en addition au coup porté à son éthique, en plus de la mise à mal de ses principes, Fred a, il faut le répéter comme il en prend toute la mesure, pour de bon perdu une amie – et si elle ne l'était pas tant, c'est à se demander d'où peut bien provenir son malheureux mal-être...

N'allez pas croire, à ce sujet et très mal à propos, que les amis sont un adorable car foisonnant truc, disponible à tout-va et pour n'importe qui, tel le premier venu qui viendrait innocemment ou naïvement s'en saisir comme d'un caillou dans un tas de gravats, non, ne pensez surtout pas qu'ils font partie de ces aimables et pullulantes choses se gagnant ou se ramassant à la pelle à l'instar des automnales feuilles, ne supputez pas qu'ils se dénichent aussi facilement qu'il est aisé de se baisser, qu'ils sont des sortes de champignons relationnels à peine plus revêches que les pompons de kermesse ou bien moins capricieux que les peluches de manège, qu'ils appartiennent à la géniale, délicieuse caste de ces naturelles choses aussi nombreuses que fourmillantes, partant, insignifiantes, non, non, et non : mieux que des connaissances, plus rares que des copains, ils sont plutôt de ces mascottes ornant les pelouses à l'orée des matchs et instanciant toute l'équipe en ce qu'elles la représentent en l'idée, enfin, en pratique peluche, en ce qu'elles représentent chacune la leur, d'équipe, singulièrement, d'une peut-être pas unique mais en tout cas unitaire façon – au sens du compte pour un. Ils sont de ce petit et restreint nombre qui vous fait, hasard ou circonstances, retrouver un minimum de foi en l'humain lorsque vous en trouvez un, un faisant partie de ce discret ensemble et étant à même d'être apprécié pour ce qu'il a de la valeur en son agir – si tant était qu'il faille ainsi jauger les différents étants, voire l'agir lui-même, si tant était en somme qu'on n'aime pas aussi parfois la simple pratique d'une aperception, la toute fraîche teneur d'une façon de l'être ou d'une manière de percevoir. Ils sont quoi qu'il en soit de ce petit et restreint nombre qui devrait vous faire remarquer qu'il serait exceptionnel qu'on en relève plus d'un ou deux par terrain de jeu, ce qui veut souligner l'économie de moyen propre à leur jaillissement et donc à leur disponibilité relativement à l'ignominieuse chienlit de la noyante masse ou au rustre spectacle des grandes foules. Ils sont de ce petit et restreint nombre qui devrait vous faire vous dire que les amis sont une chose excessivement rare et particulièrement précieuse bien qu'elle n'ait absolument rien de cher et qui devrait aussi vous faire crier alentour, à l'entour comme à tous les alentours, afin qu'il soit saisi par le premier comme le dernier de ces verts caractères tendant trop abruptement et trop précipitamment à s'en défaire comme si de rien n'était ou comme s'ils n'étaient que riens, qu'on ne risque ou ne chance pas d'en trouver à tous les coins de rue et qu'on aurait beau même retourner jusque plus loin que le simple coin du quartier ou de la ville qu'on n'en décompterait toujours pas plus que les doigts d'une main, dont on peut certes pousser le chiffre jusque la bizarrerie mais sans le mener jusqu'au nombre puisque sa base reste la demi-dizaine. Car la foison n'est point leur propre, pas plus que le troquet n'est leur caserne ni le monde leur naturelle réserve autrement que par ensembliste condition, moins encore que le claquement de doigts leur magie, ce qui pour notre pauvre car esseulé Fred est à dire que l'errance se perpétuera sans meilleure compagnie que le cristallin contenant du whisky de ce nocturne zinc où l'on ne fume qu'en extérieure bordure et où la cueillette n'est que celle, par le vilain tenancier ou l'immuable temps, des vaines âmes sans veine à leur excès de peine. Car, tandis qu'en nombre vous n'en aviez antécédemment pas tant, quand il vous le faut, soudain, l'ami, il est trop rare qu'il soit là, plus encore s'il ne se trouvait déjà là avant, et comme vous le savez pertinemment, vous regrettez en l'instant de n'avoir pas su correctement prévoir la pourtant prévisible cascade événementielle ! Il vous manque, alors, l'absent ami, l'inexistant ami, il manque terriblement, presque cruellement, et vous aurez beau chercher vous savez bien qu'il n'en viendra pas un, non, aucun, car et puisque vous en avez besoin, là, maintenant. Et si vous deviez rester là, comme un con, à attendre quand même, envers et contre tout, un peu à la manière dont tout un chacun sait attendre désespérément un mort amour, alors, identiquement, vous courriez au-devant d'une grande et sombre déception, alors vous vous condamneriez à finir droit dans ce rigide mur frontalement élevé par la générale indifférence contre le constitué reste des naïfs ! Non, à tout prendre, vous sauriez alors parfaitement toute l'inutilité d'une bête persévérance en l'endroit, et vous choisiriez de préférence de ne pas insister au-delà du raisonnable, de ne pas vous ridiculiser ni vous faire mal en persistant, vacant et disponible. Parce-que, dans tous les cas, qu'ils soient théoriquement disponibles à foison ou bien qu'ils ne se dégotent en pratique pas pour un sou sous le sabot d'un cheval, se faire de nouveaux amis, à hypothétiquement compter qu'on puisse remplacer les anciens au pied levé alors qu'on pense encore à eux et qu'on s'en veut un peu ou même beaucoup de ne plus les avoir et d'en être la cause, de ce non-avoir, tout ça au coin d'un bistrot et tandis qu'on se refuse toujours à parler, tandis en sus qu'on est fort bien bourré et que conséquemment on ne se décide pas à tenter de parler mais qu'on s'enferme au contraire dans la poursuite d'un bougon ou très austère rôle duquel on ne sort plus que pour de grasses grimaces, cela n'a rien de spécialement évident. Hey : allez écrire, vous, quoi que ce soit et que ce soit dans un carnet ou sur un bout de nappe, alors que vous n'y voyez plus droit et que cela ne réfrène pourtant en rien vos coups portés aux reins ! Ouais. Bravo, t'as tout compris, gamin : il est rond, sacrément rond, rond comme un cochon, ou rond comme un porc, même, le sagouin, aussi rond qu'une barrique et probablement un poil plus plein qu'un tonneau ! Ça doit déranger quelqu'un ?

Non, c'est décidé : les amis ne se trouvent pas au coin d'un bar, pas plus que les jolies amours ne s'établissent d'une pérenne manière depuis un croisement de fond de boîte et parce qu'on y aura flashé sur les terribles ondulations de si sensuelles courbes sans pouvoir rien entendre du dire, sans rien entendre ni dire qui soit encore suffisamment peu subtil pour égaler les musicaux décibels, non, ni plus que les victoires n'assurent la pleine et entière satisfaction des épatants et tout heureux, forcément heureux vainqueurs, et si ce pourrait théoriquement être l'occasion d'un début, là, maintenant, si le contexte du début n'importait pas réellement pour devoir qualifier la fin comme de toute nécessité, si donc ce pourrait en être un bon, de début, ce jour ou soir, allez savoir en plein fou flou mondain, en ce solipsiste coin de bar, ce ne doit en pratique pas être le bon jour, ou soir, qui saura et qu'importe, puisque ce n'est de toutes les manières certainement pas le bon moment, ou bien la bonne compagnie, à défaut d'une arbitraire considération du lieu et puisque la question du temps semble devoir encore se discuter.

Alors Fred change de crèmerie. Direction...

Direction quoi, d'ailleurs ? Qu'importe ! Direction tout et n'importe-quoi, direction ici ou direction là-bas, ce ne sera que direction rien qui vaille, puisque toutes les masures se ressemblent, puisque tout nouveau bar sera inévitablement le théâtre d'un nouvel élan de son manque ou de la tentative de son effacement, puisque le remord est un boulet jeté au puits, puisque toute société, toute sociale compagnie l'opprimera inévitablement en lui disant et redisant ou lui faisant tôt ou tard redire ou se redire toute sa détestation du désespérant état de l'humain – tiens, tu pensais peut-être qu'il ne s'était pas vu, toi, en morne coin de bar, tout à fait silencieux mais pas du tout point pensif ! Alors, oui, direction qu'importe, direction qu'un porte, en route vers la porte – et sans jurer prématurément de l'au-delà. Direction dehors, déjà, pour succincte entame. Direction l'air, tout pas frais qu'il s'avère. Direction la pogne au paquet, aussi, pour correctement commencer un programme qui n'en a pas ou que peu, de direction, et puis direction la pogne à la poche, ou l'autre, oui, direction le paquet, la bourse, car, puisque l'homme sans feu est paraît-il un homme sans queue, l'un et l'autre doivent se trouver bien proches, et l'un et l'autre de l'un et l'autre, et l'on peut alors viser l'un pour avoir presque certainement l'autre, et puisque, de toutes les incongrues manières, il n'y a pas quarante-mille poches possibles lorsque vous sortez en kilt, sinon la ventrale cachant la bosse qu'on ne saurait en public voir ni conséquemment exhiber ! Direction la fumée, ainsi, pour même, pour entrée en matière ou pour entrée en pérégrination, pour entrée en errance, à cause de l'évanescence de ladite matière et pour y rentrer, en errance, de la même manière que celle dont on partira : en fumée, cendres et poussière – en vanité, pour presque tout vous dire ! Ouais, joli tableau, délicieux paysage et confortable parallèle, les doigts dans le nez s'ils n'étaient en quête de feu ; sauf qu'il n'en a pas, de feu, sauf qu'il ne parvient pas à mettre la main sur le maudit sien, même en se tâtant très correctement les couilles ou la toute proche poche ! Merde ! Putain ! Fait chier !

Sans feu, la sèche mèche au bec, maudissant son briquet ou du moins son absence et médisant intérieurement sur le plus vain que vain résultant de l'inefficace même d'une prévision du vain, c'est direction droit devant que Fred poursuit son aventure au monde, en un mode en son idée assimilable au fougueux ou téméraire conquérant et en son pratique éminemment redevable au tendancieux concept de l'impétueux et pour le moins péteux inconscient : il va au-devant des passants, au-devant des en cette matinale heure levants, au-devant des potentiels porteurs de feu, au-devant des bons sans le savoir samaritains, au-devant des bonnes fortunes, au-devant de la sienne, de bonne ou de mauvaise fortune, au-devant du cœur des gens, au-devant du premier qui viendra auréolé d'une lumineuse possession ; au-devant du là-devant, en l'espérant peu capricieux, peu retors à son bonheur ! En avant ! Hips.

Mais l'en-avant n'est pas victoire, en sus de la récente méfiance au propos de cette dernière, et l'heure pourrait finalement s'avérer un brin trop matinale pour que l'on y puisse croiser quelque heureux levant qui ne soit pas un automatisé zombi, trop tôt levé et pas encore assis, point encore totalement extirpé de ses rêves et point non plus encore sombrement engoncé en son quotidien cauchemar – sans que pourtant il n'en tire aucune conclusion quant à la qualité de sa mondaine inscription, le zombi quidam, non, sinon, accidentellement (soit pas pour elle, la qualité), lorsqu'il s'évade. Ouais, le là-devant dehors déborde de ces écervelés personnages qu'on a coutume d'apprécier lorsqu'ils ne servent qu'au cinéma, manquant – ce n'est rien de le dire – la pleine et douloureuse réalité du caractère zombiesque, bien plus concrète qu'on ne le croit, bien plus nôtre qu'on ne la voudrait dès lors que chaque jour qui passe c'est en revenant, en en revenant aux mêmes répétitions, en revenant à l'identique répétitif qu'on laisse filer le temps, sans belle maîtrise du pourquoi ni du comment, ouais, sans sage commandement de son vouloir, pleins de la sensation de trop subir le monde ou son état ! Ouais : zombis. Tous errent, ivres de leurs charmantes illusions, et lui aussi, quelque-part, mais en se sachant pour sa part ivre principalement du seul alcool, ce qui lui procure comme un sentiment de fierté, ou d'existence hors-groupe, soit *in fine* un sentiment de différenciation – non, n'allez pas dire de supériorité !

C'est pas tout ça, mais il n'a toujours pas son feu et l'envie de fumer, elle, le colle très ardemment, s'accroche à lui telle la poisse aux basques, et peut-être le groupe, là, devant, va-t-il pouvoir l'aider, tiré qu'il est à quatre épingles en chaque pli qui soit et sous quelque couture qu'on y regarde, impeccablement habillés qu'ils sont tous pour quelques heures encore, ces écoliers et écolières, aurait-on jadis dit, probablement, sans distinguer que ceux-là sont à coup sûr lycéens et lycéennes, parce qu'ils sont, restent et demeurent écoliers en ce sens qu'ils vont à l'école et qu'ils portent l'uniforme des esprits soumis à éducation, ledit uniforme qu'ils portent certainement en l'état, c'est-à-dire impeccablement tiré, jusque la première des récréations de la journée, ou, plus tôt, jusque la première chaise sur laquelle ils pourront s'avachir, ces jeunes esprits à la même instable maturité que leur corps et au même lâche caractère que leur époque, à la même tendance au relâchement que leurs contemporains pairs ; et, en parlant de la lumière qu'il aperçoit en eux, du salut ou secours qu'il en attend, de la flamme qu'il espère et de l'aube de ce jour qui naît, en supplément à cette composition, on y cause de religion, au sein du petit groupe dont on saisit mieux le propret uniforme, oui, on y débat innocemment de la supposément céleste question et des inévitablement terrestres conséquences, semblerait-il, ou tout du moins lui semble-t-il, à l'éméché rôdeur en quête d'un étincelant Graal, comme la catéchèse s'annonce apparemment devoir être le premier cours de la journée, et l'affaire lui cause dommage, à lui, ou tort, car elle le renfrogne comme elle ternit l'instant en y imposant un sombre qu'on pensait réglé. Mais qu'importe, puisque le feu le guide, puisque la soif de feu le guide et que l'essentiel, en pareil cas, n'est que de s'abreuver, et Fred s'approche enfin et définitivement, soit pour de bon du groupe, afin de leur mimer l'essence de son besoin.

Sinon l'expiré pulmonaire, l'air n'est pas vraiment chaud en cette entame de matinée, ce qui à défaut de vivifiant le rend un tant soit peu réveillant, ce qui fait un brin de bien à notre alcoolisé fumeur, ce qui lui en fait suffisamment pour qu'il y voie sensiblement moins flou – sinon, c'est que la nicotine contrecarre aussi efficacement qu'on s'accorde à l'annoncer les imbibées vapeurs et leurs tenaces restes, ou, pour en rester aux molécules, qu'un plaisir ou une ivresse chasse l'autre. Manière de dire qu'il reprend des couleurs en sus d'une constance ; et ça ne le rend point gai ni pour moitié ou seulement partie joyeux, voyez-vous, que de retrouver prise au monde entendu que c'est pour se réveiller face à celui-ci, et celui-ci, encore, dans ce triste état-là.

Il devrait peut-être s'autoriser une tour d'ivoire, à la manière dont on s'autorise, croit-on ou veut-on croire innocemment mais en réalité lâchement, vicieusement une dose, oui, il devrait peut-être s'autoriser un passage par la sienne, de dose, enfin, de retirée ou reposante (mais après tout, quoique) dose, c'est-à-dire un passage en sa retraite (sans donc l'idée d'un apaisement, mais enfin un passage tout de même), en sa tour d'ivoire ou en ce qui lui servira sur le moment de potable et point trop improbable tour d'ivoire, c'est-à-dire courir immédiatement s'enfermer chez lui, tiens, puisque voici, en la matière, un secours aux éternels habits d'honorabilité, se renfermer et écrire, écrire comme si le kilomètre servait de sereine mesure à l'écriture et comme si le vague à l'âme, quelque pratique forme en laquelle il se traduise, se diluait efficacement dans les voyages de plume ou les périples d'encre – ce qui dit la lecture en sus du versant productif de l'œuvre. Mais écrire pour qui, et pourquoi ? Car s'il sait assurément quoi dire, que dire, pourtant, même en considérant que son émotivité actuelle lui permettrait d'écrire, oui, que dire à un monde qui s'autorise une foule de bêtises – ou la bêtise des foules – au nom du sans sens encensé libre-arbitre, que dire à un monde se désolant du manque de solutions tout en s'évertuant sciemment à ne pas en saisir les occasions ? Que dire, que diable, que dire à ce monde sombre de ses idiots et par trop plein de nos démons, ceux-là, bougres d'idiots qu'ils nous font, s'en allant produire puis entretenir le galopant consumérisme en sa folle et débridée course, et parvenant encore à sincèrement s'en dégoûter sans du tout ou trop faussement s'en départir, et pourquoi d'ailleurs lui dire quoi que ce soit, vu qu'on ne pourra pas plus s'y autoriser à la violence qu'en l'amical cercle, sinon au même prix au moins, entendue la restrictive minoration imputable à l'exemple lorsqu'il est singulier et qu'on veut lui faire dire le multiple et entendu, aussi, que les choses malgré tout doivent changer, sous peine qu'à l'Histoire l'humain fasse défaut de paiement, consécutivement à celui de terrienne présence – ou ce qui mérite encore de s'appeler présence et ne se confonde pas avec la seule survie ? Que dire, ou que dire d'utile, de performant, de fonctionnel, c'est ça, que dire qui ne soit pas que chat, que dire qui ne soit vain ou qui vaille au moins la peine d'être dit, qui vaille qu'on se donne la peine de le dire, eu égard au pénible de l'exposition et lorsque les chances sont grandes voire vertigineuses que les ânes tentent de se sortir du raisonnable – ou de la louable tentative de l'arraisonner – par la vilaine pirouette d'un outrancier et particulièrement, excessivement pesant relativisme affirmant qu'on trouve toujours son con ou celui dont on l'est et que, partant, toutes les opinions se valent par leur droit au singulier respect, sans considération pour leur idée, sans considération pour l'idée de ce que c'est que l'universel, parce-que misérablement on l'entend tout à fait semblable au moqué totalitarisme – manquant tragiquement, alors, l'implacable car inévitable, naturellement émergeant abord systémique de tout individuel agir ? Que dire, sinon que c'est assez, que c'en est largement assez pour que nous nous inquiétions tous et chacun de la route choisie, et pourquoi dire, lorsque ce ne sera pas assez divertissant pour se laisser entendre, ni moins encore pour qu'on se laisse atteindre et qu'on saute la barrière du relativisme partialement imposé, du théorique point du vue, à tout émis avis, le confinant par décrétée nature à ladite partialité sans opportunité judicative du transcendant ?

Que dire qu'il ne soit au fond vain de dire, que dire qui sache réellement transcender la collection d'avis et son commun brouhaha, que dire qui ne confine pas ridiculement à l'inutile par le futile et miséreux car simplement égotiste ajout d'une énième contribution au fort complet ou tout du moins rondement fourni total des existantes émises, que dire qui ne le fasse ou risque de le rendre plus confus qu'il est, déjà, à un monde qui répond au manque identitaire par une tentative de comblement du déficit se résumant à la partielle et partiale inscription catégorielle, c'est-à-dire – en l'espèce – communautaire, puisque les entendues catégories sont trop artificieuses pour valoir plus qu'histoire et que d'histoire en histoire on peut noter l'art du conteur ou la valeur de chacune sans que rien ni aucune ne soit foncièrement autre qu'histoire, partant, tout ça, et tout et tout, absolument et rien que des histoires ? Que dire à ce monde perpétuant les inclusions – donc les exclusions – pseudo-sociales sous couvert de transmission traditionnelle ou d'héritage civilisationnel, comme si elles n'appartenaient pas au siècle ante-passé, comme si elles n'étaient pas de ces choses que le progrès rend aux lumières de la raison pour qu'elle les brûle, sans finir par manquer à quiconque, sinon les ténébreux ? Oui : maintenant qu'il a trouvé du feu et consommé sa cigarette, Fred repense à ces apprêtés écoliers et songe à tous les maux qu'ils lui causent, non eux en tant qu'eux, mais eux en tant qu'exemple de ce que c'est que d'aller de travers ; il songe, et l'on est ainsi proche de la tautologie en sus de se vautrer en la répétition, à tout ce qu'ils lui disent malgré-eux, et presque malgré-lui.

Oui ; et non, cela n'a rien à voir avec le fait que l'art du triomphe se borne à lui conserver impénétrables ses voies ! Et, non seulement ce ne sont pas ces écoliers-là qui l'ulcèrent, mais n'est même pas l'uniforme qu'il exècre, ni pour son bruit de bottes ni pour sa religiosité, ni même la religiosité si l'on entend, si l'on sous-entend à l'arrière-plan de ce dérangement, à l'œuvre, une quelconque forme de viscéral anticléricalisme ; non, et en tout cas pas ici. Ce qui l'exaspère, c'est bien la moche, vilaine perpétuation d'une division dès l'origine des esprits, dès les entrailles mêmes de leur forge, ce dont il s'indigne c'est bien de la méprise du compte de l'un, soit de la considération de l'individualité et de ce qu'elle engendre de conceptions au propos de l'être-ensemble puis du vivre-ensemble.

Bon, c'est vrai, il ne saurait tout nier, il peut en vérité ne pas être faux qu'il ne porte pas les diverses formes de robe dans son cœur, d'autant qu'il n'est pas de meilleure preuve du caractère fictif ou construit, en somme manufacturé (ou d'esprit facturé, soit d'intellectuelle facture) de toute divinité que la ferme volonté de transmettre l'évidence de son existence aux suivantes générations, que cette appétence à la maîtrise des conditions du savoir cultuel, religieuse appétence de maîtrise rendant ledit savoir identique à ses frères, identique à tout savoir en ce qu'il est culturel, c'est-à-dire en ce qu'il est une somme de connaissances point du tout éternelle, une somme de connaissances que l'on peut perdre si elle n'est plus transmise, et correctement, encore – et indépendamment (allez, isolément) de la question de savoir si, hors de l'Homme, la connaissance existe comme disponible en soi ou purement construite. Pas de meilleure preuve, aura-t-on presque maugréé, aura-t-on ruminé, sinon cet autre constat de l'insistance avec laquelle on cherche à lui faire régir, à la divinité, des affaires aux retombées exclusivement humaines, aux imbrications parfaitement terrestres et caractéristiques des seuls humains jeux de pouvoir – retombées consécutives aux seules affirmations volontaristes, ce qui dit exactement l'humain, ce qui ne saurait rien dire d'autre que l'humain. Mais il conviendrait alors, en le cas de l'usage de cette seconde preuve, de considérer combien elle s'approche de la question de l'existence même de dieu, question au propos de laquelle on aura tôt entendu, ici ou là, que, pour autant que l'Homme puisse en juger du haut de sa restreinte perception, de par sa condition d'aperception, dieu n'est de toute éternité et jamais que ouï-dires, auxquels on nous enjoint toujours à oui dire. Mais non, décidément non, cela n'a pour le moment rien à voir, cela n'importe pas, présentement, cela ne lui importe pas, à Fred, de noter ou relever l'artificieux caractère du fait religieux, pourtant indéniablement démontré par le processus de son entretien (après celui supposé de sa création) par tous ces volontaires de la foi qui ne font en la matière que prouver que l'évidence n'est pas si évidente, ou du moins pas tant qu'elle sache infailliblement surgir toute spontanée, soit apparaître au naturel, sans le constant labeur d'une réduction sensitive ou rationnelle (au nom, c'est amusant, de l'élévation spirituelle) ; cela n'importe pas, cela ne le préoccupe pas outre mesure, sinon que ce lui est – un peu comme cela vient – porte d'entrée pour l'après, sans quoi il devrait dire toute sa détestation du fait qu'on entretient plus ou moins sciemment la future déconfiture sociale en maintenant les ségrégations depuis l'enfance, en ce précis cas en démontrant aux vertes têtes que le premier lien est autorisé ou seulement peut se produire depuis le strict communautaire, en perpétuant idiotement (quand bien même ce serait innocemment) la division des groupes, la mauvaise synthèse des ensembles parce-que, aussi, leur mauvaise solubilité – qui n'est pas leur dilution et ne saurait s'y laisser confondre. Dis-moi d'où tu es né, je te dirai qui tu seras ! Si tout ceci retenait son attention au point de l'empêcher de l'exercer ailleurs, il devrait dire ou se dire ou se laisser se dire que, puisque le visible n'est point tout sans l'invisible, puisque le prisme paradigmatique ne dit que ce qu'on laisse connaître, ou se laisse se faire connaître, alors et pour autant, non, tout inconnu ne tient pas intrinsèquement même valeur théorique que le connu, en tant que postulat de même rang car simple opposé logique – ou mathématique, comptable, ce que vous voudrez ou accepterez comme terme qui vous dise correctement l'opposition simple et première, telle celle de « plus » et « moins » ! Il devrait alors dire, si là était ce qui importe, que c'est selon cette erreur du compte de « un », selon cette terrible erreur d'entendement de son principe, selon ce fâcheux, dommageable usage du jugement qu'on a autorisé, permis ou toléré la persistance du religieux comme exerçant une institutionnelle empreinte sur les petites têtes blondes – puisque l'école confessionnelle existe : bien que bannie (ou seulement exclue) de l'enseignement public, la religion persiste en d'autres lieux à honorer la ségrégation, à instituer le sous-groupe avant le groupe, même à entendre que le mécanisme puisse s'opérer malgré-elle relativement aux indésirables effets structurels. Mais l'ennemi n'est pas là, et cela fait que là n'est pas ce qui importe. Le danger réside dans l'idée qu'on s'est faite de l'idée, dans la défense qu'on a conséquemment prise (ou pas) de l'idée de l'idée, puisqu'on n'a pas su, pu, ou qu'on n'a pas voulu voir la différenciation du dénombrement d'avec le compte de « un ». Si tout ceci importait en tant que tel et pour lui-même, il lui faudrait obligatoirement opposer qu'on n'a pas fait valoir que la fonction mathématique considère toute unité comme identique à l'autre, puisqu'elles sont interchangeables et interopérables, puisqu'elles opèrent entre elles, mais qu'en l'espèce (humaine) l'un n'est pas l'un et que si l'avis sur l'Un est un avis d'un, il ne devrait pas être admis qu'il interfère avec l'établissement de saines bases au vivre-ensemble par sa précoce démonstration de ce qu'est l'être-ensemble, ce qu'indéniablement il fait, dès lors qu'est mobilisé le principe, ou l'idée d'un principe, en sus au nom d'une fausse raison – et l'éducatif en est un, de principe, et l'instanciation découle d'un, en ce qu'elle constitue, d'un, de principe, le pratique versant. Il lui faudrait enfin, défensivement autant que préventivement, faire connaître que ce n'est pas parce qu'on se soucie du compte de « un » et qu'on parle d'universalité que l'on souhaite l'uniformisation, pas plus qu'on ne l'obtient automatiquement en imposant un uniforme, ni le vestimentaire ni l'idéel, puisque le prochain travers s'annoncerait alors là, oui, il lui faudrait surtout faire entendre que la spécificité historique n'est pas condamnable en sa transmission si elle ne prend pas le pas sur le possible communautaire, que même elle n'est condamnable que là, ou au moins là, mais en tout cas pas en elle-même, non, seulement, pour le redire comme il le redirait, seulement lorsqu'elle oblitère l'étendue du possible communautaire – au sens du total communautaire, du complet pot commun, pas à celui du restreint communautaire dont le terme de communautarisme marque mieux l'acception. De même, il lui faudrait prévenir que, loin de sanctuariser le raisonnable comme fin du fin de l'humain (ce qui *de facto* condamnerait pour insuffisance toute autre sienne aptitude), il le reconnaît bel et bien comme devant être considéré pour l'abord des structures (et quelle structure plus proche que le social), tant que ledit abord se veut sérieux, tant les structures sont, par la force des choses, des objets de raison, des lieux requérant son application de manière plutôt privilégiée, si ce n'est nécessaire. Postérieurement à tout ceci, il pourrait même préciser que porter argument contre un avis, c'est-à-dire porter un jugement sur l'avis de l'un, ce n'est pas encore juger autrui en tant qu'il est « un ». Mais, si l'inspiration vient de toute évidence de là, l'indignation, elle, n'est en toute et claire honnêteté pas ici.

Car ce qui l'énerve plus que tout, notre décuvant donc s'éveillant un peu Fred, oui, décuvant de mieux en mieux et s'égarant de moins en moins, bref, ce qui l'énerve, pour en revenir à l'équation et tenter d'en rester à l'essentiel de nos moutons, et, encore, sans plus de détour par les brebis que nécessaire ou qu'utile, ce qui l'énerve, donc, au travers de tout ce qu'il vient de s'énoncer au long de ce solitaire passage en revue des rangs scolaires, au travers de tout ce qu'il vient de s'énoncer sans véritablement le dire, voilà, ce qui l'énerve c'est l'erreur, c'est le mécompte, c'est bien l'implacable règne du relativisme, ici montré tel un tendre justificatif à tout et n'importe quoi, un justificatif aux semblants de douceur, un justificatif qui pourrait sembler tendre car, isolément pris, son prix reste quasi-indolore, même s'il est en réalité pourfendeur des masses, ce relativisme, même si, au final, il est bel et bien destructeur des possibles et de toute mesure s'il est – comme il l'est – outrancier, ainsi que des êtres en ce qu'ils sont « un(s) », en ce qu'ils relèvent fondamentalement d'être « un » – de ce qui s'appelle encore « un » lorsqu'on ne songe pas ou plus au nombre. Ce qui proprement s'annonce détestable, c'est la confusion qui s'opère entre les rangs phénoménaux – puisque voici la source du comptage et de sa trouble façon contemporaine (ce qui dit l'absence d'irrévocable). Car, *bis repetita, non placent* mais répété quand même, l'Homme n'est pas « un » au sens de l'unité mathématique, son unicité – lorsque singulièrement il en est un, de « un », hors du compte de multiple – n'est pas de n'être que comptant pour un, sinon sous le prisme du multiple (prisme par lequel, justement, l'unicité se réduit à néant, s'efface au profit de la seule part d'équation qu'elle devient), lequel ne reste qu'un conditionnel biais lecturiel de l'Homme, un parmi l'existentiel faisceau des diverses cordes d'être caractérisant l'individu qui est. L'Homme n'est pas « un » comme il est un, à rebours il n'est pas non plus un de même valeur que « un », et le phénomène de son avis n'est déjà plus ce « un » qu'il est ; un avis pour « un », peut-être, ou un avis à la fois, mais surtout pas « un » avis. Ce qu'il faut bien voir, c'est que le compte de « un » n'est pas partout le même : l'unité n'est pas l'unicité, certes, et vice et versa, mais non plus ne se transpose-t-elle pas impunément telle quelle en toute structure – ni indifféremment de ce qu'elle est initialement, ni indifféremment de ce dans quoi on la trempe, ou bien la chimie n'est plus chimie et les molécules n'ont plus de règles d'interférence. Or, chaque environnement suppose effectivement ses règles d'existence, les siennes et conséquemment celles des choses qu'il héberge ou contient, de la même façon que ma vibration d'être, pourtant mienne, unique et uniforme en premier lieu tant que ce lieu est moi (tue la lecture de moi par moi), souffre modulations en s'appliquant autour : ce n'est pas moi, pas moi-brut, que je lis ou fais lire dans l'intérieure décoration de ma maison, même si l'on me retrouve, moi, par collection d'indices, ou si l'on peut ainsi me retrouver, me songer ou me deviner. C'est moi biaisé des conditions de la décoration, elle-même soumise à d'autres choses, tels les principes architecturaux, eux-mêmes soumis, *in fine*, aux lois physiques, etc. Même en parlant, moi n'est pas (ou déjà plus) moi, sinon l'effet d'influence rétroactive (finalement mutuelle) du produit sur la source : mes internes remous sentimentaux, par exemple, déjà que je les comprenne bien de moi à moi, n'obtiennent pas une nette traduction lorsque de moi à autre j'en opère confidence. Ils ne jaillissent qu'appauvris, si je me borne à y regarder du seul côté de mon intériorité, sans même le spectre de la traduction en leur nouveau milieu, le langagier – s'il ne devait en être qu'un à la fois – qui leur donne nouvelle couleur voire forme d'existence. Il n'y a pas d'égalité, entre le côté du moi-su et celui du moi-dit ; au mieux, il y a équivalence, comme ou puisqu'il y a conversion – et il faut que quelque-chose se perde pour l'exécuter, comme il faut ailleurs dépenser de l'énergie pour tout ou presque tout bouleversement (Lavoisier t'en dirait tant).

Ainsi, considérant deux choses quelconques (particulières puisque considérées, mais quelconques relativement au choix de ces deux-là), l'on se dirait aisément qu'elles sont une plus une. Certes. Du point de vue du deux, ceci dit, en ceci que deux est ou contient ou requiert une opération soumise à son principe opératif, et donc à ceci près que, dès lors, un est un sans être autre chose que un – soit pas encore « un » au sens que nous dîmes de l'Homme. De deux choses l'une, oui, mais de l'une, rien que la chose, et si la chose est chose elle n'est autre que chose. Il n'est du reste pas innocent qu'ici paraisse le point de vue, toujours, en l'idée, phénoménal, puisque le phénomène enjoint *a minima* à inspecter le dit, le disant, l'où-dit et le ouï en sus de l'écoutant, qui pourrait encore n'être qu'entendant ou même hypothèse de. Il n'est pas plus innocent qu'ici, en cet argumentatif moment, paraisse l'Homme, intimement lié au phénomène, le premier s'avérant dépendant du second pour sa saisie du monde : depuis celui que je suis à moi-même, de phénomène, en tant que je m'apparais, je suis et un et « un », et si même la chose reste incertaine elle n'en est pas moins la moins improbable de mes certitudes (entendu que le certain n'est en phénoménologie qu'un degré du probable), elle n'en est pas moins la plus assurable de mes pensées, le moins risqué de mes paris sur le doute (ne serait-ce que parce-que la pensée que je suis ne saurait me quitter tant que je suis, l'interrogation « suis-je ? » valant formelle variante), et les autres sont uns depuis les phénomènes qu'ils me sont ou depuis les phénomènes depuis lesquels je puis d'une probabiliste manière les déduire ou les jauger à tâtons, la question du multiple s'entendant, mais ils sont autant « uns » que je suis « un » depuis les mêmes phénomènes, depuis lesquels je puis les reconstruire comme je suis ou me perçois, ce qui dit les deux voies sans permettre de les fondre en une, considéré que les indices concordent mais que ce qui, à la source, les fait être uns ou « uns » n'est pas l'indice mais ma vision, perception de l'indice, mon mode de lecture apposé sur le monde – en somme, le principe lecturiel en sus de celui d'égalité devant l'être, qui peut-être avant le lecturiel en distribue les qualités. Tout ceci pour redire que, en quelque sens qu'on le prenne, le jugement de l'un-avis, ou de l'avis d'un « un », n'a rien qu'on puisse confondre avec le jugement sur « un » - partant, rien ne permet de dire que compter « un » revient à compter un. Tout ceci pour bien dire, en fait, que l'égalité devant l'être, qui permet la répartition de la qualité d'être à tous les étants, ne peut être élargie aux conversions de l'être, transférée tel quel aux autres niveaux expressifs de l'être, ainsi que l'est l'avis de « un », bien que celui-ci soit en même temps un avis de « un », soit l'avis d'un – ou de un.

Ainsi le relativisme outrancier – devrait-on dire déplacé, bien qu'on le place souvent tel qu'outrancier et qu'ainsi soit alors peut-être sa véritable place à défaut de nature (et même ce peut n'être que la nature de l'acception sans celle du concept) – dénonce-t-il généreusement toute mesure relative au « un » (l'un comme non-un, ou l'un non comme un mais comme « un ») comme inadmissible au nom de ce que c'est que l'un, transposant sans précaution ni rigueur un objet de l'échelle relative de l'un à la transcendante (car et principielle et existentielle) du « un », et partant décrète-t-il toute critique semblant contre un (fondu au « un ») comme à son tour inadmissible au joyeux nom de ce que c'est que l'un, mais n'entend-il aussi l'un que comme numéro d'uns, et dès lors non seulement manque-t-il le compte de « un », comme nous appelons l'un de l'unicité, puisqu'il ne sait que le multiple, et, ne se contentant pas de se fourvoyer seul, renseigne-t-il très maladroitement tout « un » sur son compte, le lui vendant pour ce qu'il vaut d'un sans différenciation aucune des diverses fortunes de l'un, ouvrant la porte à toutes les fenêtres dans la mise en cascade logique – donc événementielle, par suite, par réappropriation pratique des ouvertures logiques par les singularités (individus) – ou causale de son originelle erreur, celle qui le constate confus au propos de l'unique, ce qui aura fait dire que l'école, en son manque de clarté, lui entre autres montré par son admissibilité de l'à part religieux, perpétue l'ensemencement déréglé du futur (entendu non qu'il faut un ordre et un seul mais bien que celui qu'on choisit pourrait, tout idéalisme ôté, être plus constructif et cohérent et stable, ce qui n'est toujours pas à dire moins riche tant que l'on re-catégorise sans supprimer) et, par ses avortons hasardeusement croisés, fait naître au pas si lambda spectateur qu'est Fred un ulcère, à son propos mais pas que.

Non, pas que : ce n'est qu'accidentel, elle n'est pour tout dire qu'accidentelle, cette concorde, oui, ce n'est qu'accidentel, au sens de ce qui n'est pas inhérent à l'essence, que ce fait que l'accent soit mis sur le fait religieux, et si même l'accidentel devait rester en mémoire ou perception comme un poil artificieux parce-que, indéniablement, on l'aura trouvé plus ou moins provoqué, ce n'est pas encore qu'il ne doive être mis que là, l'accent d'opprobre, comme si l'on allait montrer du doigt le religieux pour ce qu'il est le religieux et pour ce que seul il vaudrait unique biais révélateur. Non. Non, car non seulement le religieux, ter (au moins) repetita, n'est qu'un symptôme utile, mais encore ne peut-il pas revendiquer l'apanage symptomatique, si tant était que, pour une louable raison ou un plus fallacieux motif, il veuille le revendiquer.

Le fait en découle logiquement, après tout, de l'originelle erreur, puisque celle-ci s'inscrit à la base de l'édifice, mais enfin faut-il montrer patte blanche en démontrant l'absence de haine particulière pour un groupe donné (même si la distribution des mauvais points pourrait encore ressembler à un peu performant et trop pédantisant étalage de haine tous azimuts, à cet autre aspect du relativisme qui fait croire que si l'on tape sur tous selon leur ensembliste inscription, oui, si l'on tire sur toutes les catégories, cela revient à dire qu'on aura tiré comme au principe, aux titres de l'efficace et du valide, puisqu'on aura réduit, par l'examen, tous et chacun de ses pratiques possibles, ainsi qu'on le fait en humour sans que pour autant l'usage permette de tenir en respect le reste des lieux du dire – voyez, je me suis moqué de lui, de lui, et de lui aussi, et puis encore de lui, d'un peu tout lui qui bouge, en fait, ce qui signifie que j'ai évité de médire sur l'un seul et que même je tiens le juste dire ou du moins et sinon que j'ai le droit de dire sur un comme si je ne le catégorisais pas arbitrairement multiple hors de son « un », comme si la collection des dires de l'un donnait une esquisse de discours sur le « un »), ce que permet le constat qu'en le pécuniaire domaine, aussi, le compte de « un » s'égare, que là-bas non plus il n'est pas juste au vrai, que là-bas, aussi, toujours, il perd ces ouailles qu'il prétend guider. C'est en effet très mal compter le « un », c'est de beaucoup le restreindre en son possible d'être, que de lui dire qu'il est, lui, pour en compter d'autres et que même il n'est qu'un paramètre comptable en ce qu'il n'importe que relativement à sa capacité à produire la richesse (et lorsque ladite capacité productive prévaut sur toute autre inscription d'être, c'est du pareil au même que si seule elle existait et comptait) : c'est renverser le rapport qui rendait la structure nécessaire en regard du vivre-ensemble, pour rendre les multiples – donc les uns mais sans unicité – nécessaires mais pas tant (tant ce n'est plus du « un » que l'on parle) à la survie de la structure – ou, allez, de quelques-uns des membres de la totale structure, mais ce n'est ni toujours vrai ni différent du fait qu'on ne puisse plus parler de bien commun lorsque l'on voit le vivre-ensemble accaparé par une partie seulement du commun, par une trop restreinte partie du commun pour en rester commune ou pour que le commun sache encore s'appeler commun. Ainsi dit-on généralement de ce compte de l'un – parfois en en passant par sa capitaliste ou commerçante surface, en pointant cette surface de lui qui s'expose en faisant justement et tel qu'on dit surface en le capitaliste ou commerçant exercice – qu'il n'est pas le plus aimable système de répartition des richesses, lorsqu'il n'est en fait, plus fondamentalement (puisque la richesse dépend du subjectif jugement de ce que c'est qu'une richesse), pas la plus intelligente façon de gérer les ressources (lesquelles s'exposent considérablement moins au judicatif traitement).

Les pistes du « un » brouillées, les œufs entassés sans façon dans un seul et même panier sans qu'on prenne par trop la peine de considérer qu'il leur faut une autre place que l'arbitraire, donnée par le hasard (alors remarquablement proche de la négligence) d'un ordre d'arrivée couplé aux aléatoires chahuts du transport, le politique – partant, la politique – s'engage à son tour et à toute vapeur en la générale méprise, pétri de l'idée que l'un permet le « un » et que les « uns » ne s'exprimeront et ne seront ensemble que sous condition de l'un, c'est-à-dire que la gestion du factuel être-ensemble doit s'effectuer selon les règles de l'un, tandis que le politique est exactement sous condition du « un », pour ce qui est de sa raison d'être (et raisonnablement s'en suit sa raison de fonctionnement), et tandis que la considération des uns comme unité dit l'agrégation en masses, en masses fonctionnant depuis l'individuel principe, celui de l'un, ce qui – problématique des ressources reprise à titre d'exemple non-exclusif et parce-que le terme conserve plusieurs acceptions – empêche une collective gestion des diverses ressources, puisque ladite gestion est empêchée par la nécessité de respecter l'un, qui n'est pas tant un qu'on le prend pour un « un » en sus de prendre le « un » pour l'un – hors la confusion de l'un et du « un », le « un » ne s'oppose plus au collectif, car son unicité n'est plus dépendante de son unité, donc l'unité n'est plus ce qu'il faut respecter lorsque l'on considère le collectif.

Alors : que dire, à ce monde, manifestement sombre, lui qui sombre de contenir plus d'idiots que ce n'est supportable, pour qu'ils acceptent de ne plus si ostensiblement et si dramatiquement le couler ? Probablement pas grand-chose, en conclut un Fred en tout point parvenu en sa demeure et qui se verse, là, pour tout fêter ensemble depuis la défaite du penser jusque la clôture de son périple, une généreuse larme, songeant ensuite, lorsqu'il l'avale, que si « que chat » n'est plus, à l'ombre de masure ou de sa fermeture, il n'a plus non plus chats.

O. « Clémence »

Sans pour autant verser en une excessive et de caractère lâche piété de pitié vis-à-vis de soi-même, en soi équivalente au vil branleur a-volontaire, il peut être de bon ton, parfois, de s'accorder quelque repos, de se laisser temporairement aller à l'indulgence, quand bien même elle ne serait pas méritée ni par rien justifiée. Le trop-plein, en la matière et en sa sensation, suffit à la mise au jour du répit, au dévoilement du besoin de répit, donc à l'accord de répit. Et, lorsque c'est d'elle-même que l'occasion s'en présente, lorsque donc on ne l'a point cherchée mais qu'on peut s'y vautrer sans encore totalement s'y abandonner, rien n'excuse de ne la pas saisir, tout comme rien ne saurait dire qu'en elle on soit ou ne soit, soi, que faiblesse, ni qu'on doive en attendre particulier salut. Mais la pause souvent reste bien bonne à prendre, tant que repos n'est point paresse et tant on risque vite, à perpétuellement brûler son cierge par les deux bouts, de prématurément finir à court de carburant. Alors, voilà : peut-être que ne plus penser à rien permettra de ne plus y penser.

Elle est dans son salon, et ce qui doit être une amie lui tient lieu de compagnie autant que d'ouvre-bouteille, lui rendant accessoirement la réplique.

— Non, pas de nouvelles ! Mais il faut dire qu'il n'en donne pas des masses, déjà, au naturel !

— Faut dire aussi que c'est pas comme si t'en voulais...

— Faut dire, oui.

Le vin est ouvert, maintenant.

— Jane ?

— Présente !

— Ça je le vois, oui ! Je te sers ?

— Allez ! Ça ne peut pas me faire trop de mal.

— Je ne sais pas trop, je ne le connais pas, celui-ci, répond le bipède tire-bouchon tout en examinant l'étiquette, agrémentant du reste son propos d'une dubitative moue.

Les deux verres se remplissent, et toutes deux s'installent sur le canapé. Le premier service se trouve vite vidé, et la confidence, pense-t-on, de fait facilitée. La question s'ose, comme on remet le couvert, ou le coup de verres, soit à l'entame de cette seconde salve.

— Bon, alors : tu vas te décider à porter plainte ?

— J'en sais trop rien, soupire la voix qui, voie d'ivresse faisant, se noie précocement en la grosse gorgée.

— Si ça m'était arrivé, je peux te dire que...

— Mais ça ne t'est pas arrivé.

— Bon. Tu vas rester sans rien faire ?

— Je... Je ne sais pas. Je m'en fiche, qu'il m'ait fait ça. Je ne dis pas qu'il a bien fait de le faire, mais je m'en fiche. Ça ne va sûrement pas m'empêcher de vivre, et ce n'est pas allé assez loin pour que j'aie envie de me donner la peine de passer plus de temps sur l'affaire ! Je te le dis comme je le pense : je m'en fiche. Si tu veux appeler ça ne rien faire, c'est ton problème. Moi, j'appelle ça aller de l'avant. C'est juste que ça n'a pas d'importance, au fond, tu vois ; juste l'importance suffisante pour que je ne lui parle plus.

— Je vois. Je ne sais pas si j'approuve, mais je vois.

Au coin de la table basse, Course montre sa tête.

— Qu'est-ce que...

— Son chat.

Manon poursuit sa démonstration de ce que c'est qu'une tête bizarre par la production d'une d'attente – pour tout dire, par la production d'une à cheval entre l'attente d'une plus développée explication et le mécontentement préventif, prévoyant comme certain que ladite explication ne saurait être valable.

— Enfin, l'un de ses chats. L'autre ne doit pas être loin.

— Parce qu'en plus, tu lui gardes ses chats ?

— Je ne les garde pas, je les retiens !

— C'est pas comme si tu t'en fichais, alors...

— Je ne vois pas de quoi tu parles.

La mauvaise foi transpire, sur le visage de l'ancienne captive, comme elle prononce ces mots, accentuant si besoin était l'évidence proclamée par la rétention des félins. L'éloquence du déni conforte l'amie, qui insiste.

— Et tu en espères quoi ?

— Pardon ?

— Tu en espères quoi, de ton catnapping ?

A mauvaise tête, Jane rend tête et demie.

— Non, c'est vrai : méchant tarif, quand même, à ton indifférence !

— Je t'emmerde.

— Ok, compris.

Mais l'air est entendu, satisfait d'avoir effectivement compris ce qu'on aura compris. On ressert du vin, tiens, histoire de noyer le poisson. De part et d'autre, d'ailleurs, on ne traîne pas plus qu'avant pour l'attaquer, sitôt son service fait. Pendant qu'on entend les mouches voler, un ange passe. C'est la tire-pousse-bouchon, qui reprendra la parole.

— Piques à part, sans déconner, tu vas les garder longtemps ?

— Ça non plus, je ne le sais pas ; qu'est-ce que tu veux que je fasse ?

— Attends, tu veux dire, en dehors de les lui rendre ?

— Non ; c'est hors de question ! D'une, parce-que cela impliquerait de le voir, et de deux parce-que je suis sûre et certaine qu'il les balancerait dans la première poubelle venue...

— Oh...

— Ouais. Tu peux ne pas me croire, mais je te dis qu'il le ferait ! C'est un connard, il s'en fout, d'eux, comme il s'est foutu de moi ! D'abord, il ne les a eus qu'à cause de son ex !

— Il s'est foutu de toi ?

— Ta gueule.

— Non non, mais c'est vrai qu'on prend des jours de congés dès que quelqu'un se fout de nous...

— Je crois t'avoir demandé de la fermer !

— Hey ! Ça va, oui ? Je suis là pour quoi, moi ? Pour recevoir tes insultes, ou pour te tenir compagnie et crédibiliser ton affaire auprès de notre cher directeur du personnel ? Parce-que je vais te dire, moi, vu que t'as pas l'air d'avoir trop tout compris : je ne suis pas venue pour me faire engueuler, hein ! Je veux bien être gentille, mais y'a quand même des limites ! Ouais, y'a des limites à tout, Jane ! Tu veux t'énerver, tu veux taper ta crise ? Mais vas-y, je t'en prie : mets-toi en colère, fâche-toi tout rouge, pose tes couilles sur la table, deviens méchante, appelle Fred, et pourris-le ! Et en attendant, oublie-moi, un peu ; oublie-donc ton amie, venue te soutenir pendant que tu ne vas pas bien ! Oublie-la, si c'est pour en faire ton souffre-douleur, ou s'il lui faut accepter d'être ta tête de turc ou de recevoir je ne sais quel lot de claques pour le plaisir que tu prendras à les donner ! Je veux que tu ailles bien, c'est sûr, ou mieux, ce sera déjà pas mal, mais ça, c'est pas très gentil et ça ne te mènera à rien ; et c'est au-delà de mes capacités, que de me laisser taper sur le coin de la gueule sans rien dire, que de subir ta méchanceté pour le stress que ça pourrait t'enlever ! Alors reprends-toi, merde !

Puisque cela va généralement mieux en le disant, mais que le disant, lui, n'en est pas pour autant mieux, Manon se sert un autonome, immédiatement après la livraison de son bref monologue d'emportement. L'initiative, du coup, revient – à défaut de celle du coup de coude – à l'incriminée hôte.

— Pardon. Je... Je crois que je ne suis pas très aimable. Et puis tu as raison, c'est vrai : tu n'es pas mon exutoire. Pardon, infiniment pardon, je n'aurais pas dû être ainsi, je veux dire aussi... sèche.

On fait mine de se câliner sans excès ni lubrique, sous les atours de l'amicale réconciliation, puis la bouteille se meurt, ses réserves s'éteignant sous le coup d'un dernier et mutuel assaut. On pourrait presque dire que tout va bien dans le moins pire des mondes, si Poursuite, jalouse pour sûr de ces câlins dont profite Course en une collatérale façon, ne s'était mise à gratter le fond du sac à main de madame feu colère et, ce faisant, pour l'une ou l'autre des raisons mais enfin la seule suivante conséquence, ne l'avait soudain poussé à la chute, puis à l'épanchement, répandant bruyamment son complet ou presque contenu sur le carrelé sol en contrebas de ce qui précédemment fut l'élevé point de vue ou d'assise, panoramique, surplombant donc celui de chute.

— Ah le con ! Mais viens ! Viens-là, sale bestiole, que je te remplisse les bronches !

Et, comme vociférant elle se lève et s'emporte et menace d'une levée main le déjà fuyant félin, Jane s'interpose, retenant la main en sa volée, juste au geste levé, avant qu'il ne se fasse.

— Hey, stop, calme-toi !

— Si je veux.

— Si tu veux ce que tu veux, mais tu ne taperas pas ce chat.

— C'est quoi, ton problème ?

— Mon problème, c'est que tu ne taperas pas ce chat. C'est bon, laisse couler, de toute manière, il a déjà compris sa bêtise en t'entendant crier et te précipiter. Regarde ! Mais regarde : regarde, comme il s'est caché, comme il s'est terré, comme tu lui as fait peur ! Regarde, comme il t'a certainement comprise !

— Mais putain, sale conne, lâche-moi ! Et qu'est-ce que ça peut bien te foutre ? Ce ne sont même pas tes chats !

— Maintenant, si. Ou disons qu'ils le sont, et cela vaudra ton empêchement. Voilà : ce sont mes chats, ce sont mes oignons, c'est chez moi et ce seront mes règles ! Et sur ces tables-là, en guise de loi, il est inscrit que tu ne taperas pas le chat !

Ramassant ses affaires après s'être défaite de l'emprise qui la retenait, malgré-tout tentée de gronder, ce qui veut en l'énervement dire punir le chat, mais tentée seulement, et puis outrée de ne lui être pas préférée alors qu'elle apportait, elle, quelque réconfort à madame l'ingrate, Manon énumère nerveusement une flopée de noms d'oiseaux ou de plus récentes insultes avant de prendre son envol, gravant enfin, pour de bon son refus d'obéir dans le marbre du mépris et de l'indifférence, puisqu'elle n'aura même pas pris la peine de saluer son indélicate hôte. Elle ou chats, c'est ça, elle a très bien compris !

Sans plus tarder, la porte claque.

Bureau. Cris en cascade ; remontrances en guirlandes. Et puis, naturellement, le ton paternaliste, disant en sus des réprimandes toute la considération portée – ou pas – à cette inférieure caste dont la représentante, là, en face, ne sait trop comment réagir à ces exubérantes et inhabituelles vilénies. Sans doute se sera-t-il levé du pied gauche, ou aura-t-il dû affronter une matinale crise conjugale, ce qui expliquerait que sa chemise se trouve moins impeccablement repassée qu'à l'accoutumée...

— Enfin quoi, vous les avez vus comme moi, non ? C'est mauvais, et ce ne devrait pas être mauvais ! Ce ne devait pas, être mauvais ! Vous m'aviez juré que ce ne serait pas mauvais, que ce ne pouvait pas l'être ! J'en déduis que vous m'avez soit menti, soit que vous m'avez vendu vos capacités avec un regrettable excès de confiance ! Alors quoi ? Il y a tromperie sur la marchandise, ou abus de confiance ?

— Je...

— Là ! Vous allez me corriger le tir, et au plus vite ! C'est tout ce que je veux entendre et tout ce que j'ai besoin de voir.

Le sinon n'est pas dit mais se laisse bien entendre. Peu fière, la tête est plutôt basse.

— Enfin quoi, merde ; où aviez-vous la tête ? Vous laisser gagner, comme ça, par le débordement de l'intime ? Laisser le privé empiéter sur votre job ? Allons, vous êtes meilleure que cela ! Non, ce n'est pas digne de vous ! Non, je ne peux pas croire que vous, vous qui savez parfaitement ce qu'est un plan promotionnel et comment le mener, vous que j'ai déjà tant de fois vue à la brillante œuvre, que vous, donc, soyez parvenue à planter celui-ci par faute de votre incompétence ! Non, je ne puis le croire, et vous devriez en être heureuse, d'ailleurs, que je me refuse à le croire. Ou bien alors est-ce que vous aurez supputé ma complète ignorance de votre petit manège ? Est-ce cela ? Avez-vous vraiment cru que pas un ne vous verrait ? Avez-vous été si naïve que vous aurez pensé pouvoir batifoler en mes locaux sans que je l'apprenne ? Votre naïveté aura-t-elle par suite gangrené jusque votre efficacité ? Serait-ce donc cela ? Et moi qui vous pensais capable de scinder l'affectif de votre travail comme on sépare le vrai du faux ou le bon grain de l'ivraie... Eh bien : suis-je donc aux portes de la déception ?

Du menaçant reproche ou de l'à peine retenue virulence, mais on reste surprise et conséquemment mutique.

— Et où est-il, du reste, votre récalcitrant ?

La parole capricieuse, c'est un haussement d'épaules, qui timidement répond, agrémenté d'une gênée moue.

— Remédiez-y !

— J'aimerais beaucoup, croyez-moi...

— Il ne me semble pas qu'on vous ait embauchée pour votre terrifiant sens de l'espoir, mademoiselle Germain ! Ou bien est-ce que je me trompe ?

— Non monsieur, probablement pas.

— Bon ! Alors, à défaut de savoir le situer, vous pouvez au moins l'appeler, non ? Ou bien est-ce qu'il me faut faire votre travail, en plus de me trouver forcé à le surveiller ?

— Non, non, du tout. Je... Je l'appelle immédiatement !

— Et ?

— Et je redresse la barre, monsieur. Oui : je redresse la barre, je, je remets de l'ordre au plus vite ! Pas de doute : je vais arranger ça !

— Bien, parce qu'il n'y a rien de bon, dans le bordel. Allez, disons que c'est réglé. C'est donc que je vous reverrai pour l'annonce de meilleures nouvelles ! D'ici-là, surtout, tâchez de ne pas me faire venir me répéter ! D'accord ?

Le grondant supérieur quittant la pièce après cette dernière, très infantilisante offense, on compose.

— Fred ? C'est Elodie. Ecoute, quand tu auras ce message, je voudrais que tu l'écoutes jusqu'au bout, et que tu m'entendes bien. Ce n'est pas évident, mais je te demande de l'aide ; je ne te demande même qu'un peu d'aide. Si tu ne le fais pas pour toi, et j'ai nettement compris que tu ne comptais pas le faire pour toi, parce-que tu considères que ce n'est pas te rendre service que de te forcer, eh bien fais-le au moins pour moi. Disons que je te le demande comme un service, même si je conçois que ça puisse te coûter, même si je sais, à vrai dire, combien cela pourrait te coûter. Voilà : j'ai mon patron sur le dos, vois-tu, qui estime que je n'ai pas fait mon travail et qui me rabâche les oreilles avec son refrain du « vous pouvez faire bien mieux et sinon je vous vire, mais je ne vous menacerai pas directement parce que je suis trop malin pour m'abaisser à ça. » J'ai besoin de toi, Fred, et je ne te dirai pas que tu me le dois, car nous ne nous devons rien, c'est ce qui a toujours été beau entre nous. Mais je te le demande, car tu es le seul à pouvoir m'aider, tu es le seul à pouvoir me sortir de cette merde ! Alors je t'en prie, je t'en prie à genoux, s'il le faut : aide-moi ! Viens faire quelques promos, allez, pas tellement, juste quelques-unes, assez pour que je relance la machine et que ce connard me lâche les bottes ! Ecoute ! Ecoute-moi bien ! Je...

Nulle batterie n'est éternelle, encore moins quand il le faut. De rage, de désespoir, de tout en l'instant confondu, Jane lance son exténué portable contre le premier en face mur venu ; et crie. Oh, putain, elle crie fort, même ! Ce sont les nerfs qui passent, là où d'autres peuvent se permettre d'aboyer sur la caravane. Et, comme ils passent, elle se ressaisit et compose cette fois – d'une plus fixe manière – le raccourci vers sa secrétaire, comme son paraître, lui, se recompose avec force d'automatisme.

— Madame Germain ?

— Trouvez-moi le numéro de Fred, et mettez-moi en ligne !

C'est au milieu de quelque-chose. Quoi, ce n'est pas clair, mais c'est au milieu de quelque-chose.

— Ben dis-donc, c'est pas sa journée, à la patronne !

— La patronne ? Bah tiens ! Si c'était la patronne, ça se saurait. Et ça serait un peu mieux sa journée, aussi ! Et un poil moins ma fête, pour sûr...

— La fête à tes poils, j'aime assez, moi !

— Tu es bête ! Allez ! Va-t'en !

— Je m'en vais si tu dis oui.

— Oui ?

— C'est un oui ?

— Non. Oui à quoi ?

— Oui pour tout à l'heure.

— Tu sais très bien ce qu'il en est.

— Je sais que tu veux dire oui.
— Tu sais que je n'ai pas dit oui.
— Je sais que tu vas dire oui.
— Tu sais beaucoup de choses, pour un petit monsieur.
— Je ne sais pas grand-chose, pour un pas grand-chose. Mais ça, je le sais, et pour sûr.
— Oh, vraiment ; ça, tu le sais ?
— Oui ! Je le sais, puisque je le vois !
— Tu vois beaucoup de choses !
— Pas tant. Mais ce que je vois, je le vois ; et ce que je sais, je le sais.
— On verra.
— On verra si je pars...
— Allez ! Je travaille, moi !
— Et moi-donc !
— On dirait pas.
— Pas plus que d'autres...
— Allez ! Ça suffit ! Va-t'en ! Je dois faire ce numéro...
— Fais, fais !
— Va-t'en !
— A ce soir ?
— Ok, à ce soir !
— Ah, voilà le oui...
— D'accord, voilà le oui. Et toi, va-t'en !
— Un petit bisou ?
— Je le fais, ce numéro ; tant pis...
— Je ne pars pas, tant pis !
— Allez !
— Libre à toi...
— Regarde...
— Je vois. Vois, toi aussi !
— Moi aussi, je ne lâcherai pas !
— Allez...
— Allez !
— Tu m'énerves, et tu vas transformer le oui en non...
— Si tu me prends par les sentiments !

On tentera bien de le voler, mais l'affaire comme l'attention sont ailleurs. De fait, l'acte, lui, est manqué, car tout est question de professionnel.

Ailleurs, c'est encore l'heure d'une pause, pour cet uniforme de livreur, au-dedans duquel on aura accessoirement collé un bonhomme. Un bonhomme tout jasant et heureux, au demeurant...

— Ce soir ! Je la vois ce soir !

— Ne va pas faire comme avec la dernière, hein ?

— Rien à voir ! Absolument rien à boire, euh, à voir !

— Mouais.

— Mais si, je te jure ! La dernière, comme tu dis, c'était rien qu'une bouche à pipe ! Forcément, que j'y ai mis l'engin ! Et t'aurais fait pareil, si tu l'avais vue, sa putain de bouche ! C'était rien que deux grosses lèvres, mais des lèvres à cigare, mon ami, des putains de lèvres pour un putain de cigare !

— Sa bouche de putain, même, que t'avais dit...

— Putain, c'est vrai. Je me rappelle ; j'aurais donné n'importe-quoi pour y rester, dans sa vilaine bouche !

— Pas si vilaine que ça, hein ?

— Putain, c'est vrai, t'as raison !

— Bon, je te mets la petite sœur ?

— Gros dégueulasse.

— Ça, ça veut pas dire non !

— Sûr !

— Alors, ça passe crème, hein ?

— Ouaip. Aussi crème que la crème ! Oh putain ! Ça pique, aussi !

— Je t'avais bien dit...

— Pas grave. Me faut des forces. Dis-donc : c'est quoi, ça ?

— Hein ? Oh ! Ça ? Ça, c'est, disons, une passante.

— Canon !

— Et intouchable.

— Jamais.

— Si, si.

— Jure !

— Je le jure...

La petite sœur ou les aînées, mais la troisième voix, derrière, paraît faire un rien désordre.

— Et pourquoi ça, ma petite... demoiselle ?

— Parce qu'elle est à moi. Parce que vous êtes bourré. Et, surtout, parce-que vous avez rendez-vous, et que rien ne m'empêcherait, au besoin, de lui toucher ces deux mots qui vous feront mériter la claque.

— Ben ça alors... N'êtes pas non plus obligée de...

— Pas obligée, c'est certain.

— Ok, ok. Vous buvez quelque-chose ?

— Sans façon. Il semblerait que vous teniez le coup pour nous tous...

— Oh, oh ! Il semblerait que vous teniez... Ben, moi, il semblerait que vous pétez bien haut, petite dame !

— Hey, Hervé, calme-toi !

— Ça va, ça va !

— Ben si ça va, ça va !

— Ouais, c'est ça, ça va !

Du coup (de trop), c'est sa voie que prend la voix, et n'en reste plus que deux.

— Pardon, hein.

— Non, non non, c'est lui. Ce n'est pas du tout toi, c'est bon, y'a pas de souci. De toute manière, il est toujours comme ça, celui-là, à ce que tu m'as dit : à chaque fois c'est pareil, il se ramène entre deux livraisons comme si c'était sa fin de journée, il boit un peu trop, il se vante de tout ce qui pourrait être bien dans sa vie, il fait mine de ne pas nous connaître, et puis, l'ivresse aidant, histoire qu'il parvienne encore à se la définir, il se laisse trop aller, avant de se barrer. Mais c'est pas grave, je te disais. Il est comme ça, et puis c'est tout. Le client est roi, non ?

— Tu es quand même super relax, pour une nouvelle.

— Je ne suis pas certaine d'être si détendue...

— Crois-moi : tu l'es.

— Ouais. Disons que l'impression se tient bien.

— Dis ce que tu veux, mais t'es cool. J'espère qu'on va te garder !

— Et moi donc !

— Qu'est-ce que tu fous ici, au fait ?

— Je te demande pardon ?

— Je veux dire : qu'est-ce qu'une charmante fille comme toi viens faire ici ?

— Oh, pitié, tu ne vas pas t'y mettre, toi aussi !

— Non, non, je te rassure. Comment dire. Non, je veux pas te draguer, je me demande, c'est tout.

— Oh. Je ne sais pas. J'avais envie de voir du monde, de changer un peu. Et ce que je faisais avant ne me convenait plus, de toute façon.

— Tu faisais quoi ?

— Un truc moins cool.

— Ok, je vois. Tu veux pas en parler.

— C'est... C'est juste un peu difficile, tu vois.

— Je vois. Dis, tu sais que c'est pas toujours aussi calme, ici, hein ? Je veux dire, là, ça va, c'est le creux, mais tu verras, dans deux heures, on s'entendra plus parler ! Hey ! Je vais te montrer comment marchent les machines, tu veux ?

— C'est très aimable à toi...

— C'est comme t'as dit : c'est mon job !

— Ouais ; mais c'est super gentil, malgré-tout.

— Hey, si tu m'aides pas à changer de sujet, ben, tu m'aides pas, et le sujet, y va pas se changer tout seul comme un grand garçon bien sage...

— Tu as raison, pardon. Ecoute, je dois passer aux toilettes. Je peux te laisser un instant ? Je veux dire : tu m'accordes une pause ?

— Sûr. Vas-y !

C'est un barman tout seul, qui attend le chaland. Esseulé mais point inactif, il exécute quelques menues tâches d'entretien, tandis que l'établissement s'échine à demeurer aussi désert que le crâne d'un chauve peut être dénudé.

— Bonjour ! Bonjour ; bonjour ; et bonjour ! Installez-vous, je suis à vous tout de suite...

— Tu ne vas pas les servir directement ?

— Ah, te revoilà ! Non, faut qu'ils s'installent. Puis faut qu'ils attendent un peu, ou ils s'habituent à ce que ça va vite ! Puis ils réfléchissent à ce qu'ils veulent, aussi. Et puis ils sont pour toi...

— Trop aimable.

— Faut mériter ton salaire, non ?

Un sourire pour répondre, un autre, quelques pas plus loin, pour la bienvenue.

— Et pour ces messieurs-dames ?

— A boire !

— Beaucoup !

— Charles !

— Bertrand !

— Excusez-nous, mademoiselle ! Nous sommes excessivement joyeux, en ce jour. Une heureuse nouvelle, voyez-vous. Bon, c'est entendu, au plaisir de ces dames, nous commencerons sagement. Mettez-nous donc une bouteille de blanc, nous verrons plus tard pour la suite. Oh, bien frais, le blanc, je vous prie.

De conjugales remontrances s'opèrent en respectives messes basses, tandis que la commande s'avance.

— Et voici !

Exclamation collective.

— Faites-vous brasserie, à tout hasard ?

— Euh... Nous avons des tapas, il me semble, je... je vais vous trouver une carte avec tout le détail.

— Ce serait aimable à vous. Mes chéris : santé !

— Dis, Barnabé, on a des cartes, pour les tapas ?

— Les tapas ? Mais de quoi tu parles ?

— Ben... Les tapas, quoi ! Oh ! On ne fait pas de tapas, c'est ça ?

— Y'a bien des assiettes de frites, mais à cette heure-ci, c'est à peu près tout ce que t'auras. Et non, y'a pas de tapas, ici...

— Merde.

— J'aime pas trop, non plus, parce-que y'en a jamais assez.

— Non, je... Fais chier !

— Ah, je crois que nous n'aurons pas le menu !

— Tant qu'on a des verres...

— Charles !

— Oui Sandrine ?

— Saurais-tu cesser ?

— Oui Sandrine.

— Pas de tapas, alors ?

— Merci, Charles.

— De rien, Sandrine.

— Non monsieur, je... franchement, je suis particulièrement confuse, car nous ne servons en réalité pas du tout de tapas ! Je suis désolée, je ne peux vous proposer que des assiettes de frites, et quelques olives...

— Des olives, vous en avez des pimentées ?

— Pour ma part, ce sera l'assiette de frites.

— Oui, il me semble que oui.

— Un assortiment.

— Et une deuxième bouteille, s'il-vous-plait !

— Ah ah, n'oublions pas le vin ! Que seraient les olives sans le vin, je vous le demande !

— Alors, nous avons une frite, trois olives, dont une pimentée, et un blanc. Je vous ramène tout ça, et m'excuse encore pour ma vilaine offre de gascon.

— Non, mettez-donc deux frites, vous serez gentille !

— Bien. Deux frites, alors. On garde quand même les trois olives ?

— Faites cela, oui. Nous devrions parvenir à nous en accommoder.

— Très bien, messieurs-dames. Barnabé, tu peux m'envoyer deux frites ? Et deux olives, plus une pimentée ?

— Oui madame. Dis-donc, ils ont l'air en forme, tes clients !

— Je crois, ouais. Un truc à fêter, d'après ce qu'ils disaient. Bon, j'y retourne. Hop, pardon. Bonjour monsieur, je vous laisse choisir votre table ?

— Pas la peine.

— Hein ?

— Laisse tomber, c'est pas la peine. Il va prendre celle du fond. C'est pas la peine de lui parler, non plus. Enfin, juste, attends pas de réponse, il t'en donnera pas. Il en donne à personne.

— Qu'est-ce que...

— Monsieur a ses humeurs, et des habitudes, avec. Là, je peux te dire que c'est pas un bon jour.

— Mais pourquoi ?

— T'en as de bonnes, toi. Parfois, faut juste pas demander.

— Mademoiselle ? Mademoiselle ?

— Oh merde.

— Tiens. Prends déjà les olives. Je te sors les frites dans cinq minutes.

— Voici, pardon.

— Vous excusez-vous en permanence ?

— Non, je...

— Non, elle hésite, aussi !

— N...

— Et elle dit non, aussi ; n'oublions pas qu'elle dit non !

— Comme la poupée ! Ouch !

— Charles !

— Chère Sandrine, putain, saurais-tu maîtriser tes envies de violence ?

— Je vais vous chercher les frites...

— Charles, n'ennuyons point trop la demoiselle, veux-tu ?

— Ennuyer ? Taquiner, oui, je dirais ! Il allait recommencer, le...

— Allons, allons, je crois qu'il faut rais...

— Une poupée ! Une saloperie de poupée ! Mais c'est quoi, là, le marché aux putes ?

— Bon, Sandrine, calme-toi, je ne doute pas qu'il y ait méprise et que Charles ne montrait aucunement l'intention de séduire cette charmante petite. Voyons la chose comme une référence !

— Et puis les rousses ne sont même pas ma tasse de thé...

— Charmante ?

— Nous y sommes. Je disais charmante comme je l'eusse dit d'une maison ou d'une lune d'hiver, ma chérie, ne t'inquiète donc pas plus que de mesure de ce vocabulaire ! Quant à Charles, pour y revenir et dérider Sandrine, je ne crois pas, moi, sincèrement, qu'il lui soit imputable quelque mauvaise pensée que ce soit, sur ce coup-ci. N'est-ce point ton avis, très aimable Félicie ?

— Pas vu d'indices probants, en tout cas...

— Bon, ce nous fera déjà cela de pris ! Sandrine, dis-nous que ce te suffit pour cesser ton esclandre, avant que la petite ne prenne trop peur pour achever de nous servir !

— Mouais.

— Voici donc la querelle vidée !

— Et voilà vos frites.

— Grand merci.

— Je vous en prie.

— On dirait que ça s'est calmé, là-bas...

— Ouaip.

— Ben ma grande, on peut dire que t'es vernie, pour un premier jour !

— Je me disais, aussi. Qu'est-ce que c'est, ça ?

— Un triple whisky ; c'est pour la table du fond.

— Ah, comme ça, nature peinture ?

— Ouaip. T'emmerdes pas, c'est toujours comme ça que ça commence.

— Voilà pour monsieur.

Silence.

— Encore ?

— Ouaip. Regarde : il a déjà vidé. J'avoue que c'est plus rapide que d'habitude... M'enfin, c'est la règle : vide, on le ressert !

— Ok. Soit. Voilà. Vous fallait-il autre chose ?

Le regard la détaille, et le silencieux secoue la tête. Visiblement, c'est non.

— Encore ?

Car, rendue au niveau du zinc, Barnabé a d'ores et déjà renouvelé le service.

— Regarde : il a encore fini !

— Je viens de lui apporter et de lui demander si c'était tout ! Tu ne veux pas y aller, toi, et m'éviter l'aller-retour ?

— Non ma grande, c'est ton job, ça, pas le mien.

— Et si je lui en apportais deux d'un coup, tu crois que ça irait ?

— Tu crois que ça se fait ?

— Et me faire marcher, tu crois que ça se fait, ça ?

— Ben, t'es une serveuse, ma fille...

— Ouais. C'est ça ; je suis une serveuse...

Bon gré, mal gré, l'aller se fait quand même. Le retour s'hésite, pourtant, s'esquisse, avant de se refuser, tel le vilain obstacle.

— Dites, en partant, je dois remuer la croupe ?

L'énigmatique lubrique sort un carnet, en détache un stylo, et note, sans cette fois adresser un seul regard à la remontée serveuse. La chose faite, sans relever les yeux, il attrape son verre et l'attaque, avant, la gorgée prise, de tourner son bloc de papier et d'en offrir lecture.

Vous traînez une laideur sans nom ; au moins vous sied-elle à ravir.

P. « Mes outrages, madame »

Certainement adeptes de l'inepte vite fait, bien fait, ou particulièrement tolérants au pire, ce qui dit l'aisance au médiocre autant que l'inaccessibilité du mieux, joyeux et ingénus dilettantes de l'en passant, bienheureux pontes du moindre effort, il est des fous pour baiser flou, par-dessus la jambe et sans le moins du monde porter la culotte ni seulement la revendiquer, ne serait-ce que pour un bref instant. Il est des fous pour préférer se faire baiser que baiser, mais par on ne sait qui, on ne sait tellement pas qui que qui pourrait bien être ces mêmes, qui se baiseraient alors, ou se laisseraient se baiser pour s'être refusés à risquer vouloir. Oui. Il est des fous pour se revendiquer, se découvrir ou se complaire désireux, en la matière de l'espèce, peu ou prou sa matrice avant ses extensions, désireux, oui, peut-être, qui sait, mais avec ce disgracieux poil dans la main qui, vite, les rend chagrins esprits au réquisitoire de la belle ouvrage, réticents à ses inévitables injonctions, avares de leur effort car ennuyés par lui, fâchés de tous travaux, réclamant le sommeil des justes au titre du repos du guerrier et ne sachant pas, même, que la charrue ne tire point les bœufs, soit, pour s'écarter de ces moutons mais revenir à nos oignons, que le plaisir n'est que feint, du désir, si le désir prend pour unique fin le plaisir et si le plaisir n'a faim que de son achèvement, autrement dit s'il n'attend que son apogée pour qualifier ou exprimer son vrai.

Baiser, c'est vivre, et, sans que vivre soit complètement baiser, sans que vivre ne soit que baiser, on vit pourtant un poil et mine de rien comme on baise, ou inversement – l'originelle et commune faute (sans vouloir chercher midi où il n'est pas) au mode opératoire de l'être, soit à ses vibrations. Toutes proportions gardées, alors, baiser, c'est vivre. Fred, lui, de toute manière et de toutes ses façons, baise comme il vit :

c'est l'instant pour l'instant, non au vilipendé sens de ce galvaudé *carpe diem* que tout un chacun se tatoue au coin du corps mais en le savourant pourtant, non au sans retour point d'en oublier l'après mais en n'y comptant pas trop tant qu'il n'est pas présent, non par l'effarant travers vous donnant peur de tout mais en le fameux pervers n'étanchant soif en rien, ou jamais pour toujours, et sans coup d'œil dans le rétroviseur, sinon léger, rapide, soit tout juste ce qu'il faut pour ne pas trébucher, mais pas encore assez pour se figer en l'écueil passéiste et dorénavant ou dès lors ne plus rien entreprendre. C'est ça : l'instant pour l'instant, ou pas exclusivement mais au moins principalement, en écartant le dangereux principiel. Baiser, en somme, et vivre, pour le correctement faire, ne doivent pas permettre qu'on s'endorme sur les lauriers de petites réussites ou de moindres satisfactions, ce que bien entendu sont les abandons temporels en un sens ou bien l'autre.

Les amoureux des mots, ceux-là qui se revendiquent les chérir au nom de leur intrinsèque beau, soit du joli qu'ils ont en forme, hors donc leur véhicule, ne sont pas loin de penser que toute chose a le sien, de mot, ou qu'il en est *a minima* un pour toute chose, comme disponible parmi d'autres proches, proches mais ne faisant pas l'affaire, puisque n'étant pas l'exact mot de cette dite chose. De nature plus fonctionnelle, dirons-nous, Fred, lui, préfère généralement dire que l'usage dit l'emploi. Tautologie moquée, soit catharsis opérée, cela revient à voir que l'essence n'est pas au feu ce que le briquet, pour mot pris, est au briquet tel qu'objet ; autrement dit, que ce n'est pas tout de dire, moins encore de prédire, ce qui revient à dire définir, mais qu'il faut encore voir comment et pourquoi l'on dit, et puis en sus qui dit. Dans l'histoire, quand même, pour finir, et outre que l'amoureux sera très tôt taxé d'un manque de vrai, chacun peut encore retirer ses billes pour garder son fin mot, au gré des vents d'humeurs et des marées compréhensives, soit des modes de l'entendement, car le débat, une fois le recul pris, semblerait rapidement et au bas mot aussi intéressant – si ce n'est jusque pertinent – que la veille sait paraître superflue au bourré du matin. Hey : c'est qu'il y a des réveils difficiles, et si d'autres sont autrement qualifiables, encore faut-il trouver le qualificatif en question. Aujourd'hui n'est pas une gueule de bois, ce qui serait à dire un réveil excessivement difficile. Non plus une tête dans le cul, ce qui dirait un éveil ou brumeux ou pâteux, en sus des simples yeux qui collent. Moins encore un trou noir, ce qui traduirait une mémoire capricieuse, voire manquante, amputée, tandis que pas un souvenir ne manque, à l'ouverture des certes lourdes paupières. Il n'est pas question d'une charmante vue, enfin, ou pour finir, telle que « la tirelire en palissandre et les crins en fil de fer », en complément de « la margoulette en acajou », tournure dont on ne saurait correctement remercier l'auteur, comme il est pourtant d'usage de le faire lorsqu'on récite, sauf si tout vient effectivement à point pour qui sait su attendre. Non, trêve de bavarderies et autres bravades ou ruades ou brancardières tirades, en réalité, ce réveil est chiant. C'est ça : chiant, puisque, tous comptes faits ou tous renseignements pris, soit plus ou moins toutes écoutes faites ou subies, il y faut tout reprendre, puisqu'il y faut replacer tous les points sur les « i », puisqu'il y faut, à l'instar du jour en l'entame de son cyclique exercice, une énième fois et très exactement tout recommencer, remettre l'ouvrage sur le métier, que le cœur soit ou non à la tâche, encore, et encore et encore – mais ce matin plus encore qu'à l'accoutumée, comme si l'on repartait d'un peu plus loin qu'avant, oui, comme si l'on revenait d'une nuit plus profonde.

Bien sûr, ça commence avec Elodie, puisque cette dernière pourrait elle-même s'avérer suffisamment chiante pour qualifier seule la complétude de l'épisode du réveil, et parce qu'il se trouve, hasard ou non mais en tout cas en addition, que c'est celle qui aura laissé le plus grand nombre de messages. Bon, voilà, c'est dit et ce n'est plus à faire, l'ordre de marche est donné ; reste la cadence à définir. Disons que rien ne sert de précipiter les choses, et tous comprendront qu'on risque d'y aller doucement, pour taire à reculons.

Comme de bien entendu, l'éditrice ne manque pas de relever la parfaite rotondité de son écrivain, feu son amant. Oui : il est encore bourré, et l'insolence de la présentation peut toujours te déplaire que ce n'en changera pas le prix. Mais relever n'est pas tout, et si une remarque devait lui naître en tête, elle l'y conserve bien au chaud, puisqu'elle ne souhaite pas manquer l'occasion de se refaire aux yeux de son patron. Mine de rien, les obligations professionnelles, parfois, ça a du bon. En l'occurrence, elles laissent à notre heureux, buveur de son état sans grâce et devant l'éternel, le délicieux loisir d'exposer à son interlocutrice les limites de son salvateur exercice : oui, il consent à faire quelques apparitions, oui, il lui sauvera les miches, ne serait-ce que parce qu'elles sont trop jolies pour se laisser perdre ou gâter par le hiérarchique fâcheux, mais il est d'ores et déjà, d'emblée et pour de bon, définitivement hors de question de se laisser gagner par l'ivresse des apparences, de se laisser déborder par les joies puis emporter par les commodités de l'apparaître, de se laisser ravir par l'entrain provoqué par ce cédé pouce de terrain, sans quoi l'on en reviendrait vite à l'once, oui, celle qu'on ne lâche pas, celle pour laquelle on se bat voire s'étripe, et, oui, ce serait alors machine arrière, à toute vapeur, ou tout au moins très suffisamment pour que tu t'en mordes les doigts. Inutile de préciser que la décision, toute séance tenante que l'on se forcerait à la prendre, serait alors autant irrévocable que toutes affaires cessantes...

Les conditions établies et par suite entendues, Elodie planifie une petite dizaine de dates, prévoit très prochainement quelques rendez-vous et tente même d'en décrocher un pour aujourd'hui. En signe de bonne volonté, et parce qu'il a malgré-tout posé pas mal de restrictions, Fred accepte, si tant était que le rendez-vous se fasse, de s'y présenter à coup sûr et sans trop ostensiblement renâcler. D'autant que la proposition s'accompagne d'une invitation à déjeuner, Elodie ne souhaitant pas risquer que son supérieur tombe sur son protégé – ou l'inverse, une fois les premiers mots dits et la confrontation lancée, le supérieur en question ayant tout du gringalet, en plus du plus complet connard.

Reste que ledit déjeuner s'amorce particulièrement chiant, entre une Elodie rivée au téléphone, s'y acharnant autant avec les yeux ou les mains que la bouche, entre donc cette éditrice désespérément affairée à sa toute nouvelle liberté d'action et le service qui laisse à désirer, qui se fait, ce n'est rien de le dire, désirer, un sacrément long moment, à tel point que l'impatience monte et gronde, autant chez l'esseulé, désœuvré prosateur que chez les autres occupants de la salle. C'est la faute à Voltaire, répond-on comme on veut s'excuser en pariant sur le compréhensif pardon ; en guise de grand homme, ceci dit, c'est le chef, qui montre son défaut, ou qui l'aura montré plus tôt, intoxiqué par on ne sait quelle plaie, laissant aux secondes mains, pour la première fois, la haute sur la cuisine, donnant ce petit résultat qu'on subit dès que maîtrise s'absente – sinon, à défaut de maîtrise, prenez la tête, c'est après tout de l'exact pareil au même, qu'elle se trouve ou non recouverte d'une toque. Couvre-chef ou piètre couverture d'une tierce et demeurée cachée défaillance, c'est selon, et l'on ne le saura probablement jamais, mais le surplace fait place, en tout cas, et tient trop fort la sienne. L'attente s'éternise, et les clients se rebiffent, en mesure des anges qui passent et en un ensemble plutôt mal coordonné mais pourtant efficace, et les remarques fusent, abandonnant la discrétion ou la retenue de leur primeur pour s'affirmer décomplexés reproches un tantinet libérateurs au propos de leurs vitupérants émetteurs. Ah ! Modeste victoire des frondeurs aux bonnes manières : on offre un bel apéritif, et quelques petits fours, dirait-on sans ridicule « amuse-bouche », ou « amuse-gueule », tant il s'agit à coup sûr d'en faire fermer la plupart. Temporairement, cela fonctionne, notez bien, puisque la majorité redevient silencieuse – les persistantes récriminations tenant de l'usuel caquètement de basse-cour, et sur le mode de la point plus haute messe, caquètement dont on ne pourrait trop naturellement s'étonner, que moins encore on pourrait condamner dès lors qu'on aura choisi de visiter l'endroit ou d'y rester séjourner. Bref : caquètements, mais plus de harcèlement. Très vite, cependant, même si vite n'est pas vite s'il n'est pas jugé vite, mais enfin assez vite après que vite soit mort, soit peu de temps après cette brève accalmie, le commerçant cadeau perd tout son efficace, et l'on en viendrait presque aux bousculades, sinon à la pratique démonstration de ce que c'est qu'une araignée au plafond, car l'ordre d'émission des plats, là-bas, en la close, sombre et lointaine officine que l'on nomma cuisine, donc celui de leur service aux tables, ne respecte aucunement celui de leur commande. On s'invective, alors, d'une nappe à l'autre, après l'épuisement des polies salutations, voire des polissons saluts ; hey, normal, c'est la jalousie, qui l'emporte, comme on apporte, au compte-goutte, rompant l'uni front des mécontents par la grâce d'une inégale répartition des nantis de serviette, soit par celle des rares contents. Pour le coup, celui d'envoi sonne celui de grâce, et celles des commençants sont teintées d'imperfection : chacun pourrit un peu le plat de son voisin, dégustation parlant et s'empêchant par l'opprobre. Au faîte, exprès, sans doute, ou parce-que tout un chacun est désormais servi, l'intensité des coups d'éclat retombe, et l'on n'échange plus que des satisfactions et des glouglous, ou autres gargarismes d'appréciation, tantôt en verbe tantôt non, les rares phrases véritablement construites et bientôt mais pas si tôt prononcées se trouvant réservées à la gratuite invective du personnel de salle, à l'odieuse façon des dernières taquineries d'usage qu'on adresse au cadavre de l'assommée bête. On en est plus avare, remarquez, de ces civilisés ou pas tant saillies de contentement, oui, bien plus avare que de ces autres, gratuites, de mécontentement, enfin, désormais gratuites remarques à l'encontre d'un personnel pas en son entièreté responsable du mauvais service, ou pas tant que cet absent chef, *de facto* plein de torts puisque – suprême manque de correction – dans l'impossibilité de se défendre sur l'instant.

En aval des tardives bouchées, tandis que tout le monde en a pris plein les papilles, puisque, après tout, le tour de main des cuistots n'aura point été aussi mauvais qu'en retard, et comme la haute main aura réfréné quelques-unes mais point toutes des véhémentes ardeurs, finalement, Fred réalise qu'il en a délicieusement pris plein la vue : ce qui, au regard de la vile et indigeste disponibilité d'Elodie, eût pu n'être que supplice, exactement chiant supplice, même, lui fut au bout du compte un véritable régal ! Oui, vraiment, cette halte lui fut restauratrice, à lui qui pourtant aura initialement été à deux doigts de se demander ce qu'il venait faire dans cette galère...

L'affairement de l'éditrice, tout lourd qu'on l'aura vu, ne pourra pas être dit improductif : un rendez-vous est pris, pour l'après-midi même. Ce n'est pas encore la télé, ce ne peut pas déjà être la télé, patience oblige, mais c'est déjà quelque-chose ; comme un pas en avant, qui la réjouit et le barbe, lui, en avance, et même rien que d'y penser et tout comme d'habitude. M'enfin, il a promis.

Rien de plus naturel que de boire, pour patienter. Au moins chez Fred. Et, en la matière, il se sait non tenu par quelque promesse que ce soit – puisque, à l'impossible, nul n'est tenu. Ce pourrait être un café ou l'autre, mais c'est celui-ci. Ce pourrait même être chiant ; ça l'est. Rien à faire, ça l'est vraiment. Tant pis. Augmente la dose. Ça l'est certainement toujours autant, mais tu n'en as plus cure, ou bien alors très insuffisamment. C'est chiant, mais c'est pas grave ; c'est chiant mais ce n'est plus grave, ce qui fait comme un point positif – et sinon, tu peux revoir la question du dosage.

De là à dire qu'il en est friand par nature ou corporatiste et générale inclusion, voilà bien un pas qu'on ne franchira pas trop vite, de peur qu'il vaille Rubicon et que son franchissement ne porte rapidement à conséquence, mais le cliché plaît fort au journaliste. D'autant que le rond griffonneur en a fait une réserve, de son liquide passe-temps, de ce whisky qui lui aura servi à passer le temps, oui, d'autant qu'il en a rempli sa flasque en quittant le bistrot, et qu'il sait s'en montrer cigale, ce qui renforce l'atour de cette amabilité à laquelle il s'astreint, autrement dit ne favorise pas la production d'une désagréable impression contre lui. Et voilà l'essentiel, ou voilà ce qui parut essentiel lorsque la capitaine donna précédemment ses instructions. On trinque, on boit, on pose deux, trois questions et bientôt, c'est fini. Quasi copains comme cochons, si l'on ne fume pas, c'est uniquement parce-que le lieu ne s'y prête pas – peut-être aussi parce-que, d'une confidence à l'autre, on a depuis la semaine dernière promis à sa femme d'arrêter, à grand renfort de non je ne le ferai plus jamais. En coulisse, pourtant, loin des obligations de l'apparence, loin du qu'en dira-t-on, loin du moins du lui diras-tu, toi, monsieur se sait éternellement et très assurément fumeur.

Petit à petit et aussi sûrement que l'oiseau fait son nid, l'écrivain trompe son monde – un écrivain trompant son monde, voilà bien une autre de ces fumeuses tautologies, un énième verbiage ne nous apprenant rien de neuf même s'il dit sur le monde ! Mais, soit, allons, d'autant que ce n'est pas, cette fois, pour littéralement examiner l'expression, avec sa plume qu'il l'abuse, mais plus singulièrement en y mettant les pieds, ceux faits de chair et d'os. Il le trompe et s'y trempe, et l'éléphantesque engin qui rime dira qu'il y combat l'ennui, le sien, sans jamais vraiment parvenir à l'y vaincre. C'est l'en-nuit, qui nous enterra tous, de même que, *a contrario*, l'entrain donne le sel des jours en maintenant pérenne la curiosité, la piquant, en intramusculaire peut-être mais certainement efficacement, de ces quotidiennes vitamines lui garantissant quasiment une éternelle jouvence – ou le semblant que l'on pourra, sur le mode des compagnons, des maîtres, des édiles et des idylles que l'on mérite ! Que voulez-vous : on a beau tout tenter, quand ça ne veut pas, ça ne veut pas, surtout si l'on n'est pas entier au chevet des efforts, ou si le temps joue contre nous. Blague et calembours à part, trêve de plaisanteries et mort aux pitres autant qu'aux cons et par là même aux pitreries, restons concentrés sur l'œuvre, celle entreprise – et tout de vigilance ceinte, en bordure de route, histoire de ne pas permettre l'égarement consécutif aux jet ou rencontre de l'un de ces de bonne intention pavés – de faire croire aux hautains transcripteurs que l'exercice lui sied et, à la générale, patronne, que son cœur n'est pas contre, ni défavorable à le risquer. C'est qu'il y aura mis les formes, jusqu'ici, le bougre, malgré son manque d'envie. Ouais : son manque d'envie. Bon, ce n'est pas qu'il s'agisse du pot de fer contre le pot de terre et que par conséquent le pot de terre s'ennuie parce qu'il se trouve plein de cette à l'Homme infâme certitude de ne pas pouvoir faire grand-chose d'utile ni de grand, moins encore de grandiose contre ce satané vilain pot de fer, indécrottable si ce n'est indétrônable pot de fer, non, pas du tout, et même, croire cela, ce serait prendre des vessies pour des lanternes, voire regarder le doigt au lieu des lunes et tandis que la lumière vient du Soleil ! L'air de rien, chacun sachant que ses arrhes sont à César, tout ça pour rien ou pour ne (rien) dire (d'autre) que cette écrasante évidence : ivre, il s'ennuie, sans que la grandissante ivresse ne fasse rien à l'affaire. Il s'ennuie car ce n'est pas pour lui qu'il est là, car ce n'est pas son but, d'être là, car ce n'est pas le produit de sa seule volonté, que de se retrouver ici – ou pas complètement, puisque sa volonté aura malgré-tout eu son mot à dire, bien qu'insuffisamment pour lui donner réellement envie d'y être. Ainsi manque-t-il d'envie, bien qu'il le cache bien. La peine est éprouvante, mais devrait correctement payer, au final. Payer ? Oui, payer, puisque vous commencez à le connaître, le diable, et qu'il n'est rien qu'il fasse sans rien, moins encore sans la visée de sa satisfaction. Clairement, celle-ci n'est pas dans l'immédiat, ni pour tout de suite ni pour tout à l'heure si l'on devait entendre tout à l'heure comme n'étant plus très loin, soit le temps à décompter plus exactement long. Non : c'est long, très long, c'est véritablement long, et quand il n'y en a plus, y'en a encore, tant et si bien que l'ennui se prolonge, s'éternise, se fait plus gros que son ventre et lui sort par tous les yeux de la tête, comme il en dispose plus que de satiété et comme, peut-être, ledit ennui tente de rattraper l'envie, depuis longtemps si ce n'est toujours bannie de ce pays – tente mais ne peut, viscéralement attaché qu'il demeure en le triste intérieur de notre triste sire, pour son plus grand malheur et au moins pour le petit moment – en comparaison du lointain terme. Parfois, la commandante prend des nouvelles, ravie sur l'ongle que son plan se déroule sans accroc, contente sinon satisfaite, elle, que son poulain suive son plan de vol. Les ignorants sont bénis, dit-on, et ce que tu ne sais pas ne saurait pas te nuire, ou, tout au moins, pour l'heure, ce que tu ne sauras pas ne saura pas te nuire ; aussi ne sait ni ne saura-t-elle pas le déontologique écart de cette intervieweuse, qu'on aura vu faire la culbute, le plus si grand écart du boulot à l'intime, qu'on aura culbutée, qu'il, aura culbutée, pour tout dire, entre deux siennes questions et avant la fin de ses propres réponses, au bord d'un chiotte, parce qu'elle l'aura demandé, plus pressamment encore du bout de toutes ses luisantes lèvres que du fond de ses deux brillants yeux. Inutile, puisque la chose est faite, désormais, oui, inutile, puisque la grenouille a fini de coasser et de muscler ses cuisses, ses fines et satinées gambettes si strictement engoncées en les fermes limites de sa jupe crayon, enfin, plus si strictement que cela, à bien y regarder ou à bien y balader ces masculines mains toujours prêtes à ploter ; non, tellement peu strictement, après coup. Mais tu ne sauras pas, donc, et donc, toujours, ce ne te nuira pas. Et après tout, ce qui ne te regarde pas ne te regarde pas, d'autant que le travail est fait ou en train de se faire, en cours d'exécution, et qu'il l'est, fait, qu'on le fait pour te sauver les fesses du méchant coup de pied promis à ton par ailleurs très joli derrière par ce vilain père, paternel ou paternaliste te servant contre ton gré de patron, oui, pour l'empêcher de revenir te botter le derrière une seconde fois, pour t'éviter, à toi, de te faire souffler dans les bronches en guise de passage de savon, même s'il est évident qu'il continuera à te casser du sucre sur le dos, le tien tourné, et ce, que tu corriges ou non ton attitude

– enfin, la qualité de tes performances, ce qui est un brin à dire les nôtres.

Au jeu du feint et du bazar, ou du bazar des feintes, il trompe son monde autant qu'il les détrompe, puisque, non, se doit-il à l'occasion de préciser, il n'est pas de ceux-là, qui mangent des dictionnaires dès qu'ils le peuvent ou dès qu'il leur est permis, non, et il n'est pas plus de ceux-là, qui perdent tant et tant de temps à dévorer des pages pour le plaisir, le seul plaisir d'en dévorer, sans presque la considération de ce qu'ils lisent, ou trop secondairement, tant et si bien qu'ils ne lisent que pour lire, si, lors, lire s'appelle toujours lire, bien que l'essence du lire ne soit plus dans le lire, ou plus dans ce lire-là ; il n'est pas non plus de ceux-là, qui se plaisent à écrire pour le seul fait d'écrire, ou de ces autres s'en sentant le devoir depuis leur tendre enfance, ou du fait de leur seule naissance, et s'il subit, comme tant d'autres de ses coreligionnaires, ce qu'on appelle l'angoisse de la page blanche, soit, pour ce qui le concerne, cet état d'entre deux eaux, de tête entre deux mots, à ne pas bien savoir lequel choisir qui aille très bien ici, ni là, l'esprit vagabondant entre tous les chapitres, venus ou à venir, peut-être un peu perdu, le cul sur l'intrigue, entre la brume du verbe et les caprices du dire, comme en apnée, pour ne pas perdre la concentration, donc pas non plus la cohérence productive de l'ensemble, dans l'euphorie du dénicher, certes, mais aussi par elle empoté, pas encore empêtré dans cet entre tout ça mais parfois empêché par le (pas) tout à fait ça, eh bien, s'il souffre effectivement de temps en temps de ce syndrome, au moins ne souffre-t-il pas le souci de celui de l'assiette vide : jamais il n'a regardé ses pâtes, ces pâtes, coquillettes, macaronis, farfalles, pennes, fusillis, ou telles que tu les voudras tant qu'elles ornent l'assiette et comblent les placards, qui auraient été de premier prix donc de second – ou plus – choix, jamais il ne les a regardées en pensant au pesto qu'on n'aurait pas encore rangé dans son idoine étagère, en se disant que l'un et l'autre iraient très bien ensemble, avec en sus quelques lardons à défaut de vrai lard, ceux qui auraient été cachés car rangés au frais, dans le frigo, et, de fait, jamais non plus ne s'est-il interdit d'y penser, au prétexte d'une nécessité de séparer les repas en stricts et économiques duos, en économiques car stricts duos du style condiment-sauce, condiment-viande, condiment-*et-cætera*, au lieu d'un généreux mais dangereux condiment-viande-et-sauce qui consomme plus de réserves d'agrément sans nourrir autant, sans intégrer autant de condiments que si l'on conserve la recette avec un condiment pour tout accompagnant ; partant, il ne s'est jamais interrogé, parce-que pris à la gorge ou parce-que jusqu'au cou dans le pétrin, sur le degré de probabilité d'une éternelle durée de ce genre de compte d'apothicaire, même s'il est sans doute vrai que la vue ne manque pas, en l'espèce, d'un certain lyrisme ou, du moins, d'un semblant de cachet. Et encore, coreligionnaire, pour y revenir, voilà le grand mot presque gros (vois, le problème de l'exact ici ou du précis là-bas), tant l'affaire ne tient ni de la passion ni de la vocation, puisque, non, il n'est pas de ceux-là, qui se doivent d'écrire pour être nés ainsi, vieille souche et répétée rengaine d'une à deux balles philosophie de la vie qui dirait la prédestination des êtres, partant, l'unique ou unitaire caractère de leur devenir, l'exclusivité d'une et une seule de leurs voies de réalisation possibles, ou plus tant, tiens, donc bel et bien la seule, la leur, leur voie de réalisation possible, tout droit tracée, et dont les débords ne seraient pas, absolument pas autre chose que des erreurs de signalisation ou de respect de celle-ci ! Il n'est pas de ceux-là, qui pensent devoir trouver leur voie pour se réaliser, au prétexte bidon que nous en avons une, une et une seule, et qu'on n'est pas soi-même si l'on n'a pas sa voie – tandis qu'on a sa voix, irrémédiablement. Non, définitivement non, il n'est pas de ceux-là, qui se satisferont d'une écriture trouvée sur le mode de la voie, et ce n'est pas tant pis, c'est même plutôt tant mieux, tant ce seront les mêmes, ensuite, souvent, heureux béats d'un exercice du dire qui dit celui du pire en ce qu'il tait le jouir de ce que c'est que d'ouïr la complétude de l'être, soit de reconnaître l'étendue variété de ses nombreux chemins et, par eux, pour chaque unicité qui les explore, de saisir son sériel transcendantal, mais, bref, oui, ce sont eux, heureux béats du pire, que l'on verra se revendiquer grands « écriteurs » pour ne pas devoir s'avouer piètres écrivains, au nom du cœur ou bien au nom de cette autre raison que la raison n'est pas censée savoir ! Il est encore moins de ceux-là, les délicats peine-à-dire, non pas à dire cela plutôt que ceci, ou ainsi plutôt que comme cela, mais à dire tout court, qui ont l'envie d'écrire mais souffrent le capricieux, le revêche, le très problématique aspect du dire en ses multiples sens ; non, lui, son caprice est ailleurs, et lorsqu'il veut écrire, eh bien, il écrit, directement, avec certes quelques fioritures mais sans hésitation ni tergiversations, quant à l'acte d'écrire – mais lorsqu'il veut écrire, hein, bien sûr, ce qui n'est pas toujours si évident qu'il y paraît, ce qui, du coup, déplace la procédure problématique jusqu'au décider-écrire, jusqu'aux conditions de la mise en écriture. Non, enfin, et même s'il faut honnêtement noter que l'idée ne manque pas, encore une fois, d'un quasi lyrique charme, tant pis, il n'est pas de ceux-là, qui aiment principiellement la négative, sur le fond ou la forme, pour réponse aux questions qu'on leur pose, mais cela ne fait pas encore de lui l'un de ces autres partisans du oui ; s'il écrit, c'est qu'il doit dire des choses, et que, à défaut de le devoir, il a tout de même des choses à dire, envers et contre tous, envers et contre toutes vos éventuelles objections, envers et contre chaque carcan ou prisme lecturiels que vous auriez besoin d'imposer à son dire, ou que vous imposeriez naturellement, pour la simple et mauvaise raison de la certitude d'un droit que vous auriez à le faire ! Et, surtout, hors de leur emprise, dégagé de tous ces clichés, eh bien non, cette non-inclusion, cette non-réduction, cette liberté, en somme, et l'on sait combien la liberté se dégage par différentiels successifs, cette liberté, donc, ne l'empêche pas d'écrire ; la preuve, puisque tu l'invites aujourd'hui, rapport à ce qu'il a jadis écrit – ou ne serait-ce que l'attrait caractériel du sieur, et sa vente possible, à la manière du prestataire de service qu'il te serait, rapport à ton sacro-saint audimat, à la dépendance en laquelle il te tient ou à laquelle tu t'astreins en regard d'une nécessaire permanence du spectacle ?

Chiant mais pas trop, oui, soit presque supportable, allez, muselons la fine bouche, acceptons le supportable, mais alors pas trop longtemps, sinon c'est chiant, quand même : il ne faut pas plus pousser le Fred dans l'exercice que mémé dans les orties, pas si l'on veut de ses gâteaux pour le goûter, soit pas si l'on veut conserver saine son humeur, et, pour rester en l'esprit par son état, soit, ici, celui de Fred, les bornes s'approchent dangereusement des limites, au travers de ce constant concours de circonvolutions. D'autant qu'il ne sera très prochainement plus grand besoin d'en rajouter davantage : le sien est fait, d'avantage, ou quasi, car le manège a payé, comme il tournait en cirque, ce qui est à dire que, petit pas par petit pas, l'un après l'autre et presque jusqu'au but, le stratagème a fonctionné. Oui, voilà, le voici aux portes du studio, prêt à sourire aux cons et faire son numéro de bête de foire sans vocalisation, sinon celle, tierce, d'une à voix haute lecture de ses brouillons, cafouillages ou griffonnages, le voici à deux, trois ou quelques crampes aux doigts du bouclage, à force, à plus tant que cela du clap de fin de l'enregistrement, et le voici, bientôt, dans quelques heures à peine et sans plus trop de peine, sur les ondes. Voilà qu'on l'annonce, et voici qu'on l'appelle et l'invite à entrer en plateau. Voilà, voilà.

Elodie sourit, maintenant, certainement. On s'en fout, mais Elodie sourit, doit avoir le sourire ou faire son empressé chemin vers ses retrouvailles avec l'oublié, labial ou facial signe de contentement. Oui, ça y est : Elodie sourit, à en juger par l'heureux visage présenté par l'assistante qu'elle avait chargée de veiller sur le zèbre et qui s'entretient avec elle au téléphone, lui faisant à coup sûr un complet récit de l'événement auquel la rondouillette demoiselle vient d'assister, elle qui fut missionnée pour le conseiller un poil, bon, le surveiller, surtout, on ne va pas se mentir, puisque, de toutes les façons et de toutes celles possibles, Elodie l'avait elle-même suffisamment briefé, lors de leur antérieure entrevue, précédemment à cet entretien-ci, oui, suffisamment pour qu'il ne soit pas ensuite nécessaire de lui rabâcher les oreilles d'une ennuyante complainte, celle visant à lui interdire de sortir des sentiers battus, ou bien alors pas trop, soit un peu s'il souhaitait découvrir la savane, soit, d'accord, mais sans sortir de la réserve, sans oublier la sienne, ainsi qu'il lui arrive si souvent de le faire en ses parfois trop impulsifs sauts de sot cabri ; des bonds, oui, mais de ceux qu'on tolère, telles ces incartades en dehors de l'enclos, admises au seul sein de la verte prairie. Une autorisation, en somme, qui n'a rien du sauf-conduit, et moins encore du blanc-seing. De l'exagération, s'il en faut absolument, mais surtout pas hors des clous. Et puisque lesdites consignes furent dans leurs grandes lignes respectées, c'est ça, elle doit sourire, en ce moment, Elodie, rassérénée par cette sous peu publique démonstration que, à coup sûr, on lui promet assurément – soit la chose aussi certaine que la frappe, l'estocade, enfin, le coup – respectueuse de l'esprit sinon de la lettre de ces siennes antécédentes injonctions au comment agir, ou, pour plus correctement le dire, au comment bien agir. Ouais : bien qu'on s'en foute au plus haut point, elle doit dorénavant sourire.

Pas le vendeur de produits bruns, en tout cas, ainsi qu'on classe commercialement parlant les appareils audiovisuels, et donc ainsi qu'on nomme ou peut nommer les idoines professionnels, et celui-ci avec ses autres confrères, qui tire plutôt grimace sur grimace, ou qui peut-être précise l'initiale au fur et à mesure de cette énième interaction subie, qui se dit et qui d'ailleurs lui dit qu'ils ont mis des panneaux, là, voyez, au-dessus des rayons, gros comme des maisons, que c'est bien foutu, n'est-ce pas, et qu'ils n'ont probablement pas été installés là pour les chiens, et que même ces satanés chiens savent aboyer, que donc il ne voit pas pourquoi cet hurluberlu se tait et note ses fichues questions, ce que d'ailleurs et derechef il énonce comme le reste de ses reproches à l'égard de notre impoli trublion, dans leur foulée, sans se fouler mais en s'enrouant, sans doute, puisqu'en forçant, sans que l'on sache bien mais non sans qu'on se demande si c'est à cause du silencieux et pour qui ne le connaît que peu fort étonnant bonhomme ou de la décevante totalité de la presque écoulée journée. Quoi qu'il en soit, de la dernière pluie ou des précédents crachins, reste le résultat : le vilain n'est visiblement pas de la meilleure humeur.

Doigt – seul, fier, pour noter ton honneur de vendeur et puis l'heur de mon heure, perdue sur le chemin de ton magasin, enfin, le tien ou au-dessus, retour et malotru compris, soit les deux inscrits au total, pas très content payé ! Pour te dire mon mépris, si tu veux, ou si tu préfères, rapport à ton manque de sérieux – ou en serait-ce l'excès ? Bref. Tour de talons, et poudre d'escampette ; tranquille, mais d'escampette quand même, puisque si Rodrigue a du cœur, Lagardère ne vient qu'à qui cherche le bossu, non à ceux qui n'en ont cure, puisque, en fait, absurde blague à part, si ce brun n'est point là, c'est qu'il va falloir quérir ailleurs l'absent qui, répugnant, se refuse, se défile.

Très lourd (voire chiant) parce qu'absent, il se défile encore comme les endroits défilent, comme Fred déambule ou vagabonde en une suite d'enseignes uniquement interrompue par la nécessité d'un transport, par les nécessités du transport, soit plus prosaïquement par les brèves de bus, de métro ou de tram comme il en est de comptoir – et comme on n'en maîtrise aucune, en son advenue, ni son croisement, sans quoi rarement on les subirait, jamais, même, ou presque, tant elles tendent à survenir, à s'imposer, à nous violer, pénétrant nos oreilles exactement à l'instant où l'on s'en passerait. C'est à se demander s'il va finir par trouver ; peut-être bien que non, remarque : on ne doit en voir qu'à la télévision, de ces fichus bidules, ou dans les ventes par correspondance, les courriers des lecteurs, ce genre de truc, ce genre de piège à cons qui, non content de te faire savoir qu'un inutile existe, et pour le cas où tu ne le saurais pas encore, ou pas à propos de celui-ci, prend le vicieux pari de t'en donner l'envie de possession. Attends, si ça se trouve, c'est au contraire une histoire de mutine providence : puisque Fred, lui, en l'occurrence, sait parfaitement ce qu'il veut, eh bien, cette garce de coquine le lui refuse – des fois que quelqu'un ait oublié de dire que la vie est mal faite, il lui serait alors, ici, l'occasion de se grandir larron d'une populaire sagesse (sait-on jamais que cela serve).

Et puis, l'énième et dernier. Et puisque la leçon reste relativement fraîche, ne serait le temps, contre son gré passé à se balader, on l'aura malgré-tout correctement retenue ; faut bien, vaut mieux, et il était grand temps, tiens, dirait-on, mais mieux vaut tard que jamais, dit-on aussi, et, lors, en voici deux trempés dans ce que tu tiens, sans passer par tu l'auras, et, de la même manière, on dit encore que c'est toujours dans le dernier endroit où l'on va le chercher qu'on va finir par trouver ce qu'on cherchait, ce qui n'est pas plus con que si c'était simplement con, au sens de pas pire que si ce n'était mieux et toutes irraisonnables proportions gardées, en complément aux communs lieux brouillés. Alors, comme nous le disions, l'énième et dernier, puisque, dicton ou non, pompon trouvé, on ne le cherche plus. Juste avant ça, immédiatement avant la trouvaille, à l'heure de la pénétration du magasin, il faut redire qu'on sera sorti couvert – manière de dire (ou de redire, donc) qu'on aura retenu la leçon. Bon, c'est entendu, voire écouté : leçon retenue, donc, et, donc, pas de nouvelle adresse aux uniformes, qui serait, ne serait ou ne pourrait être qu'au trop élevé risque de croiser ton frère si ce n'est toi – même si toi serait hautement improbable. Allez ! Fi ! On avance. Décodage de l'organisation par lecture des pancartes, détermination du rayon, voilà, on se demande pourquoi on les paye, on se demande, on regarde, on scrute, on cherche... et voici ! Là, devant lui, ça y est : l'objet !

Caisse ; paiement.

Voilà. C'est fait – ou presque. Bon, ce n'est pas que le périple soit achevé, mais le plus dur, lui, se trouve à présent fait. Du coup, ne reste plus que le grand final. Et quel grand final cela promet-il d'être, quel grisant moment va-t-on s'offrir, au bout du compte, après tous ces efforts ! Tout ça pour ça, dira-t-on, peut-être, mais ça en valait la peine, pourra-t-on répondre du tac au tac, hein mon neveu, tant c'est bon. C'est même divinement bon, ou ce le sera vite, incessamment sous peu. Oui, car voilà, voilà ce qui sera sa réponse, la réponse du berger à la bergère, toute bergère qu'elle s'ignore, ou toute lue-bergère qu'elle ne se sache pas, soit toute méconnaissance qu'elle ait de son état de sujet, ou d'objet si l'on entend le sujet-vu, soit si l'on comprend la perception et sa portée, ce qui est à dire ses limitations, de part et d'autre des divers objets lui prêtant vie. Ouais : mascarade pour mascarade, elle va récupérer la monnaie de sa pièce, la rousse, et ça promet d'être tout délicieux ! Ouais, bis : voilà un sacré numéro, qu'il s'apprête à lui faire, en guise d'inattendue réponse, et voilà, en sourde promesse, le début d'un bas coup joyeusement porté à la monotonie !

Petit coup d'œil à l'heure : pas tout à fait. Non, ce n'est pas encore l'heure ; mais il n'y a pas tant à tuer. Que faire ? La durée du trajet en sus, la vérification de réception avec, non, tout compte fait, restent encore et toujours vingt bonnes minutes à tuer. Allez, dix-neuf. Joueur,

Fred décide de les tuer sur place, cette présente place, plutôt qu'une fois rendu là-bas. A défaut d'un amour du jeu ou d'un prononcé goût du risque, ce pourrait être parce qu'il y a, là, ici, un de ces vieux bars à whisky dont tout bon buveur, dilué dipsomane en l'essence, en tout cas irrémédiablement partisan de l'alcoomanie, raffole, et entre les murs desquels tous les tenants du gagne-courage-au-prix-le-plus-petit, plus encore que monomaniaques de l'ivresse, apprécient de doucereusement retrouver le chemin de son ordinairement exigeante vertu. Un dernier pour l'entrain, en somme, ou l'en-bus ou l'en-taxi, voire l'à-pieds, avant d'aller tant et comme on pourra tuer le temps qu'on peut tuer, puisqu'à chacun ses jeux, oui, à chacun son transport !

Et puis, l'instant du thé passé, à présent, la route, tout ça.

— Vous ! C'est pour me présenter vos excuses, j'espère ?

Négation corporelle, sourire en coin – presque pas tu. Visiblement, mais pas si étonnant, comme une arrière-pensée, sonnant ou résonnant en tête...

Q. « Sinon, fais-lui une *James* »

Un point partout, la balle au centre : souvent, compte de l'un ou non, enfin, compte de l'un ainsi qu'on l'aura vu réglé ou plus différemment paramétré, ses composantes tel ou autrement calibrées, ou, même, tel que nous l'aurons décrié, l'on se dit que, d'une perception à l'autre mais non d'une perception, l'autre, eh bien, le milieu donne le « la » de ce qu'il est possible d'atteindre. Attention : quant à ce propos de milieu, l'analyse n'est pas sociologique, il ne s'agit nullement ici de discuter les tenants de l'incubation sociale pour derechef préjuger de leurs aboutissants, tout excessivement tristes qu'ils soient et donc tout méritant notre commune attention qu'ils s'avèrent (mais il faudrait déterminer un point de départ à l'application d'un correctif, et l'on proposerait vite d'interroger l'école et la stabilité autant que l'universalité de ses conditions – or, nous souffrons la complaisante répétition, ce qui devrait nous empêcher de redire l'importance de favoriser l'émergence des intelligences, ce qui n'est pas du pareil au même que de ne favoriser que l'intelligence) ; non, ce dont il s'agit, c'est du point d'équilibre phénoménologique, entre les phénomènes, entre celui que je me suis et celui que m'est l'autre (pour équivaloir les niveaux existentiels) – disons l'un-autre, presque cet autre-là, pour ne pas autoriser la confusion avec l'altérité, qui n'est plus l'autre au sens de l'un-autre mais tout autre, et qui n'interroge pas l'équilibre de la même façon que lorsque celui-ci s'exerce entre deux entités potentiellement équivalentes (tout excessif doute omis). C'est alors entendu : la question n'est que celle phénoménale – ce qui nous laisse, ceci dit, tout ceci dit et tout de même, une très suffisante quantité de travail, assez pour donner quelques migraines à nos coincés esprits, dont d'aucuns diraient qu'on les soigne par de l'aspirine lorsqu'ils se trouvent souffrir, que l'un nous fit (mais c'est une autre histoire) une fois rire en préférant spontanément, au milieu d'autres effarantes audaces linguistiques qui nous disaient tant plus de sa belle candeur au monde ou de sa fraîche jeunesse intérieure que du distrayant erratique de son par ailleurs exotique vocabulaire, nous vanter sous le cousin, variant nom « d'aspiring ». Mais, disions-nous : c'en est assez de ces milieux, qui nous égarent en sus de n'être point le nôtre – ou pas celui du jour, puisque l'anecdotique détour en ce nôtre passé en aura malgré-tout donné quelque esquisse, sans se faire, sinon accidentellement, objet de nos desseins. Alors, la parenthèse close, le centre de la route retrouvé, voici (ou revoici) le milieu phénoménal, voilà que, un rien dans l'idée de faire contre mauvaise communauté, bon chœur, miséreuse tendance poussant ensuite au défaut d'identité par lequel on recherchera le même pour valeur de la correspondance, on ne vise plus que l'à peu près pour mire de l'atteinte, le point d'équilibre pour approximatif ajustement au juste, la teinte de véracité pour équivalent au vrai. De cette conception du milieu, de cette idée-ci de milieu découle la foire des pis que pire, et c'est à qui le compromis du couple, à qui le donnant-donnant(-mais-si-et-seulement-si-l'on-me-donne-autant-que-je-donne) des amitiés, à qui le mensonger gagnant-gagnant du politique (où revoilà le volet social), à qui fera le plus rocambolesque ou grotesque fi du seul courage qui compte, c'est-à-dire l'engagement, l'engagement non pour l'amour du risque mais au moins désintéressé, oui, désintéressé de toute rétribution en son mouvement – toute bonne qu'elle soit à prendre lors de ses surgissements, ladite rétribution. Oui, un peu partout, par trop partout, c'est à qui diluera le moins sobrement ce que c'est que l'idée d'un milieu, la juste idée d'un milieu, hasardeux s'il est juste milieu, au nom, justement, d'une mécompréhension de la différence que cela produit avec l'idée d'un juste milieu au sens de juste un milieu – non que les conceptions soient antagonistes si l'on y rend permissif le placement du juste, en ce qu'il ne dirait rien de son acolyte de phrase pour le seul fait qu'il est son acolyte. Sans compter qu'une telle vision de l'équilibre pose inévitablement la question des identités sises à l'affrontement : faut-il un parfait même, en face, pour répartir les points comme s'ils étaient intrinsèquement égaux entre eux, innocemment permutables, le calcul (sans aucune limitative condition) ouvert à la commutativité ? Faut-il rouvrir les débats d'un(s), et quelle conception, là, donnera celle ici ? Or, puisque nul mot ne saurait être si volatil qu'il y paraît, nul d'entre eux n'est signifiant hors de sa place, nul plus signifiant que par celle où il n'est pas, et l'équilibre n'est pas en juste le milieu, en ce juste milieu juste de n'être que, ou juste, le milieu de deux uns, mais en le juste des milieux, où le milieu, lui, n'a plus rien que de l'accident, sans importance numéraire, donc sans souci d'équivalence des unités (ce qui n'est pas encore renier les unicités), sans la pression de l'invasion des un(s) : rapport au phénomène, c'est l'être entier, qui affronte l'autre – oui, certes, même s'il feint, il reste entier. Dès lors, le milieu n'est que le point d'équilibre du système, et il n'est juste que parce qu'il se fait, il n'est ainsi juste, ou juste ainsi, que parce qu'il se fait ainsi, et il ne saurait être juste selon cette autre idée d'un compte du deux par acception mathématique des unités. Hey : on devrait pourtant savoir qu'il est des relations asymétriques, sans équilibre unitaire – rien que valoriel, ce qui n'est encore une fois pas tant rien. Ainsi, si le joli mouvement d'une langue ne va pas nécessairement de pair avec l'élégant maniement des concepts, la plus clinquante verve sachant en effet, comme le plus passionnant, captivant des orateurs, servir les plus vilains discours, *a contrario*, le manque d'exactitude linguistique d'une expression donnée, partant, de son idoine personne (faisant support), indique bien souvent si ce n'est presque toujours d'identiques trous conceptuels – ce dont on sait le risque systémique, les gâchis en cascade. Voyez à ce sujet les erreurs négatives, ou fautes d'emploi voire de non-emploi des négations. Et quoi de plus étonnant, après tout, pour une vibration de l'être, que d'indiquer la structuration d'un être ? Mais bon. Passée la gratuite ou presque gueulante à propos du juste usage de la langue, reste, relativement au milieu (pour donc ce qu'elle nous intéresse), l'idée d'asymétrie. Et l'on devrait la savoir, pour sûr, on devrait même ne pas l'oublier, mais on ne la sait pas suffisamment clairement pour s'en préoccuper, ou se la remémorer le bon moment venu. Pourquoi ? Parce-que les gens sont cons, serait-on tenté de répondre, même si l'on se contentera de supposer qu'il devait là s'agir de l'une de ces fameuses ou fumeuses bonnes idées, lancées de-ci, de-là, par ici ou par là-bas, un jour, un soir, n'importe quand et n'importe comment, au petit bonheur la chance, malchance de leur réception, par une bonne conscience, un mauvais esprit ou l'autre. Hey (bis) : c'est qu'on regorge de bonnes idées ; les gens, détestablement, regorgent de bonnes idées. La preuve, c'est qu'ils vous abreuvent d'une sélection des leurs à la moindre occasion qu'ils trouvent de le faire. Ne me surprenez pas, a-t-on postérieurement envie de prévenir, l'espoir chevillé d'ainsi, peut-être, s'en immuniser. Mais, la faute au manque de prévention ou la faute à leur vivacité (comme quoi, tout arrive), signe évident d'un besoin de paraître ou d'extérioriser, voici qu'il est souvent trop tard pour y faire quoi que ce soit, ou du moins pour l'empêcher. Avec soi-même aussi, remarquez, le libre, cavalier surgissement s'opère : on a parfois des idées si bonnes qu'on ferait mieux de tenter au plus vite de les laisser s'échapper hors de notre atteinte, trop faibles que nous sommes généralement dans la poursuite de notre volonté de ne pas. Et on le sait, alors, on le sait fort bien, voire pertinemment, que l'idée n'est pas intrinsèquement si bonne qu'il faille nécessairement la conserver. Mais, inévitablement, on aura plutôt tendance à la dire ou la suivre quand même. Pour autrui ou pour soi, dans un cas comme dans l'autre, c'est ennuyant. Oui, c'est ennuyant, dans la plupart des cas et sinon dans quelque cas qui soit. C'est même terriblement ennuyant, à tel point qu'on voudrait gentiment, pour le moment aimablement et avant que de perdre nos nerfs, les ou nous en défendre, histoire d'éviter des contrariétés inutiles ! Mais si le monde est dit petit, c'est que les Hommes ne sont pas sus grands.

Un point partout, la balle au centre, c'était ainsi l'idée. Bon, eh bien, autant pour l'idée, tiens, dis-donc, et vole au vent pour s'y éparpiller toute la belle cohérence qu'on serait en logique droit d'attendre d'une idée ! Autant pour la surprise, aussi, autant pour l'effet de surprise, même si la surprise fut bel et bien – feu son utile aspect. Un point partout et, dans le viseur, en ligne de mire, la balle au centre, faudrait-il en réalité compléter pour préciser. Car, au niveau de la réalisation, en plein dedans, lorsqu'on regarde l'état de la cible, y'a comme une couille dans le potage. Hey (ter), c'est que la rousse n'est pas née de la dernière pluie, alors elle ne s'en laisse pas si facilement compter, quant à faire ce qu'on lui dit ou même gentiment demande de faire. La belle n'aime pas qu'on la commande ! Alors, pour tout dire, oui, c'est autant pour ce qu'était, pour ce qu'aura été l'idée, plutôt passée au froid hiver, c'est-à-dire enterrée au côté de celle de perfection.

Faut dire en fait qu'elle n'a probablement pas tout compris à ce petit boîtier noir. A sa fonction, à sa primaire ou d'usine fonction, si, pour sûr, tant c'est évident, puisqu'elle est notée dessus, à grand renfort de petites étiquettes, à l'instar de tous les appareils électroniques que le commerce propose. A la raison de sa présentation, au motif de sa présence ici, soit au manège de l'énergumène, par contre, voilà l'affaire tout autre. Alors, elle reste un peu conne, face à un Fred bien en peine de lui expliquer quoi que ce soit sans piper mot, surtout compte tenu de la mauvaise disposition dans laquelle se trouve à son égard l'intéressée. Ouais : comme ce n'est pas pour en entendre des excuses, elle ne tient pas trop à lui causer, moins encore à subir un exposé de ses méthodes, à cet en-peine bien peu à l'aise, puisque – ce que faute de lui prêter attention elle ne sait pas encore – pressé par un impératif de réception.

Faut dire que leurs antécédents jouent contre lui, et puis contre ce pari d'obtenir une quelconque attention. Mouais. M'enfin, on n'a pas vu de grande victoire sans proportionné défi, et la complexité de la tâche n'a rien de nouveau dans l'instant, ce qui revient à dire que Fred ne la découvre pas sur le moment, là, maintenant. Alors, il insiste, non tant, ou plus tant en gesticulant ou griffonnant qu'en restant planté-là, mais en tout cas tant et si lourd qu'elle finit par céder et le laisser exposer son pourquoi de comment, convaincue de pouvoir ainsi plus rapidement se délester du détestable bonhomme. Manqué, ma jolie, mais c'est pas grave, et pour moi c'est tant mieux, car voici sonnée cette heure qu'on aura presque manquée.

Faut plus traîner, maintenant ; hop, vite, on se dépêche ! Fred installe quasi contre son gré la récalcitrante sur une chaise, la plus proche, puisqu'on n'a plus le temps de faire la fine bouche, enfin, le fin derrière, bref, là, voilà, pose-toi, fais pas chier, sois à peu près belle et tais-toi ! Allez : prends ce récepteur, ouvre-le, et regarde ! Regarde : je passe à la télé, là, maintenant, tout de suite !

Faut n'y regarder que brièvement, pour noter qu'elle n'en a rien à cirer : nul besoin de s'éterniser, pour comprendre sa face et ce qu'elle dit au monde, enfin, à cette minuscule part du monde qui l'aura forcée au spectacle. Reste la curiosité, tout de même, dont on aperçoit la lueur au fond de ses deux yeux, lorsque, entre deux répliques télévisuelles, entre deux siennes supputations sur la méchante motivation, elle les lève vers l'empêcheur de travailler en rond, faiseur de cinéma, fier de son lourdingue cinéma dans le petit écran autant qu'ici, sur place, contre ce qui devait n'être qu'une tranquille fonction. Oui, il est exaspérant, et oui, elle aimerait le lui faire comprendre d'un seul coup de regard, mais leur fond ne ment pas, à ces fenêtres d'âme, et l'on y distingue très clairement ce très vilain défaut d'humain qui jouera sous peu rôle de carotte.

Pour sa part, c'est avec le bâton, qu'elle commence, tandis que s'achève l'émission.

— Quoi, c'est tout ? C'est fini, je peux retourner travailler ? Et vous partirez ?

La ruade est d'aisance, oui, un simple procédé d'affirmation pour qu'elle se sente un peu raffermie ; il ne faut conséquemment pas s'en laisser conter, non, surtout pas se laisser impressionner. Sagement, il laisser couler, attendant la fin des premières pluies pour mieux ou plus efficacement affronter l'orage. Et le silence est d'or, en sa puissance réactive.

— Vous êtes content ?

Oui.

— Tout ça pour ça ? Pour me montrer votre vilaine bouille ?

Non.

— Quoi, pour vous faire mousser, alors ?

Que nenni.

— Alors quoi ?

Victoire ! Sourire ! Savouration !

Se saisissant de ses usuels outils du dire, calepin en paume et crayon virevoltant entre les doigts, par paires saisissants, heureux d'avoir enfin saisi sa proie dans ses filets, d'une telle façon prise qu'elle ne s'échappera plus, qu'elle ne cherchera même plus à tenter de s'échapper, Fred explique ; il explique l'affreuse laideur qu'elle sue, qui transpire dès qu'on la voit, au moins dès qu'il la voit, lui, celle qui lui apparut au premier des regards, l'autre soir, dès qu'il la vit, avant la gifle, celle qui lui avait fait lui écrire, quand même, et comme ce fut vrai, qu'elle lui allait ceci dit à ravir. Il explique aussi son stratagème, soit pourquoi il dut monter cette mascarade, lui faire voir un faux pour équivalent de celui qu'elle trimbale et que, impudique, elle montre, déballe à qui veut clair y voir, sans plus de retenue qu'une pute son string, en bordure de trottoir. Ce n'est pas que la comparaison lui plaise, non, ce n'est pas que l'analogie lui aille, à la rousse, tout au contraire, ce serait bien plutôt qu'elle ne lui convient pas, ni en forme ni en fond, mais, en le courant quart d'heure, voire en la courante heure, la cocotte n'est plus vraiment à une surprise près ; d'ailleurs, elle ne répond plus rien, comme il poursuit son exposé, et l'on pourrait se demander si c'est car elle acquiesce, ou parce qu'elle veut s'en garder, de répondre, et donc par conséquent d'entrer dans son jeu, ainsi que l'on se garde d'un mauvais récit dont on attend la fin pour pouvoir tout entier le vomir. Pourtant, le naturel n'est jamais si loin caché qu'il n'en soit encore à portée de galop, et coite n'est pas de marbre, et, le virulent trop vague, Clémence, n'y tenant plus, s'exclame.

— Mais de quoi tu parles, putain ?

Ah, nous y voilà ! Je parle de ta malheureuse tentative de néant, de ton pitoyable essai de figuration, de ta triste maladresse à cacher ton passé, à le cacher comme s'il n'avait jamais existé et comme s'il ne t'imprimait pas sa marque, que tu le veuilles ou non, que tu l'acceptes ou non, que tu en sois ou pas fière ! Oh, rassure-toi, je ne te dis pas que tout futur est passé, que tout futur possible n'est jamais dicté que par le passé, non, je ne suis pas partisan du déterminisme contre le libre-arbitre, tout relatif qu'on sache décrire ce dernier, non, bien au contraire, mais je veux te causer de ton manque de virtuosité, de ton apparente, ô combien apparente incapacité à feindre le bien-aller, le tout-est-normal par la faillible grâce d'un tout-à-l'égout de ta vie ! Ce n'est pas le bon chemin à suivre, pour la marche des choses, pour que les choses marchent, et cela se voit. Moi, en tout cas, je le vois, ce pour quoi je te le fais voir, ce pour quoi je tenais à te le faire voir, et voilà pourquoi j'ai dû souffrir la mascarade médiatique. Tu pourras bien m'envoyer chier, remarque, mais laisse-moi te prévenir aimablement : ça n'y changerait absolument rien du tout !

— Et tu es qui, toi, d'abord, à part un type avec bien trop d'audace, à la limite du culot, pour te permettre de venir me faire une leçon de vie ? D'où tu sors, hein ? Dis-moi, mais dis-moi !

Mais rien ; mais personne ! Surtout pas ! C'est d'ailleurs tout l'intérêt de ce faux, que je t'ai présenté pour te rendre le tien ! Ce n'importe pas, ce que je suis, ou qui je suis : je ne suis qu'un passant, un soulard trop heureux de tomber sur une charmante serveuse alors qu'il étanchait sa soif, et qui a vu ce qu'il a vu, et, accessoirement, qui te dit ce qu'il te dit !

Oui, mais voilà, en sus de cet à sus, en addition à cette défensive réprimande et contre le développement de notre ami, voici qu'on l'appelle, cette après tout serveuse, lui rappelant la raison de sa salariée présence ici, qui ne doit rien à la galanterie et n'autorise nullement les apartés, les sympathiques petites messes basses et autres chuchotements, tout client qu'il s'avère et toute vide que soit jusqu'ici demeurée la salle. Sermon contre savon, c'est un peu le marteau et l'enclume, et c'en est trop pour la pauvre Clémence.

— Allez, maintenant tu t'en vas !

Ouais, bon, lorsqu'il parlait de son extrême laideur, c'est confirmé, il était important de noter qu'elle ne la portait pas si mal que ça ; à ravir, lui avait-il alors écrit, et force est de constater, tandis qu'on attend presque sagement la fin de son service, que le reste de ses charmes ne sait pas occulter la noblesse de ce port. Oui, la fin de son service, car, et au-delà des faiblesses du déguisement de fonction en matière de féminité, eh bien, à défaut de pouvoir se revendiquer ou d'être immanquablement reconnu roi, le client reste un client, auquel on n'indique pas la porte tant que peu ou prou il se tient tranquille et que, surtout, il reste bel et bien client, c'est-à-dire qu'il consomme.

Et consommer, ça, il sait faire, Fred, on peut aisément lui faire confiance, et observer aussi, au rang des choses chéries, aimant assurément l'un et l'autre, consommer et observer, voire autant l'un que l'autre, et l'un avec l'autre tant qu'on y est, puisque de toute manière les voici ainsi couplés ; et puis ça lui donne des forces pour l'après, autant qu'un plaisir certain, ni feint, ni, sent-il, encore du tout à son bel apogée. Des forces pour la poursuite de son exposé, trop tôt interrompu par le vilain chef de bar, et une délectation, surtout, face au spectacle de cette quoi qu'il en soit charmante personne, Clémence, oui, que voulez-vous, à bien y regarder, il la trouve même de plus en plus jolie, malgré la faible générosité de la noire tenue à l'égard des féminins atours, avec son élancée silhouette, au quasi loin, tout auprès du comptoir, avec son balancé popotin, lorsqu'elle se précipite à la commande, à sa transmission ou qu'elle la ramène, enfin, aux coureurs d'addition, avec son engoncée poitrine retrouvant une aisance à la marche, avec ses opulemment parsemées taches de rousseur, qu'il préfère voir comme autant de grains de beauté, ainsi que le sont les bulles de folie ou les teintes d'espoir, avec sa nuque, qui ne se dégage que lorsque tête dodeline ou se meut, vive, avec son regard, aussi, n'oublions pas ce regard, ce timide, que dis-je, tout empreint de réserve, allez, carrément fuyant regard, lorsqu'elle se sait scrutée, et elle se sait évidemment scrutée, cachant ces délicieusement gris ovales, non pas la triste car allusive couleur mais simplement, très simplement et tout joliment celle des iris, enchantées lisières de pupille qu'on ne voit forcément pas d'ici mais qu'il n'aura pas manqué de noter dès le premier coup-d 'œil jeté, enfin, celui du jour, hein, puisque, quant à se souvenir de l'autre soir, quant à se souvenir pleinement de l'autre soir, en dehors des grandes lignes, c'est une tout autre affaire, lointaine, oui, par trop éloignée de la présente, avec son ondulée chevelure, par ou derrière laquelle elle se cache lorsque le naturel ou pas tant agencement de la salle n'y suffit plus, avec sa fine, gracile, superbement lisse et délicate nuque, aux apparitions non moins fugaces que celles de son regard, par trop fortement dépendantes des replis capillaires, du bon vouloir du vent ou des cléments mouvements, avec, finalement, toutes ses petites manies, à cette mère du mot, toutes ces tendres manières de perturbée jeune fille que la stricte, non, que l'en-retrait femme ne cache qu'incorrectement, telle cette façon de ne pas, non, jamais tourner le dos aux clients, conséquemment de ne pas plus leur présenter l'arrière, tel ce retenu train de marche, à l'occasion, aux occasions, en chacune des occasion de la marche, du service ou du débarrassage, telle cette autre, de s'interdire les racoleurs sourires, des fois que ça provoque, ou telle encore celle de calculer ses gestes pour ne surtout point effleurer...

Un vrai régal, vous disait-on, que cette verte pousse, depuis l'observatoire, et le whisky n'est pas mauvais non plus ; mais la chouette plante non plus, et toujours point plus le gentillet ambré. Non, ni elle, ni lui, et puis ni lui ni elle.

A ce stade – ou ces degrés – de confusion, il pourrait s'avérer sage de ralentir. Mollo, mais pas trop, et pas du tout original, Fred s'accorde une cigarette. Oui, dehors, bien sûr. Hey : ce n'est pas exactement comme si l'on avait le libre choix d'en griller une dedans ou dehors ; alors, tant pis, c'est dehors.

Dehors, justement, syndrome du réchauffé puisque pathologie du déjà-vu, comme à chaque fois – ou presque – qu'il sort, l'air neuf lui fait du bien, lui rajuste les idées ou du moins lui aère l'esprit. En l'heure, il ne fait pas trop moche. Ce doit être l'automne, ce pourrissant déclin d'été, avec ses mortes feuilles en pagaille, sa faiblarde luminosité, ses vacillants gens, aussi, lorsque le vent se lève et contrarie par sa brusque et localisée force leur stabilité de frêles bipèdes ; mais il n'y a point de pluie, ce qui est toujours ça de pris, ou, justement, enfin, injustement à l'expression, toujours autant d'eau pas prise. Tiens, voici l'instant soudainement choisi par sa cigarette pour lui brûler l'index, signe d'un mécontentement à son achèvement, voire simple marque d'inattention de sa part ; quoi qu'il en soit, voici de fait la pause finie et le temps de rentrer, histoire de retourner couver la cuisson de cette roussie dinde, maintenant que l'envie de l'embrocher, auparavant montante, se sera quelque peu éventée.

Dans l'interlude, le lieu s'est vidé du reste de ses éphémères occupants, ne laissant plus que Fred, comme il y pénètre à nouveau, pour seul et unique client ; ainsi, et si tant était qu'elle le veuille, l'inefficace – ou point assez – menteuse pourrait désormais se rendre disponible. Certes, seulement, voilà, la ravissante capricieuse se fait attendre, elle préfère tourner en rond de l'autre côté du comptoir, s'affairer à quelque ingrate tâche, voire pour de bon travailler lorsque les gens reviennent, plutôt que de retourner affronter, là, maintenant, le fâcheux énergumène, le contrariant donneur de leçon, peut-être bien trop urticant à son goût. Tout ceci avec la volonté de ne pas y paraître, ainsi qu'auparavant. Qu'à cela ne tienne, chère minaudeuse, pour ne rien changer de plus, il attendra. Non pas qu'il n'ait rien de mieux à faire, mais rien qui soit si passionnant que cette présente occupation, que cette observation, que, bientôt ou sous peu, la poursuite de cet abord d'un si prometteur monde, du reste déjà tout à fait croustillant en son seul abord. Qu'à cela ne tienne, donc, car il aura tout loisir, ensuite, de plus avant et plus qu'avant te causer de ton honteux passé d'effeuilleuse, dont en tout cas tu as visiblement aussi honte que s'il s'agissait de celui d'une gagneuse (mais si, tu sais, les michetonneuses), jusqu'à t'en cacher du mieux que tu n'y parviens pas – et c'est à se demander pourquoi, à vous titiller d'aller voir s'il n'y aurait point anguille sous roche...

Whisky, modérément mais pas trop, puisqu'après tout, point trop n'en faut quand même, de cette vilaine modération dont on ne sait plus trop que faire à force de devoir en boire partout et tout le temps à l'excès, à l'envi mais quasi sans la consentie nôtre.

Enfin, après moult poses et pauses, voici la belle poulette libre ! Et que demanderait encore le peuple sur le ton du caprice, puisque la voici et disponible et disposée, bien disposée, même, contre les plus pessimistes de ses attentes, récompensant la longue sienne – c'est que l'affaire souffrait de n'être pas gagnée d'avance. Mais, puisque le pari fut le bon, hue, cocotte, en avant la musique et en voiture Simone, c'est moi qui conduis et c'est toi qui klaxonnes ! Il ne s'agit plus de traîner, après ce temps pas loin d'avoir été gâché, à t'attendre de pied ferme pour t'en remettre un coup au cul, le dernier, pour la route, telle une clef de voûte parachevant l'ouvrage et couronnant le dur labeur ayant précédé sa pose !

Tiens : commence par ça.

Au douillet creux de son carnet, Fred n'a en effet pas tant perdu ses heures qu'il y paraît, comme il semblait chômer, et la désormais irrémédiablement prise au piège, coincée dans l'engrenage, capturée sinon captivée, la vaincue curieuse y découvre l'équivalent d'une lettre, la collection plus ou moins bien agencée des pensées de monsieur son bourreau, emmerdeur de son état ou de sa présente fonction, casse-bonbons au possible, brise-burnes, si la chose se pouvait, oui, à tel point qu'on revient s'y frotter même en sachant pertinemment qu'il pique ! Paradoxal ? Autant qu'Eros et Thanatos, pas plus que les conquêtes ou la gloire des mauvais garçons, alors tant pis, il fallait voir le train passer, car, ici, on saura sous peu, et tout à fait fermement, que la messe est dite depuis une petite lurette. Tandis qu'on lit, le griffonneur, lui, sirote paisiblement.

Alors voilà : il est le sonneur de cloches, les résonnantes et creuses cruches adorant aller à l'eau autant que tous les sonne-carré n'ayant pas nécessité de s'y rendre pour s'avérer fêlés, il est le perturbateurs des frêles fourmilières, oui, le tamanoir des puces à prendre, le bête chose des occasions possibles, il est l'éventreur de faussaires, c'est ça, l'arracheur de masques, l'effaceur de mascara, le tombeur de faux-cils, le semeur de net, exact, le découvreur de peau, le rêche défaiseur des ombres, l'éponge des sales ornements, il est le révélateur de saveur, l'exhausteur de vrai, le dénicheur du goût des autres, de ce qui réellement est le goût des autres, contre les mensonges qu'ils acceptent, contre la débile manière qu'ils ont de s'accepter, c'est ça, il est l'inévitable chaos des bancals ordres, il est le turlupinant, l'agaçante question à la stabilité, il est la mise à la torture de la tienne, de stabilité, oui, il est l'aube de tes certitudes futures, ô combien plus assurées que la présente somme de tes vaseux doutes et égarements ! Car tu ne sais pas, tu ne sais rien, non, tu ne sais rien de rien, visiblement, tu ne sais pas convenablement faire semblant de rien, et tu t'enfonces dans un paraître dont tu n'as pas les codes, afin, crois-tu, de revêtir, seyant, un nouveau costume, un déguisement, propre, à même de recouvrir cet autre dont tu ne souffres plus qu'il figure, qu'il te tienne lieu de figure ! C'est compréhensible, remarque, mais tellement visible, oui, tellement évident ! Tu ne veux plus qu'on sache que tu fus, ou ce que tu fus, qu'on sache et dise que tu fus cette danseuse de petite vertu, cette effeuilleuse de l'ombre, cette nymphe de bar, cette paire de fesses et ces morceaux de tétons, pour te résumer à ce à quoi te résumèrent tant de tes indélicats spectateurs d'alors, saufs tes cuisses et ton joli minois – voire ton agilité à la lascivité ! On t'aura trop complimentée, pour ou sur ce paraître, en conséquence de quoi tu n'en veux plus – ne seraient les considérations, moins aimables que des compliments, dont t'auront lestée ces rustres rêvant plus ou moins secrètement de devenir tes intimes. Tu n'en veux plus mais tu le traînes, et tes incertitudes, tes approximations et tes blocages ou réserves te trahissent, lorsque tu abordes tes nouvelles postures, manières et façons, lorsque tu retiens le balancement de tes hanches, lors de ta marche, lorsque tu feins, mal, l'absence de sensualité, lorsque ton corps manque de t'entraîner, au passage d'une appréciée musique, lorsque tu ne supportes que mal les insistants regards te dénudant derechef, lorsque tu chéris les pleines conversations contre les gestuels égards, lorsque tu tais malgré-toi les rares débordements, lorsque, surtout, tu tais ton énervement de ces débordements, lorsque, encore, tu ne relèves pas l'agacement provoqué par l'entubé du zinc, là-bas, qui s'oublie par sa place, qui s'y grossit telle la grenouille, qui s'y fait plus vilain que le loup, bref, lorsque, de fil en aiguille, tu en arrives à n'être tellement pas sûre de tes choix, ni d'ailleurs de ce fabriqué personnage, que tu te choisis le moins dangereux voire exposé des métiers, parmi les immédiatement disponibles et ne prenant point trop le chou, au cours de l'exercice duquel tu ne parviens même pas à regarder tes masculins clients dans les yeux, par peur d'on ne sait quelle réponse qu'ils te feraient, par terreur d'on ne sait quelle attente qui pourrait y faire jour ! Tu ne le caches pas bien, ton embarras, non plus ton vieil enfoui, parce-que, au fond, tu ne veux pas te le cacher, parce-que tu tentes de le cacher sans aucune conviction, puisque tu sais, finalement, qu'en cherchant à cacher, qu'en cherchant vraiment à cacher, tu enterrerais sans résoudre, tu occulterais une partie de ce que tu as été, partant, un peu, de ce que tu es, car ta modulation passée d'être, ou modulation de ton être-passé, soit l'historiquement accidentelle façon dont tu fus, c'est-à-dire le mode sur lequel tu as jadis inscrit ton être, le mode vibratoire dont tu teintas le monde, ou te teintas au monde, cette passée modulation, dis-je, entendu que la modulation dit de ce que l'être est, dit de ton présent-être autant que tes présentes modulations, et, bientôt, que celles à venir. Oui, pour tout ceci, au nom de tout cela, il sera ton sonneur de cloche ! Celle que tu es sans te l'avouer. Celle que tu es sans t'enterrer, toi, la toi de jadis qui, faute de s'assumer pour avancer, reste coincée entre deux eaux ! Et ce n'importe que peu, finalement, qu'il ne t'ait démasquée que pour s'être souvenu t'avoir vue dans un coin de photographie, à l'arrière-plan de celle prise, un soir, tard, par une beurrée connaissance, en bordure de podium, non, cela n'importe presque pas, tant tout ce qu'il t'a dit d'autre reste parfaitement vrai – au diable le jugement du chemin de connaissance !

— Va chier ! commente-t-elle, sa lecture achevée, et, comme elle commence, comme elle le dit et se recule, comme elle s'emporte et s'empourpre, s'éloigne vivement de ce méchant, vilain, gerbant cahier, le rejetant plus loin, ses boucles s'éparpillent, ses épaules se redressent, sa fierté s'affermit, et tout la rend jolie, l'énervée, oui, splendide, sinon superbe, mais le propos n'est pas là et le sien, à la magnifique, perdure colérique. Va chier, qu'elle poursuit et répète, avec tes grands airs, avec tes mots séchés, avec tes inepties et ta grasse suffisance de monsieur je sais tout parce-que je ne m'implique dans rien, de mec plus malin que les autres, toujours et en toute chose ! Oh, oui, va, je les connais, les gars dans ton genre, je ne les connais que trop bien, je l'ai vue souvent, cette idiotie chronique, je la respire à la ronde, je la sens venir comme mamie ses rhumatismes à l'approche de l'orage, je la sais et l'exècre, la vantardise de petite bite, la couardise des courageux de l'esbroufe ! Car, oui, quand tu parles de cacher des choses, je sais, moi, que tu te caches plus encore que moi, ou ce que tu prétends de moi ! Je suis incomplète, bancale, paradoxale ou même contradictoire ? Et alors ? Qu'est-ce que ça peut te foutre, et qu'est-ce que cela devrait me faire ? Hein ? Je dis que je suis comme je suis, et je dis que tu pourrais bien être bien plus misérable que moi, parce-que je sais mes hontes, je sais mes maladresses au monde, tandis que tu refuses de voir les tiennes, d'une manière aussi grossière que celle suivant laquelle tu veux me présenter les miennes, avec cette bête prétention à oser jusque mon éducation ! Je sais mes doutes, je vis avec. Toi, détestable et peu ragoûtant toi, tu te focalises sur celles des autres pour ne pas avoir à t'occuper des tiennes, et j'en prendrai pour seule preuve cette faiblesse que je te suis, conséquemment au faible que tu as pour moi, faiblesse dont tu n'auras pas trouvé meilleure esquive que l'attaque, la mienne, ridicule défense contre ce qui pourrait peut-être, enfin, te toucher, t'importer, t'offrir, comme tu dis, une modulation pratique de l'être, à la fois sensitive et sensible – et voilà probablement ton risque. Alors, d'accord, mettons que tu veuilles te faire sonneur de cloches, que tu en aies le droit et qu'on te laisse le faire, sans parler de t'y autoriser ni du fait que tu puisses t'en sentir le devoir ; vas-y, grande bouche, je t'en prie : sonne ! Mais commence-donc par ta fermée, par ta précieuse, par ta ridicule caboche, des fois que ça en libère ton aliénation, et profites-en pour descendre de ce piédestal où ta détestable arrogance t'aura injustement hissé, te laissant-là, oh, nu, vicieusement vêtu d'ignoble, à regrettable force de suffisance !

Et, sur ces entrefaites, en conclusion à l'entrevue, sa mise plantée-là, sur la table et en pleine poire, son frais panache pour auréole, elle se lève et s'en va.

Elle n'a pas tort, la valseuse, ou pas complètement, et si Fred n'était pas aussi abasourdi par le furieux mélange du soudain départ et du coup de massue, oui, s'il n'était aussi étonné par le répondant, la répartie de la partie, vous pouvez être sûrs qu'il lui courrait derrière. Au lieu de quoi, bête, il digère. Pourtant, si ce qui est fait n'est plus à faire, ce qui doit être fait doit l'être dans les temps, puisqu'il en est un pour tout, et ce ne sera que trop tard, qu'il se ressaisira, songeant – certes, mais très futilement, qu'on ne l'y reprendrait plus – à la poursuivre sans plus l'occasion de l'atteindre ou, du moins, de pouvoir la rattraper.

Non, la voici devant, maintenant, incroyablement en avance, certainement hors d'atteinte, et si l'on souhaite encore revoir ses fesses, cet arrière-train que voici à toute vapeur échappé, il faudra, assurément, trouver mieux ou du moins plus efficace que la course à pieds.

Plutôt que de foncer tête baissée, avant d'agir, mieux vaut certainement réfléchir. Oui, le bocal un brin rasséréné, une chose – au moins – est sûre : il en faudra plus pour l'ébranler. Quant à son problème de fugitive, Fred pourrait faire du gringue à Barnabé – il lui semble avoir entendu qu'il s'appelait Barnabé, ce qui s'avère à son sens drôlissime pour quelqu'un travaillant derrière un bar – mais, puisqu'il y a un mais, le sieur ne lui semble pas de la meilleure humeur, en cette traînante fin de coup de feu et après l'avoir souffert toute la journée en ces murs ; et puis, tout de même, il y aurait de grands risques qu'il s'interroge, voire interroge quant au fait d'avoir donné l'impression de se soucier des embêtements du bonhomme. Non, il faut trouver autre chose, quelque-chose d'utile, quelque-chose de performant, quelque-chose de brillant. C'est ça : il lui faut une brillante idée. On ne l'aidera pas, ici, et nulle envie ne lui naît de partager son désarroi dans une tierce taverne. Alors, reconnaissant la perte de la présente bataille, Fred consent à opter pour le repli. Payant son dû au tenancier, il quitte ce lieu de perdition – celui qui l'aura vu, du moins, en l'actuel état des choses, perdre pour que dalle toute sa journée. Errant sans trop savoir son vers, il chemine au bercail. Atterrissant chez lui, il n'y trouve point que faire. Cherchant toujours l'idée, il s'affaire sans s'y résoudre. Tournant en rond, il se sert à boire. Attaquant nerveusement son verre, il se colle à l'ordi. L'accompagnant d'une clope, il se balade nonchalamment. Surfant sans sien dessein, il croise quelques copains. Parlant de riens et de futile, il en vient à son point. Exposant son aventure, il précise le nœud de sa mésaventure. Convenant n'avoir pas su s'y prendre, il lit qu'il faudra la surprendre. Soupirant son malheur, il rétorque manquer de solution.

Et puis, au milieu de cet improvisé, collégial remue-méninges, persistant et signant son être par ses itérations, émise par son brutalement graveleux correspondant, surgissant au gré d'un soudain et sonore signal électronique, la persistante bonne – mais pas tant – idée !

R. « Ça va, je suis dans l'étang »

A la tombée des jours, les lampadaires s'allument. C'est un fait, qu'on observera à loisir, qu'on pourra se donner le plaisir sinon la peine d'observer tant que les soirs succèderont aux aubes et tant qu'au moins un œil restera pour contempler le phénomène – et tant, peut-être aussi, que l'électricité ou sa sœur énergie nous seront consommables. Ils s'allument un à un, ainsi, voire en grappes, mais alors les grappes une à une et l'on réduira l'unitaire circonscription jusque l'arbitraire fini que l'on aime, ils s'allument telles d'individuelles morts au peloton des fusillés de guerre, à l'occasion d'une rafale de balles ou d'un éclatement d'obus, lorsque la non-vie jaillit soudain depuis les corps tombés en cet honneur dont on n'a jamais de source sûre vu quelqu'un guérir. Ils s'allument, ces lampadaires, à une heure, une minute, une seconde – *et cætera* – données. Au petit matin, à l'inverse, tandis que la nuit concède une énième et temporaire extinction, ils meurent aimablement, dans la foulée ou dans sa prévision. Identiquement, il faut bien qu'ils cessent leur lumineux brouhaha à un instant précis – ou ce qui servira, pour l'Homme, d'instant, qu'on l'entende sec ou le préfère moelleux, c'est-à-dire proche de la ponctuelle acception ou tendant plutôt vers l'idée d'une sphérique largesse, plus riche de dimension – si ce n'est d'adaptable, encore que le point soit sujet à caution puisqu'on ne s'adapte jamais qu'en regard d'une situation, soit non en abstraction pure, sans monde ni repères. Quel arbitraire, alors, pour quelle exactitude, dans le choix du moment d'extinction ? Pourquoi préférer telle minute à telle autre ? Mystère, voire boule de gomme, pour le commun des mortels, sinon qu'il entend certainement très bien qu'on aura choisi, quelqu'un, quelque part, l'à peu près d'une nécessité – ou d'une absence de. Mais ne voilà pas tout. Non, voilà qu'hier au soir, tu suicidas le moustique après avoir plus tôt épargné son cousin le cousin, et tandis que la voisine coccinelle, elle, eut l'égard d'un sauf-conduit jusque l'extérieur balcon, se payant même le luxe de voyager en dessus de mouchoir, comme tu la rendais au dehors en craignant sa nature. Pourquoi surseoir à tel attentat, non à tel autre, pourtant tout aussi criminel pour qui n'est pas des grands – ou moyens – mammifères de ce monde ? Stupéfiante énigme, boule de gomme de brouillard, voire boule tchèque de française gomme de brouillard londonien, à la sauce rosée de sécheresse, pour la restreinte part du règne animal que représentaient les considérées bestioles, membres parmi d'autres de la générale faune phénoménale – puisqu'êtres sensitifs, participants même pour eux du corps phénoménal (ce qui, au titre des niveaux de conscience, ou de la pluralité des modes d'être, ne permet pas encore de confondre tout et n'importe quoi, c'est-à-dire de réduire le sensitif au sensible, soit l'insecte à l'arbre, par exemple, ni de valoriser le sensible au rang du sensitif, et moins encore de clamer haut et fort et sans force de dommages ou d'erreur que la conscience se peut transposer brute en tout être, soit se valoir en tout et chez tous).

Bien qu'un brin artificieuse, ici naît la flagrante évidence : la confusion des échelles donne le « la » des perditions lecturielles – quasi tautologie en l'espèce, puisqu'il n'existe de perdition qu'en regard des conditions de sa lecture, puisqu'il n'existe même rien qui ne dépende de la façon de le voir, le principe de réalité n'étant finalement que frêle chose face à son admissibilité ; reste que la valeur n'atteint pas le nombre des sans-fin, ce qui revient à dire le nécessaire des limites par celui du calibrage.

Amours, amitiés, camaraderies, destin voire sens de nos vies, à un endroit – donc un moment – donné de l'échelle phénoménologique, en ce lieu-là de la gradation perceptive, peu importe de savoir le comment en surplus de l'obsédant pourquoi, peu nous importe de connaître les principes inhérents au paradigme sous-tendant l'approche d'altérité ; non, là, ce qui compte, la seule chose comptant, pour qu'on le soit (soi, content), pour qu'on puisse *a posteriori* s'en dire, c'est le flou. Et mieux vaut ainsi, d'ailleurs, puisqu'on y navigue bien souvent par la force des choses : le vague à l'âme ne se décide pas, pour autant qu'il s'accepte, et le mélancolique état s'impose, pour autant qu'il se puisse combattre, et le manque lecturiel se reçoit, se subit, se souffre, pour autant que, aimablement, on concède la fin des toutes-puissances et tiers travers égotistes.

Fred est perdu. Non pas damné, ce qui serait d'un déterminisme absolu, oui, absolument outrancier, ce qui serait un déterminant avis, un exagérément déterminant et par trop précoce jugement sur tout le reste à venir, ce qui serait une arbitraire réduction du possible au fallacieux nom d'un prétendu certain, ce qui serait, *in fine*, une grossière insulte au libre-advenir, mais bel et bien perdu, là, tout de suite, maintenant, présentement. Perdu comme qui n'a point de fil d'Ariane pour se sortir du labyrinthe, pour qui n'est pas Thésée ni son ombre, pour qui n'est pas tout à fait un héros ni le moindre de ses compagnons de fortune – pour qui, en fait, n'a pas accès au possible d'un transcendantal, qu'en vue de l'accepter on revête ce dernier des atours du mystique ou qu'on le considère d'une plus terre-à-terre manière, soit qu'on accepte d'en définir les réalisatrices limites en stricte fonction des humaines conditions d'existence (partant, d'agir, *et cætera*). Fred est perdu car il ne se voit pas de solution, après le retentissant sinon cuisant échec de sa précédente tentative d'atteinte. La faute à la vilaine, qui n'aura pas préféré lui permettre l'accès à son beau devenir, oui, la faute à ce fascinant mais récalcitrant enfant d'Eve qui n'aura pas choisi de lui autoriser l'inquisiteur coup d'œil, qui lui aura du moins refusé toute confirmation, toute validation, toute légitimation, eu égard à ce – plus pris que donné – droit de regard sur son secret – ou plus tant – intérieur. Oui, c'est vrai, rapport à ça, sur ce point-ci, il se découvre *a contrario* relativement moins perdu que sur l'ensemble du reste de sa chaotique ligne : là, ici, sa curiosité aiguisée après s'être éveillée, son intérêt doit effectivement être, exister, doit creuser son sillon et faire son cocon, et il n'a pas dû jouer avec la dame pour la seule fin du jouer. Mais passons, car cela n'empêche en rien la perdition du sieur, renforçant même, plutôt, au passage, la frustration relative aux obstacles à l'agir. Alors, ce n'est peut-être pas essentiel ni même définitif, mais Fred est perdu. Oui, rien à faire, et ce pourrait n'être que contingent et temporaire, mais le voici, pour de bon, perdu.

Oh, pour sûr, n'allez pas croire, il les aurait facilement sous le coude, là, à courte portée de main, rapidement mobilisables, ses quelques ébauches de solution possibles, quant au problème, quant à l'épineux problème de revenir titiller sa capricieuse, mais aucune ne lui dit rien du probable du juste toucher, non, aucune ne lui promet, là, à brûle-pourpoint, le plus petit, probant indice, la moindre certitude sur le choix de sa tactique d'abord du roux monde.

C'est ça : le tangible n'est plus qu'un souvenir, qu'on aura vu s'évanouir avec les mortes feuilles de la saison passée, la structure du réel une chimère qui se sera dénudée de ses charmes en même temps que les arbres de leur verdure, la plausibilité une absurde folie, une tendre illusion qu'on pourra toujours continuer de chasser si l'on apprécie le futile ouvrage qu'est la perte de temps, mais qui n'en persistera pas moins un formidable et – *a posteriori* – rédhibitoire gâchis. Il suffit de regarder par la fenêtre, pour voir, pour s'apercevoir que les fraîches, récentes bourrasques ont produit leur tourmente, pour noter que le concret, que le saisissable s'est estompé, estompé jusque rejoindre le complet et vaste reste des errants fantômes de l'antan, de tout le de jadis tintouin parti se fondre au sans pareil car vaste, oh, si vaste qu'on le dirait sans préjudice infini royaume des promesses non tenues. Oui, tout fout le camp, tout tente l'oubli, tous et chacun s'abritent pour l'hiver, tout veut le piètre à l'heure du pâle, tout se figure devoir mentir aux vues, frêle paraître pour ne pas cesser d'être, tout nous rappelle que le dénuement nous guette avant même le fumeux état de poussière, tout lui rappelle que l'interprétation reste un indécrottable éphémère, tout annonce que mieux vaut ne pas s'y fier plus sincèrement qu'à la façon du probable, tout a de toute éternité annoncé que l'incertain ne pouvait sans dommage se revendiquer du certain, et tout aurait raisonnablement dû lui dire le ridicule, le prétentieux et rance vain de sa quête !

Ouais, sauf que ces choses-là n'envoient pas de lettre recommandée avant de débarquer, sauf que la fortune ne vous laisse que d'énigmatiques avis de passage, sa poudre d'escampette prise, semblant aller jusque se réjouir, allez, se moquer de votre incapacité au déchiffrement de ses de Poucet cailloux, qu'elle...

Attends !

Au milieu de sa mare, il lance un au-secours, un réduit pavé, une minuscule pierre dans la vaste étendue d'eau, certain de ne pas faire mieux qu'une minuscule goutte dans l'océan, mais ne pouvant pourtant et pour autant pas réprimer le besoin de le lancer quand même, au risque que ce ne soit que pour la gloire – et dans ce cas tant pis.

Ouais : il avait fallu, l'autre fois, qu'un con, fier, lui relate sa découverte du jour, pour qu'il s'en souvienne maintenant. Un site, là, voilà, qu'il retrouve presque les doigts dans le nez, et qui se propose – comme peut-être tant d'autres – de laisser un message à l'altérité que vous aurez croisée on ne sait où, on ne sait quand, on s'en fout mais écrivez-le quand même, précisez tout de même ledit endroit, le jour et l'heure, des fois qu'elle passe ici et se découvre d'humeur à s'acoquiner.

Bon, considérant les chances qu'elle passe effectivement ici et soit à nouveau disposée, va savoir si elles ne sont pas nulles ; mais, puisqu'il ne faut pas se fier au probable, alors, la porte se trouve ouverte à toutes les folles fenêtres, voire à chaque furieux pari, celui-ci compris !

Du coup, après son improbable, peut-être téméraire et en tout cas à l'aveugle, la motivation vient et s'étend, épaissit et sent l'aise, prend les siennes jusque plus, et c'est une courte ribambelle, de coups, qu'il met en branle à l'image d'un boxeur, en vue de récupérer l'attention perdue : un émissaire, pour commencer, oui, un incognito émissaire, envoyé au bar déposer une enveloppe, des fois que le mal-embouché accepte de la lui remettre, et puis une recherche dans l'annuaire, des fois qu'on n'y répertorie pas des Clémence à l'excès, et puis un campement, pas trop lointainement établi, pas trop distant du lieu des crimes, des fois qu'elle s'en retourne au travail, et puis...

Wow ! Et puis c'est qu'il ferait froid, dis-donc, à rester ainsi, bêtement dehors, qu'il commence à piquer, le frisquet, qu'il vous les gèlerait, même, carrément, le coquin, le faux mignon, qu'il vous amputerait sans crier gare, le sagouin, à force d'engelures, qu'il irait jusque vous défigurer les bijoux sans particulière considération pour la petite famille, l'odieux salaud, qu'il vous estropierait, presque, l'infâme et vil bâtard, et gratuitement, dites-donc, pour le simple fait d'être passé lui offrir une visite, visite qui soit dit en passant n'avait rien d'exclusivement sienne, qui n'aura initialement pas été faite particulièrement à lui, mais tant pis, et, pendant ce temps-là, c'est qu'il vous oblitérerait la virilité sans en avoir tellement l'air, l'immonde, glaçant climat, qu'il vous attaquerait la sinon les vitales parties sous l'air de n'en avoir que faire, oui, mine de rien mais jusqu'au fond du trou, allez, même, et peu importera lequel, au fond, puisque ce sera comme toujours celui dont tu aurais aimé préserver la confortable virginité, tandis qu'on te le creusera, aussi vicieusement que frontalement, aussi brutalement que soudainement, ouais, au point de te questionner l'être sans vouloir le paraître, à toi, dis-donc, ouais, toi, là, toi qui frissonnes en son emprise, toi qui te vois frigorifié, horrifié, même, pourquoi pas, tandis que tu t'observes et sans vraiment savoir pourquoi, comment tu en es parvenu, comment tu as pu en arriver là, toi qui fais mine de découvrir, ah, découvrir, voilà le mot, toi, donc, qui feras faussement semblant de découvrir la vraie, la véritable teneur de la nordique saison, toi qui n'auras pas su t'en protéger, de ses pourtant prévisibles assauts, toi qui n'auras su la prévenir, toi qui n'auras su t'en prévenir, toi qui n'auras pas pu, en fait et bref, ridicule impuissant, toi qui n'auras pas, en long voire en travers, non, pas du tout su préalablement voir venir cette méchante traîtresse, toi qui n'auras point décelé la vilaine, toi qui n'auras que brièvement et par trop incomplètement démasqué la salope, toi qui n'auras pas su la chienne, son mordant, son nerveux, son agressivité, à cette sale bête, cette chaude, cette brûlante bestiole, cette astrale, astronomique, sinon stellaire luciole, cette décapante chosette, à laquelle tu n'auras pas pris garde, de laquelle tu ne te seras pas méfié, par laquelle tu te seras laissé surprendre, si ce n'est déjà prendre ! Alors, tant pis, tant pis pour tout un tas de choses, tant pis pour tout un tas de choses et d'autres, et tant pis pour le campement, glacial, tant pis pour la de toute façon minable tentative de la débusquer à la volée, on va plutôt courir se réchauffer auprès d'un preux et délicieux chauffage – et s'il se trouve lui-même auprès d'un vertueux verre, partant, d'un salvateur breuvage, ce ne saurait raisonnablement être dit dommage.

T'en reprendras bien un ?
Oui, merci, sans fausses façons.

Et la clope est cerise sur les absents mais non manquants glaçons.

Mouais. Quelle heure est-il ? Trop tard. Trop tôt. Trop tard, tout autant que trop tôt : trop tard pour s'inquiéter du jour, trop tôt pour lorgner sur la nuit ! Trop tard pour décuver, trop tôt pour répéter, voire trop tard pour attaquer et bien trop tôt pour décuver...

Trop ce que tu voudras, mais tu manques visiblement de sommeil !

Quel jour est-il ?

Reprenant difficilement ses esprits, osant combattre le mal de culière gueule, non, pardon, tête, par une lichette de rasade, Fred en profite pour se récapituler mentalement les divers stratagèmes mis en place – ceux, au moins, dont il parvient à se souvenir. La tâche n'a rien d'évident, en regard de son en bois état et de celui – pas mieux – dans lequel il se trouvait la veille, ou l'avant-veille, lorsqu'il les mit en route, mais, surtout, la voici précisément inutile, puisque pas un jusqu'ici ne paya de dîme à dame réussite, pour avoir pris ou copié son air. Qu'à cela ne tienne, on ne va pas juger à l'emporte-pièce, on ne va pas préjuger de l'état de la charrette avant d'avoir examiné les bœufs, et si tout ne vient bien entendu pas à point à qui sait attendre, contre l'idée de providence, soit au nom de la seule peine de l'attente, à l'injuste prix du non-effort, eh bien, rien n'est jamais venu, qui demande patience, à qui fut empressé au point de se précipiter ! Alors : attends, des fois que – et puis sait-on jamais !

C'est très justement en explorant le jamais, qu'on remarque sa folle longueur – ou la démente, malsaine langueur du temps, c'est selon (et du pareil au même). Non que jamais arrive, remarquez, qui ne serait alors jamais, non, plus jamais, plus le même jamais que le jamais qu'il fut, ou qu'il ne fut jamais, si jamais n'est jamais, mais, en quête de jamais, celui de l'on ne sait, son bout de gras taillant, ou son chemin faisant, on remarque très vite que jamais, mine de rien, c'est quand même super loin. Genre super, super loin. Bien trop loin pour qu'on en voie jamais le bout, tiens ! Tant et si bien, finalement, qu'on voit l'attente, l'élan d'attente ou l'attentiste élan péricliter, s'achever avant d'avoir pu commencer – rapport à l'éternité du jamais, rapport à ce que serait réellement l'idoine toujours. Oui, de sait-on jamais, voici venu le passage à l'on ne saura jamais, ce qui ne laisse que jamais, comme invariable, vous en conviendrez vite, et comme tangible le seul et détestable sentiment d'incomplétude, la vilaine sensation d'inachevé, la certitude d'un ratage, la désolation du plantage, encore. Encore, oui, comme s'il en allait en collections, comme si l'un ne suffisait pas, déjà, lorsque regrettablement, douloureusement il se produit, comme si la cascade des suivants était une évidence, une règle sans exception, telle la nécro-nécessité, comme s'il fallait absolument, partout et en tout temps, que les choses empirent, pour le plus grand plaisir d'on ne sait quelle fortune, d'on ne sait trop quelle garce, là-haut, facétieuse destinée, bien au-dessus et au-delà de nos humbles petites têtes, en vicieuse quête de divertissement, de mal à faire, en vorace appétit de grandiloquente ruine, aux dépends des pauvres ou ridicules car minuscules Hommes. Car la coquine est avide, de son malin désir, elle en est même gourmande, de ces farfelus plaisirs aux dures conséquences, jusque gloutonne, allez, voire carrément insatiable, de ces cyniques et désastreux carnages dont souffrent en maux les remueurs de terre, tristes semeurs de culture à l'identique grandeur que celle des bestiaux dont ils groupent les troupeaux !

L'ardemment recherchée distraction n'est, à l'image des belles amours incessamment poursuivies pour, en, ou parce qu'elles peuvent répondre à l'idéal amoureux ou aimant, absolument jamais la meilleure, et Fred peut vérifier la validité de cet improvisé, fort vite fabriqué mais point si léger adage au contact de sa pratique traduction, ce qui revient à dire au cours de sa propre inscription en le considéré mouvement. Tentant en effet l'esquive après s'être douloureusement confronté au jamais, au triste et long jamais, au traînant et incessant jamais, il vire et vole au passant vent, non sans goûter l'appréciable légèreté de cette nouvelle liberté, après l'incroyable lourdeur du périple de jamais, s'accordant ici une solitaire balade au parc, là une toile, là-bas une exposition, ici un dîner, seul, incessamment seul, au restaurant comme à la dominicale parade de ces flânant car inoccupées gents, à l'anonyme cœur des foules comme au vaseux fond des verres, au bistrot ou chez soi, chez lui, enfin, tu vois, ici, là, là-bas et puis ici, ici, puis là, voire là-bas, jusque-là et sans manquer de passer par ici, ce qui le fait effectivement sortir un peu plus qu'à l'habitude de chez lui, ce qui le ferait même moins écrire s'il se souciait d'avoir le cœur à cet ouvrage, mais certainement pas progresser sur la voie d'une absente Clémence, moins encore sur celle de l'acceptation de cette dite absence !

Car voici son mal précisément et pour de bon défini, voici son souhait clairement établi, voici son attente unilatéralement déclarée par trop longue, détestable et par-dessus tout incroyablement improductive ! Par conséquent, voici que plus rien n'a rien que le goût du pas assez, du pas terrible ou du pas tant, pas tant Clémence que ce n'est effectivement pas Clémence et que ce ne peut donc pas avoir le délicieux, la folle saveur de sa présence ! Il serait fort vite dit, à ce propos, soit vraiment trop hâtivement, qu'il en soit d'ores et déjà amoureux ; non, n'allez pas naïvement croire que, mais, n'empêche, au titre des constats, et peut-être celui-ci ne devra-t-il en final lieu quelque-chose qu'à la passagère obsession, peut-être, mais tant pis, puisqu'entre-temps, il lui faudra reconnaître ce qu'il reconnaît à l'instant : un certain attachement, voire un attachement certain, certes, mais sur le mode de l'envie, surtout, trop grossière ou générale pour se trouver précipitamment définie, car l'on pourrait alors lui faire dire tout et n'importe quoi – avec une nette préférence du hasard pour ce qu'elle ne saurait point encore être. Non, mais n'empêche : il ne la retrouve pas, alors qu'il aimerait bien, qu'il aimerait tant, tandis qu'il se retrouve seul, qu'il ne retrouve que lui, seul, oui, toujours seul, seul à s'en retourner errer jusqu'en bordure de bar, où il repasse comme on le fait souvent, l'esprit préoccupé, c'est-à-dire machinalement, sans y prêter trop d'attention, et presque sans prendre gare aux anonymes passants, ce qui serait dommage, oui, terriblement dommage, puisque, soudain, pas du tout anonyme, elle, la voici.

C'est ça, elle est là, et c'est à ne plus rien y comprendre, puisque, oui, vois-tu, elle est là, là, oui, là, la voici, qu'il te disait, qu'il te dit, là, devant lui, surprenante si ce n'est angoissante, avec son petit, son agaçant air, tout entière présente et probablement disponible, là, devant lui, en face, juste en face, en tous les sens possibles à sa portée, le rictus en coin de bouche, la brillante malice au fond des yeux, la bouche te disant presque, en pied de nez à la multiplicité de tes efforts, que tu en as mis, du temps, quand même, pour réapparaître, avec cette jadis contrariée tête qui ne semble aujourd'hui plus si mal embouchée qu'auparavant, au moins pas au point de refuser de le voir, là, maintenant, puisqu'elle s'est arrêtée, en le croisant, hasard ou circonstances mais heureuse conséquence, puisqu'il la cherchait, depuis un moment si ce n'est sur l'instant, depuis un sacrément long moment si ce n'est en l'exact et précis instant !

L'artistique flou desdites circonstances lui saute évidemment au sens, exact, avec force d'évidence, encore, à Fred, et son curieux esprit ne se plaindrait pas qu'on lui apporte quelque hypothétique éclaircissement sur le comment, pourquoi de ce qui s'apparente à un violent, brutal ou tout du moins sérieux car significatif revirement : la belle aura effectivement changé, dans l'entre-temps, radicalement, même, d'opinion sinon d'avis, et cette malléabilité de l'être ou de son mode lui reste une toute mystérieuse énigme, une boule d'inconnu au cœur du cogitant, ruminant bulbe, pas loin d'être aussi soluble que de la gomme dans un verre d'eau plate, ce qui fait une tempétueuse agitation, tout de même, rapport à l'homogène, calme plat du serein, au sein de ce nerveux bocal lui faisant peu glorieux office de tête et quant au problématique propos du virage de la contrariante, de ses raisons ou motifs à ne plus simplement le haïr de n'être que risiblement minable, ce dont il ne parvient point à prendre conscience d'avoir réellement su cesser. Mais il n'ose pas, ni de but en blanc demander ni ne serait-ce qu'insidieusement questionner. Non, il n'ose pas, et non pas qu'il ne faille pas, oser, sur le principe, non, non pas qu'il faille ne pas oser, mais il faillit, lui, là, et voilà tout le problème, lorsqu'il manque à son courage autant qu'à l'éthique cognitive, au nom de celle phénoménale, délaissant l'impératif de connaissance au tactique, peureux nom de la nécessité de ne pas ruiner ni même interrompre ce moment, fruit d'un travail de suffisamment longue, pénible ou douloureuse haleine pour interdire sa mise à sac dès sa toute jeune entame. Alors il se conforme, il suit le mouvement, préférant la pirouette, c'est ça, l'interne pirouette consistant à contourner le risque de gâchis par une obéissance, un suivisme sans borne, sinon celles du moment, et, de moment en moment, voire bientôt de moments en moments, l'on saura que la gâchette s'annonce vite facile, sinon légère, mais que pourtant on se dise bien et fort clair que ce ne la rend sûrement pas inconséquente, que rien ne saurait la rendre aussi inconséquente que diarrhéique ; oui, mais tant pis ! Tant pis, oui, puisqu'il préfère la pirouette, la plus rassérénante et sinon rassurante pirouette, la moins risquée que d'autres dangereuses choses pirouette, la train-train-perpétuante pirouette, au milieu de l'inattendu, quasi tombé du ciel et néanmoins en friche, soit relativement nouveau mais point trop inquiétant monde ! Ouais, il préfère la pirouette au risque de girouette, l'assurée car assumée girouette à l'inconsidérée puisque considérablement valseuse ou valsante girouette, il préfère focaliser son attention ailleurs que sur le petit caillou grattant le localisé, presque prétentieux, égotiste dedans de la chaussure, au fin fond de la sienne chaussette, tandis que le spectacle, le plein et vivant et vrai spectacle ne se joue qu'au bout du bout de la route, à l'autre extrémité du chemin, là-bas, au loin, à la condition d'un effort, après lui, l'effort, et sans autre concession que sa peine, oui, celle qu'on s'y sera donnée.

A la toile, la même qu'il aura vue il n'y a pas tant jadis, mais pas là même, il préfère la découverte de la jeune saveur d'une décidément pimentée spectatrice, et à la table, ressemblant à tant d'autres en sa nutritive besogne, il préfère la fraîche et pimpante demoiselle de tendre compagnie, et au bois, en une alternative saison verdoyant parc, en promenade, il préfère la ballade chantée par la pipelette, l'aimablement causante bouche, et au monstre froid qu'est la ville, à ses grouillantes mais répétitives entrailles, à ses gens de presque toujours identique gente, à la citadine, il préfère la féminine touche portée telle une ombre à son côté, si ce n'est, d'ores et déjà et en ces commençants et pleins de sel instants, d'une admirablement fragile façon, à sa solitaire nature.

Petit à petit, c'est en effet ainsi, sans crier gare, que s'installe un début, un complice commencement ; oh, pas sur le mode d'un ronflant et par trop prématuré train-train, hein, non, mais à la jolie manière du timide, oui, sous l'égide des réciproques timidités, par simples bonds innocents, d'une candeur à l'autre, comme un effiloché, un égrainé de rendez-vous, par touches de découvre-moi si tu peux mais sans en prendre l'air, par adjonction d'aplats de je t'en raconte un peu si nos humeurs s'y prêtent mais sans que tu doives te sentir en l'obligation de m'en rendre en retour, mais tu m'en diras malgré-tout, puisque voici la flagrante fragrance de ce temps, puisque voici notre échange, sa qualité, sa règle, son essence, voici comment nous décidons de nous écrire, ou comment nous y consentons sans rien y trouver de brillant à redire, d'autant que, contre cette concorde, nous avions précédemment trouvé suffisamment de méchants mots à nous cracher aux faces.

Clémence croit aux pérennes et vibrantes rencontres plus qu'aux passagers émois des sexes, aux indicibles amours plus qu'aux civils états donnant titre de mariage, aux ventriculaires engagements, en réalité, plus qu'aux mots noir sur blanc, aux choses bien faites plutôt qu'aux vite exécutées, à la famille, tellement, beaucoup, peut-être plus que tout, aux amitiés lorsqu'elles ne déçoivent pas, aux choses certaines sans bien pouvoir définir ce pour quoi elles le sont ou le devraient plus que celles ratant piteusement l'élévation jusque ce privilège, aux actes, bêtement, puisque très simplement, plus qu'aux ronflantes paroles, bref, à tout un tas de choses et d'autres parfaitement mignonnes et par ailleurs véritablement décalées, si ce n'est dépassées, mais en aucun cas passéistes, sans quoi l'on les verrait tôt et vite manquer leur effet, celui consistant à la rendre plus charmante encore comme elles s'accumulent et comme elle les dévoile, se révèle, aussi, elle, elle qui reconnaît évidemment la confiance comme le précieux trésor que pas un ne niera qu'il sait être, elle qui le reconnaît, certes, mais confessera tout de même dès à présent l'importance de la gagner, cette confiance, avant la nécessité de l'accorder, et qui prend la jalousie et ses élevés degrés pour la juste graduation, le juste indicateur, le certifié baromètre de ce que c'est qu'un attachement, détestablement démontré par cet infâme défaut, peut-être, mais certainement démontré tout de même, d'une parfaitement sensible, perceptible manière. Mais calmons l'ardeur de la besogne, n'allons pas trop précipitamment en affaire, quant à celle de la laideur du considéré mouvement, puisque, pour l'heure, le trait de caractère n'en est pas tant vilain qu'il se restreint strictement au déclaratif, phase de découverte oblige ou temporalité permet. Non, pour le moment, toujours sous son beau jour et tous jours au sein du sien, elle ne partage que des indices de l'agréable, ou bien est-ce son agréable qui ne distille les indices que sous leur bel atour, mais enfin ceux-là ne valent pas ici reproche ni trop perturbant souci !

Elle aime bien quand il sourit, aussi, regrettant à haute voix qu'il ne le fasse pas si souvent qu'elle puisse en profiter plus fréquemment, et, non, ce n'est pas parce-que c'est rare, qu'elle apprécie tant que, occasionnellement, il se mette à sourire.

Elle aime beaucoup son regard, qu'elle trouve très insistant, curieux, curieusement insistant, attentif, en fait, probablement, voilà, m'enfin l'aime-t-elle beaucoup, ce regard. Tiens, elle aime son absence de gêne, face à cette confession, parce-que, non, c'est vrai, la plupart des hommes sont embarrassés par la confidence, ou font semblant de l'être. D'ailleurs, elle s'émerveillerait presque de ce semblant d'assurance, si elle ne s'en méfiait pas tant sur le principe – et puis par expérience.

Et elle adore quand il écrit. Oui, elle chérit sa plume, elle apprécie sa couchée verve et se réjouit de ses allongées phrases, plus encore que de ses saillants mots ; oh, pas nécessairement pour le métier d'écrivain, hein, pas nécessairement pour la manière dont il la trempe, sa plume, comme le soufflerait aimablement, susurrerait en somme l'expression, mais bien plutôt pour l'art dont il fait montre en son silence, pour cette science de se taire à laquelle il ne manque jamais, à laquelle elle ne l'aura pas encore vu manquer, pour son plus grand plaisir et sa meilleure satisfaction. Non, ce n'est pas particulièrement qu'elle soit une inconditionnelle du stylo ou de la belle écriture, ce qui à proprement parler pourrait porter à déception. C'est bien plutôt que, lorsqu'il écrit, ou s'il écrit, il ne parle pas ; jamais. Et s'il ne parle jamais, il ne parle pas non plus pendant l'acte. Et c'est important, aux yeux de Clémence, le silence coïtal. Oui, c'est superbement important, c'en est même essentiel, oui, oh que oui, et elle l'aura antécédemment exprimé, comme elle confiait cette importance, oui, cette essentialité, oui, qui permet au corporel verbe de s'exprimer, et à chacun de délicieusement l'entendre, lorsqu'on la respecte, ainsi, oui, c'est ça, comme ça, oui ! Ce lui est même tellement agréable, en l'occasion, le silence, avait-elle déclaré, sur le mode du tout avouer, qu'elle relativise le pesant, l'à d'autres semblant pesant des restantes conversations, en sus d'être encore amusée par la temporalité des griffonnages. Oui, allez, ce lui est vraiment, réellement agréable, de le savoir écrire. Oui, vraiment, vraiment, vraiment très agréable. Oui. Aussi agréable que les dernières saccades annonciatrices du fugace bruissement d'un acte qui, doucereusement, après son dernier, ultime pic, s'éteint...

Ça, elle qui ne croyait pas au sexe, ou moins à lui qu'aux rencontres, elle serre le sien avec un admirable talent, faisant en la matière preuve d'une dextérité musculaire proche de la légendaire maîtrise des douées geishas ; elle le sert divinement, ce dieu, lorsqu'elle s'adonne à l'antique, ancestral, épique culte de la chair, après s'être non sans aide débarrassée des païens oripeaux la vêtant, libérant aux assauts de l'avide langue ses deux sacrés tétons, osés au sacrifice, immolés aux plaisantes car caressantes tortures de l'inquisitrice paume des mains, celles-ci courant sur la dénudée peau des cuisses puis du ventre de la belle, qui, oh, introduit en fait, à la fête, lentement mais sûrement, tout son complet épiderme, toute sa noueuse musculature, toute l'électrique tension de ses nerfs, soit l'extrême affûtage, donc vivacité de ses sens, en réponse aux émois, avec pour seule égale la tonicité du plaisir à l'osmose, soit à l'explosif final la pleine totalité de son brûlant, physique être, voire un peu de son âme, aussi, en sus, si l'on songe au cœur à l'ouvrage, autorisant l'intime dépôt de baisers jusqu'en demandeur rebord de frissonnante nuque, en offrande aux prémices et conclusion des sept jalons aux cieux, au bout desquels on ne soupçonne plus aucun complexe, où l'on ne trouve plus aucune retenue sinon la limitative corporelle, ainsi qu'un ballon de baudruche chaotiquement pris au vent mais retenu par sa ficelle, elle-même ancrée en terre, lui restreint en sa mobile folie, contraint à ne jouir d'une liberté que dans les strictes limites d'un possible parfaitement incontrôlé, furtivement saisissable.

Quel admirable talent, tout de même, entre les mains ou bras de cette époustouflante vestale à la désordonnée crinière, mais non, que dit-il, entre ses jambes, à cette renversante déesse, à cette renversée diablesse, exultant tant qu'on n'en dirait plus temps, ou plus très assuré, pas forcément exact, et qui retrouve une souplesse, là, après ses crampes ou crispations, elles désormais au crépusculaire stade, elle aussi, un peu, remarque, tout comme lui, d'ailleurs, à peine remis de son spasmodique élan, aux prises avec l'évanescent vertige consécutif à l'ouverture des antres et le lié retour à une élasticité moins fière, terriblement moins prétentieuse qu'à son apogée.

Nous y sommes : l'effet branle-moi-le-tremblant passé car le tromblon vidé, le coup tiré, parti, le bulbe se réveille, reprend des couleurs et fait montre d'ardeur, à son tour, comme l'impérieux centre névralgique se sera déplacé, rétabli vers le faîte vertébral, et c'est le grand et tumultueux vacarme des mots manqués contre les maux planqués, ou, pour le dire autrement, l'ère décomplexée des questions ajournées.

A l'heure de la clope de fin d'aisance, encore – et c'est un peu gras mais non moins vrai de le dire – sur le cul, retrouvant bientôt une apaisée respiration, Fred songe. Il songe à leur tout frais, commun halètement, brillant, en toute modestie, pour chacun d'eux, qui les aura laissés exsangues, pantois, pantelants, chancelants, même, groggys, allez, extatiques en longueur, comme ces choses traînant dessus, mais, surtout, il songe à cette question qui le taraude depuis le début de cette surprenante affaire : pourquoi diable ce revirement, d'où sera né l'attrait ?

Ce n'est pourtant pas parce-que l'instant se prête aux songes qu'il promet le nécessaire renfort de courage dont on aurait besoin pour glaner des réponses. Non, et bien au contraire. Pour cela, pour espérer pouvoir opérer la moisson des étais ontologiques permis par les réponses, ou de tout ce qui semblera tel comme on s'en satisfera, de réponses, mieux vaut attendre d'atteindre l'équilibre entre ce que l'on appellera le visqueux vide et le désireux plein, c'est-à-dire ce moment où Psyché joue l'artiste de cirque, sur un fil, pas tant celui d'Ariane qu'il ne guide personne, non, c'est un numéro d'énergumène, de casse-cou, que ce moment, donc, où la tension s'équilibre entre l'euphorie de l'achèvement d'une petite mort et le puissant désir de retourner décéder en ravissant voisinage. Oui, c'est une histoire de remplissage de la cuve hormonale ; c'est une affaire de motivation à l'oser, de pousse-au-crime contre les affreux doutes, d'appréciation du risque, *in fine*, contre les dés jetés et le je-m'en-foutisme conséquentiel.

Dans l'intervalle, il n'est pas déplaisant de repenser, encore un poil à chaud, à leur tour de manège, soit à leurs belles, effrénées galipettes, qu'il n'avait pas connues si lyriques, ni même épiques, c'est-à-dire délicieuses autant qu'ébranlantes, dites envolées dont il a perdu le précis conte, comme il tente de le reconstruire, au moment de dégrafer son porte-seins, qu'elle arborait en charmante guise de dessous de gorge, d'il faut le dire plutôt pulpeuse gorge, et puis, de là, il ne sait plus trop bien, il ne sait que choisir, d'une bestialité ou d'une sensualité, ne se résolvant qu'à la souvenance d'un précieux mélange d'agréable. Voilà : il ne sait ni le souvenir à chérir, ni l'agir à choisir – et pourtant il l'aimerait, sa turlupinante réponse au propos du pourquoi de ce putain de revirement.

— Je peux t'en prendre une latte ? demande l'innocente source de la rétention, collée tout contre lui, la gambette au-dessus des siennes, l'entre-jambe encore humide, le corps non moins fumant que, bientôt, l'espère-t-elle, la bouche ou – plus loin – les poumons, tandis que les derniers résidus de la rosée d'effort lui perlent encore des pores, ou s'y attardent, improprement.

Seulement, problème, le sieur fumeur ne répond pas, et la voici forcée de se décoller, de se tourner et d'attraper le paquet trônant sur le chevet, de se débrouiller comme une grande, en somme, comme une seule...

Elle fume, il fume ; ils fument.

Il pense, elle parle, il songe, elle parle ; il pense et songe.

Probablement inquiète de sa traînante torpeur, elle le secoue, gentiment, un peu comme on réveille un familier endormi, en insistant plus sur la retenue que sur l'efficacité, et l'apostrophe, d'une précautionneuse et doucereuse voix.

— Hé, ça va ?

S. « Le ravissement des demi-molles »

Au gentil sein du conte de deux, certes parfois tumultueux (ne nions ni mésestimons point le gros temps et ses subséquents charmes) mais toujours douillet au compte de l'un en ce qu'il le rassérène aimablement, l'un, sans ceci dit nécessairement l'en prévenir – et ce serait presque à dire, en ces temps où la raisonnable donc réflexive information semble peser à nos distraites âmes, sans nécessairement l'ennuyer – auparavant ni pendant, au peut-être pas gentillet mais dirons ou maintiendrons-nous, donc, gentil sein du conte de deux, soit au doux creux de ce moelleux cocon que promet et propose le couple (au sens même simple du duo sexualisé et récurrent, si ce n'est simplement récurrent, à condition de pouvoir entendre la livraison de soi – vraie, sincère et profonde – comme ne dépendant pas du sexe), eh bien, l'un s'enseigne à l'autre autant qu'il se renseigne en l'autre, toutes réciprocités admises au rang d'hypothèses valant possibles, puisque l'un n'est jamais loin d'être l'autre de l'autre un, et que les habitus ou habitudes font modulations de l'être – vibrations, pour ne pas outre mesure les reprendre. Car le compte à deux, avant même le compte de deux (s'il fallait en quelque sorte hiérarchiser le devenir et ses arrêtés événements, s'il fallait impérativement classer le degré des liaisons individuelles par l'abord qualitatif – et donc en préférer un aux autres, sans que ladite suite événementielle dise une unicité d'admissible), renseigne les comptes d'un en démystifiant les contes d'un ; en les frottant l'un à l'autre de la plus intime façon qui soit ou qui semble être, d'abord, et de manière répétée, encore, mais ensuite, aussi, en imposant la coexistence de parfois incompatibles ou du moins fort différentes réponses au monde, en confrontant de celui-ci des interprétations diverses et variées – voire, surprise, relativement concordantes ! Ce sont ces dernières, qu'on retient, voire qu'on découvre évidemment, sous le coup de l'évidence, comme elles sautent rapidement aux yeux, au gré des confessions d'oreiller ou de salon, et nous rendent la confidence de charmante à agaçante, comme elles suscitent une réaction ou l'autre lors de son émission et, partant et sans qu'il soit besoin de le préciser, de sa réception – la neutralité, l'indifférence correspondant en ce prisme à une acceptation de la vue proposée dans ledit dire sans nécessité aucune d'adaptation, sans décalage aucun entre les mondes ou, du moins, entre les exprimés ou entendus mondes si ce n'est entre, déjà, les perceptions originellement singulières ou propres des mondes. Ce sont ces dernières, ainsi, charmantes, agaçantes, marrantes, chiantes, surprenantes, édifiantes ou glaçantes, soit en somme, d'un bout à l'autre du possible et dans l'optique de ne pas tenter puis rater l'exhaustivité, ces perturbantes ou perturbatrices conceptions de l'être (au propos du non-être, au sens de ce qui n'est pas lui, voire à son propos même), qui se font jour lorsqu'on se frotte à l'autre, tant au sujet de l'autre qu'au nôtre, et ceci dans le duo – toute relation intersubjective s'entendant en duo, sinon en multiplication de duos : pour un trio, par exemple, entendu comme les rapports de trois unités, on verra le duo d'un à deux, celui de deux à trois, puis celui de trois à un (voire, pour compléter et si l'on considère impératif d'introduire une non-commutativité, leur non-nécessairement-automatique vice-versa). Elles se font jour à l'autre, *a fortiori* au sein de notre précédemment considéré duo, ce deux se prêtant rapidement au conte – retenons en cette occasion le mot pour désigner le duo tel que sexualisé ou amoureux, afin de ne pas sombrer avec le bateau couple, auquel on aurait vite tendance à attacher toutes et n'importes quelles remorques. Voilà : disons le duo comme relation teintée d'une touche de sexe et d'une pincée sentiments – non en l'essence d'une duale relation, mais en ce que nous examinons présentement ce duo-ci, ou l'ainsi duo. Et quel meilleur lieu du frotte et pique, quelle meilleure place aux certifications de l'un, autant que de l'autre, que le duo, puisqu'il nous y faut avec régularité nous frotter à l'autre, ainsi que nous y piquer, au sens où nous disions la survenance des réactions aux perceptions, aux paradigmes et singulières théorisations, au sens, surtout, où le renseignement de tous s'opère par la comparaison – ne sous-entendant point si tôt l'évaluation ? Quel meilleur endroit pourrait bien exister, pour favoriser le suffisant degré d'écoute et d'ouverture, entendu que l'intime, auquel on se frotte ou qu'on pique, reste fort souvent parangon de notre intérieur, barrière et physique et psychique de notre atteignable ? Où donc pourrait-on autant se toucher ? Et quelle meilleure source de stimulation attendre, quelle aussi riche profusion d'opportunités espérer, du reste, au propos de l'échange, où, là encore, on se frotte et pique (même en le partage des seuls silences, d'ailleurs), que celle forçant *de facto* la livraison (de soi) par la temporelle contingence, c'est-à-dire la coprésence imposée par la communauté spatiale, en un ou plusieurs lieux mais ensemble toujours – ou presque, soit suffisamment pour rendre possible ou plus avant probable (question de nombre d'occasions) ladite livraison ?

Supposés nostalgiques de l'ère fœtale, à l'heure de celles du noir, d'aucuns se recroquevillent en boule avant d'affronter la visite à Morphée, voire pendant la limbique ritournelle si leur corps en décide au gré de ses intempestifs, nocturnes retournements. Clémence, elle, joue invariablement à l'égyptienne. Oui, qu'elle entame sa nuit en nuisette, en vieux pyjama, voire en simple culotte, jusque nue pour cause de tout frais ou encore chaud épuisement, elle la finira toujours en cette même position : couchée sur le côté, le droit pour la majorité des fois, le port de tête fier malgré l'égotiste extinction du moment, le tronc relativement raidi, une main vers l'avant et l'autre balancée en arrière, au-dessus du libre flanc, lâchée sans but mais non butée contre la chute des reins, avec plus bas une unique jambe en l'air, enfin, à moitié, soit un mollet plus un pied, à l'image de ces actrices, princesses embrassant le charmant prince et ne maîtrisant conséquemment plus leur talon, parce-que touchées par Apollon en leur Achille, et puis parce qu'il faut – suppose-t-on sans égard – un visuel indice au lourdaud spectateur pour saisir le propos sans le germe du doute.

Bon, d'accord, c'est un poil naïf, un brin fleur bleue dans la posture voire naïvement fleurs bleues dans l'interprétation, rapport aux cinématographiques ou quasi mais point exclusivement références, mais, que voulez-vous, c'est du Clémence tout craché, le candide, c'est exactement chaque instant qu'elle propose, le gamin débordement, au sens où elle déborde de gaminerie, telles ces luxueuses piscines qu'on pose au bord du vide et qui, malgré-elles, s'épanchent par-dessus leur plus libre arrête, laissant leur excès rejoindre un tiers bassin et les amateurs contempler béatement la belle, la savante manœuvre. Et puis, disons-le, elles ont beau être infantiles, ses manières et perceptions, elles sont pourtant et tout autant dégagées de l'ordinaire et très ridicule crédulité afférente aux enfants lorsque les adultes s'en taxent entre eux sur le ton du moqueur reproche ; elles sont bien plus signe de fraîcheur que de fragilité, d'incomplète ou insuffisante autonomie, car on trouve de la grandeur, dans sa candeur, en ce qu'elle dit de sa capacité à l'étonnement, de son incessante curiosité et de son appétit au monde – ou bien est-ce l'innocence, sinon, qui trompera le voyeur œil, mais enfin rien ne s'installe qui vienne rompre l'émouvoir, rien qui sache interrompre la magie, rien, *in fine*, non, rien qui puisse porter atteinte à la délectation de sa représentation, face aux siennes. Ah, oui, ce doit être l'innocence, qui ravit sans emporter, qui séduit sans exciter, qui charme sans énerver ; ça, et sa naturelle entièreté à peindre sur son monde de divergentes et décomplexées couleurs !

C'est à leur improvisée chandeleur, anachronique en regard de son officielle date puisque communément sise autre part dans l'année, que ce lui est pour la première fois apparu, ou tout du moins avec une force d'évidence suffisante pour marquer là la première fois, lorsqu'elle révéla son épatante vision de la fine ressemblance entre les crêpes roulées et les demi-molles. Ouais : faut encore le prendre gentiment, ce surgissement, là, en sa présence à lui ; mais passons. Revenons-en vite, sans plus attendre au moment : en sortie de poêle, recouverte de confiture ou saupoudrée de sucre, roulée d'un seul tenant et tenue par quelques épars doigts répartis sur deux mains, la crêpe, sauf à subir une trop généreuse, indigeste cuisson, ne supporte pas son poids sur la longueur au point d'incarner la rigueur – sauf à prendre de rigoureuses précautions pour la maintenir telle, ce que généralement pas un ne fait, comme tous soucieux de ne pas outre mesure se salir les paluches. Elle s'affaisse, plutôt, la roulée crêpe, à demi course ou presque, sans encore s'effondrer, et ressemble alors, au dire de l'amusée, à qui manque de fierté. Ainsi, et à chaque fois qu'elle en aperçoit une, Clémence sourit, pensant aux demi-molles. Fred, lui, se ravit de cette ubuesque interprétation, pour ce qu'elle est et d'autant plus que Clémence n'aime pas uniquement l'analogie mais apprécie aussi l'instant des demi-molles, soit le moment de l'incomplète extinction, non celui de la décevante performance, qui dénoterait d'un mauvais goût ou d'un piètre appétit, non le semblant de pleutrerie, mais le dégonflé, le dégonflant, le se dégonflant, qu'on verra, lui, con comme une bite, pointer le bout de nez après chaque petite mort, soit après la bataille, après que tout ce qui devait utilement pointer aura déjà pointé, depuis petite lurette et – faut-il tout au moins l'espérer – en belle ou mignonnette lorgnette. En celui-ci, donc, de moment, la voici plus bavarde qu'en coït, cette titulaire de lorgnette et (lui, dépositaire) des vues dont on parle en l'instant, maintenant, voire même pipelette, elle, allez, en probable contrecoup et sans opportune interruption, ce qui revient à dire si l'on n'y met pas fin. La voici, lors, sans qu'on la contrecarre, qui explique son amour d'instant, son appréciation de l'instant succédant à l'amour, pour ce qu'il offre de tensif repos, le membre – c'est entendu – mis à part, soit pour la détente, qu'on peut appeler le temps des confidences comme on parle d'un pas des amoureux à propos de la manière dont les bien nommés se promènent en public, errant d'un banc à l'autre, le temps de grâce, en somme, pour strictement en rester à ce qu'elle aime et aux mots qu'elle emploie, là, au sujet de ce temps qu'elle adore passer en compagnie, du moins en celle de ceux dont elle aura voulu goûter les bris charnels, compagnie appréciée pour ce qu'il viendra de s'y passer quelque-chose, pour le rabâcher aussi clairement qu'elle tente présentement de l'expliquer, quelque-chose qui s'achève mais ne soit pas encore fini, quelque-chose qui se savoure sans dire le fin ni la fin de la faim, quelque-chose, *in fine*, qui ne se retrouve pas aisément dicible mais qui mériterait pourtant de se trouver dit malgré-tout, quelque-chose qui méritait indéniablement qu'on tente improprement de le dire, en tout cas, car ce quelque-chose, bien ou mal dit, soit sans nécessairement, effectivement tout dire, dit tout de même quelque-chose d'un entre-deux qui vaut leur entre eux deux, puisque c'est un peu d'eux qu'il s'agit lorsque, là, elle parle d'entre-deux. Enfin tu vois, quoi.

Aux titre et nombre des enfantillages, non des moindres et surtout pas le dernier à pointer le vilain bout de son nez depuis la folle, surplombante caboche, point du tout le plus marrant à vivre, non plus le plus charmant de tous mais pas non plus encore totalement vilain, nous l'avions grossièrement effleuré avant le précédent détour par le pleureur cyclope : la jalousie. Ce n'est pourtant pas que la foule de ses occasions se bouscule au portillon de leur brinquebalant, animé quotidien, non, ce n'est pas qu'elle dispose d'une large variété de cas venus se prêter à l'exercice, mais Clémence est jalouse – et, après tout, l'esprit ne répugne pas à se focaliser sur un unique point d'expression de ses travers, s'y consolant de son étendue misère au nom de la restreinte exception. Ce n'est pas faute d'avoir prévenu, quant au rongeant sentiment, et la présente source de maux est l'éditrice, avec qui Fred ne se trouve pas en mauvais termes, rapport au considérable service qu'il lui rendit jadis – ou son équivalent pour qui n'en était alors pas. Celle qui n'en fut point, justement, à ce propos, se met tout en colère, lorsqu'il la voit, l'autre, jusque quelques fois s'en retrouver tellement chagrinée qu'elle glisse vers le simple et pur chagrin, pour ne pas les entendre désormais amicales, leurs entrevues, pour ne pas souffrir sa proximité, à l'ancienne-ce-que-tu-voudras, ou pas trop, soit non sans très sincèrement, immanquablement en souffrir. Oui : Elodie est un problème, pour la par elle contrariée femelle, et la nouvelle ou dernière venue souhaiterait ardemment qu'il la voie moins, voire même plus du tout ; un truc en rapport avec son antériorité relationnelle, croit-il. Ce qui leur vaut quelques ouverts conflits d'émois, sur le ton des fraîches disputes qu'osent les jeunes tourtereaux – soit pas encore réellement méchamment, ni sous le coup d'aucune latente ou sourde colère, surtout d'aucun trop loin emportement qui ne sache rapidement se régler en corps, huilés pour toujours mieux s'attiser de croisées et délicieusement émulatrices fièvres.

Ce pourrait être gratifiant, un peu, que cette jalousie, mais il faudrait pour simplement s'en réjouir de bout en bout comprendre l'affaire ainsi qu'on jugerait de la qualité de deux respectives amours parentales en considérant que, les vaccinés et sous peu divorcés majeurs se disputant la garde des marmots (ou d'un seul, suffisant à l'exemple), le plus aimant serait, à compter – pour l'école du cas – deux divergentes attitudes (et l'abstraction provisoire du contexte des émotifs motifs), celui des deux demandant l'exclusive contre la partagée, contre pourtant l'idée et l'effectif d'altérité, contre toute précaution d'un glissement des égotismes aux égoïsmes, contre la nécessité des équilibres – tant qu'on ne saborde pas leur essence par mésinterprétation de leurs échelles d'application, mais l'histoire devient autre. Ce pourrait certes être gratifiant, mais ce serait prendre les vessies pour des lanternes, comprendre l'effet bœuf selon le vache caractère de son surgissement, les bovins pour de plaisants moutons et l'idiot bougre pour un appâté chaland, ce qui finirait de précipiter toutes les encadrures de fenêtres dans les trous de serrures des portes, soit – non sans dommages ni maladroits bien que précautionneux pas – de forcer les grands plats à se mouler dans la minuscule empreinte des petits petons !

Ce pourrait être amusant, n'empêche, comme méprise, divertissant, comme hautaine considération de la méprise, en la prenant de haut, sinon de loin, soit en la distanciant, aux faîte ou (l'inclusif) suffisance de ce satané recul disant ou traduisant, médisant qu'on n'en a rien à faire, oui, ce pourrait être amusant, ce saurait franchement l'être, si elle ne pleurait pas, si seulement elle n'en pleurait pas à chaque fois que sa sensibilité la submerge, si elle n'en fondait pas en larmes dès que la torturante marée monte, engloutissant sa réserve, gommant les faux-semblants de belle et bonne tenue, éprouvant dramatiquement, allez, jusque tragiquement ses défenses, lui collant de l'eau sur les carreaux des deux fenêtres d'âme, par vagues, comme il faut forger l'écume, avec de grands et indélicats bleus en lames, au fond, bientôt en indéfectible fonds, portant irrémédiablement sur le sien un voile, depuis l'humide buée, accumulée avec le temps et les épisodiques orages, à force de mouillages au cœur, à force de frisants ou – fort tôt faits – fripants frémissements d'être, à force de bouleversants battements d'artichaut, à force de douloureuses divagations de dinde dépourvue de décente jugeote, oui, parce-que trop, c'est trop, enfin, trop, c'en est mignon quand même, c'en est même touchant, que ces épanchements, pour en revenir aux symptômes et ne pas manquer la pitié, sinon la compassion qu'ils lui forcent, à Fred, choisis ton pied mais sache surtout qu'il en est un, de ressort, qui sans rater le prend, lors des pluvieux passages, ou juste après, ou juste en lien, rapport à l'effet de ces cordes sur les vitres d'humeur, enfin, sur leur frêle propriétaire, cette fragile bestiole, petite chose sans plus aucun rempart, marquée de son abattement et du leur comme ses joues par le sel de son amour, qui fait trace, là, en dessus de pommettes, en bordure de paupières voire jusqu'en coin de pincées car très embêtées, gênées lèvres, hey, ça progresse considérablement vite, ces liquides, liquéfiées choses-là, comme si elles souhaitaient ou comme si l'on devait ou pouvait nettoyer la douleur ou ses ou non cicatrisées et indéniablement corrélées blessures (laissant quoi qu'on y fasse et qu'on le veuille ou non des cicatrices, tenant la mémoire prisonnière de l'advenu, sinon pour partie tributaire – ce qui n'est pas encore dépendante, hein) par un amère et tout éradiquant, destructeur, dénégateur déluge...

Elle pleure, ainsi, c'est entendu, avéré, même, pour ce que ce fut constaté, oh que oui, elle pleure, de temps en temps, voire régulièrement, peut-être pas tout entièrement dévastée mais pas mal embuée, donc ou car touchée, lorsque et puisqu'elle pleure, souvent, parfois, pas tout le temps, pas que, pas au point que ça la définisse, ni même à celui qui la finisse ou la défasse, ni lui le lasse, ou pas complètement, qu'on parle d'elle ou d'il, et s'il faut parfois sortir la cuillère, pour ramasser quelques morceaux, voire en recoller quelques autres après la brève bataille consécutive aux exprimés trop-pleins, s'il faut tant bien que mal s'expliquer, voire plutôt mal expliquer, à coups de grands, inaliénables principes qui ne la satisfont ni ne la rassurent guère, eh bien, ça ne coûte pas tant, ce n'est pas plus désagréable qu'en la forme, tant ça la forme et puis les forme aussi, tant c'est un tantinet gratifiant (ça, par contre), en fait, en sus de cahin-caha constructif, c'est cela, ne cachons pas l'empathique rétribution des compassions, toute accidentelle qu'elle survienne, ne nions point l'apport de l'activisme, le petit plus de l'agir, contre la si facilement désolante inaction, et sans encore aveuglément le glorifier contre un trop supposé, trop supposé pour rester en l'état crédible attentisme, car ce ne serait alors pas loin d'au peu noble sens du terme dire une mollesse, hâtivement dédaignable, rapidement détestable, mécaniquement ou presque délestable, et que ne manquerait-on encore des sur le buffet alignés hors-d'œuvre pour s'être trop empressé de se serrer à table. Non, sérieusement, aussi sérieusement qu'on puisse se faire en contemplant cette dévastée bipolaire qui tantôt rit, tantôt pleure, et sans fascination aucune pour la pitié (tendant lors à la piété de pitié), on ne peut que regretter trop souvent négliger le rétributif caractère de la compassion, à l'abusif privilège de sa très respectable honorabilité – que le paiement soit indistinctement singulier ou collégial.

Non, parce qu'elle rit, aussi, la douce dingue, en plus d'occasionnellement pleurer, elle rit superbement, même, lorsqu'elle rit, aux éclats, de ceux qui ne se feignent pas, de ceux dont on découvre aisément qu'ils sont feints si d'ordinaire on tente de les feindre, enfin, s'il le fallait, ce plus, hein, car ce n'est pas, après tout, parce-que les mauvais côtés sautent plus évidemment aux yeux du critique œil qu'il faut leur résumer les choses, qu'il faut se permettre d'en oublier les bons, clairsemés parmi l'ivraie, au fallacieux prétexte d'une eau salie par son baigné bébé.

Non, car elle rit, d'abord, bien que pas lorsqu'elle souffre, et plus souvent qu'à son tour, malgré ses épars pleurs, ce qui fait une correcte balance, s'il fallait ici ou là une sise équité pour prétendre nous rassurer, et parce-que cette méprise est sienne, ensuite, surtout, qui certes produit ici et là les salants marais de son attachement mais ne l'y limite pas, ou ne l'enferme pas encore en cette seule et unique forme d'être, renseignant pourtant d'autant sur sa manière d'y être, à l'être ; elle est si sienne, cette méprise, qu'on ne peut définitivement pas se permettre d'en faire l'impasse ni la nique, sauf à compter manquer sa singularité, sauf à considérer pouvoir dans la foulée se permettre aussi de ne pas tout savoir de ce qui peut être su d'elle – oubliée toute (peut-être bien) condescendante perspective de progression d'autrui. Or, ceci, l'amoureux sentiment n'en permet jamais rien, d'autant que la voici se révélant dorénavant, en sus de naguère tantôt pleureuse, tantôt joyeuse, eh bien, non moins tantôt heureuse et paresseuse, tantôt aventureuse et audacieuse, tantôt joueuse, pas tant plus tard mielleuse et généreuse, et néanmoins un poil plus tard rugueuse, et non moins sur le fond flâneuse qu'à l'occasion butineuse, quant à l'épineuse question du comment fera-t-on pour trouver un acceptable sens à notre ici présence ?

Peureuse, tiens, remarque, en complément de l'épineuse et du reste de ses remarquables qualifications, oui, peureuse, pour on ne sait trop quel excellent motif et sans particulièrement bonne raison, comme à ce moment de lui révéler le pourquoi du comment qui le turlupinait, lui, depuis précédemment, quant au revirement, quant à ce qu'il aura tel pris, constatant qu'elle acceptait de le revoir, lorsqu'il ose enfin lui poser la question, naturellement surgie entre deux froissements de draps, émergeant en bordure de baignoire, au détour d'un croisement d'orgasmes, oui, cette fois aura été la bonne, rapport au rapport, rapport à l'effet du tiré coup, lorsque, au jus, au moment de juter ou moment du juté, là, juste là, en balance, l'homme se sent roi du pétrole, seigneur et maître au-dessus de son foré puits, souverain d'un instable royaume, en regard du succédant instant de la misère de nouille, la tapisserie refaite et les prétentions mincissant, mais trônant, lui, le chef du jour, fier, malgré-tout, plus enclin à l'audace que jamais, capable et coupable de ses confondants désirs ; peureuse, elle, non, rien à voir avec la masculine choucroute, sinon la juxtaposition temporelle et le nécessaire retour à notre propos d'avant détour, peureuse car réticente à lever tout mystère, au nom d'un charme indéniablement entretenu par celui-ci. Peureuse, oui, mais aussitôt ou finalement, bravement courageuse : la ténacité, c'est l'affichée, vite ébruitée – par l'un ou l'autre des piliers du bar – ténacité du sieur, qui l'aura fait paraître irrésistible, s'il veut, sinon plaisant, ce qui, force est bien de le constater, n'aura pas été un si mauvais départ ; la ténacité, donc, et un petit elle ne sait quoi de départ, préexistant à l'événementiel enchaînement, un petit elle ne sait quoi qu'elle ne pourrait pas expliquer assez clairement pour oser le tenter, là, tout de suite, pas sans retomber dans les travers de son précédent empêtrement, ni d'ailleurs, même, plus tard, l'heure de revenir à la charge sonnée pour le questionneur Fred, obligeant ce dernier à bon an mal an se résoudre à l'incomplétude relative au mystère.

D'apeurée pleurnicheuse, en passant, avec ses pleins sabots, par toutes les énumérées formes gueuses de ce que ce pourrait être de ne pas être heureuse, Clémence en vient encore à grincheuse, lorsqu'il se gausse, lui, rit au nez de son impérieux besoin de connaître l'heure qu'il est avant de laisser se clore l'amande, enfin, les deux, ses yeux, s'il faut les dire et les nommer ainsi qu'ils sont. Et s'il rit, ce bougre de diablotin, ce n'est point encore qu'il se moque, voyons, non, c'est somme toute qu'il s'agace de la répétition des tours de soi, c'est qu'il ne supporte que difficilement ces éternels rituels, au prix d'un estimable effort, malgré son goût pour la découverte de ce que peut être Clémence ; c'est que la distanciation l'aide, et grandement, à ne pas s'emporter.

Oui, c'est certes vrai, c'est aussi que, de sans gêne aucune rendre risibles les manifestations de la belle, outre l'évident et très malin plaisir de la contrarier, cela l'amuse énormément, tant il peut alors constater, tôt fait, savourer ses conséquentes, précieuses car instructives réactions – dont la grincheuse, pour y revenir, en le présent instant !

Car la moutarde lui monte, tandis qu'il rit, qu'il rit et rit encore, elle lui monte même sévère, dis-donc, tandis qu'il rit au point de trop s'en rire, ou s'en moquer, et qu'il se fait prendre la main dans le sac, le nez dans le mensonge, ou ce dernier à la bouche, aussi mal dissimulable que l'eau lorsqu'elle y vient, qu'il se fait griller sur le reprochable fait, en train de lui fournir la mauvaise heure qu'il est, enfin, qu'il n'est pas ou plus, ou pas encore, pour en venir au juste et dévoiler l'usuel, petit et jusque-là privé jeu auquel il s'adonnait, lui, et justement la voici, lors, elle, l'autre elle, non celle qui vient à la bouche mais celle qu'on y porte volontiers ou qui s'y porte seule, celle dont la mayonnaise tourne à l'aigre, bref, la voici qui, le découvrant, son bête et misérable stratagème, trouve bonne l'excuse à ne pas, non, ou pas encore, tout du moins, décidément, fermement ne plus du tout faire confiance, que ce soit ici, là, ou bien là et ici – bref : partout et pour tout, soit du tout.

Oui : il s'agace un rien et, léger, se joue d'autant facilement des tours de soi, ainsi qu'il se les nomme, ces petites habitudes sans utile, sagace qu'il se sait de leurs répétitions, auxquelles il faut visiblement concéder quelque temps, vite accumulé donc aussi vite perdu, sans jamais les voir produire aucun notable changement, sans qu'ils n'en viennent à contenter un différent de l'amateur d'identique. Non qu'ils l'énervent ni le fâchent, mais enfin l'agacent-ils ; oui : par moments, elle l'agace, avec ses nombreuses et urticantes, bien qu'adorables fêlures.

Ainsi de son appliquée, attentive manie à désirer savoir son heure, mais ainsi, aussi, de celle consistant à souhaiter toujours la porte close, verrouillée, autant de jour que de nuit, comme si quelqu'un devait sinon rentrer lui faire du mal, et puis ainsi, encore, de cette autre, commandant qu'on entame le nettoyage de la vaisselle par les couverts, couteaux, cuillères, fourchettes, puis les verres, les assiettes, les éventuels plats *et cætera*, dans ce précis, rigoureux ordre et aucun autre, et puis ainsi, ensuite, de sa persistante insistance à suivre au rigide pied de la très nette lettre les choisies recettes, en milieu de cuisine, et ainsi, pour continuer, du net, catégorique refus que systématiquement elle oppose à l'idée de se promener, en retour des nécessaires courses, avec un visible concombre en clair débord de sac, ou avec un indécent rouleau de torche-cul en dessous, creux de bras, plus encore s'il est rose, et ainsi, finalement, toujours, et encore et encore, d'encore tant d'autres louches obsessions, aux injonctions desquelles il fait exprès, comme il faudra bon gré mal gré les suivre, de répondre en dehors de toute dentelle et pas tout à fait dans les clous, histoire de l'incommoder un peu sans la fâcher de trop – voire de lui faire saisir tout le grain de ses grains, leur tendre et douce folie, certes, mais leur folie pour sûr.

Il se moque moins, ceci dit, la force des choses ou le plus vrai souci, le plus grand cas qu'il sait faire de ces de soi tours-là, de ceux régissant plus directement leurs conditions relationnelles, cadrant en somme leur quotidien puisque devenant des tours d'eux. Ainsi de son irrémédiable refus à le laisser s'endormir la main contre son sein, tout délicat qu'elle trouve le geste malgré sa ferme interdiction de l'effectuer, car ce signifierait le bras par-dessus elle, donc immanquablement le poids de celui-ci sur sa poitrine, une fois le musculaire relâchement venu, le souffle de fin de conscience lâché, soit l'empêchement de sa respiration, soit, inévitablement, une gêne, en sus de la trop généreuse chaleur qu'il ne manque pas de dégager en cours de nuit, en sus, surtout, de cette autre gêne, inadmissible, au nocturne positionnement de la demoiselle. Ainsi de la féminine et permanente, non-négociable volonté de ne pas ouvrir soi-même sa portière, lors des extérieures balades, au nom de ce qu'est la ballade, l'ode, l'amour ou ce que vous voudrez, idem pour l'ascenseur, enfin, sa porte, et celles des magasins, tenant d'une identique vision d'une galanterie qui dit tant du romantique qu'on ne saurait manquer d'y relever le sentiment si d'aventure on peut non sans agréable la constater, un poil au moins à défaut d'en entier, en parlant de – ou passant par – quoi l'on en vient immédiatement non à la Lorraine mais à la navrante quiche, un tantinet, mine de rien, gentille mais méchante quiche, sacrée patate refusant qu'on lui veille le cœur trop souvent, trop attentivement, sinon passionnément, qu'on l'écoute ronronner en son régulier ralenti, ce qu'il aime tant faire, mais non, tant pis, la faute à la drue barbe et aux induites chatouilles, aux petites et plurielles, dérangeantes piqûres, aussi ; alors le voici qui se rase, une fois au moins, et la voilà qui, pour l'encourager ou seulement compenser, se rase à son tour, ou s'épile, peu importe, la voici lisse, les voilà moins embêtés, au diapason à défaut d'unisson, et lui, pour finir, sans déranger, au plus proche de son cœur.

Et puis il y a les éternellement charmantes habitudes, ni risibles ni le moins du monde agaçantes, ni neutres, allons-donc, non, charmantes, ravissantes, délicieuses, comme elle, à son image, à l'instar de ce qu'elle est ou lui paraît, Clémence, lorsqu'elle se laisse aller à clore ses yeux, au coucher, certes, et lorsque la musique lui plaît, encore, en corps aussi, tandis que bascule sa chute et que s'échauffent ses reins, tandis qu'ondule son frémir, mais jamais, au grand jamais pour embrasser, non, ça non, va-t'en savoir pourquoi, va-t'en chercher à savoir pourquoi si tu veux perdre ton temps sans même le réconfortant espoir d'une viable réponse et si tu tiens vraiment à plisser le tapis en sachant pertinemment les augmentés risques que cela fera courir à tout passant de se prendre les pieds dedans puisqu'il ne sera plus au carré. Mais revenons aux habitudes, veux-tu, à celles que nous disions et celle, nouvelle, la voyant demander à ce qu'il ne produise ses mignons suçons que sur ses doucereux intérieurs de cuisses, préférentiellement au tour de cou, offrant la gauche les jours impairs et réservant la droite pour les nuits paires, facétie qu'elle trouve plus coquette, un brin plus polissonne, sacrément plus intime, et à ce titre ne la refuse-t-il pas, la capricieuse revendication, car, en sus du fort marrant, excentrique caractère de la règle, déjà plaisant en soi (à rebours de l'idée vraie voulant que le plus intime des intimes est celui qu'on affiche, qu'on craigne ou non de l'afficher – ce qui rajoutera éventuellement du piment à l'affaire), eh bien, c'est tout connu, le bête, con fumet, en l'endroit, correctement entretenu, n'a rien de très pénible.

Et s'il se moque, s'il s'agace, loin s'en faut pourtant qu'il cesse de la supporter, bien au contraire, sans quoi l'on n'aurait pas, entre les deux amants, de caresses en nuques, de frôlements de bassin, de s'attardant frôlements de bassin, de paume en bord de bide, sur le tertre de chère, adorable chair abdominale, ni d'effleurements de lobe d'oreille, de palmaires promenades en le léger, clairsemé duvet des bras, ni de frottements de chevilles, de mutuelles touches de mollets, de pacifistes, allez, nullement – en l'esprit – bellicistes batailles de pieds, ni de leurs collatérales rondes de jambes, ni de gratuits baisers sans sexuelle puissance, non, pas de plaisants et innocents survols de galbes, non, décidément pas de banals croisements d'épidermes, à coup de petites touches, de touchettes sur galbes, évanescents passages aux brûlantes invitations, murmurées pleines de conviction mais sans marque de tison, ni même de glissements sur courbes, ni de décalages d'une préparation de café à la veille, afin que la tâche ne s'impose pas, ingrate et lourde et basse, en matinale besogne, ni d'autant patientes qu'aimantes préparations de repas, en cours de peu studieux après-midis, soit, pour tout avouer, au moyen rang du plus fréquent, autant de commandes aux différents traiteurs, ni de service de verres de vin, en clôture de journée, voire en milieu de pause, offrant quelque courage en sus de leur partage, avant de devoir retourner crier, porter sus au travail, pour le reste des comptées heures, rarement assez décomptées, ni de port des encombrantes charges de courses, ni de décontractants massages du soir, ou d'étonnants, farfelus jeux de mots, bref, ne chargeons pas la mule plus avant, n'allongeons pas la somme plus que de nécessaire et contentons-nous de résumer ainsi : pas d'attentions ni de gênes d'aisance, envers celle qui se sera, là, regarde, tendrement lovée contre son flanc, lui rendant comme à son sinon leur habitude, sans mesure, celle des gentils gestes.

Non : on n'aurait rien de tout cela, et s'il s'agace, lui, ce n'est rien que sur d'annexes formes et en d'insignifiantes, anecdotiques occasions, qui ne paraissent en nombre que comme on s'attache à dévoiler le vice, et le fond reste bon, dans l'ensemble, voire même plus bon que ça, pas tout sage, tout lisse mais tout correctement châtié, de part et d'autre et au titre de l'unique, seule et juste raison pour laquelle de nos jours on s'évertue, persévère à châtier en mesure.

Oui.

Il l'aime bien, Clémence, vraiment bien, dorénavant, et ne doute pas une seule seconde qu'il pourrait fort bien, demain, l'aimer jusque tout court. Et n'allons surtout pas croire, ne nous empressons pas de hâtivement penser que cette idée le mortifie, d'idiotement supputer que cette idée-là le tétanise. *Que nenni*, absolument pas du tout. On y nage même plutôt tranquillement, en cette à l'eau de rose projection, un peu comme en le présent présent, si l'on y regarde grossièrement, oui, ça fait comme une répétition, le présent présent, mais ça souligne après tout efficacement la masse qu'il impose, ce très présent et puis pesant présent, en tant que présent, en tant que ce que peut être un présent en l'essence, soit en tant que ce que c'est que le présent et non plus en tant que juste ce présent-ci, dont il ne sait se trouver malheureux, et même tout au contraire : il est heureux, Fred, en son présent, bien qu'il doive subir, ainsi que tout un chacun, l'événement présent, juste-là présenté, et encore, et encore, et même encore après qu'on n'ait plus soif d'encore, tout en bloc, finalement, ou tout en file, dans une indienne série qui justement n'en finit pas, de filer son coton, sa laine ou ce qu'il lui plaira de filer, nous laissant que ça nous plaise ou non le surfer, pour tant qu'on doive continuer à décider de vivre, ou ne rien choisir contre, contre cet éternel présent impossible à nier et même à distancier, ce mastodonte, ce gros machin, immonde, cette diabolique ou du moins diablesse de machinerie dans laquelle on aura pris l'être, notre être pour faute d'y avoir accédé, à l'être, à lui comme au présent, subi, entraînant, incroyablement entraînant, d'un instant à l'autre et de l'autre à l'autre encore, et d'autre en autres, puisque de l'autre autre à l'autre autre qui n'est plus l'autre mais un autre encore, encore, encore et toujours, sans limite au collage, sans particulière restriction à la fusion des instants en le total, filant, défilant présent, tout de présent filé, ce forcé présent qui s'offre pour présent et nous mène présentement à deux pas, deux petits doigts de pieds du précipice que serait inévitablement l'aimer tout court, hein, ouais, quand même, presque tout juste-là, en tout proche futur, qui reléguerait le proche, sain car où l'on restait sauf passé au rang de dépassé, inutile et périlleux souvenir, m'enfin, quoi qu'il en soit, au rang de souvenir, interdit au présent s'il se vit, inaccessible à qui vit, au titre de ce qu'est l'accessible, ce qui veut dire sans songe, ce qui veut encore dire qu'on n'y reviendra pas, au point précédant celui de non-retour où l'on est sur le point de sauter, chuter, sinon, tandis qu'on guette le précipice, là, au bord, terrorisé peut-être, va savoir, intrigué certainement, charmé quoi qu'on en dise par sa profondeur, en sus de ses promesses, au gouffre, qui se répète avec l'instant, à chaque instant qui passe et pour lequel on n'aura pas encore choisi de sauter, aveugle au fait que pour sauter il faudrait pouvoir choisir, le sentant, peut-être bien, l'inéluctable, et son vertige avec, son ivresse, et le gouffre, là, devant, pas loin, pas assez loin pour ne pas prévoir qu'on n'en reviendra pas, si l'on saute ou chute ou choit, au choix, tant qu'on l'a, tant qu'on ne fait que sauter en le suivant présent qui n'est pas moins présent que le présent présent et qui pourtant se sent tellement moins présent que le suivant présent qui lui non plus n'en sera pas moins présent que ne furent présent, et présents, tous les anciens présents.

Tout commence à faire trop, hein, n'est-ce pas ; mais tout ceci n'est que l'usuel effet du présent, non celui des amours – puisqu'il est heureux, notre présent bonhomme.

Oui : tout va plutôt bien, dans sa douceur de monde, et la chose suffirait assurément à beaucoup. Mais beaucoup ne sont très justement pas Fred, ainsi qu'il sera de bien mauvaise foi de devoir ici faire mine de sur le tard le découvrir, c'est ça, tant ne sont pas lui que lui sait autant que n'importe qui qu'il n'est pas eux, ni partisan des beaux coups d'eux...

T. « Le tarissement des gens heureux »

Imagine ! Non, pas comme ça, gentiment, vite fait, bien – qui dira mal – fait, entre deux affaires ou trois occupations et sous l'air de ne pas penser au point, qui est d'exclamation. Non. Pose-toi ! Pose-toi vraiment. Voilà. Prends du temps ; et imagine ! Songe, si tu saisis mieux ainsi la profondeur et le sérieux du rêve et si tu comprends alors l'ardeur de cet épique combat requis contre tes confortables schèmes, mêmes et autres habitudes faisant la triste somme de ta peine à l'ivre ! Bon, ça y est, tu as compris ; avec du cœur à l'ouvrage, soit à l'aune du réveil, sous l'injonction de l'éveil plus que sous les trompeuses bien que ravissantes promesses du rêve : imagine ! Imagine la tristesse d'un buveur d'eaux – celles qu'on perd, enfin, que nos engrossées moitiés perdent, en l'occurrence et lorsqu'elles viennent au terme de la grossesse, et non celles, minérales qu'on boit pour en reconstituer le corporel, nécessaire puisque vital stock. Imagine la rareté du plat dont le gourmet desdites eaux se régale, vois celle, de rareté, de ses satisfactions, et contemple l'exceptionnelle délectation qu'il saurait en tirer si d'aventure il trouvait une parturiente, et une qui soit correctement disposée, encore, soit prête à d'un seul, unique élan soulager leurs deux respectives natures, de vider la tuyauterie de son bas-ventre tout en remplissant, comme au goulot (fraîcheur oblige) et avec ses organiques, extatiques déchets l'érotisée panse de cet avaleur des origines de monde, en adéquats temps et heure ! Certes, on pourrait évidemment questionner le sain caractère d'une telle manœuvre, tant des points de vue psychologique que physique, mais la nôtre ne se découvrira pas là. Non. Ce que l'hypothétique passion souligne, c'est combien cher se trahit l'instant d'amour, lorsqu'il se retrouve devoir faire face aux réflexives âmes, voire aux expérimentés esprits.

Il est heureux, Fred, et très au fait de l'exceptionnalité d'une telle occasion d'exercice de l'être, tout entier soit pleinement conscient des conditions de son bonheur. Oui, mais. Il a beau être heureux, Fred, parfaitement ou presque heureux, nonobstant les partiels et temporaires agacements inhérents à toute altérité, il n'est pas satisfait. Ouais ; ça peut paraître revenir à chipoter, mais c'est un peu comme si le bonheur avait un arrière-goût. Comme une amertume, suffisamment présente pour pousser à réfléchir. Et le fait est, indéniable, qu'il n'écrit plus, depuis le début de leur duale aventure. Rien. Pas la moindre petite note en carnet, pas la plus courte ligne sur feuille, pas même quelques mots en furtive et capricieuse mémoire de phrase. Ce doit être un truc qui arrive avec le droit au bonheur, un contrecoup à la paix du cœur, comme l'impuissance en est un à la paix du slip. Ce ne peut être que ça. Et ça n'est pas très acceptable. Ça n'est même pas près de l'être, acceptable, pour tout dire.

Comment s'en accommoder, de ne plus écrire, quand on a commencé ? Comment diable accepter de cesser, lorsqu'on subit la chose sans avoir souhaité ni ne serait-ce que provoqué la coupure de l'inspiratif courant ? Hein ? Impossible, décrète-t-il aussi sec, aussi impossible que de vivre d'eau fraîche au seul nom de l'amour, aussi impossible que de vivre un amour sans l'œil sur son possible ou sur ses conditions, aussi impossible que de renoncer à l'exutoire des mots pour solution des maux. Ben voyons ! Voilà qu'il ne sait même plus ce qu'il dit, ce con, tiens, enfin, ce qu'il se dit en basse ou intérieure messe. Les mots et les maux, puis quoi, encore ? Autant se vautrer dans le n'importe quoi, en sus de la facilité, et jusque paf ! le bruit qui court, aussi, tant qu'on y sera ! Non, rien ne va plus, ou tout va sauf ce qui devrait aller, et de soi ! Si voici le prix du bonheur, c'est bien trop cher payé ! Non, rien à faire, l'argument persiste et signe, imparable : il ne sait se satisfaire de son insatisfaction, même en balance de son heureux état. Et il n'y a rien à rajouter.

Alors, c'est tout ferme et définitivement décidé : il va se tirer une balle sentimentale dans l'émotionnel pied. Oui, tout est dorénavant décidé, tout est presque déjà préparé, tout est d'ores et déjà planifié.

Car il resterait un risque, cependant qu'il ne ferait que porter à la connaissance de sa compagnie qu'il cesse de la fréquenter, comme ça, de but en blanc et sans le moindre artifice, un risque certain voire sérieux que Clémence s'attache à lui plus avant que de raison. Non qu'il se considère exceptionnel, pas du tout, mais on sait comme l'attachement suit parfois les lois du cœur plus que les règles patiemment édictées par l'arrogante tête. Ouais, il se pourrait bien qu'elle n'entende pas raison aussi distinctement qu'il la lui souhaite. Alors il va l'aider, sa chère petite Clémence. Il va trouver un prétexte tonneau, plutôt que simplement bidon.

Il faut toutefois et toujours commencer par le commencement. Ainsi, d'abord et avant tout : whisky. Whisky et cigarette, puisqu'on ne change pas un tandem gagnant – la preuve, c'est un duo perdant, qu'il veut présentement assassiner. Whisky, donc, clope au bec, et mise en scène.

Au coin de la table basse : un verre. En débord et centre de cendrier, parfois pas mal pêle-mêle : des mégots et des cendres, inévitables en l'endroit. Sur son cigare : des lèvres, qui coulissent, comme le cigare s'embrase, comme se meut en cadence le reste de ce corps tout de lingerie vêtu, et comme la bouche s'échine, on voit remuer les fesses, gentiment mais sûrement, se balancer les hanches, voire se creuser les reins, on sent, même, comme on les touche ou palpe, là, d'une adroite main gauche s'en prenant aimablement à la fine couche de tissu qui les couvre, les pleines, fermes mamelles balloter un instant, puis frotter en chœur et comme par inadvertance les deux épaisses, masculines cuisses, découvertes du kilt, voilées sur leur dessus, parfois côté, d'une chevelure trop savamment entretenue pour sembler à sa place en l'endroit, masquant la besogneuse, enfin, tant bien que mal et tant que le mâle n'y est pas pour la sentir à l'œuvre, ni crânement le lui pousser, le crâne, attends, ne bouge plus, surtout, ne bouge plus, ça va venir, ça ne va plus tarder, ça va arriver, c'est dans le couloir, là, on devine la serrure, vas-y, reprends, continue, continue, la porte s'ouvre, continue ; voilà !

Voilà la Clémence, en anticipé retour de boulot, elle qui n'avait pas les clés depuis si longtemps que cela, qui débarque et voit là l'autre demoiselle à pied d'œuvre, enfin, à genoux, la truffe acharnée sur la bête, en conversation avec la tête du gland, soudainement interrompue en son domptage par le débarquement surprise de la régulière, taulière, filant alors sans demander son reste, pas forcément gênée, sinon par l'irruption, comme elle se relève et s'en va plus que s'enfuit, même si c'est prestement, non réellement embarrassée par la doublée présence mais fort heureuse de ne pas avoir à mériter plus avant la pitance qu'elle s'était de toute manière faite régler dès l'entame, et puis il faut le dire désireuse de ne pas se retrouver coincée en la probable dispute.

Oui, sauf que de la dispute, en l'occurrence, on ne verra que l'éphémère, passagère idée germée dans la caboche de la gentille et fortement utile pute – appelons le chat par son quolibet de chat, ou pour le coup (de bouche) la chatte par sa fonction centrale. Oui, il va visiblement falloir se passer de l'esclandre, que la dulcinée, elle, contre toute attente, ne paraît pas d'humeur à produire. Sans un mot, après un grave, lourd voire appuyé souffle d'exaspération et l'air pas plus léger que ce signe d'humeur, celui de la pièce un tantinet électrique, la voici rassemblant à la hâte les quelques éparpillées affaires apportées en l'endroit au fil de ses nombreux passages, puis celles du reste de l'appartement, au petit trot disant bon sinon nerveux train, arborant toujours et sans jamais changer ce petit air de tu sais tout haut combien cela me navre tout bas et je pourrais tout correctement te le faire savoir si je n'étais pas tant occupée à surtout ne rien te faire savoir du tout.

Elle ne dira pas grand-chose, finalement – sans que pourtant l'on doive ni puisse croire qu'elle se sort de là sans encombre ni heurt. Elle ne dira pas grand-chose, mais elle le dira bien, clair, net, la mine encombrée et le ton décidé, oui, presque comme il faut décidé, sans plus de tressautements des cordes qu'il ne faut de temps pour leur enseigner la rigueur. Ceci fait, s'approchant, elle l'embrasse avec la passion des dernières fois puis, recouvrant toute sa dignité, se recule, se retourne, s'empare de la poignée et, sans plus le regarder, prononce, sans animosité mais avec le net, dorsal mépris des circonstances, les quelques mots qui le crucifieront, pour ce qu'ils seront prononcés avec un calme suffisamment proche de l'olympien pour s'avérer déconcertant.

— Tu vois, je pensais que c'était plus que vivre, d'aimer ; je croyais que ça me ferait mal, trop mal, de t'aimer et de devoir souffrir pour ça. J'avais peur de l'amour parce-que, en connaissance des risques, j'avais peur de souffrir, et, comme tu prenais place en moi, je me disais de plus en plus que la douleur grossissait, en même temps que ton aise, pour le cas où elle devrait venir. Mais non. Je suis devant le mur, là, je te vois, et tu n'es que comme les autres, rien qu'exactement comme les autres. Salut.

Puis : porte, couloir, escaliers, *et cætera.*

Silence.

Whisky. Whisky, et re-whisky.

Ça pique, et les vapeurs n'ont que l'on sache jamais rien arrangé, ni de près ni de loin aux pimentées, délicates affaires. Ça pique, mais il l'a bien cherché, avec sa folle notion, vile action de suicide amoureux ; il l'a bien cherché, n'empêche, mais n'empêche que ça pique et que ça ne veut pas s'arrêter de piquer. Bref : c'est le bordel, le paradoxal bordel, et bien que le whisky n'arrange rien, ça n'interdira pas d'en rajouter une touche, et ses petites sœurs ensuite, avant d'en passer aux jumelles puis d'en venir aux cousines, dans une vaine, désespérée sinon maladroite et bien que consciencieuse tentative de conciliation des frustrations : hey, c'est que, quant à l'espoir d'écrire, on repassera demain – voire la semaine prochaine et en craignant les calendes grecques. C'est aussi que l'on a certes voulu mais qu'on n'a pas aimé, enfin, qu'on a aimé, si, puisqu'on l'a aimée, elle, qu'on l'a amourachée, si l'on veut qu'il ne fasse que pluvioter, mais c'est qu'on n'aime pas ni ce qu'on vient de faire ni l'absence qui s'en suit, l'affreux et détestable vide, ni les certainement respectives douleurs qui diront encore un fin brin de collégialité, triste ersatz d'un feu royaume d'entente où la symbiose vivait, vivace et belle et bonne, entre deux désormais séparables.

Whisky, whisky, toujours plus de whisky.

A force de whisky, cependant, d'avoir été par trop assidûment chérie, la bouteille se meurt à défaut des pensées, faute d'y avoir pensé, aussi, à sa finitude et son renouvellement, et l'on ne panse plus par le liquide, chaud baume les recoins d'estomacs ni les coins de méninges, on ne noie aucun des indécents car illégitimes chagrins, ces déplacées peines, en regard de qui en fut l'origine et qui vient en addition s'en plaindre et postérieurement geindre. A force de tirer sur la bouteille, pour de bon, on l'épuise, et son cul en vient nu sans que pour autant on accepte de décréter l'état d'urgence pour cause de fond du trou dans lequel on n'aura pas décidé de tomber mais dans lequel on va continuer à creuser puisque, maintenant, quoi qu'on fasse, eh bien, on s'y trouve. A force de voir le cul nu, on s'habitue au dépouillement, et l'on saurait presque, probablement s'en accommoder, mais tabac, lui, demande expressément qu'on l'accompagne.

Whisky ? Whisky, whisky, où es-tu ?

Extérieur, air, froid qui pourrait être interne, bruit et, immanquablement, monde.

Bar ; whisky. Y es-tu ?

Ouais. Inévitablement, il allait y avoir du monde partout. Tout plein de monde partout, gerbant, dégueulasse, et la chose ne favorise pas l'écriture – du moins pas pour lui, ou pas là, maintenant, ou bien pas en l'état. Oui : du monde, du monde, du monde, du grouillant monde, dans une pathétique volonté de lire le succès d'une rencontre des mondes en l'importance du mondain troupeau de monde, d'agrégation des mondes entendue pour mise côte-à-côte des porteurs d'immonde en une sale et pleine salle salement étudiée pour n'en tenir, n'en contenir que peu, de cons, enfin, de monde donc de mondes, entendue surtout et plus que tout au monde pour autre que réelle mise en permissivité des mondes entre eux.

Mais il y a du whisky, ici, ainsi malgré tout qu'un peu de chaleur – faussement – humaine et un dépaysant décor, différent de celui des froideurs de l'hivernale brouille naguère ou bientôt déjà jadis disputée, il y a du whisky et du monde à gogo, tant pis, faisant concours d'égo et grasse veille de culs, tant pis et tant pis bis, il y a du whisky et chacun sur ses jambes se tient comme en un panoptique au-dessus des remuants voisins, tant pis et ter tant pis, et tant et tant de tant pis car il y a du whisky et, tant qu'il y a du whisky, tout va – presque. Oui : quand le whisky va – et vient – tout va, et les charmantes esquissent de furtives danses au son de l'ambiant bruit, ponctuant leurs improvisées bourrées de maladroits, superficiels sourires, sociales mimiques tenant par trop évidemment des alcoolisées circonstances, mais tant pis, tant pis pour l'altérée saveur de ces atours, et tout peut d'ailleurs aller comme il veut bien aller, autour, puisqu'on n'y fera pas réellement détour. Hey : il y a du whisky, alors tant pis, pour l'inatteignabilité des mondes, leur irréductible injoignabilité, leur insoluble jonction, puisque visiblement ils sont inconciliables, tant pis pour l'intrinsèque rupture entre eux tous, tant pis pour l'inéluctable de leur séparation, tant pis pour la factualité de leurs respectifs états, hors de portée l'un à l'autre, sinon les uns aux autres, autant, finalement, pour les rompues passerelles.

Au milieu de ses écorchées et certainement d'autant libres pensées, quelqu'un tente d'interagir. Vainement, faudra-t-il inutilement préciser, passant d'un même geste sous silence le descriptif précis de cette dérangeante tête, passée sans efficience mais non sans déranger en son vital espace. Ledit dérangement suffit pourtant à le pousser à sortir prendre l'air, tout vicié qu'il s'annonce.

Il y a du gerbant monde partout, au figuré donc interprétatif sens de Fred autant qu'au pied de la lettre et de la devanture, avec du gerbé d'homme s'étalant partout, du macadam au vieillot bois, effet probable d'un malsain mélange de couillu breuvage avec quelques affriolantes et liquides couleurs, puisque le pur se dilue non sans mal, effet d'un mal des ans, sinon, sur les jeunes années qu'ils n'ont pas complétées ni rendues plus productrices de sagacité qu'elles ne le furent avant, voire qu'elles ne le seront ensuite, puisque qu'on y boit sans maîtrise, en ces ingrats, frais âges, sans goût ni volonté, en se laissant couler, péchant par quantité, vomissant ensuite le trop-plein là où il manifestera l'urgence de son déversement, moquant les efforts antécédemment concédés à son accumulative collecte par l'heureux imbécile qui aura été comme tant d'autres contents niais jusque faire le pied de grue et les coudes d'épique hérisson pour dépenser sans juste raison tout ou partie de son soûl au prétexte de l'être, saoul, désinhibé, tout entier à la joie de se distraire, au point de produire maintenant du dégobillé d'homme à l'allant et de permettre en ricochets des dégoulinures d'Homme à la pelle, puisque voici qu'on l'observe en pouffant, le vomisseur, voici qu'on s'en moque d'un gras rire voire d'un bref et relativement privé commentaire, prenant position relativement à ce que c'est que l'être et, partant, de ce que c'est que d'être, puisque, le moquant, ce risible déverseur de bile, et pas des plus gentiment, on mésestime qui faute à le maintenir droit, son être, on juge qui l'aura mal jaugé, qui aura mal estimé sa résistance et peut payer ou seulement se payer son verre mais pas s'acheter l'idoine conduite, tout comme on aurait pu mésestimer (qui n'est pas encore mépriser) qui refuserait le pied de grue ou le bain de foule, ou qui manquerait de ressources temporelles ou tierces pour venir même y prétendre, aux sociales joutes de bar, dénigrant tantôt qui se retrouve certes admissible au rang des citoyens de l'achat, juste parmi d'autres justes, mais indigne parmi les fiers, dénigrant sinon et plus tôt encore que tôt qui n'est pas même juste, pas au fait de ce que c'est que la justesse car point en fête comme les autres, pas membre des payeurs d'ivresse, dénigrant encore qui ne boit pas la même, d'ivresse, ou de la même façon, et ainsi de suite et suite ainsi ou autrement, que voulez-vous, on ne choisit que rarement l'arbitraire des considérations qu'on subit et l'on constate vite que l'Homme apprécie les frontières au point de s'en poser partout pour croire se définir, résumant pour tout ou partie l'autre à la ségrégation (puis, vite, le sectarisme) qu'il lui impose, toujours artificielle si l'on accepte de n'en passer que – ou principalement – par elle, mésestimant, et gravement, alors, sa dépendance aux représentations. La chose n'excuse pas tout, c'est vrai, au sens où la représentation ne doit pas permettre la réduction du sens à rien, moins encore de condamner depuis les seules taquines le complet reste de l'ensemble des représentations, sans considération pour leurs respectives échelles, sans quoi l'on en viendrait rapidement voire avec un empressement tout proprement malin à penser que l'erreur olfactive signifie l'intrinsèque tromperie de tout sens, que la faute d'appréciation du nombre par qui n'aura qu'un piètre compas dans l'œil vaut réfutation des mathématiques et que de valeur, en conséquence, il n'est depuis l'humain mensonger que la naturelle illusion. Non. Non, mais il n'empêche que le courant se lit, ainsi qu'il fait le sien, se dessinant – sans nécessité de dessein – de mésestimes en méprise, d'erreurs en horreur et de monstruosités en dogmes et sacralité, où l'on ne critique plus, l'esprit mort et la bouche muselée, où l'on ne construit ni n'établit plus rien pour cause de ne plus devoir dire, enfin, de devoir ne plus dire ou de ne pas avoir su, dire, affirmer, par crainte d'une occulte force – ici, le nihilisme valoriel, où chaque individualité affronte l'autre en un maelström d'avis pris pour égaux unitaires alors qu'ils sont déjà productions d'être, soit hors du niveau réel d'une telle égalité, de cet unique lieu unitaire qu'est l'être. Ainsi, là, au milieu des miasmatiques soubresauts du par trop bon vivant, au par trop peu altruiste spectacle de sa débâcle, c'est en condamnant l'agir qu'on condamne le bonhomme, enfin, le mauvais Homme, au nom d'une sacro-sainte individualité qui ne l'aura mené là que selon son unique bon vouloir, sous l'égide de sa seule forte ou faible volonté et par le biais monétaire, aussi, argent qu'on institua jadis et que depuis on perpétue, au titre des privées propriétés et consciences – sans façon confondues – garantes de toute liberté, rouages du droit et finalités de l'être, lorsque l'une suffirait principiellement à faire taire la nécessité de l'autre – sans parler de son abusif privilège à trôner en son côté ! Mauvais arbitre de lui-même mais bon perdant des estimes qu'on lui porte, l'épandeur d'immonde lâche son dernier coulis stomacal ; on ne cesse pourtant pas sitôt d'en rire, trop en vapes qu'il se trouve pour parvenir dès à présent à s'en éloigner assez. Hey : le besoin de compartimenter les extérieurs à soi lorsqu'on ne sait pas bien catégoriser les conceptuels intérieurs, tout ça, et si là c'est le mauvais homme pour le mauvais être, ce serait ailleurs qui plaira lors, comme cet autre rustre répandant sa vaporeuse urine au coin d'une rue, pour ce que d'aucuns manquent cruellement d'éducation, sinon comme le sans-abri à deux pas de celui de sa porte, à l'heure de rentrer chez soi et pour ce que le trottoir ne tient rien du centre de secours, et, vite, plus tard ou bien le lendemain, voire pas plus tard que tout à l'heure viendra le tour de monsieur et de madame Sanchez, pour ce que les voisins jouxtent par trop sensiblement ses murs ou pour ce que les étrangers restent par trop différemment élevés, ou ce sera encore sa propre, conne de femme ou son chien de mari, qu'on exclura plus ou moins temporairement de l'admissible, pour ce que ce que ces cruches ou zouaves se trouvent par trop bizarrement câblés, ou les Dupond pour la proéminente fourniture de leur compte en banque – manquant ici, par la focalisation sur le systémique excès, la première question de la fonctionnelle superficialité des pièces de leur trésor.

Bon, fini de jouer ; fini, de s'abrutir en réfléchissant, en réfléchissant trop, en regard de la situationnelle urgence, en réfléchissant à tout sauf ce qui te préoccupe, en te réfléchissant partout ailleurs pour ne pas avoir à affronter la véritable source des tourments de ces dernières heures, qui n'auront vu passer ton jour : ta trouble et tout tremblotante âme ! Fini de jouer, qu'on te dit, puisque le spectacle s'achève. Et puis tu ne marches même plus droit, tiens ; regarde ! Tu dois en proposer une jolie, à ton tour, de scène, à qui voudrait la voir, tu dois en faire un beau, de spectacle, à t'y donner autant, en donner une mignonnette, de représentation, tandis que misérablement tu titubes et tâtonnes, et tu ferais probablement, non, certainement mieux de rentrer dans tes sages et confortables pénates plutôt que de persévérer à te foutre de la gueule du monde en prétendant mieux que quiconque le saisir !

Mais non. Tu es une tête de mule, hein, un sacré con de bâtard, à coup sûr croisé entre l'âne borné et le têtu connard, éminent membre sinon spécialiste du fin fond de la fange des imbéciles, la fière crème faute de fine fleur de ce que c'est qu'être idiot, non seulement inutile mais encore détestable, délestable, aussi, à ne pas en douter et puisqu'elle ne t'a pas rappelé, montrant assurément le mépris dont tu te retrouves désormais et pour de bon, définitivement digne.

Assurément, dis-tu ; et penses-tu, dis, que l'on se rassasie jamais, du haut de notre éternellement bancale assurance, de la vorace collection de ces semblants de certitude dont on saurait en raison se passer ? Non, pour sûr, pour Fred au moins en l'heure, et pour préférer en être et certain et très sûr, il devrait ne point tarder à mettre en branle son désir de massue. Correctement joué, le coup pourrait en effet l'autoriser à la sécurité : car ce serait tout de même drôlement commode, de pouvoir s'assurer d'une pérenne tranquillité, de se découvrir, un matin, demain matin, par exemple, libéré de cette digne de Damoclès menace que constitue l'épée d'un retour au nid sauvage de la belle toison rousse, tout joyeux que devrait sincèrement s'en confesser le drille si la chose advenait.

Mais t'es bourré, tête de con, t'as la caboche dans le cul et tu trouves évidemment qu'il commence à faire sombre, au milieu de ce vilain brouillard ! Gros malin, va ! Va-donc te coucher, t'es plus assez clair pour oser tes désirs !

Dont acte.

Non. Non, rentre directement, ne te mets pas à lui sourire des yeux, à la manger des poils et à te hérisser un pavillon dont tu ne prendras pas la charge ! Non, ne la prends pas sous ton bras, la jeunette, regarde : elle n'y tient pas vraiment. Arrête ! Tu te ridiculises, en tentant le saute-brebis, en pariant sur la meilleure volonté, sinon docilité de la suivante ! Non, elle non plus, elle ne veut pas, et tu les trouveras toutes charmantes, de toute façon, tandis qu'elles t'auront démasqué. Ah, tu vois ! Elles s'enfuient. Barre-toi, toi ! Cesse de leur faire peur, et de te faire du mal, ça ne pourra que te faire un peu de bien !

Voilà. C'est mieux. T'avais rien de plus intéressant à faire, et t'es quand même beaucoup plus à l'aise chez toi ; oui, vautré par terre dans ton salon, tu es bien plus à l'aise. Minable, mais à ton aise. Non. Arrête ! C'est pas la peine. Non, putain, tu fais vraiment n'importe quoi, hein ! Lâche ça ! Tu n'en tireras rien, et vu ton état, tu risques même de t'abîmer. Tu le sais, non ? Tu le sais mieux que personne, que tes vertes prétentions n'ont rien que de très vermoulu ! Tu sais que tu ne bandes que mou, là, maintenant, et que les demi-molles ne te sont plus pour un sou poétiques...

Bravo.
Bien joué.
T'as été grand seigneur, mec.

Brume.
Café.
Des tonnes de café.
Avec des tonnes de tonnes de verres d'eau.
Ouais ; des litres et des litres de salutaires gorgées !

C'est pas bon, l'eau ; enfin, c'est bon, il faut qu'il en boive, mais ça a très mauvais goût, au réveil de l'excès – comme une soupe mal ou pas du tout assaisonnée. Il l'avale, pourtant, convaincu de sa nécessité suivant le bon ou sain aloi, et se traîne vers la douche. Il y pisse, puisque tout se perdra au siphon et puisque la cuvette n'y est point, puisque, aussi, il prévoit de réserver tous et chacun de ses efforts à ce qui peut payer, se savonne, se rince, se défait des derniers indésirables, s'attarde, s'extrait de la cabine et se sèche, puis se sert un énième café.

C'est bon, le café. C'est excellemment bon. Ce n'est pas comme si c'était du whisky, mais il lui faudra bien admettre pour le constater qu'il n'a pas dû en trouver sur son chemin, hier au soir, ni même ce matin, ou bien pas en l'adéquat conditionnement pour en faire réserve. Recollant les épars morceaux de son esprit, il songe. Ouais : tu pourrais en conclure qu'il n'aura pas quitté les vapes de sa gueule de bois, sans tiens-toi bien avoir tout à fait tort ; mais Fred, lui, il songe. Il songe à cette idée semblant lui revenir d'outre-tombe, à propos de Clémence et de la certitude de son éloignement.

Fumée, brumes et pesée, pesage, soupèsements puis autant de revirements de volutes et autres évanescentes pensées, venues fleur au fusil puis parties, reparties sans répartie produire ni trop d'utile induire, et pire : hésitations en pulsations, tâtonnements en explorant, indécisions en précision.

Allez ! Hop ! Va pour les vieilles ficelles !

La corde pourrait paraître plutôt grosse, mais le stratagème fonctionne, et l'asticot mord à l'hameçon.

— Un nouveau livre, hein ?

C'est ça, un nouveau livre. Je viens tout juste de le commencer. En parlant de ça, et non que je veuille t'en dire beaucoup plus, tu ne voudrais pas que je t'en trace les grandes lignes autour d'un verre ou d'une assiette, histoire que tu me dises déjà si le projet serait à même de t'intéresser ? On pourrait dire demain, ou ce midi, même, si tu n'as rien de mieux à faire...

— Va pour ce midi ; et c'est toi qui invites.

Elodie porte une jolie robe, ainsi que le sourire des douces journées ; ce sera parfait pour la suite. Connaissant l'habituelle, caractérielle réserve des écrivains à révéler l'en-cours de leur travail, elle n'insiste que modérément sur la curieuse ligne. Le repas se passe ainsi que Fred l'aura prévu, sans surprises ni vraie révélation, sinon l'idée promise, l'intention d'écriture devant tenir le cœur d'ouvrage. Elle lui plaît, l'idée, et, à la condition d'une bonne exécution, rien ne devrait s'opposer à la prise en charge de cette publication. Elle en est même heureuse, l'éditrice, de cette fraîche nouvelle, elle qui s'inquiétait de le voir en rester au premier jet – et elle de se trouver réduite à lui courir après, forcée de par un biais ou l'autre l'encourager.

— Peux-tu me promettre de faire un effort, question publicité ?

Sûr – enfin, à compter que tu publies. J'allais justement y venir : je voudrais commencer des amorces, afin de donner un poil l'eau à la bouche à mes futurs lecteurs. Tiens, on devrait commencer par une photo, genre : mon éditrice et moi, scellant le tout nouveau projet !

Ravie de cette fraîche implication, elle s'exécute, et voici la preuve de leur collaboration prête à rejoindre la toile, avec, entre fourchette et couteau, son carnet plein de notes, avec, à l'arrière-plan du reste des verts ornements du croque-monsieur, surplombant les délaissées, intactes car trop copieusement servies frites, habillant si légèrement tout son dessous de tête, l'osée, petite robe de la belle éditrice.

C'est ça : vérification faite, l'aimable serveur – et fort volontiers improvisé photographe – n'aura rien raté de cette offerte peau, glissant dessus son œil tandis qu'il ajustait le rideau, cadrant ensuite comme il se doit et comme on l'attendait, déclenchant ainsi qu'on en avait besoin pour d'une économe façon faire rouage dans la machinerie, tout futile qu'il puisse au final s'avérer, ce vilain petit rouage incarné par (voire en) cette jolie et point du tout innocente petite robe.

Voilà.

Whisky.

Voilà la photo sélectionnée, postée, agrémentée d'un commentaire et disponible, c'est-à-dire prête à servir, prête à l'échéant cas être vue, vue par un regard ou l'autre et puis surtout par l'autre, le sien, ce sien des seins, sait-on jamais qu'elle en vienne contre toute attente à se promener en cet immatériel coin-ci. La précaution sera sans aucun doute vaine, tant elle partit fâchée, sinon déçue, la rouge ou grisée rousse, et le geste saurait sembler gratuitement méchant ; pourtant, c'est sécuritaire, qu'il l'entend, soit l'envisage et le poursuit, Fred, et pour verrouiller encore un peu plus tout le bazar, forçant le trait comme à son habitude, en faisant certainement trop mais voici que c'est fait, le voici qui commande d'habituellement partagés accessoires, des dentelles et froufrous de diverses couleurs et matières, et s'empreint d'une feinte tendance au partage de ses intérieurs.

Le vide – mais du coup débordant de matérielles traces – salon se déguise en savant champ d'imaginaires et trop obscènes pour être dites (ce qui tombe convenons-en plutôt bien) batailles, la penderie s'orne de quelques féminines et immédiatement telles identifiables fringues, avec en addition, ici, voire là, deux, sinon trois hauts talons, vendant semblerait-il correctement l'idée que l'affaire suit son cours, suspendant en hypothèse celle d'un instant volé entre deux affairements, et la salle à manger se fait scène d'un récent repas, avec sa table mise pour deux, son partagé pinard et ses délaissées assiettes, vidées mais non saucées, et la pièce de bain joue le théâtre de coquineries, montrant l'indiscret canard et son plus droit, plus généreux aîné, ainsi qu'une entamée boîte de préservatifs, et l'ensemble de l'appartement s'encombre de cadavres de bouteilles, de cigares, de bouchons et canettes, de mégots et de boîtes de pizza, de messages aux murs et de textes en miroir, soit, *in fine*, autant de fabriqués mais non moins – tout du moins l'espère-t-il – crédibles décors allant aussitôt rejoindre l'initial cliché sur la grande et vaste toile, à la falsifiée mode de chez nous, enfin, chez lui, façon : je m'en vais déballer tout le vantard intime de ma vie à l'envi.

Mais il est seul, Fred, en vrai, désespérément même si par sa seule volonté seul, et définitivement, seul, cette seconde et toute fantasque précaution prise sur le mode du fait méchant méfait, aussi part-il en quête de superficielle compagnie, à la recherche d'une gazelle ou l'autre pour renchérir le tableau sans par trop ajouter au mensonge ; pour se changer les idées, aussi, certainement, sa vaniteuse connerie réglée, prétexte suffisant pour sortir de l'encombré milieu de son habitation, ressemblant fort, mine de rien, à un énorme bazar de dépressif, sinon au terrier d'un sur le tard célibataire, allez, même sur le très tardif tard.

Allez, dehors !

Froid. Nuit, sombre.

Ouais, continue : sombre !

Flasque – comme si ça faisait longtemps.

Errance. Estimation. Errance. Estimation. Validation.

Le choix, de fait, ou fête oblige, s'avère plutôt large, ici, quant aux sauvages élégantes, bien malgré elles prochains supports d'oubli de ce que fut le deux et de ce qu'il n'est plus, et du fait qu'il n'est plus. C'est que le personnage, depuis le kilt jusqu'au mutisme, fascine toujours autant, intrigue tout aussi fermement qu'à son accoutumée, sinon, à défaut de charmer aussi sec, et le coup de l'écrite sérénade ne requiert aucun long ni fastidieux chant pour produire quelque prometteur fruit, l'embarras n'étant plus qu'à l'arrêt de l'une quelconque – mais point trop – de ces fêtardes instanciations des souhaitées réjouissances à venir. Et, de n'être peut-être pas aussi beurré qu'il en a l'air, les demi-dites, demi-écrites conversations lui paraissent à tout le moins moins ardues, moins lourdes qu'elles n'en prennent généralement l'air, à la scrutatrice observation de ses interlocuteurs ou, ici, de ses interlocutrices – encore devrait-il préférer le terme de correspondantes. Préférence sera pour le coup donnée à la grande girafe, à l'élancée coquette plutôt qu'à ses pourtant jolies congénères, dont le fond, sans mentir, le fait penser aux hyènes. Un petit pas de deux, une bourrée de plus et l'affaire vient en sac. Non qu'ils partent déjà, mais il la sent ferrée, sa carpe, gentille poiscaille en route pour l'abattoir, qu'on continuera d'assommer pour au-delà du raisonnable s'assurer de sa docilité et pour, soi-même, profiter d'une ivresse qu'on ne sait se lasser d'accueillir, surtout lorsqu'il faut pour soi gagner quelque cœur à l'ouvrage...

Enfin, voici le chaleureux bien que chancelant temps du bercail. La pouliche tient encore debout, c'est heureux et tellement plus digne pour chacun d'entre eux, bien qu'il faille par moments le cravacher, l'animal, chemin faisant, c'est-à-dire l'encourager et la guider, la conne, plus que la maltraiter en littéralement la fouettant. Il faut à Fred lui tenir l'attention comme on tient ailleurs le crachoir, il lui faut surveiller et distraire, sans toutefois s'autoriser à punir, malgré, parfois, une irritabilité, face à cette si facilement distraite bestiole, rendue un tantinet bête en sus de tête en l'air par l'avalée dose de champagne, oui, la précieuse boit du champagne, la précieuse aura bu du champagne, énormément, mais rien que du champagne, craignant la violence des boissons d'homme, et voilà qu'il faut la tenir en éveil en lui griffonnant quelques mots ou en lui pourléchant l'oreille, voire en lui frissonnant la cuisse.

— Et voilà, m'sieur-dame ! répète l'agacé chauffeur après avoir pour insister pilé devant leur destination il y a déjà cinq bonnes, longues et graveleuses minutes.

Tu payes, tu saisis et tu guides ; puis vous montez.

Frottement de mains et forte, pressante insistance de la tige ; joie, en somme, en sein de chaotique effeuillage, car c'est maintenant la solennelle heure de l'introduction, soit du fourrage de dinde !

Manqué : la chatte prend la fuite, soudainement refroidie, déclare-t-elle tout en à la va-vite se rajustant, par l'ambiante misère des lieux, par l'indéniable évidence que la place est prise, sinon par la folle évanescence des désormais éteints degrés, pour faible mais visiblement suffisante partie. Elle part, ravissant au déçu personnage la compagnie qu'elle lui fausse en même temps que la somme de ses précédents efforts.

Chiotte. Va tout falloir recommencer !

U. « Et tapoter les murs des douches »

On vous le dirait tout aussi aisément qu'assurément, même si, immanquablement, pas toujours aussi nettement qu'exactement : ce n'est bien souvent pas où l'on cherche qu'on trouve, pour sûr, et c'est même, évidemment ou presque, au dernier endroit où l'on aura cherché qu'il nous faudra trouver, les gratuits et ubuesques efforts mis à part ; mieux, renchérira le quidam, ce n'est pas, non plus, parce qu'on cherche qu'on trouve, ni même par ce qu'on cherche qu'on trouve, puisqu'on peut bien chercher sans trouver ce qu'on cherchait mais en trouvant quand même un truc ou l'autre, ouais, enfin, non, ou nan, nul besoin de chercher pour trouver, du moins de chercher ça pour trouver ça, encore qu'on puisse chercher ceci et trouver ça et encore, en passant, que la réserve importe, disant qu'il faut bien chercher quelque-chose, ou s'autoriser à chercher quelque-chose, pour trouver quoi que ce soit, entendu que, tout de même, l'évidence maintient *in fine* son rang de brute force d'imposition, à la manière de l'émergence, soit sa capacité à outrepasser la nécessité d'une recherche et à surgir sans par trop prévenir, malgré la commune obéissance conditionnelle – l'exception ne défaisant pas totalement la précédemment dite règle d'un besoin de recherche (ou du degré d'ouverture). Recherche, d'accord, mais ce n'est pas encore parce qu'on aura cherché qu'il nous faudra trouver, disait-il, alors autant ne pas chercher et espérer trouver, dira-t-on, nouvelle bien qu'inutile excuse à la paresse, au laisser-couler des intentions qui dira tant du triste état des volontés, alors que ce n'est pas, bien sûr, pour s'être lamentablement, volontairement ou plutôt a-volontairement perdu qu'on en trouvera mieux ce qu'il aurait fallu chercher, rapport à ce qu'on ne trouve le plus souvent qu'en ayant accepté de chercher, en majoritaires conditions d'exercice, on le disait avant, contre qui voudrait s'en aller se balader jusque se perdre pour rien, au seul titre de la perdition et comme insuffisant prétexte à ne plus rien chercher, sinon, tautologiquement, la perdition, voire la tombée de la céleste manne, suffisante excuse bien que pauvre raison, à l'aune de ce que c'est que l'effort de chercher, non au titre d'une bête valorisation de l'effort pour l'effort, mais au nom de ce que c'est qu'une volonté, visible en son effort, inscrite au monde par lui. Bref, dira l'autre, se demandant sinon nous demandant ce qu'on fait là, ce qu'on peut bien chercher en faisant mine de chercher on ne sait quoi qui vaille ou non la peine d'être cherché, voire savamment, précieusement recherché, sans avoir l'air de chercher du tout ni du reste de trouver le moindre rien, la faute certaine à l'apologie d'une recherche qui n'aura que la gueule de la recherche et pas le moindre fond d'une envie de trouver, ni ici, ni ailleurs, ni pour l'un ni pour ces autres qui chercheront tout gentiment, benoîtement à suivre. Oh, mais comme vous y allez, soudain, et l'on peut bien chercher sans avoir envie de trouver, encore qu'on sache s'en défendre, au besoin, et l'on peut encore se retenir de trouver par crainte de trouver et de ne plus avoir à chercher, toute franche qu'ait été effectuée la recherche, tout entier qu'on s'y soit mis, sans pour autant devoir se laisser taxer d'y courir comme à la reculade, en la recherche et pour ce qui touche à son origine, voire jusqu'à son cours, oh non, ce n'est pas pour autant qu'on s'y présente comme chez le percepteur lorsqu'il appelle son dû, ce n'est pas pour autant qu'on aura mal cherché, bien au contraire, puisqu'on aura, lors, trouvé, même si l'on hésitera, par suite et devant la trouvaille, à basculer en le nouvel état ; reste donc que, en attendant, et jusque-là, on aura bel et bien cherché, sans par obligation trouver, c'est pour une cause ou l'autre entendu. Recherche, ainsi, trouvaille inopinée qui n'excuse rien des défaites ni ne qualifie rien de plus des valeurs de la quête, et fourre-tout ou presque bla-bla qui se grossit charabia, à l'exemplifiée charge près contre la vilaine induction (taisons ici le pléonasme), dans un sens ou dans l'autre, dont il serait vite venu de principiellement affirmer qu'elles le sont toutes, moches, les inductions, si l'on ne s'exposait pas ce – plus bien que mal – faisant aux réprimandes, au nom du fol et plus détestable encore que déjà regrettable usage d'un principe tout juste condamné. Verbiage ? Qui sait, au-delà des illusions d'un réel sur ce qu'il est lorsqu'il s'abandonne aux simplifications. Reste, enfin, en non-exhaustive fin, qu'il se pourrait fort bien, tous comptes semble-t-il survolés, qu'on ne trouve jamais que ce qu'on était prêt à trouver, soit initialement, soit progressivement, soit au long du chemin, soit qu'on ne cherche que ce qu'on sait chercher, plus ou moins indépendamment de ce qu'on croit chercher, rapport aux mensonges qu'on se sert sans y prêter conscience – ou malgré le prêt qu'on croyait y prêter.

Solange. Elle s'appelle Solange, et ça pourrait faire comme la belle Hélène, sauf que la chose ne procède en réalité pas tellement de la bonne ou gentille poire – entendez du bête, sinon du cul-cul, du praline, au besoin, au lieu de vous focaliser inutilement sur la nature du fruit. Mais bon, tu ne vas pas non plus t'appesantir, hein, sans quoi tu risques de repenser à confesse, à con et fesses, à la douce fessée voire la tape de cul qu'elle reçut par-dessus la volée de ses arrières joues, pour il ne sait plus quel motif, mais non sans plaisir, au vu de leur vive rougeur, au vu surtout de sa tant perlée joie, alors, après, pendant, peut-être, tandis qu'il en venait, doucement ou pas tant mais assurément sûrement, à ce pan-pan cul-cul dont on connaît les immanquables ou presque finals.

En parlant de correction, c'est Elodie, qui s'annonce d'humeur à badiner, enfin, à jouer de la badine, de la cravache ou quoi que ce soit d'autre qui fouette un brin, fâchée, semble-t-il, paraît-elle, par le si mauvais bougre qu'il en sera pour la remontée dame devenu vilain sieur, ce qu'elle ne manque pas de lui faire savoir, voilà, là, la moindre desdites corrections.

— J'en ai assez. Tu croyais quoi, que je ne comprendrais pas ? Que je ne saisirais pas ton petit manège ? Quoi ? Tu me prends à ce point-là pour une conne ? Allez, vas-y, dis-le, mais dis-le, si c'est de ça qu'il s'agit !

Oui : elle vocifère ainsi depuis l'arrivée de son poulain dans le bureau, ou presque, puisque l'animal, lui, croit bien l'avoir entendue crier dès l'orée du couloir.

— Je le savais. Je savais que tu ne la jouais pas franc-jeu. Parce-que c'est bien ça, n'est-ce pas, que tu faisais, quand tu m'as, tout fier, annoncé que tu voulais travailler sérieusement avec moi ? Tu te rappelles, hein ? Quand tu es venu me voir, minaudant pour une photo, me vendant ce prochain bouquin et m'annonçant que tu voulais faire les choses bien. Tu te rappelles ? Et je vois quoi, après ? Je te vois multiplier les poses ! Je te vois monter tout un décor, pour de vrai, comme tu les montes d'habitude avec tes mots ! Je te vois le monter et le montrer, surtout, bien en vue, et je vois tout à fait pourquoi tu fais tout ça, parce-que je le connais, ton manège ! Oui, je connais tes manières, petit con, ton amour de ces artifices-là et le doigt que tu ne peux pas t'empêcher de mettre dans leur engrenage, lorsque tu as dans la tête l'une de ces ridicules idées dont tu crois avoir le malicieux secret !

Oh, je ne le connaissais pas, ton plan, mais j'ai reconnu tes sales manières, à force de te côtoyer, à force de te connaître, à la longue, et je me suis mise à penser. Non, j'ai dit, non, il ne peut pas être une nouvelle fois en train de se foutre de moi ! Mais si, tu vois – et tu vois forcément, puisque tu sais très bien ce que tu as fait, ce que tu faisais, tandis que tu me mentais éhontément ! Ça, on m'avait prévenue, ici. On m'avait dit, de me méfier, de ne pas écouter tes conneries – oui, ils pensaient tous que c'étaient des conneries. Eh bien voilà, je vais suivre les bons conseils, dorénavant, et je te préviens dès maintenant : tu te trouveras un autre éditeur, pour tes prochains bouquins.

Magistrale gifle, tout de même, même s'il est hors de question, pour Fred, de se laisser abattre par ce qu'il prend sur l'instant pour une simple menace de vexation, motivée par le déplaisir de l'éditrice à la rageante découverte de sa mise en boîte ; non, pas question de se laisser éteindre par ce qu'il refuse sinon de considérer plus avant comme un nouvel et définitif état des choses. D'ailleurs, voilà, rien à foutre ni à changer : il va continuer à écrire, pour elle ou pour un autre, ou, plutôt, avec ce relai ou avec un autre, puisqu'il n'aura jamais écrit pour elle.

— Non mais ça t'intéresse, au moins, ce que je te raconte ?

Bof, m'enfin, ce n'est pas vraiment la question...

— Hors de ma vue !

Ferme les yeux, pense-t-il, le cœur à la bravade bien qu'incapable d'interrompre l'écoulement de cette furieuse diatribe.

— Sors d'ici, qu'elle poursuit sans égard. Je ne veux plus te voir, j'en ai assez, bien assez, de toutes tes conneries ! J'en ai ma claque, de toi, de ton fichu personnage et de la manière dont tu l'emploies à tort et à travers et pour prétexte aux tiens, d'ailleurs, de travers, pour te faire croire que tu n'es pas toi mais t'imposer aux alentours, malgré-tout, malgré la bienséance, et si ce n'était que cela, ce ne serait pas grave, mais non, c'est aussi malgré tes amitiés, malgré tes rares amours, qu'elles soient de telle ou telle sorte, oui, c'est malgré tout cela, que tu gâches toujours tout. Allez, dehors ! Dégage, maintenant !

Pestant encore et toujours plus intensément contre le décidément trop odieux personnage, la féroce Elodie le flanque à la porte en l'y précipitant, poussant, criant, poussant, comme le verbe seul ne suffit pas à obtenir l'obéissance. Et puis, contre tant de marée, voici qu'il prend la porte, presque dans l'œil, d'abord, à force de tourner, se retourner et se défendre, et puis en la figure, soit au plein sens de l'expression.

Aucune importance, te disait-il, puisqu'il va continuer, coûte que coûte et vaille que vaille sur sa lancée sans changer son cap d'un iota, et si tu ne veux pas de ses œuvres, rejetant tout en paquet le personnage et ses écrits comme jadis tu lui ouvris tes cuisses pour l'exacte, même et identique raison, t'acceptant lors charmée par ce vilain caractère qu'aujourd'hui tu exècres, eh bien, tant pis, tant pis pour toi et tant pis pour ta maison, il se trouvera un autre toit sans devoir regretter le tien, de radicalisé caractère, ni tes emportements, ni moins encore tes odieuses limitations conceptuelles, s'il faut rendre à César ce qui vient de César et chaque coup porté pour chaque coup reçu.

Tiens, voilà que l'envie d'un whisky le titille. Oh, pas celle bête et méchante d'un bas de gamme, hein, de ceux qu'on attaque sur le mode de la gloutonne picole, non, plutôt celle d'un bon truc, riche ou diras-tu délicat, et pourquoi pas dans un chaleureux sinon accueillant cadre. Un irlandais, peut-être ; ils sont bien, les irlandais, et puis ils sont sympa, leurs whiskeys, avec le fond pur et la note fermière, terrienne, agricole, peut-être, va savoir, va-donc connaître l'adéquat adjectif et t'ennuyer à le chercher pendant que d'autres réussissent à le boire sans nommer sa qualité, non sans le trouver fin, généreux et bien doux, sinon brut et toujours agréable, mais sans avoir le regrettable besoin de discuter la finesse d'un verbe ne changeant absolument rien à l'affaire de la dégustation. En parlant de quoi, et de mémoire, il existe un lieu, non loin, où l'on se refuse au service des grossiers mélanges dont on arrose habituellement le grand et pour le coup bon public, leur taxant la vulgaire bibine, comme presque partout où on vous la détaille, au prix du noble alcool (parfois même à celui d'un céleste breuvage, et jusqu'au divin nectar pour exagérer sans s'arracher au réel) et au motif d'un cadre, d'une heure ou d'un environnement – sinon, plus rarement avouée, de la nécessité d'un beurre.

Tiens, voilà le visé lieu, à quelques pas à peine, et cela tombe d'autant mieux qu'il doit attendre par ici la fraîche mignonette.

Solange, elle s'appelle Solange, et l'on y oublierait pratiquement toutes les fâcheuses formes du monde, malgré son héritée désuétude, entre les doux rivages de son tout frais mirage et nonobstant son jeune âge. Fred, lui, en oublia quelques-unes, hier, ou ce matin, peu importe, comme ils se rencontraient, comme il la découvrait, comme il se délestait de ses petits soucis, de ses anciens chagrins et de quelques successifs trop-pleins de bourses.

Oui : il faut parfois en passer par où l'on doit en passer, en sus d'appeler ce qui est chat par le seul et simple nom de chat – et toute relative que se révèle la nécessité de l'appeler. Il faut parfois du brut, pour dire le vrai du juste, tout comme il faut du cru pour constituer le tartare. Et il faut bien dire qu'il le lui a haché menu, le steak, et si ce n'est certes pas allé jusqu'au saignant, c'est que la nature humaine est ainsi faite qu'on préfère en la matière la mouille à l'os, c'est du moins qu'on produit l'une bien avant de parvenir à l'autre. Sa tendre chair, elle, n'aura rien arrangé à sa volonté de charpie, n'aura pas amoindri son envie de boucherie, en lui prenant la gorge puis les tripes à la façon du deuxième verre, lorsque le premier ne peut que piquer et lorsque les suivants n'opèrent rien de plus qu'une triste lassitude du gosier, avant, bientôt, l'écœurement stomacal, lorsque donc leur addition ne produit plus qu'un général endormissement, n'embellissent plus que l'ivresse elle-même, sans tarder plus indifférente que gentille, tantôt même rance et vilaine, soit incroyablement éloignée de l'initial ou presque effet du second coude, levé pour saluer le deuxième verre, donc, celui qui chauffe et qui réveille, celui qui n'endort pas encore, celui de l'équilibre, du parfait équilibre entre le dérangement des chairs et leur mise en sourdine, tant engourdies par l'alcool qui les aura d'abord surprises que par sa consécutive prise de tête, par son efficace assaut de l'esprit et les induites perturbations perceptives, agissant en léger puis, vite, épais voile sur la corporelle sensibilité, actant sur elle sa tromperie comme on savoure une pleine emprise.

Ça, de joueuses mascarades en terminaux jets d'humeur, il lui a mis son compte, hier, ce matin, allez savoir, un peu partout peut-être, pas mal de temps pour sûr, au fil de leur charnelle bataille, au sein de cette acharnée mêlée où le plaisir de s'ouvrir aura répondu à celui de s'épandre, et vicieux vice et versa, et non, pour le coup, on ne parle pas que de chat, on parle aussi d'humain, d'insaisissable mais pas insensible humain, ou d'insensible mais saisissable humain, c'est pareil, tant qu'on retient la distinction, cette distinction instituant par exemple la poésie contre le chiffre, la douceur contre le brut ou l'imagination contre la littéralité, soit la tâtonnante découverte contre la froidure des certitudes – et même s'il faut en fin de compte pouvoir noter que, le sien pris, ou tout en le prenant, tout bien considéré, Solange ne sera pas restée sans savoir que lui rendre !

Meubler une conversation, ou tout conversationnel échange se rapprochant du pur original ainsi nommé, c'est un peu comme meubler un intérieur et beaucoup comme meubler l'existentielle vacuité s'offrant à qui vit et qui vient à s'ennuyer suffisamment pour en découvrir la mise au jour fissure : il faut ce qu'il faut de gestes et de paroles, de finesse et de bourrus côtés, un peu de ce qu'il faut et de ce qu'il ne faut pas, un inattendu lot de surprises, aussi, pour *in fine* mais sans trop savoir comment parvenir à constater un peu de mensonge et un peu de vérité dans la balance, sans tomber dans les travers d'un tristounet même si fantasque car rapidement par trop radical et par suite trop permanent travestissement de soi – tant tout du moins qu'on s'avise d'autant que faire se peut respecter la mesure du bon goût. Alors on place, avec ou sans mesure, on déplace, on fait immanquablement des erreurs, on s'enrichit parfois et on manœuvre souvent, et, tandis que se dessine un rien ce qu'est l'essence de l'ameublement, à la lumière de sa présente révélation, eh bien, meubler, emménager, et ne serait-ce que réaménager, c'est un peu comme discuter de soi en tête-à-tête avec soi-même. De fait, et comme Solange vient tout juste d'annuler leur rendez-vous pour une amicale affaire de coup du sort, soit de copine en grande détresse, annulé rendez-vous auquel il se rendait et n'a de fait plus vraiment besoin de se rendre mais à l'abandon duquel il ne se rendra pas, et suite auquel il ne se rendra pas, entendez qu'il ne se laissera pas aller, abattre ni ne serait-ce que démonter, voire suite auquel il se prendra suffisamment en main pour s'occuper, voici qu'il tombe au détour d'une vitrine sur un superbe divan.

C'est pour la mise en scène, qu'il y lorgne (n'allons pas non plus nous vautrer en la dogmatique inspiration de l'allongement), soit par et pour ce que l'élément se fondera comme à merveille en le dézingué reste de son librement imaginé décor.

Oui : posez-le là, il y sera très bien. Ici se dresseront quelques lampes, ou des bougies, tiens, et là-bas les lampes, finalement, pour distancier l'artificiel, pour n'éclairer l'intérieur cercle que de vacillantes loupiottes et tout de même projeter de puissants et chauffants faisceaux sur le lieu de perpétration des gentillets crimes au réel, en plein sur le bureau, tout à côté de la presque mais pas cachée couche intellectuelle, ouais, génial, et, tout autour, des livres en rangées, des piles en pagaille, des notes enfouies, de fouillis branchements à compléter, quelques ampoules à remplacer et des mots à liquider, quelques autres à dénicher, et voici, complet, branlant mais vaillant, le boudoir en état, son Etat, aux acceptables normes du service !

Hey : c'est qu'il faut mine de rien qu'il l'écrive, Fred, le livre de son prochain éditeur ! Et si l'habit ne fait pas le moine, parfois, tout de même, considérons que le monastère (de cellule en cellule et d'habitude en habitude) cadre et qualifie la retraite !

Et ça marche, ça marche super bien voire du divin feu, ça va, ça vient, ça avance à toute allure, Simone, en voiture et conduis et klaxonne, salope, fais ton putassier travail et cours les rues, les ruelles et les places, jusque les cagibis et les chambres de bonnes, parcours même les artères, avenues et boulevards, si ton vicié cœur t'en dit et si ton ravi cul sourit, se rit des grasses paluches prêtes à le tripoter, voire à trois le péter, à quatre, à cinq, à tant qu'il t'en faudra pour sonner par son nom la partouze, puisque le mâle est dit-on maître de la fantasmatique époque, sous couvert ou sur le dos ou sur pire des utiles catins, sinon seigneur des fantasmes du siècle en sus d'impitoyable voire carrément irrécupérable saigneur des morales de jouvencelle, rattrapant sans inventivité ceux des anciens, de fantasmes, oui, parcours tout le chemin qu'il te plaira, et écris, connard, puisqu'on sait vous confondre, la vilaine fille et toi, et puisque tu t'y fonds, en la vicieuse catin, tant et si bien ouverte qu'elle se répand partout, à la folle vitesse avec laquelle tu tapes là ton texte, toi, en soudaine, productive transe, t'éparpillant à droite, à gauche, papillonnant et trimballant ta plume sans sain regard sur le niveau de l'encrier ni la qualité des papiers sur lesquels tu t'épanches, donnant du poignet à l'allant, méprisant sa maîtrise, la tienne, mélangeant tout et n'importe quoi avec une nette et factuelle préférence pour le n'importe quoi, tiens, jusqu'au bout, on dirait, puisque te voici poursuivant ton ouvrage et pensant au suivant, voire à celui d'après, en rédigeant des morceaux, non seulement quelques brèves mais encore des passages, osant plus que l'esquisse, le corps, et puis quelle importance, au fond, puisque tout est ton œuvre, puisque tout ne t'est qu'œuvre et puisqu'elle grossit vite, ta délicieuse ogresse, engloutissant tes heures, tes traits, se goinfrant de tes forces et t'en dépossédant, et pour quel résultat, dis, comme soudain tu souffles assez pour te poser la question ? Aucun, aucun du moins qui soit un tant soit peu probant. Tu as guéri quelques mots sans trop rien y gagner et, nonobstant cette fragile satisfaction, tu te sens plutôt sale – en sus de devoir toujours courir te vendre ailleurs.

Mais bon, tu ne seras pas le premier, à devoir te couvrir d'une outrancière parure pour dandiner à souhait et monnayer auprès du premier suffisamment offrant venu le semblant de ta sueur.

Voici d'ailleurs ce qu'elle te répliqua, la mutine, l'impertinente Solange, à la veille de son posé lapin, lorsque tu t'étonnas de son manque de surprise et comme tu regrettais l'absence ou la diminution de cette conversationnelle accroche : que tu n'étais pas le premier, qu'elle eût jamais vu en kilt, ainsi vêtu qu'une brise coquine puisse lui chatouiller la couille et rafraîchir les deux.

Seulement voilà, tu n'y portas pas plus attention qu'à la suivante sentence, tant elle te surprit, tant par l'aplomb de la fille que par la nature, peinture de ladite révélation, soit son implacable désir d'enfant, bonhomme ou non faisant.

Ç'aurait pu voire dû te faire peur, cette tienne réduction à ton éjaculat, sinon à ta puissance d'engendrement (plus qu'à celle créatrice, vu que tu ne bénéficies pas en cette matière du statut d'hôte, aspirateur à gloire), puisque mine de rien ou mine d'exactement tout tu la branchais, la délicieuse, ben oui, tu la branchais, avant qu'elle te prévienne de ce profond désir, et tu persévéras à la brancher, après, tout dissocié que tu te savais lors de cette étonnante volonté d'enfanter, sans parler de celle d'enfanter sans pleine parentalité, enfin, d'enfanter pour enfanter ou de vouloir un enfant pour le seul fait qu'il soit – en devenir – enfant. Mais bon, t'étais-tu dit, tant pis, après tout, advienne que pourra et peut-être pourra-t-elle, elle, se défaire de l'idée, et sinon, toi, te défaire de la désireuse au frais sortir du con, assez tôt et suffisamment armé pour ne pas devoir affronter la terrifiante totalité des envies sises entre ces remarquables hanches.

Bon, tu n'as pas si mal avancé, se marmonne-t-il à propos de son livre, malgré les déboussolées pertes, perdues à l'excessif azimut de ta cavalière inspiration, tu n'as pas trop mal travaillé et voici venue l'heure de tenter, malgré-tout, le pesant fruit de tes efforts au bras, le savoureux pari de la féminine inconstance.

— Non, non, non, et non.

Raté, donc.

— Je te l'ai dit, pourtant, que c'en était fini, pour de bon fini, de notre collaboration ! Je ne t'ai laissé venir que parce-que je ne voulais pas finir sur la mauvaise note de la dernière fois. Ça, et pour le plaisir de te voir faire la route pour rien, ce qui ne sera que de bonne guerre. Mais je te le répète : c'est non. Pas de nouveau livre, pas ici, pas avec moi. Tu peux remballer tes pages, je ne les lirai pas.

Saloperie de tête de pioche, putain de toi, têtue, et de tous tes bornés semblables ! Putain de toi, toi-même, ducon, incapable de te satisfaire d'un refus, de l'accepter, d'ailleurs, plus que de t'en satisfaire, ouais, putain de toi, ignare de ce qu'est l'autre au nom d'une très théorique glorification des volontés – si ce n'est de la tienne seule ! Et où le poses-tu, le centre, où le situes-tu, le compromis, dis, lorsque tu considères qu'elles abandonnent dès qu'elles s'essoufflent, ces volontés, c'est ça, ces volontés que tu tiens pour défaitistes dès qu'elles te semblent céder la moindre once de terrain, ce qu'immanquablement elles te semblent à l'infléchissement de leur affirmation, illimitée donc vaine sans le secours des circonstances de leur exercice, soit sans l'existentiel prisme de l'indissociable lutte qu'il faut continuellement mener pour vivre ! Et puis où est-elle, alors, dans ces conditions, ta constance, à toi ? Où se situe ta cohérence, puisque tu te veux d'une impayable précision linguistique ? Hein ? Mais t'es la même tête de cul que n'importe quelle autre face de binette, pauvre con, à ne savoir qu'approximativement où tu vas, sans parler de comment tu pourrais bien y aller, et à te draper quand même de branlantes certitudes ! Arrête ! Et puis quoi, merde, tu vas te la poser, ou non, ta question, la bonne, la seule, l'unique question qui vaille ? Et lui trouver une adéquate réponse, tu peux, ça, dis ? Tu peux ? Parce-que ton gros problème, en fait, c'est qu'il pourrait bien ne rien exister d'autre que toi ! Il se pourrait que tu sois seul au monde, non ? Si, puisque tu fais tout comme, puisque tu souffres tout ce qui peut venir contre toi avec suffisamment de force pour s'imposer à l'existence ! Ah, tu vois, qu'on y arrive, et la voici, ta cinglante, indéniable évidence : il serait grand temps d'enfin te décider à pouvoir perdre !

D'égotistes invectives en maladroit, insatisfaisant voire incomplet soliloque, Fred commence à se saouler. Seul, d'abord, on le serait à moins lorsque le seul ainsi s'impose, puis, de fil en aiguille, à l'aide d'un verre, puis deux, puis tant (sans trop), puisqu'on ne se refait pas, ou pas sans l'aide d'usuelles balises, et puisqu'il lui faut marquer, c'est-à-dire arroser la fin de l'éditoriale aventure, enfin, presque : l'imposée cessation de celle-ci avec celle-là. Putain de tête de pioche, quand même, se répète-t-il en se parlant du loup, et dommage, pas tant pour son rôle que pour sa personne, puisqu'elle semble vouloir tout confondre et puisqu'il aura précédemment avancé qu'à défaut d'elle, il se dénicherait un proche parent...

Rien de pire, d'originellement (soit à l'impulsion) plus affligeant ni d'en bout de compte plus navrant, soit de plus décevant, que la compagnie pour oublier la solitude ; mais, du bancal adage, Fred ne se méfie que peu, manquant la pleine perception de cette sagesse autant qu'il manqua celle de la sentence prononcée par Elodie. Ainsi, aussi, quant au manque de méfiance, de la menace constituée par l'insistant désir d'enfant de l'intraitable Solange.

Ce de quoi, il s'en rendra vite compte, elle ne démordra pas.

Etendue sur le lit depuis son retour d'entre les amicaux méandres, leurs retrouvailles et son succinct déshabillage, les seins encore en leurs corbeilles et le reste des courbes en une inattendue bien que très coordonnée parure, les jambes à point voilées, l'opaque en suspension, tiré par ledit ensemble, vernie jusque la pointe des pieds, Solange contemple insolemment le plafond.

Elle aime beaucoup les plafonds, confie-t-elle, ou leur observation, mais disons les plafonds, les plafonds et siroter du rouge, moins les miroirs, pour l'anecdote, et d'ailleurs, pour en rester à l'agréable, s'il se proposait d'en servir, là, maintenant, elle ne refuserait pas de trinquer. Non, pas là, pas comme ça. Plutôt sur le nombril, pour commencer. Oui, le sien, bien entendu. Oui, ça implique de se dévêtir, au moins un petit peu, au moins dessus le ventre. Voilà. Et puis de s'allonger, d'abord, pour ne pas déjà tout renverser. Qu'il attende, elle va le faire pour lui.

Ayant déjà quitté son initiale, allongée posture pour une orgiaque pose le temps des premiers et ô combien dirigistes commentaires, émis sur le flanc, en appui sur un coude, sinon sur l'avant-bras, l'impérieuse Solange se saisit maintenant de la bouteille et s'approche du nombril de son jouet, secourant pour commencer quelques fuyantes gouttes de pinard avec ses doigts, puis épongeant leurs sœurs à la langue, comme le débord s'éteint et comme ne reste plus que l'infime dose inscrite en gentille mare en le vieux, fœtal creux où ne subsiste rapidement plus la moindre trace de cette sanglante et très liquide attaque. Non contente de jusqu'ici porter la culotte, voici l'improvisée maîtresse de cérémonie qui s'empare presque du manche, versant pour cette fois elle-même une seconde et bien plus juste coupe en le natal stigmate, puis le lapant, tout en osant sitôt survoler le mât d'aise de ses taquines phalanges, voire, sous peu, du moelleux de sa paume, tout encore engoncé sous son intime tissu qu'il persiste en l'instant.

— A toi !

L'ordre n'en est pas moins assidûment suivi qu'il ne fut que soufflé, tandis que la joueuse femelle se glissait en arrière, retombait non sans grâce sur son dos et tendait son propre, délicieusement imberbe et comme affamé trou de ventre au bachique service.

Maladroit comme pas deux, l'impatient verse trop, trop vite, ne lèche pas assez ou bien pas assez vite et tache encore les draps, au terme de son bras, sa bouche, elle, de la langue au palais et des lèvres à la peau, précipitée.

— C'est pas grave, laisse ! Remets-en, et n'arrête pas ta langue !

Sûr, que ce n'est pas grave, on est chez moi ! Mais bon, à vos ordres, madame ; et tant qu'on y est, je vais te dégrafer.

Les attaches sautées, feu le barrage s'efface sans plus de retenue qu'il ne faut de temps pour extraire poitrine, laquelle crie la pleine jeunesse de la tenancière, dorénavant offerte aux caresses, vite, au tripotage, tandis que langue s'évertue en dessus de bassin. Cuisses frémissent, genoux tremblotent, et culotte s'échappe des hanches pour rejoindre chevilles, mue par deux évanescents mais tout à fait fermes anges. Kilt, refusant de se trouver en reste, quitte la sinon promise rade et le corps de son hôte, chemise lui emboîtant le pas, elle qu'on avait ouverte sans jamais lui conférer une totale liberté. Nu contre nue, ou presque, voici l'instant charnel au faîte de la bascule. La perceptible attente, fragile, promise à l'éphémère, raconte chaque énergique désir et la tension qu'ils forment.

Dorénavant tout correctement débraillé, Fred s'apprête, à deux doigts, une faible encablure de proprement défourailler ; la manœuvre, pourtant, soudain, capote.

— Ah, ça, mon cher petit bonhomme, ce sera non.

Putain de toi, aurait-il aussi volontiers qu'habituellement retourné, n'aurait été son préalable, antérieur et faut-il croire formateur soliloque. Au lieu de quoi il tire une dépitée tronche, interrogative en l'idée, précocement frustrée, indéniablement pitoyable au vu du résultat.

— Soit tu l'enlèves, soit tu descends du train ici et maintenant.

Ça te gênait bien moins, la dernière fois, qu'il répond, contrarié par la joie de devoir agripper son carnet sur sa coïtale lancée, celle-ci interrompue à son meilleur moment, comme les deux chairs venaient à s'emmêler.

— Hier, c'était hier, maintenant, c'est maintenant. Tu vas quand même pas faire le surpris, si ? Allez, fais pas chier, enlève-le ! Allez ! Retire cette merde et reviens par ici !

L'offre est tentante, oh, terriblement tentante, bien que la tête persiste et signe forte.

Et si j'étais malade ?

— Si met Paris en fût mais point ton sexe en moi.

Voici qui a le mérite de la clarté. Pour lui ôter ses derniers doutes, face au constat de leur regrettable persistance, la maline coquine se rapproche de son indécis, l'embrasse, l'embrasse encore, croise ses doigts dans les siens, frotte ses paumes aux siennes et ses pointes au rêche, dirige à brûle-pourpoint la mêlée cohorte des bellicistes phalanges vers le fumant champ de bataille, à l'ombre de leurs collés ventres, donne à l'une, voire l'autre, un avant-goût du glorieux défi promis aux audacieuses, avant de lui donner, à lui, le buccal aperçu du glissant de son odorant sein, l'allume, en somme et en tendresse, sans trop de graveleux mais avec assez de ce fameux esprit de légèreté pour peser en la torturante balance.

— Tu ne voudrais tout de même pas que je m'assèche...

Brutal et assommant passage du léger au grave !

— Alors ?

Et nette marque d'agacement : avant de sauter en l'impatience, avant d'en venir au trop tard, il va falloir très promptement se décider. Non, vraiment, et s'il était malade ?

— Tu m'ennuies, à la fin. Si tu étais malade, et si tu le savais, tu ne me poserais pas la question. Enfin, je veux dire que tu me dirais directement non, mais tu ne tergiverserais pas. Donc, tu n'es pas malade. Et puis il faut savoir vivre avec un minimum de risques. Moi, tu vois, je suis prête à prendre ce risque-là, tout en pensant qu'il n'en est pas un, puisque tu as bien voulu te protéger, la première fois, mais que ça te posait déjà des questions par rapport à mon envie d'enfant – mais pas vis-à-vis de la possibilité d'en avoir, donc pas en rapport avec une maladie que tu aurais, et qu'en tout état de cause tu n'as pas. J'y suis prête parce-que je sais exactement ce que je veux, et c'est un enfant, un enfant naturellement conçu, ainsi que je te l'ai déjà dit. Et je ne comprends pas ce qui te bloque, puisque tu n'aurais pas à t'en occuper et puisque je ne t'ennuierais pas avec quelque droit parental que ce soit. Et puis tu sais quoi ? Laisse tomber, va. Tu ne veux pas baiser, tu ne veux pas baiser, c'est tout, et ce n'est pas si grave que ça en a l'air. Je comprends, tu sais, tes réticences, ou ta peur, tout ça. Et je préfère qu'on le sache maintenant, que ça te pose à ce point-là problème. C'est mieux que de commencer un truc que tu ne sauras pas finir. Tu ne m'en voudras pas, si j'utilise ta douche ?

Sans perdre plus de temps et comme Fred acquiesça, Solange passe de la parole aux actes, reposant son mignon derrière sur le coin de la couche pour mieux se défaire des derniers ornements de l'avorté coït. Pour de bon dénudée, la mine de rien contrariée nullipare enfonce sur l'appropriée chaîne le bouton commandant les enceintes avant de s'enfuir en salle d'eau, criant sursaut d'orgueil, ultime clin d'œil ou non, puisqu'elle aura confié adorer la musique, et puisque, au fond, celle-ci lui sert régulièrement d'impulsion, c'est-à-dire d'injonction à l'agir, au travers des motivants aphorismes constituant ses paroles, à la manière dont on se gargarise assez partout de citations, à la façon, surtout, dont on s'en sert de graines, de délicats, d'existentiels morceaux de sucre, à l'aube d'une tensive baisse du vouloir, oui, tels ceux glissés aux canassons en guise de récompense ou d'encouragement, disons d'encouragement, pour coller à ceux qu'elle gobe et digère en maximes, pour ne rien ajouter sur la musique elle-même ni sur ses mélodiques transports.

De tout ceci, cela dit, il ne peut rien savoir.

Ce qu'il sait, en revanche, et se répète en improductives boucles toutes à peu près semblables aux autres, c'est qu'il hait les têtes de mule, toutes les têtes de mule, toutes les putain de tête de mule et lui compris, s'il faut le préciser, s'il faut se préciser, soi, à soi, comme il se le répète, encore, tandis qu'il se maudit, s'exècre, se déteste, voilà, si ce n'est lui, c'est donc son sexe, qui le hait, ce qui le sortirait, lui, Fred, du paradoxal état d'une détestation de soi par soi, enfin, pas tant, pas tant de sauvetage ni tant de paradoxe, mais reste tout de même la haine du sexe à son encontre, frustré d'une domination décisionnelle pour cause non de neuronale supériorité mais de simple, pure et bête, surélevée position corporelle, celle-ci disant peut-être l'autre mais ne l'autorisant pas pour autant, ou pas en tant que telle, pas aux colériques yeux de sexe, monsieur s'emportant soudain, de toute sa jusque lors retenue colère, contre le pédant cerveau susmentionné et ses royales tendances au dictatorial règne sur tous et chacun des subalternes organes qu'il surplombe et méprise pour l'insuffisant fait d'être né plus haut qu'eux. Donc, sexe crie haut et fort qu'il veut sa place en tête, à qui voudra et devra bien finir par entendre ses revendications.

Evidemment, un sexe, même bon, ça ne saurait parler. Mentir, oui, qu'il soit d'un sexe ou l'autre, mais pas du tout parler, au sens premier de ce que peut être parler. Mais un dialogue s'installe, entre tête et gros sexe, comme il se mire de petites grenouilles en gros et pétaradants bœufs, ou si l'on préfère entre tête et tête, ou entre Fred et Fred, bien qu'il faille dans ce cas prouver que la conceptuelle chose, en ce sens-ci tournée, en vient à proprement s'éclaircir. Ça se bouscule, là-haut, pour rester bref, d'une tendance à l'autre, grossièrement résumables au sexuel appendice contre la crânienne boîte, l'une aussi crâneuse que second se gonfle fier. Chaque voix veut sa voie, tant et si bien qu'on n'y voit plus que poix. Un débat au terme duquel l'ami Fred tangue toujours entre l'envie de niquer et son irrépressible prudence, la première lui intimant de pénétrer, là, maintenant, dans cette toute proche salle de bain, puisqu'après tout, Solange pourrait fort bien ne pas tomber en cloque du simple fait d'être prise, la seconde interrogeant son aptitude à tout miser sur ce coup-là, soit à mettre ses dangereux œufs dans l'accueillant panier au seul titre de son alléchant accueil.

En plus de quoi, le temps presse. Car, féconde ou non, le joli panier pourrait bientôt se faire la belle avant que décision soit prise. Alors, tant pis : aux grands maux, les illogiques remèdes, et pour fin mot, la vieille, hasardeuse aide.

Pile ! C'est pile, tandis que face lui promettait la lune !

Mouais.

Disons qu'à mauvais sort, mauvais bougre et demi.

Ah, tu vois : négligé, chutant de ta main jusqu'au sol et se retournant grâce au petit coup de pouce donné par ton pied gauche, pile se transforme silencieusement, sinon sans grand bruit en face...

Sauf que, sous la douche, comme on l'y devine tendue, crispée, concentrée, en l'observant clandestinement à travers le translucide paravent protégeant tant l'intimité de l'endroit que l'aqueuse inviolabilité de l'alentour, eh bien, la jeune femme aura d'ores et déjà pris en main l'évacuation de son désir, massant son plaisir d'un inoffensif bien qu'en rien innocent jet d'eau, au bout duquel elle bouillonne, explosera bientôt, sans du tout la nécessité du secours de l'enfermé dehors, du condamné à l'extérieur pour avoir craint le trop grand risque de son intérieur, à elle, elle qui maintenant s'en branle, de dépit ou préférentiellement. Ainsi va la vie et ainsi va la belle : trop tard sera toujours trop tard, et ce n'est pas en tentant, là, d'investir la prise place qu'il verra la dure loi mentir.

— Non, qu'elle intime.

Oui, péché de jeunesse ou précocité caractérielle, elle aime n'en faire absolument qu'à sa tête, Solange, comme et quand ça lui chante, valorisant sans peut-être le savoir l'idée de ce que c'est qu'un moment, en tant qu'événementiel et très conditionné, soit fragile croisement tant des conditions d'être que des dispositions individuelles, pour se focaliser sur ce qui présentement compte, importe, motive son refus. Car après leur commune heure ne reste que la sienne, et l'homme ne traversera pas son jouir après avoir refusé de l'ouïr, après avoir manqué l'acte ainsi qu'elle le voulait et quand elle le voulait, non, plus maintenant, il peut toujours se la coller derrière l'oreille ou, s'il trouve la chose plus charmante, se chatouiller le creux de main, se palucher, ça ne la regarde pas, ni l'action ni son appellation, puisque, ce qui est sûr, au final et comme, nerveusement, elle crache son interdiction de pénétrer dans cette désormais, temporairement exclusivement sienne cabine, c'est que, elle, elle se finira très parfaitement toute seule. Voilà, c'est son truc, de ne faire que ce qu'elle veut, quand elle veut, comme elle le veut, prends la dérangeante instanciation de son profond désir ou caractère comme tu l'entends, ça ne changera rien, elle persévérera, car ce continuera d'être son truc, son délicieux truc, de faire ce qu'elle veut, quand elle veut et très exactement, oui, voilà, très exactement comme elle le veut. Ça et, après coup, ou non-coup, l'âme en muse, le savon dégoulinant sur sa peau et la tête errant encore partiellement parmi les élevés rivages, en digne et tactile poétesse, de vérifier où qu'elle soit mais invariablement contre une solide surface le juste dénombrement des pieds de son versifié dire, syllabe par syllabe, doigt par doigt, jusque, là encore, son terminal et libérateur point.

V. « L'auberge du cœur fourré »

Non, c'est vrai : on enfante suffisamment d'éclats de soi comme ça, on en ouvre bien assez, par nos vibrations d'être, de fentes au réel qui nous sont ensuite autant de lourdes et permanentes responsabilités, entre notre propre architecture, interne, nourrie de nos diverses et variées, tantôt heureuses tantôt manquées empreintes au monde et de tant de nos voulus voire subis emprunts à lui, puis celle de nos maisons, de nos sciences, de nos arts, de nos multipliés entendements, en imprécise, cacophonique et probablement précoce somme, pour se risquer, pour s'aventurer encore à enfanter ces dupliqués corps dont le nombre s'impose et pèse, et tandis que nous pourrions fort bien, sinon fort mieux, par frivolité ou par essence, tirer des nôtres un seul mais excellemment parfait, ou parfaitement excellent plaisir. Nous faisons œuvre de tout feu, par l'existence, en existant, en voulant et agissant, et à toute heure du jour et de la nuit, en tout espace que nous occupions, nous créons, nous nous créons un être en perpétuant le nôtre, nous brûlons tout bois qui soit ou qu'on trouve parce-que nous brûlons de nous inscrire quelque-part, histoire de savoir un peu mieux où nous sommes à défaut de – ou plus aisément que – qui nous sommes (aucune des deux conditions ne finissant lors nécessaire, aucune n'excluant alors l'autre), et il nous faudrait encore s'inscrire une fois de plus en ce hasardeux monde par l'adjonction, en son sein, d'une si dangereuse car si capricieuse projection de nous-mêmes ? Non. Non, pour sûr, l'enfant n'est pas complètement notre œuvre, et il serait encore moins la volontaire projection de nous que nous aimerions parfois qu'il soit, tout projection de nous qu'il s'avère par éducation voire par bête, génétique être, tout nôtre œuvre qu'il soit pour partie. Il n'est nul besoin de se coltiner ni de leur faire se coltiner une énième pièce sur l'échiquier. Il n'est nul besoin de créer un être auquel on risquerait de s'attacher, sinon pour la perpétuation de l'espèce, risqué pari, lui aussi, auquel d'autres s'adonnent plus joyeusement que Fred.

Oui, c'est vrai : il pourrait bien s'agir de ça, et la question se poserait ainsi, finalement, soit en termes d'inévitable attachement à la progéniture, donc de dérangement, malgré l'éventuellement crédible promesse du co-géniteur de ne pas respecter le droit de l'hypothétique enfant à savoir qu'il n'est pas né d'un chou, d'une rose, ni moins encore tombé du ciel – la question de l'exercice des responsabilités parentales n'étant pas, elle, encore réglée par cette naturelle, conceptrice logique. Oui : si d'aventure et dans cette heure notre taciturne ami se souciait encore de loger ou non ses bellicistes, petits, blancs chevaux en tel ou tel versant de cycle, alors viendrait à l'ordre du jour, pesant son lot de cacahuètes, le problème de ce prix du possible. Or, ainsi qu'il faut le constater, les mouches ont changé d'âne.

Déjà parce-que, tout bonnement, et ce motif-ci ne souffrirait pas qu'on se gargarise d'un sien négligeable caractère, même si le gras ventre du monsieur, en face, pouvait on ne sait trop comment se trouver mis en cloque, Fred, lui, pour son humble mais en la matière toute restrictive part, n'éprouverait pas la moindre envie d'y observer pousser quelque rejeton que ce soit qui doive tenir quoi que ce soit de lui. Car l'enfant, souvent, tient pour partie du père, ainsi que pour seconde partie de la mère et pour tierce partie du hasardeux mélange des deux, mais du père, disons, puisque nous en tenons deux sous la main – très hypothétiques, tous deux, mais enfin, deux tout de même. Et le père, parlons-en, comme Fred l'observe, ce père-mère, ou père-porteur, pour ne pas commencer à raconter n'importe-quoi : mal ou n'importe comment rasé, pas plus élégamment fringué, en grossier mâle certainement éduqué, le voici qui s'oublie, se lâche, carrément, s'envole sans plus aucune limite à son improvisé rôle de publiciste.

— Je vous vois nu, complètement nu ; dis, tu veux pas qu'on se dise tu ? Cool. C'est plus cool, là, non ? Bon, j'en étais où ? Ah, oui, je te vois nu, tout nu, les deux pieds écartés, je sais pas, t'as qu'à dire à largeur d'épaules, les jambes comme plantées dans le sol, et juste ton bouquin sur l'engin, que tu tiendrais du bout des doigts, ou à pleines mains, c'est un peu comme tu veux, attends, à pleines mains c'est quand même mieux, on sent le truc qu'il faut contenir, la puissance, tu vois, comme ça, tu vois, tu l'intercales entre la caméra et toi, ouais, entre les yeux de bobonne et ton paquet, parce-que, bon, hein, on peut pas tout montrer, faut exciter la ménagère, avec l'affiche, d'accord, mais pas, derrière, après, se faire censurer par le mari parce-que madame aura défrisé sa laitue au beau milieu de la journée en bavant devant ta jeune anatomie et qu'elle rentre chez papa les cuisses serrées d'avoir dégouliné ! Nan, bon, t'es là, nu, ta merde sur la bite, grand sourire, sur la page du magazine ou le couloir du métro, je sais pas encore, on s'en fout, et à côté, en grosses lettres, un truc du genre : achetez-le jusqu'au dernier ! Ou : faut plus qu'il en reste un ! Ou : dépouillez-moi ! Ou mieux, tiens, plus suggestif, plus intime : qui aura le petit dernier ? T'imagines un peu le truc ? T'en penses quoi, dis ? Hein ? Ça claque, non, ça a quand même une putain de belle gueule !

Pour un éditeur à qui sa potentielle recrue vient de demander de l'étonner, après un succinct exposé situationnel et relativement à son personnel abord aux auteurs, on peut dire qu'il fait fort, ce con. Fort, mais pas très juste, voire plutôt hors-sujet.

Et d'insister, osant la généreuse inclusion.

— Voilà, tu vois. Enfin c'est qu'une image, un truc promotionnel, une idée qui m'est venue, comme ça, en regardant ta gueule ; va pas croire que c'est tout ce qu'on peut faire, tous les deux, mais ça te donne, toi, une idée de comment je suis, et de la liberté que tu pourrais avoir avec moi. Bon, alors : c'est oui ?

Comme beaucoup d'intarissables causeurs, le silence l'angoisse terriblement. Alors, à l'instar de chaque inquiet de son cru, phobique du mot tu mais saint avare du voussoiement, il use sa langue à la perpétration d'un crime contre l'étrange, par trop étrange silence, sans particulier égard pour la justesse du verbe. Il comble, et se ménage une acceptable porte de sortie.

— Tu sais quoi, t'as raison. Me réponds pas maintenant, surtout pas. On va dire que tu rentres chez toi, tranquille Emile, que t'y penses, ou pas, tu fais comme tu le sens, et quand tu sais si ça te branche, après avoir bien réfléchi, tu me rappelles pour me donner ta réponse. Quand tu veux, comme tu le sens. Moi, j'serai là, tout à toi.

Voilà qui vaut bien une pochtronne halte.

La seconde raison pour laquelle le brillant charabia de Fred manque cruellement d'actualité, pour en revenir à Solange et puisque c'est d'elle qu'il s'agit lorsque l'on parle d'enfant, c'est qu'il y est finalement venu, entre ses cuisses, comme il y eut d'autres douches, d'autres touches et jusque d'autres couches, alors qu'il persévérait à craquer son slip, soit sa prudente et tant bancale résolution à sortir couvert, préférant, et de loin, toujours, jusqu'ici, le remettre, n'écoutant répétitivement que sa pressante envie, voire, en sourdine, bon, probablement pas tant, la rassurante argumentation du moindre risque couru, l'intuition d'une chance improbable, ou à moitié probable – comment décider du verre à moitié vide ou bien à moitié plein, lorsque votre seule, impulsive pensée intime expressément son remplissage ? Une chance sur deux, se répète-t-il à chaque bandaison, perdant toute volonté à l'appel de ce malin succube, comme le dernier des lâches, le plus avoué des défaitistes, certes, mais le premier des cochons, à la régalade de l'offert banquet ! Reste que, rapport à sa claire ou inquiétante période à elle et selon son – donc – binaire entendement à lui, c'est, à tous les coups, mis un par un, une chance sur deux d'accrocher les emmerdes. Bon, d'accord, le calcul pourrait rapidement se montrer plus ardu, puisqu'il faudrait, et vite, pour percevoir justesse, y intégrer le nombre de jours de disponibilité utérine, ou ovulatoire, contre le nombre de jours de parfaite car sans souci tranquillité. Rien n'y fit, rien n'y faisait et rien n'y aura fait, rien n'y aura ni pu ni véritablement voulu faire, aucune des raisonnables ou tout du moins raisonnées objections ne tint, pourtant, comme il s'y défila, en se frottant à l'attrayante disponibilité vaginale. Et puis, bombance faite de bonne anse, mâle pense, et, petit à petit, oui, petit pas après petit pas, événementiel point après événementiel point, virgule après virgule, éclose fleur après éclose fleur, butinage après butinage, cette faible, si faible probabilité, cette unique chance sur on ne sait pas combien tendit à l'usure, subrepticement, à se réduire encore, perceptivement parlant, tendant au final à rejoindre le nul poids d'une chance sur on ne veut plus trop exactement savoir combien, pas après avoir fourré le doigt dans l'engrenage, encore, et encore, et encore, s'accoutumant au risque comme on s'accoutume aux destructrices drogues pour leurs brèves envolées, leur oublieux caractère ou leur permissives promesses. Rien n'y fit, en somme, parce qu'il dilua sans immédiatement s'en apercevoir sa conscience du risque et l'importance de celui-ci en le mielleux océan de la passionnelle cyprine, fruit d'étreinte de la polissonne, fi ! défi d'éteindre leurs deux ardeurs, fuie, l'atteinte de son contrecœur. Et puis, aussi, enfin, avec beaucoup de chance, elle pourrait se découvrir stérile, ou lui tirer à blanc. Hein ? Bien sûr, bien entendu, et comment, qu'il avait pensé aux spermicides, lors de ses allers-retours en tous et chaque sens et dans un premier verre puis ses nombreux successeurs, mais ç'aurait été sans compter sur leur manque de discrétion, à l'usage, donc sur l'impossibilité de cacher son méfait à l'originelle et tarissable source des plaisirs, des chairs et des problématiques désirs...

Finis ton verre, va ! T'as rendez-vous !

Ce matin, ils se sont quittés d'un esquimau baiser. C'était mignon, comme au-revoir, c'était tendre et touchant, des bouts de nez jusque leurs douces car naissantes amours, mais c'était ce matin, et la suite ne sera que pour ce soir.

— Salut, toi !

Belle petitesse du monde ! Jolies voix et voie, surtout, que celles de Solange !

— Qu'est-ce que tu fiches ici ?

Ce n'est pas comme si je ne pouvais pas te poser la même question...

— Prof trop chiant, on a sauté un cours et on vient boire un café. Tu ne devais pas passer toute ta journée en visites aux éditeurs, toi ?

Ouaip. En gros, c'est ça ; mais je n'ai rien dit d'une continuité du service.

— Je vois. Et puis il te fallait ton petit whisky...

Tu as tout compris ; c'est un peu comme mon café à moi !

— Ok. Bisous, dit et fait-elle, vite, et à ce soir !

Au bout de sa série de pas et tandis qu'elle s'installe, la jeune tablée commence à murmurer, si ce n'est, si tôt, à jaser, tandis qu'au bout de ses lèvres, de son côté à lui, on se réjouit du récent contact, on en frémit, un peu, trahissant son bonheur ou son heureux état par un très expressif, tout comme il faut parlant sourire en coin de bouche, laissant les juvéniles, là-bas, dire ce qu'elles voudront dire de l'événement volé à l'intimité de leur amie et de ce plus âgé bonhomme – ou de cette débordante, avec surprise dévoilée intimité, ce sera, qu'on disait, exactement comme on décidera de le dire.

Goûtant peu de se donner en spectacle sans maîtriser l'ouverture du rideau ou ne serait-ce que le prix de la place, jugeant par ailleurs largement suffisante l'attente du prochain éditeur qu'il doit voir, Fred ne prend pas plus longtemps racine en l'accueillant comptoir, osant tout de même, sur le départ, un mignon geste à l'adresse de sa dulcinée.

Las ! On ne l'aura pas attendu jusque-là.

Pas grave : le changement de bar, soit de lieu d'attente, s'opérera dans la droite ligne du subi bien qu'un tantinet cherché changement de programme, avec le net avantage d'être pleinement voulu, lui, justifié par la volonté de ne pas, sait-on jamais, recroiser l'entourée et sa bruyante cour, aucun besoin ne s'imposant réellement de les avoir, ni l'une, ni l'autre, ni sur les bras ni dans les pattes ni nulle part ailleurs avant la fin du tour de quête. Car, au propos de l'autre, la belle autre, la jeune et belle autre, la jeune et belle et par moments casse-pieds, bonbons voire couilles autre, elle ne manquerait pas de changer d'humeur, pour virer à la massacrante, à l'exécrable, à tout mauvais son de cloche qui viendra, à la constatation de son ivrognerie, ainsi qu'elle l'appellerait franchement si leur fraîcheur relationnelle ne la retenait pas de tel quel émettre ce furieux avis que, pour l'instant et comme il ne la voit pas tant, soit pas en permanence, elle parvient, ainsi que d'autres horribles pilules et sans insurmontable difficulté, à avaler. Non qu'elles passent toutes particulièrement bien, ni sans encombre, mais enfin passent-elles, tant, pense-t-il, qu'on n'insiste pas trop exagérément pour tenter le diable et sa démonicité faite – en menaçante puissance – colérique femme par l'adjonction d'explosifs si par trop accumulés, répétitifs voire, vite, on le disait, rébarbatifs détails.

Nouveau bar, nouvelle compagnie, sans personne dans les pattes, sans désapprobation quelconque, ni la tue mais sentie ni la plus ouvertement suggérée, ni celle de basse messe, ni même celle du vendeur d'oubli, serveur de son état ou pour le moins de sa présente et potentiellement partielle fonction, trop content d'effectivement vendre son oubli à qui veut oublier – oublier sa longue journée de travail, si l'on veut un exemple et comme celui-ci donnera la correcte impression des indigestes longueurs qu'on souffre au filant cours du répugnant effort induit par leur interminable poursuite.

La collection des postulants à la professionnelle collaboration s'enrichit avec le suivant examen d'une prétendante au rôle d'éditrice, plutôt bien faite de sa personne et mesurément satisfaite de celle-ci, intellectuellement s'entend. Point trop imbue d'elle-même, ses paroles se laissent en conséquence agréablement boire, sinon sa ponctuation de réflexives, agaçantes voyelles, et forme et fond récoltent ainsi l'attractivité désirée à défaut de l'inatteignable perfection irrémédiablement demandée, au titre du sait-on jamais. La représentée maison, ceci dit, relève plus de l'humble chaumière que du majestueux château. Dès lors, l'éditrice ne pêchant, de corps, d'esprit et d'entreprise ni par orgueil ni par suffisance, elle en vient malgré tout à manquer de rondeurs, ce qui revient à dire de poids, même pour qui ne préfère pas particulièrement les grosses, du moins en excès, c'est-à-dire au point de chérir la grosseur comme qualité première, voire fondamentale. C'est qu'on se fait des idées, voyez-vous, sur sa propre valeur et sur l'importance de la taille, et qu'on aimerait beaucoup que le changement de toit ne se fasse pas au complet dépend de qui déjà subit la rude mise en demeure de quitter l'habitation. Alors, afin de ne rien perdre au change en confondant vitesse et précipitation, en vue d'accumuler toutes et chacune des chances de son côté, on promet : à la volontaire, de reprendre ultérieurement contact et à soi de ne pas tout gâcher faute de modestie, car, à défaut d'enrobée, la dame est tout de même incroyablement emballée par le possible d'un partenariat, suite au survol de cette première ébauche dont Fred aura concédé, sous des airs de dévoilement, la monstration, récent impératif de séduction oblige.

Naturellement, il en aurait fallu bien moins pour que l'argument se transforme en prise de conscience, et c'est fort de cette formidable massue que Fred s'apprête à entreprendre le siège des contractuels remparts. Car c'est tout un combat, finalement, que de retrouver un éditeur, que de publier une seconde fois, peut-être bien plus encore que ne l'était la toute première. En ces pour partie défavorables circonstances, la publication ne tient en rien de la coopérative, accueillante et demandeuse pucelle, les endimanchés éditeurs non plus, si ce n'est encore moins, au grand dam de notre conquérant, forcé, disait-on, au dévoilement de son en-cours ébauche, puisque, dans ces conditions, ce serait dommageable folie, que de ne pas s'accorder cette concession, que de ménager ses efforts, de volontairement réduire leur voilure et leurs effets en se retenant d'user des meilleurs, des plus efficaces moyens disponibles à défaut des plus efficaces qui soient.

Voilà bien l'avis du connard d'après qui, la mine grave, comme d'ores et déjà fâchée, commence, quasi d'emblée, à brûle-pourpoint, par la mauvaise question, brûlant surtout les étapes et enflammant soudainement et sans vergogne aucune le joli torchon qu'ils avaient communément décidé de symboliser par le préalable partage d'un verre, avant toute sérieuse discussion sur les choses du livre.

— Vous pourriez faire quel effort, au niveau du silence, là, par exemple ?

Le même que pour te tirer la tronche de quatre pieds de long que tu contemples actuellement au lieu de t'envoyer directement ma grande et raide main dans la gueule.

— Non parce-que, vous voyez, je suis aussi critique, parfois, à l'occasion, et je sais comment ça fonctionne, ces gens et ces choses-là, pour en être un peu et pour les côtoyer souvent, question de métier. Moi, vous m'énervez déjà, au bout de, quoi, quinze minutes, avec votre carnet. Alors imaginez-vous rencontrer tel ou tel ponte du métier, parce-que c'est un métier, et l'énerver aussi sec ! Vous ne pouvez pas ; ça ne tiendra jamais !

Retiens-toi. Retiens-toi, te dis-je, je sens, malheur, qu'il n'en a pas fini...

— Entendez-moi bien : je ne dis pas que vous devez être bon parce-que c'est une bouse, que vous proposez là ! Non, foutrement non ; j'ai lu, enfin, vous étiez là, j'ai lu, donc, vite fait, et c'est plutôt très bon. Mais vous ne pouvez pas vous passer de la forme, tout excellent que vous soyez ou que vous promettiez d'être, à compter une fin de pondaison qui s'inscrive sous les mêmes auspices que ce que vous me faites aujourd'hui lire. Je veux dire que vous ne pouvez pas vous passer de l'étape suivante, qui consiste à vendre l'ouvrage. Ça fait un tout, voyez-vous, l'ouvrage, votre œuvre, vous, la manière de l'apporter aux gens, j'en passe et des meilleures. Ça fait un sacré tout, qu'il faut gérer, correctement gérer et qu'il va vous falloir vendre, qu'il va nous falloir vendre. Et quand bien même ça n'aurait l'air de rien, c'est un sacré boulot, que je ne peux pas faire sans vous, sans votre investissement plein et entier. J'ai des projets, voyez-vous, pour moi, comme tout le monde, pour ma maison, pour vous, pour vos écrits, ceux que je vois et ceux que je veux deviner, ceux que je connais, un peu, de loin, j'ai des projets, disais-je, de grands projets, et je ne pourrai rien faire pour vous sans vous, si vous voyez ce que j'essaye de vous dire. Et, malheureusement ou non, ce n'est pas notre question, ces projets en passent par la vision qu'auront de vous, voire de nous, les petits rouages et métiers de la chaîne, avec lesquels vous allez devoir interagir, et je ne peux pas croire un instant que vous parviendrez à maintenir éveillé l'intérêt des critiques, journalistes, commentateurs et relais de tous bords avec cette sale manie que vous avez de noter à tout va pour répondre aux questions. Je ne peux pas le croire, parce-que je suis de ce monde-là, moi, ainsi que je vous le disais à l'instant, et que vous m'énervez. C'est vrai, je vous l'ai déjà dit, ça aussi, mais diable ce que vous m'énervez ! C'est rigolo cinq minutes, votre machin, mais il faut grandir, maintenant, et accepter un peu les normes. Je ne vous demande pas de rentrer dans le rang, pas totalement, mais de faire un effort, au moins, considérant combien cela vous servirait, combien cela servirait votre expression, de bénéficier de l'exposition offerte par le système – offerte pas mes soins, mon travail et mes exigences envers vous !

Silence.

— Je vous devine dubitatif. J'y vais certainement un peu fort, et c'est peut-être dur à accepter. C'est pourtant pour votre bien, enfin, le nôtre, et à la condition que nous nous entendions...

Et tu attends une réponse, c'est ça - ou un bravo, le veau ? C'est donc que tu auras enfin fini. Je vais pouvoir partir. Et avant ça, et puisque mes écrites réponses t'ennuient, que dis-je, t'énervent, pauvre con, que me dis-je, sombre merde, je m'en vais t'en formuler une que tu ne manqueras pas de comprendre et qui ne manquera pas de te surprendre ! Tiens, regarde !

Le sourire mauvais, l'œil assassin et les doigts bientôt blancs à force de nerveusement serrer son cristallisé sable, lui à deux doigts d'éclater, avant d'en parvenir à cette extrémité, Fred, toujours assis face à sa tête de cul, tend sereinement le bras au-dessus du bureau, de ses enchevêtrées paperasses, de son ordinateur et, là, de son téléphone, maintient un temps le symbole de leur échange et de feu leur espérée collaboration sous le nez de son ahuri hôte, avant de, soudain, le renverser puis le lâcher, répandant un peu partout et liquide et morceaux, comme sans tarder et suite à un premier rebond se brise l'objet et se décompose l'éditoriale figure.

Une légère pique au cœur lui rappelle en milieu d'échappée qu'il déteste plus que tout gâcher des provisions. Néanmoins, et puisque le geste en valait largement la chandelle, le voici qui rit dans sa barbe de son bien joué tour. Pour le cas où cette chaude pensée ne suffirait pas à le rasséréner, sinon pour rattraper cette regrettable perte, un détour par le plus proche ou le moins rebutant troquet s'impose, avant d'envisager quelque continuation des visites que ce soit.

Iglou.

Con de bourru, quand même ! Critique ! Et puis quoi, aussi ? Il t'en foutrait, du critique, tiens, si tu le lui demandais ! C'est quoi, d'abord, un critique ? Ça n'existe même pas, ou ça n'existe plus, le critique ! On n'a plus que des historiens de la chose littéraire, de nos jours, imparfaits à juger de l'œuvre sinon par l'exégèse, soit par son inscription en un corps d'advenu, d'établi, de connu, reconnu, et lorsqu'on aborde l'inconnu, on ne le fait plus que d'après ce même prisme du connu, sans grande, sans suffisante considération pour ce qu'est la chose en soi, puisqu'on sait encore, en sus, ne la considérer alors que selon l'universel graal de la psyché du créateur ! On doit pouvoir trouver des chaires universitaires, quelque-part, pour vous former à la critique comme on vous forme désormais aux lettres ou – las ! – à la philosophie (la délicieuse chaire de philosophie, alors, sans chair, tandis qu'elle n'est chère qu'aux nôtres) : exagérant d'un côté ou de l'autre le rapport au *pathos*, le bannissant ou l'encensant selon le même primaire dogmatisme et tant de secondaires motifs obéissant si parfaitement aux lois singulières que, les observant d'un œil mauvais ou d'un idoine esprit, on en viendrait facilement à purement et simplement déconstruire tout antérieur travail, si ce n'est toute valeur pour cause de décevante structure des étant choses. Lettrés, penseurs, Hommes parfois de bien mais de bien peu de choses, nous ne grandissons plus que par l'assimilation d'un corpus, sous l'égide des aînés et en connaissance voire culte de leurs grands, de leurs formidables noms, servis à toutes les sauces, chapeautant toutes les adjectivations en autant de sujétions sans trop souvent rien que le nom du maître pour faciale valeur, loin, très loin, trop loin de ses glorieux concepts et plus encore de leur utilité, de leur intrinsèque agir au monde, ôtant toute noblesse au courtois bien qu'épique combat des idées, avilissant l'école en clan, ruinant l'échange pour cause de doctrine et conséquence de ne plus brandir que la propre sur soi fierté d'une habileté en la défense des héritées positions, puisque, la pensée décédée dans la foulée de l'amoindrissement de son mouvement, voici les termes de la guerre nouvelle, où les fats ne cèdent aux sots que l'ignorance de ce que l'action – au sens de ce que sa marche est – ne doit à l'histoire que le service de sa compilation. On bâtit alors de pleines, gargantuesques bibliothèques sans savoir le vain de leur vaste et morne plaine lorsque le moteur de leur mise en branle se résume au faible jeu d'une indexation du tout-venant, fastidieux travail, certes, mais dont le sérieux ressemble fort et vite à cet intellectuel onanisme faisant dire aux observateurs des fervents servants de la chose qu'ils excellent en l'art masturbatoire et en lui seul – un mouvement, là encore, à la belle répétition mais à la faible ampleur.

Iglou.

Putain de critique de mes deux, putain de connard s'aimant suffisamment pour transpirer l'assurance mais loin de mériter l'impression de surface, putain de connard vendu à l'apparaître, au sien comme à celui de tous, se vendant pour des semblants de gratification, estimant une poignée de camarades connards pour ce qu'ils lui ressemblent et – en toute primaire logique – s'assemblent sans grincer, s'autorisent tout un bouquet de collégiales poses et interdisent toute dissonance (vite, toute dissidence) au reste des incultes, soit à l'ensemble des étrangers à leur culte, coupables soit de moins bien savoir, soit de ne pas ouvrir leur gueule, pour cause de caractère moins conquérant, donc moins fort, c'est entendu, c'est même certainement drôlement entendu puis moqué, au sein du restreint cercle des sachants, guides le plus fréquemment autoproclamés d'un sens du littéraire, représentants plus leur propre caste que l'ensemble des lecteurs, qui n'ont nul besoin de situer un texte dans la ligne d'un autre pour l'apprécier, le détester ou s'en foutre. Connards ! Vous ne devriez même pas exister ! Ou bien vous, oui, mais pas vous-critiques ! Ou bien pas comme ça, pas en classant avant de lire, pas en conseillant pour ressemblance, pas en faisant système d'une collection qui n'existe et ne peut à juste titre exister qu'*a posteriori* du jugement ! Et puis pas comme ce putain de connard de mes deux ! Bordel ! On peut vendre sans se vendre au commercial, on peut créer et toucher un public sans toutes tes recettes, à compter qu'encore elles soient les bonnes ! C'est juste qu'on avance à l'aveugle, alors, et que tu as horreur de ça, que tu as peur de cette quasi poétique cécité parce qu'elle paraît lourd, très lourd handicap, aux yeux de la rentabilité à laquelle – mais bof, comme d'autres – tu obéis plus ou moins ouvertement, tiens, sacrément ouvertement, pour ton cas d'enculé ! Ouais : ce ne devrait pas être une insulte, mais je suis certain que tu la prendras pour telle, comme si je te fourrais directement la mienne dans le cul à titre de parlant exemple, et je suis par tes soins d'humeur à excuser ma médiocrité par ton insuffisance ! Enculé de critique ! T'es comme un président de jury qui pense peser plus que son singulier acte de jugement du fait de sa notoriété ! T'es critique comme moi danseuse étoile ! T'es utile à ce monde comme je le serais au ballet si je m'enfonçais dans un tutu et que je me mettais à courir sur scène en pensant danser comme le dieu des ballerines en personne ! T'es plus qu'inutile : t'es nocif. Nocif et con, parce-que tu voudrais à coup sûr me répondre que ma courante image me dessert et t'est pleine gourmandise, comme elle montre la nécessité d'apprendre avant d'acter un rôle et pour correctement l'acter. Mais t'es con, définitivement con, puisque, à me répondre ainsi, tu montrerais, toi, ne rien comprendre à la différence entre refuser l'indexation pour système de valeur et le rejet de tout système d'école, soit d'apprentissage, pour ne pas te perdre en inutile confusion ! Condamner la classification portée aux nues, ce n'est pas interdire qu'elle advienne. Seulement, voilà, et tu peux saisir que l'affaire est celle des priorités, tu ne peux représenter le jugement d'autrui, sinon statistiquement et sans considération des différences d'échelle, ni des minorités sur-chanceuses, ni des originels biais catégoriels, bref, tu ne peux représenter les jugements individuels, surtout si tu le fais aussi mal qu'il est de mode de le faire, surtout si, en la matière, le tien, de jugement, se révèle être à la hauteur du reste de tes expressions du tien, d'être ! Et dire, à ce propos, que tu ne possèdes nullement l'apanage du bon goût, ce n'est pas dire qu'il n'y en a pas, de bon goût, tout questionnable que serait le judicatif problème en regard de ce qu'est la majorité au juste – non, cela ne nous ramène pas au point d'avant, abruti !

Iglou !

Iglou.

Iglou...

Noyant sa rage en effrénés pas d'espoir, dansant sur les verres comme un bourré sur la route du retour, se reconnaissant tantôt un peu perdu entre sa noyade et son attisement, tapant sur l'âne pour ménager chèvre et chou, le sombrant ami en vient à se lamenter de ne pas trouver chaussure à son pied, c'est-à-dire éditeur à son livre, éditeur qui sache lui correspondre en sus de l'accueillir en sa maison. Conscient, trop conscient d'être plus fine bouche que délicat palais, au fait, surtout, de l'inéluctable loi de Murphy, lorsque la malheureuse série commence, le rond bonhomme décide de ne pas se couper les cheveux en quatre plus avant pour ce jour, d'autant que, non seulement ça ne veut pas quand ça ne veut pas, mais le tenancier, lui, désormais récalcitrant abreuvoir, c'est ça, dorénavant revêche à le faire boire, ne veut plus, non, plus, de son pochtron de client pour pilier de comptoir.

Fort à son aise d'avoir si brillamment dansé jusque plus que son soûl, Fred s'en va maintenant chanter, chanter la sérénade à sa belle et pourquoi pas, la réconfortante bergerie atteinte, si l'air lui convient, rendre une tendre visite à la bandante bergère. Ça lui fera toujours plaisir, à la gardienne de pré, de le voir avant l'heure, de profiter d'un peu de temps à deux, quand bien même elle devrait se fâcher de son incomplétude, soit de l'abandon de sa tâche, voire un tantinet du palliatif trouvé à son bonheur.

Ah, le doux bonheur du chez soi ! Du chez elle, corrigerait-on sans plus de façon que de mauvaises raisons. Mais une ou deux tasses de café en chemin ne requinquent pas un homme d'un simple claquement de doigts, et se borner à l'objection serait se faire vulgairement oublieux du bonheur d'un chez soi qui n'est pas tant chez soi qu'on s'y sent pourtant comme chez soi, si ce n'est si tôt aux petits oignons ! Et l'on ne parle pas, alors, du princier plaisir de retrouver sa belle. Et si la troisième, de tasse, le réveille indéniablement, il faut ajouter qu'elle lui retourne dans le même temps très aimablement l'estomac, chose qui sans plus tarder impose la selle à qui connaît ses limites et celle sans éternelle borne de la furieuse envie, ou refuse de par trop les éprouver, conscient, par exemple, d'avoir assez taquiné la boisson pour ne pas devoir si ce n'est pouvoir excessivement faire son malin quant aux conséquences de son récent orgueil. D'ailleurs, tant qu'on y est et qu'il y est, Fred, à la pousse de sa crotte, après ses excès d'alcool et puis de caféine, il se découvre soudain tout proche de l'abattement, victime d'un passage à vide, d'un vilain coup de massue succédant à l'éphémère de fouet, et, avant que beaucoup d'eau ne coule sous les ponts, le fondement toujours vissé sur son trône, le kilt retroussé, croisant et collant les bras en dessus de genoux pour mollement déposer son front sur cette horizontale ligne de chairs, sécurisée par deux mains dont les doigts tiennent leurs opposés bords de cuisses, voilà, désormais tout courbé, ramassé sur lui-même, le voici qui s'endort telle une sombre merde, quelques secondes seulement après s'être intérieurement promis, juré de ne s'accorder là la relâchée position et son induit répit que pour un bref, court, tout petit et très insignifiant instant.

Un confus temps plus tard, la tête encore passablement dans le cul ou pas très loin de lui, se réveillant un poil crispé, notre honteux endormi achève l'affaire involontairement laissée en plan, se rhabille et quitte les toilettes, l'ébauche de la sienne faite, avec quelques fourmis dans les jambes et le haut du visage rougi d'une traîtresse marque, révélatrice de son inconsidéré somme à qui viendrait à le croiser. Désireux de se sortir définitivement du coaltar, il penche pour le café tout en pensant préventivement à la douche. C'est donc nu, qu'il rejoint finalement la cuisine, ayant cotonneux chemin faisant éparpillé tous ses habits là où il les ôtait, ses esprits, eux insuffisamment rassemblés pour contraindre son agir à l'ordre.

Bon choix, que le café, et contre l'idée de soigner le mal par le mal. Oui, bien meilleur choix que d'insister sur le whisky pour contrer la naissante gueule de bois. Choix sans trop de choix, tant qu'à vouloir se doucher, puisqu'elle ne doit pas avoir de whisky, Solange. Et, maintenant qu'il s'est dénudé, autant la prendre.

Lorsque vient son tour, à la fenêtre, soit en sage ou prudente bordure d'extérieur, la cigarette aussi se laisse bien apprécier, autant que la première du jour, et c'est tout ragaillardi par ces quelques étapes qu'il prend la route pour la dernière de son périple, loin, là-bas, de l'autre côté d'un appartement qu'on aurait cru plus petit, s'agissant de celui d'une étudiante poétesse – il faut en effet passer par la chambre, et d'autres pièces avant, pour atteindre la salle d'eau.

Que voici un bel appartement, tout de même, avec son air bourgeois, ses luxueuses pièces en enfilade et leurs pompeux plafonds, ses murales décorations où l'on souhaiterait dénicher tout plein partout de charmantes petites portes dérobées, secrètes et sous peu débordant de surprises, avec son muséal mobilier et son impeccable propreté, voire sa proprette impeccabilité, avec sa vue, là, sur un tranquille et très soigné jardin, où la nette place de chaque plantée chose répond au droit ordonnancement de celles intérieures, ne serait le vestimentaire bazar qu'il laissa et retrouve, dépasse, tiens, non, retrouve encore ; c'est quand même étonnant, ça !

Et pourtant, non, inutile de se pincer : il ne rêve pas plus qu'il ne croit à l'idée d'un réveil ainsi forcé. Un kilt ici, un kilt là, une chemise par-ci, un chemisier par-là, une jupe de-ci, une culotte de-là ; on s'est partiellement déshabillé, dans ce coin de maison, et on n'était pas toute seule !

Le moins que l'on puisse dire, c'est que la vestimentaire cueillette aiguise la curiosité de monsieur va-tout-nu. Juste avant la salle-de-bain, voici que s'y ajoute un soutien-gorge, et le voici, lui, sûr et certain que Solange l'attend derrière la porte, affairée à son corporel nettoyage, sans doute rentrée chez elle pendant son assoupissement, d'autant qu'il s'en trouve suffisamment près pour entendre l'eau couler. Elle ne doit pas l'attendre seule, au vu des collectés indices et des indiscrets feulements s'échappant de l'endroit, plus clairement encore lorsque tournent délicatement les gonds. On s'éloigne alors à toute vapeur de la curiosité pour basculer sans indignation ni mesure dans l'imagination : tu ne vois pas, toi, qu'elle lui aura préparé une petite fête à trois, sachant son arrivée prochaine ou imminente ? Tu ne vois pas qu'elles sont deux, là-dedans, à s'échanger coups d'éponge et glissement de savon ? Tu ne vois pas qu'elles sont deux, là, juste-là, à se frotter la peau ? Tu ne vois pas qu'elles sont deux, là, juste-là, à deux doigts ou deux pas, indécentes, à se caresser l'aine, la cuisse, le ventre, le dos, le tout entier et désirable corps ? Tu ne vois pas qu'elles sont deux, là, juste-là, à ta portée, deux sacrées cochonnes, à se chauffer la moule, à se mordiller les pointes de roberts voire, déjà, à se bouffer ou trifouiller l'abricot ? Tu ne vois pas qu'elles sont deux, là, à t'attendre, deux humides chattes aux débridées envies et en libidineux manque d'un bon gros matou ? Tu ne le vois pas, énorme, le joyeux apogée de ta cueillette ? Si, bien sûr que si, et ce n'est pas ton gonflé nœud qui tentera de nier, occupé qu'il se trouve à contenir l'abrutissant afflux !

Attends !

Attends, idiot, ne t'emballe pas si fort, car tu ne vois rien de rien, si ce n'est pas exactement rien du tout, depuis ton craintif, voyeuriste point d'observation et son très mauvais angle, encore caché derrière ta porte, et puis avec toute cette buée qui est certes jolie dans les films mais pas vraiment pratique pour reluquer.

Voilà : approche, doucement, tout doucement, tu vois, comme tu vois mieux, d'ici ? Bon, c'est vrai, pas si bien que cela, la faute à la fausse transparence des vitres, mais tout de même ! Elles te plaisent, ces chinoises ombres, non ?

Il faudrait les noter, d'ailleurs, ces ombres, ses impressions sur l'ombre, pour leur parallèle avec ce que sait être la littérature, au titre du proche rapport entre l'érotisme et le dévoilement. Il faudrait et lui voudrait les noter, s'il disposait de son carnet ou si le fait de le récupérer n'impliquait pas de quitter ce pervers poste de rinçage d'œil en lequel il se tient, marqué par une palpable fébrilité, tel un chapardeur gosse au coupable spectacle du petit, privé, à coup sûr odorant linge de la belle voisine.

Les choses se précisent, en effet, comme se dessinent les courbes, comme s'animent les projetés personnages, comme on les distingue mieux, à la faveur d'un changement de position qui, vite, produit chez l'une un léger couinement, puis un appuyé feulement, puis chez l'indiscret un gain d'excitation, alors que les deux silhouettes s'engagent dans un bestial collé-serré où l'on devine un sein, deux, chez qui pousse au crime, au cul, semblerait-il, ou au con, dirait-on, mais enfin par-derrière, aidé probablement d'un artificiel chibre, puisque nul clitoris ne sait ainsi servir ; les choses se précisent sans totalement s'éclaircir, la faute aux longues chevelures que les deux protagonistes paraissent partager et qui, de l'ombre repliée, cachent tous les concluants indices, tandis qu'en son arrière, on s'active, d'un mouvement de bassin dont la courbure des reins trahit l'habituelle cambrure au jouir et dont le manque d'assurance au prenant exercice donne sans faillir le beau, féminin « la ».

C'en est assez, désormais, de cette saphique cabine, antre de sa curiosité, et il ne sera pas dit qu'il laissera se perdre l'occasion, ni Solange rééditer son vilain coup de punitive masturbation ! Aussi, au gré d'une impulsion plus franche que les précédentes, osant son élan, fort de sa longue enquête et de ses solides conclusions, il s'avance, ouvre grand le panneau et surprend les amants.

Stupeur : la prise fille est homme, qui vit la douloureuse !

Malgré-lui, brusquement, il recule.

Qu'est-ce que c'est encore que ce bordel ?

W. « Aigres raideurs »

Au début, rien ne sort. Ou plutôt, si : elle, de lui, ou ce qui comptera pour elle de ce qui s'est révélé lui, et feues les elles et leur flamboyant jeu de cet autre lui qui l'aura, lui, pensé elle ; et puis les deux zouaves, elle et lui, de la douche, après le bref instant de général hébétement d'elle et lui et lui aussi, et tous les trois de la pièce, pour s'installer asynchrones dans le salon, avant que le possédé ne prenne la poudre d'escampette en guise de participation à la pendante explication. Mais rien d'aucune de leurs trois bouches. Un peu de savon, et d'eau, peut-être, de derrière les dents de Damien, du pourtour de sa langue, intrus immiscés au palais, venus s'y loger pour cause de gravité, comme le princier sieur positionnait puis maintenait ses fesses plus hautes que ses lèvres, sauf que, de ce que Fred, lui, sait alors de lui, rien ne touche au prénom. Pour l'instant, disions-nous, entre elle et lui, lui n'étant plus des leurs, c'est motus et bouche cousue, car c'est un peu à qui dégainera le premier, au risque de manquer son ouverture, si importante au déroulé du combat, surtout si l'on ne sait aller jusque le premier sang ou bien jusqu'au dernier debout – soit si l'on ne distingue point, à ce stade de l'affaire, la querelle d'honneur de sa mortelle cousine.

Las ! De guerre lasse, trois fois trop las, on finira par porter l'estocade, rompant la branlante trêve *de facto* instaurée entre les canapés. Tardivement, certes, mais il finira par l'ouvrir, son carnet, récupéré lors de son rhabillage, histoire de déballer son sac avant de laisser s'accroître le risque qu'elle parvienne d'une manière ou d'une autre à lui couper le sifflet. Déjà qu'il ne peut plus taper sur le fuyard – comme on assomme le messager...

Ainsi l'ouvre-t-il, son carnet d'assassin bal, tirant l'homonyme projectile comme il lui vient, c'est-à-dire sans pincettes ni probablement grand panache. Pas grave, l'important est la détente.

C'était quoi, ce putain de bordel ?

— Quel bordel ? retourne-t-elle crânement.

Tu trouves ça acceptable, toi, la sauvagerie de ta douche avec l'autre embroché ?

— C'est-à-dire que c'est lui qui voulait !

Et ça excuse tout ?

— Ça donne une idée du consentement...

Oh, et voilà de quoi je te parle ?

— Tu ne parles pas. Jamais. Tu te contentes d'écrire, d'écrire encore, d'écrire toujours, et tu penses que ça suffit à tout le monde parce-que ça te suffit à toi !

Ne fais pas ça. Ne me prends pas pour un con, et n'emploie pas lâchement cet argument pour bassement te défausser d'une réponse à mes questions !

— Parce-que tu vas me dire quoi faire, maintenant ?

Tu sais très bien ce que ça signifiait.

— Oui ; je sais toujours ce que tu veux signifier. C'est tellement plus commode, hein ? Et je n'aurai pas à te le faire dire, ça, que c'est drôlement plus commode ainsi !

Alors voilà ta ligne de défense, vraiment ? L'attaque ? Mais tu es une putain d'originale, toi !

— L'originale, elle t'emmerde. D'ailleurs, originale ou pas, je t'emmerde, gros con, avec ta tête de bite, tu devrais te voir quand tu écris, là, dans tes cahiers, et tu peux aller te faire foutre si tu crois pouvoir m'interdire quoi que ce soit, me dire comment ou avec qui je dois coucher.

Tu fais bien, là, maintenant, de parler de tête de bite ou d'aller se faire foutre – je crois.

Sur la table, un téléphone entame son appauvrie mélodie. Elle le regarde ; il la regarde. Sans détour, elle le préfère à lui.

— Allo.

Pute. Pute. Pute.

Sourire et doigt dressé.

C'en serait voluptueux, connasse, si nous ne t'avions vue sodomiser le fol épris et si nous ne nous souciions que guère de ton attentive oreille. Mais nous n'en dirons rien, pas plus que nous ne relèverons ta vile perfidie, sous peine de gâter les belliqueuses joies.

— Vrai.

Tu en as conscience, qu'on pourrait continuer sur ce sourd rythme sans rien ôter d'essentiel à notre interrompue conversation ?

— Ouais. Bien sûr. Je vois. Ecoute, je règle un truc, et je passe chez toi en fin de soirée. On fait comme ça ?

Alors nous y voilà ; alors on en est là...

— Pardon ?

C'est mieux.

— Nan : pardon, que veux-tu dire ?

Ah, tu vois. Tu ne sais pas toujours.

— Mais je ne sais pas toujours quoi ?

Ce que je veux dire.

— C'était facile. C'était facile, et petit. Mesquin. Tu veux en finir là-dessus ? Sur du mesquin ?

Hôpital et charité.

— Ok, bon, je te l'accorde. Tu ne veux pas qu'on reprenne, là ?

Où ça ? A votre bête à deux dos, à quatre mains et à six jambes ?

— Je l'ai bon, le dos, tiens, de me trouver taxée d'hypocrisie hospitalière. Tu feras le camembert, toi, dans ce cas-là ! Et non, pour te répondre : qu'on reprenne où tu voulais en venir, donc où tu en étais avant de faire ton petit malin à deux francs six sous et à la viens-là, ni vu ni connu que je t'embrouille pour le plaisir de t'embrouiller et de perdre du temps.

Oui, c'est sûr, tu auras bientôt mieux à faire...

— Si tu veux. C'est ça : faisons comme tu veux. Ça finit toujours ainsi, de toute façon.

Ce n'est pas mon impression, tiens, puisqu'on en vient ici. Parce-que, vois-tu, si tout finissait toujours comme je le veux, je ne t'aurais pas trouvée sous la douche avec un autre – puisque tu désires en revenir là où nous en étions !

— Je ne parlais pas de cela.

Moi, je te parlais de cela.

— D'accord. Oublie ce que je disais ! Moi, de mon côté, j'oublierai nos interludes, et, en se passant de toutes ces étapes intermédiaires, on avancera. Allez : parlons de ce dont tu voulais parler, cette fois ! Parlons de ton dégoût des gens qui ne sont pas tels que tu les attends ! Faisons d'une pierre deux coups, oui, faisons tout comme tu veux !

Pas trop tôt !

— Tu devrais apprendre à fermer ta gueule.

Première nouvelle. Jusque lors, je pensais au contraire devoir apprendre à l'ouvrir.

— Ok ; donc on repart pour un tour...

Ah : ça surprend, hein ?

— Quoi donc ?

Lorsqu'on ne respecte rien.

— Où veux-tu en venir ?

Nulle part. Ici. Rien qu'ici : tu ne parviens pas à me suivre, parce-que je ne respecte pas les règles, ou la logique qui devrait être mienne dans notre conversation. Eh ben moi, c'est pareil : je ne te suis pas, quand tu fais n'importe quoi.

— Je t'emmerde.

Non. Tu auras beau le répéter frénétiquement, tu n'emmerdes ou n'emmerdais que toi, comme tu lui fouillais la cavité et selon son état d'entretien. Tu t'emmerdes avec lui si tu veux, mais pas avec moi – ni ne m'emmerde, moi.

— Je t'emmerde. Je ne fais pas n'importe quoi. Je ne respecte pas rien. Je ne suis pas différente de toi, en fait. Alors ne me traite pas comme si c'était le cas, comme si je faisais pire que de faire exactement ce que je veux, tout le temps, toujours, encore et encore et encore et toujours.

Si : tu fais n'importe quoi.

— Et puis je vais te dire, qu'elle rajoute sans lui laisser le temps de conclure le sien, de dire. Je vais finir par croire que c'est la manière dont je l'ai pris, qui te dérange le plus !

Que nenni, pas du tout. Il n'existe d'assignation sexuelle que par le restrictif processus de socialisation ; je ne m'offusquerais jamais d'une préférence qui ne heurte pas l'entendement, je veux dire l'entendant individu, ou le corps au-delà de son acceptation, lorsque le premier est en capacité de juger, voire de se juger – ou de juger de lui-même. Cigarette – au milieu du salon, ça lui fera les pieds. Ce qui me dérange le plus, c'est que tu fais n'importe quoi en ne respectant rien de ce que nous étions.

— Et quel engagement avions-nous pris, dis-moi ?

Aucun, c'est vrai. Du moins formellement. J'entends donc que tu n'en reconnais pas de tacite, quant à l'aller-ensemble.

— Celui-là même qui t'aura vu courir plusieurs lièvres à la fois ?

C'est que la lapine, sais-tu...

— Et c'est que le lapin, vois-tu...

Et toi, n'auras-tu pas vu que pour moi tu n'avais rien de la lapine ? Que je n'en faisais rien, avec toi, de ces adroites farces ?

— Maladroites. C'est maladroites, le mot que tu cherchais. Sinon, ça ne colle pas à ce que tu faisais. Et ça n'a rien à voir avec ce que je peux faire. Toi, tu sautais sur toutes les occasions de te dégourdir l'engin. Est-ce de ma faute, maintenant, si tu changes sans prévenir ? Si tu t'annonces d'une différente couleur que celle dont tu te teintes ? Ou si sur la forme nous nous ressemblons tant que tu ne t'aimes pas chez moi ? Non, je ne crois pas.

Tu fais bien, dis-donc, de me parler de fausse couleur !

— Voici comment j'aime : je pioche à droite, je pioche à gauche, au gré du vent et des rencontres. Je ne me suis jamais vendue pour différente, que je sache !

Pas plus que tu ne m'as promis l'exclusivité, c'est vrai. Mais l'omission...

— Tu vises la confession et ses carrés travers, ou on parle de nous ? Si on discute au propos de nous deux, si nous sommes l'objet du débat, je propose qu'on s'en tienne strictement à nous deux.

Tu as raison ! Tenons-nous en à nous, tout ailleurs que tu visites, toi !

— J'aime au pluriel. C'est ainsi. Ainsi que j'aime et ainsi que je réponds à ma curiosité. C'est humain, ça, non, la curiosité ? Que veux-tu que je te dise de plus, ou d'autre ? Je suis incapable, totalement incapable de n'aimer qu'une seule personne, ou même deux, ou je ne sais combien, pour cause d'en avoir rencontré une avant les suivantes. En fait, je suis incapable d'aimer un nombre limité de personnes. Incapable de me tenir à l'interdiction d'aller en aimer d'autres. Je peux en détester, après coup, après la prise d'information sur ce qu'elles sont ou ce qu'elles ont à offrir, mais pas avant. Pas sur le principe de les détester ou de ne pas aller voir ce qui se passe chez elles. Il faut que je rencontre, vois-tu, et que j'expérimente. Et si je croise une histoire à tricoter, il faut que je tricote, selon les mouvants plis du chandail, sans patron ni carcan. Je ne sais pas faire autrement. J'ai essayé, tu sais, avant, vite fait, mais non moins sincèrement ; mais je ne sais pas. Je ne peux pas, non, je ne peux pas faire autrement. Et ce n'est pas qu'au sujet de l'amour, avant que tu viennes me parler d'un investissement plus important donc d'une capacité à l'attention réduite, car focalisée. Ni ça, ni de l'amour au nom de l'amour. Non ; je te parle de la rencontre, des gens, des altérités, de ma soif d'autrui et de mon refus de le refuser au nom d'une indécente morale, sourde aux humanités au titre d'une prévention des secondaires blessures des âmes, ou des égos – qu'elle prend pour âmes. Oui, à bien y réfléchir, j'y vais de même vers les amis, les connaissances, dans tous les degrés de l'intime que tu voudras bien reconnaître et qui ne diront qu'une seule chose : le jeu des êtres, que je ne puis jouer partiel, ni pour moi, ni pour eux. Il me faut voir le carrefour, tâter le croisement et explorer les chemins...

Oh ! Parce-que maintenant, c'est un altruisme, que tes plurielles amours ? Quelle héroïne tu fais, quand même ! On devrait peindre un tableau, ériger une statue, un monument, un glorieux truc voire un pompeux machin : la grande Solange, tombeuse des finitudes, pirate des frontières, pourfendeuse des impossibles où sans son blanc panache sombreraient tous et chacun des miséreux gagne-petit ! Ben dis-donc ! Il y en a d'autres, des joyeux drilles, sodomites à l'heure du bain, qui t'auront suppliée de les aimer dans le cul et que je dois m'attendre à rencontrer au nom de ta débordante humanité ?

— Non.

Tu me rassures, parce-que le freluquet m'aura été suffisamment indigeste à lui seul.

— Non, ils ne sont pas tous sodomites, comme tu dis, toi. Et cela n'a rien, mais alors rien d'absolument rien à voir avec l'heure du bain, je veux dire l'épisode de la douche, ni avec le sexe, ou la catégorisation sexuelle, ainsi que tu me corrigeras bientôt et puisque tu catégorises ainsi, avec tes sous-entendus que je trouve d'ailleurs dégueulasses. Tu le saurais, si tu m'écoutais. Mais non, tu te focalises sur la chose anale, sur le rapport sexuel, même, malgré tes cris d'orfraie, malgré ton déni de ne pas. Et puis qui t'a dit, d'abord, que je ne fréquentais que des hommes, sinon ta généralisation du présent cas ou ton entendement de la pratique, voire des miennes ? Hein ? Qui ?

Un petit doigt bien trompeur, assurément. Le même malingre mais malin farceur, probablement, qui m'aura soufflé que nous nous engagions un minimum du seul fait d'être ensemble. Je le retiens, ce farceur, et note ta pléthore d'amours. Combien, dis-moi, as-tu de chevaleresques attaches ? Réponds, que je connaisse la taille de ce putain de pompon !

— Ce n'est pas ça qui compte. Il y en a, c'est tout. Satisfais-toi, déjà, de ce que je te le dise. Et puis ça n'enlève rien à ce que nous vivons, toi et moi. Ça n'enlève rien à ce que je vis avec toi, moi. Sauf si tu en fais une affaire d'*ego*. Tu n'as pas une érection d'*ego*, là, tout de suite, dis ?

Non.

— Dommage. J'aurais bien pris ta queue.

Ben voyons ! Tout de suite, la grosse et si classique ficelle !

— Non, non ; tu peux me croire : j'aurais vraiment bien pris ta queue, maintenant.

Au-delà de l'évidente diversion, derrière ta tentative de noyer le poisson et la querelle sous une bestiale marée, et non sans concéder une légère tentation à considérer sérieusement tes avances, je peux entendre qu'elle ne t'ait pas satisfaite, l'artificielle ruée du diablotin. Ou que ma bite te manque, ce qui revient un peu au même, la flatterie en sus. Seulement voilà, tu t'en passeras, ma chère, car je préfère, et largement, que nous nous concentrions sur nous, sur notre échange et sur le démêlage de ce gigantesque sac de nœuds offert par la découverte de ta structure amoureuse.

— Tu vois, comme tu es ?

Borné ?

— Non. Tu vois, comme tu es sûr et même plus que certain d'une différenciation modale des êtres entre eux ?

Mais encore ?

— Tu comprends et approuve que, parce-que je suis une femme, une femelle, devrais-je dire, il me faut un sexe masculin pour accéder au contentement. Et tu t'arrêtes là. Oh, d'accord, tu pousses certainement jusque plaisamment te figurer l'aller-retour de la pénétration, pour ce qu'elle te concerne, crois-tu, confondant les conditions d'exercice d'un biais procréatif avec celles d'une possibilité de plaisir. Attends, si, parfois, tu relativises, tu te dis qu'on a bien fait de te doter d'une bouche, que c'est rudement plus pratique pour me lécher le capuchon – et que si tu n'en avais pas, de bouche, tu t'en désolerais certainement, à ton tour. Et puis voilà : pschitt ! Fini ! Tu t'arrêtes au possible d'une sexualité a-reproductive pas encore libérée des carcans reproductifs. A ses restreintes joies. Tu ne questionnes pas le mode au-delà du sexuel, tu n'interroges pas le mode d'aimer ni celui d'être, et cela au titre de ce que nous n'étions pas, ou à celui de la façon dont tu lis le réel, je ne sais pas exactement et ne compte pas te fâcher sur ce point. Toujours est-il que c'est faux, que tu as tout faux, toi, et que tu n'oses ta réflexion que jusque l'endroit où elle t'arrange, rien que jusqu'en bordure de confort, bien à l'intérieur des limites dont tu te targueras vite de ne pas dépendre !

Ben dis-donc, je dois te paraître sacrément con, tout de même !

— Nan mais c'est pas la question ! Seulement, voilà, l'enculade, tout ça, ce n'était pas nous. Principalement parce-que ce n'est pas toi, mais enfin, voilà, ce n'est conséquemment pas nous non plus. Tu n'as pas non plus de vagin, de lèvres à lécher, s'il faut définitivement en passer par le sexuel pour que tu me comprennes !

Tes besoins ne sont pas les miens, en somme. Merde : et moi qui te croyais bien accrochée...

— Si ; bien sûr que si. Mais pas tous. Pas en même temps. Certains de mes besoins sont aussi les tiens, ou les nôtres se croisent d'une façon qui me plaît, et voilà déjà beaucoup. Et pourquoi ne le serais-je pas, accrochée ? Dis ? Je te le répète : je peux être investie ici et investie ailleurs, ce n'est pas incompatible. Tu vois, je vois la chose comme une complémentarité, une bénéfique complémentarité des expériences, en plus de, sur le principe, ne pas pouvoir restreindre l'amour à ta seule personne, je veux dire en plus des modes de l'être, en plus de... Dis, tu m'écoutes ?

Non. Il n'écoute plus, parce-que ça vient de faire tilt. Un putain de gros tilt, même ! On ne sait pas trop pourquoi maintenant, mais sait-on jamais pourquoi les fils se touchent ? Et, donc, ce tardif mais d'autant plus gros, énorme, retentissant tilt. Le choc de la tromperie, de la généreuse tromperie, après l'excitation du chasseur, cueilleur, sûrement, mué malgré ses fins efforts en obsession, aura permis au troublant détail de se noyer dans la masse événementielle, le laissant totalement à côté de la plaque. Jusqu'ici, tout du moins. Et puis ce blocage sur la scène découverte dans la douche, le gringalet en position, sa Solange derrière, tout ça, tout ce désolant bordel, qu'il ne sera pas parvenu à s'ôter de l'esprit et qui l'aura poussé à l'attentive faute. Ou bien l'abrutissante litanie de la belle, à propos de ses amours en ribambelle, après son sexe en enfilade. Mais, quoi que ce soit, quoi que ce fût, c'est désormais fini. C'est fini car, dorénavant, il sait. Il a vu. Il s'est rappelé. Et une fois en place, ce genre de tiquant détail ne se déloge plus de son inquisitrice tête, grondant de son ébullition, emportant le cœur dans son picotant mouvement et entraînant les nerfs jusqu'à l'éruptive fleur de peau. Il sait ou se doute, et saura sous peu sans faille possible – il peut te l'assurer.

Si ce nous est si étranger, rature-t-il presque, tremblant, sous le coup d'une rage se contenant encore en colère, pourquoi l'as-tu déguisé en moi ?

— Je ne vois pas de quoi tu parles.

Oh, vraiment ?

— Tu veux bien m'expliquer ?

Le kilt.

— Quoi, le kilt ?

Le putain de kilt, tout à l'heure ! Dans le couloir.

— Ce n'était pas de mon fait. Damien est venu avec.

Pas possible – strictement impossible, même, sauf à une et une seule condition, ce qu'il sait parfaitement, le bougre d'enquêteur, depuis sa fraîche révélation.

— Je te promets et jure qu'il est venu avec.

Donne-moi son adresse. Son nom, aussi, tant que j'y suis.

— Qu'est-ce qui te prend ? Non. C'est absolument hors de question. Pas après ce qui s'est passé aujourd'hui. Je ne suis pas certaine de la manière dont tu as pris tout ça ; dont tu vas le digérer. Puis d'abord, je ne l'ai pas vu repartir avec...

Arrête ! Je peux me lever et vérifier dans le couloir, mais nous savons tous les deux qu'il n'y sera plus.

— Ecoute : je ne sais pas ce qui se passe, là-haut, dans ta semblerait-il excitée caboche, mais tu n'auras pas son adresse. Pas de moi, pas maintenant. Tu me dis de quoi relève ton énervement, ou tu te contenteras de son numéro – parce-que je suis gentille et que je vois bien combien tu es soudainement ennuyé.

Fais pas chier. Je ne suis pas d'humeur à jouer. Donne-moi son adresse et ferme ton putain de claque-merde.

Suite à quoi tout est joué : le mot de trop vient de sortir, là, noir sur blanc, sur carnet, en conséquence de quoi tout est fini. Leur joute, la découverte de ce saugrenu mode d'aimer, l'échange quant à sa drôle de façon d'être, l'énonciation de ses grandes théories sur le monde, voire peut-être, déjà, leur morceau de chemin ; tout ça. Tout est bien fini, c'est sûr, inscrit dans le marbre du dommageable, destructeur pas de trop. Il le regrette, déjà ; sinon son exagération. Il ne lui demandera pas, frondeur, ainsi qu'il comptait le faire, si elle comptait l'avoir avec d'autres, soit avec n'importe qui, son mioche, avec n'importe lequel de ses connards d'amants, et elle ne lui présentera pas, en désolée réponse, son insatisfaisante incapacité à en avoir avec qui que ce soit. Ils ne s'insulteront pas, non plus, à la mode des orages, lorsque le monde ne semble plus dépendre que d'une rhétorique supériorité, d'une victoire sur l'autre au prix d'un plus offensant mot. Non. Il n'y a qu'à voir, observer la grimaçante tronche qu'elle a tirée, à la lecture de son emportement, du mouvement qu'elle eut, alors, raidie, en arrière, pour en tirer la seule conclusion qui vaille : quelque-chose a cassé, quelque-chose vient tout juste de casser, quelque-chose du genre de celles qui ne se recollent pas, ou plus, ou plus jamais si bien qu'on puisse encore croire qu'elles ne se brisèrent pas.

— Tu sais, ment-elle, je n'essaye pas avec tout le monde. C'est avec toi, de toi, du moins, au fond, que je veux un enfant – cette partie sauvant astucieusement la véracité de la confidence, partant, en bancal équilibre, l'éthique de la confidente, puisque c'est bien de lui, qu'elle préférerait en avoir un, avec lui qu'elle aimerait tenter d'en avoir un, là, maintenant, tandis qu'elle rejoint inexplicablement ses pensées, et depuis bien avant tout leur foin.

Ce doit être pour le retenir ; il en mettrait sa main au feu, voire même à couper. La culpabilité, pourtant, se levant, le retient et interrompt son entamée fuite. Il se pose, réfléchit, réfléchit. Non, il ne peut pas, il ne doit pas jouer là-dessus. Ce ne serait pas beau, pas juste, ni droit. Son numéro, ce n'est déjà pas si mal. Et la laisser, là, en plan ? Non plus, en fait. Cette conne ne s'en relèverait pas. Eux non plus, d'ailleurs ; et voici qui pourrait bien compter, s'avoue-t-il doucement. Ouais, si. Quand même. Alors. Alors ? Alors saisir la chance, incertaine, mais la saisir, cette chance de peut-être, sait-on jamais, pourquoi pas, sur un tas, un chaotique empilement de malentendus, poursuivre quelque-chose. Avec elle, avec Solange, pour elle et pour lui, à travers eux, il serait grand temps de l'admettre, qu'il se satisfait d'y être, là, avec elle, malgré cette liberté tendant à la frivolité, elle qui l'aura vue, sans doute, son hésitation, et qui aura deviné tout son embêtement, puisque voici qu'elle l'amadoue, d'un mot, de deux, se rapproche et manœuvre, la mine inquiète, le corps tout concerné, mettant sa chaleur à portée, là, où il suffirait de céder, de répondre par un sourire, un geste, quelque-chose, à la proposée proximité, de décocher un signe ou l'autre, d'indubitablement concéder sa faiblesse, d'autoriser autant que de s'autoriser l'ouverture, pour laisser l'exprimée tendresse sous-jacente à l'attention glisser jusque les intentionnelles et chérissables caresses.

— Tu restes ?

Plus tard, à ne pas un seul instant en douter, l'affaire aura le détestable goût des affreuses et répugnantes compromissions. N'empêche que, pour le moment, elle déborde surtout de celui de sa bouche, pour laquelle n'importe quel terrien venu se donnerait tout entier au complet panthéon sans autre forme de confession que sa totale reddition et sans aucun regret quant à la perte peut-être bien définitive de toute possibilité d'absolution. Plus encore que le ver, le pécheur est dans la pomme ; et on y nage superbement.

Car il a le goût des filles, Fred, et sacrément le goût de Solange, même, assez pour apprécier d'aller accidentellement embrasser ses larmes, au buccal abreuvoir où elles ne manquent pas de choir après avoir plus haut perlé, charriant en creux un limon d'âme, déposant à fleur de lèvres leur précipité sel, fruits éphémères d'une désespérée passion, puisque, oui, elle pleure, maintenant, après qu'il ait – malgré feu sa bonne résolution – choisi de jouer le tout pour le tout, soit de s'autoriser la vile bassesse du chantage affectif pour moyen de ses fins – d'ouvertement l'assumer, après la sourde latence de la menace sur leur couple. Déterminé à l'effective atteinte de son objectif, il se sera efforcé de présenter l'affaire aussi simplement que possible. Grosso modo, soit il obtenait pour de bon l'adresse de Damien, soit il quittait la place avec ses cliques et ses claques, la pérennité de l'hypothétique événement s'entendant sans nécessiter quelque plus ample exposition que ce soit. Alors elle pleure. Elle pleure un poil, sanglote un fin duvet, épanche toute une fourrure, puis se calme, coupe court, essuie plus que ne sèche. La voilà toute barbouillée, maquillée d'une émotive patine, brillant d'un triste, d'un humide lustre consécutif à sa folle et soudaine peur de voir s'enfuir le manipulateur bonhomme, inflexiblement promis au départ.

Non qu'il y soit allé particulièrement violemment, le Fred, dans son exposition de l'inconditionnelle reddition dont il lui saurait gré, sous peine d'un terme mis à leur bout de chemin, non que la monstration de son impatience ait été méchante, en la forme, mais elle aura immanquablement senti qu'il ne plaisantait pas, et la lecture des quelques mots écrits aura produit la petite goutte d'appréhension de trop, faisant déborder les larmes. En plus, ce n'est pas comme s'il avait lâché quoi que ce soit en échange, persévérant au contraire à ne rien révéler des raisons de sa soudaine et violente lubie pour la pièce de tissu.

Alors, peinée, voici qu'elle pleure, encore, face à l'insolubilité de la situation, refusant de le perdre pour ce qui ne ressemble qu'à une futile broutille, refusant tout autant de lui céder sans combattre, résolue à ne pas pécher par complaisance, largesse ou ce qu'on voudra dire, convaincue de son bon droit comme lui l'est, pour son opposée part, du sien, refusant également tout généreux élan, tenant fièrement son cap, refusant, tout comme elle, tout, à l'en face contraire, sans même un peu s'amuser du même qu'ils font, ainsi, font et font tant et si mal que bientôt ils défont, ou presque, comme ils se retrouvent tous deux à deux doigts de séparer pour de bon les torchons des serviettes, campant en opposés coins de placard – devrait-on dire boudoir ?

Le temps, de son côté, pourtant plutôt enclin à adoucir les mœurs voire tempérer les grains lorsqu'ils ne sont tenaces rancœurs, ne change trop rien à l'affaire ni ne secourt personne, sinon aucun d'entre eux deux, d'autant que le coïtal bluff s'émousse au fil des coups, ne produisant plus grande ni pertinente illusion. Il n'y a rien à faire : dès que, d'une franche approche ou d'un détourné biais, ils en reviennent à leur pénible friction, la tempête grossit, se mire et croît encore, les étincelles renaissent, plus vives qu'à leur extinction, comme si la fougue temporairement perdue n'avait été qu'occultée, cachée mais non passive, telle l'aliénée aux fous, à l'asile, enchaînée si l'on veut mais non moins déchaînée, prête à sortir des gonds après la camisole, peu certainement calmée, assurément plus folle encore qu'au moment de lui croiser les bras sous l'empêcheur tissu de se gratter en rond.

Fred s'en retrouve donc pour ses frais, lui qui pensait avoir sa compagne à l'usure et son information sans trop attendre : sa franche et rapide victoire, malgré ses savantes manigances, il peut s'assoir dessus. D'autant qu'il se sera pris au jeu, qu'il s'y sera piégé, à la suite de son compassionnel atermoiement.

De fait, il s'interroge, se demandant, à force d'identiques ou très semblables impasses, si ne se situe point là celui, inévitable, de tout processus relationnel – ou son terme, à défaut de point, ce qui préservera l'assertion des dangers de l'empressée certitude, ménageant une arrière porte au prétentieux définitif. Voici peut-être le point, donc, où tout devient fort, très sinon trop compliqué, où l'improbable, plus, l'impossible se fait jour, d'un être à l'autre, révélant l'essence de ce qui est leur connexion, de ce qu'elle peut être, lorsque pas un ne supporte plus l'autre, lorsqu'on s'entiche tout autant qu'on s'entache, sans plus assez de singulier égard pour maintenir la communication, ce qui revient à dire le lien. Parce-que, sans rire, on en finit toujours ici, non ? A ne plus pouvoir se supporter, à s'affronter, à devoir constater la défaite des espoirs ; c'est-à-dire qu'on ne s'entendra pas, quoi qu'on fasse, dise, quelque compromis qu'on accepte, quelque contrefaçon qu'on offre, quelque effort qu'on observe, d'un bord à l'autre de la balance, et moins encore si l'on n'en voit aucun. Comme si l'on devait s'aimer ou s'apprécier jusqu'à un certain point, jusqu'à un certain point seulement, en arriver tout de même jusqu'à ce point certain, immanquable, de l'agacement, du général agacement, y croire peut-être, un temps, non sans élégance, que d'aimer pour de bon, c'est savoir passer outre, et puis tenter effectivement de passer outre, avant de se rendre compte que rien ne se supporte jamais pour toujours, en permanence et sans discontinuer.

L'effet ne relève pas exclusivement de la catégorie des grandes amours, ne dépeignant pas que le noble mode d'aimer (s'il en faut un) mais réellement tous ceux relationnels. A ce propos, il suffit de penser à la famille, après l'individu et sa première ou stricte intimité (tant les amours font la plus sincère, la plus évidente sphère de l'intime, pour ne pas y revenir au-delà de la prétérition), voire aux amis, venant pourtant, généralement, après tout l'ordinaire tintouin : on la quitte, l'âge venu, parfois avant, parfois après, après en avoir tant appris qu'il nous faut en sortir, respirer, un bref instant, un un peu plus long moment, voire une éternité. Et l'on n'ose pas non plus ses amis au point de les marier, du reste. Eh : il faut, un jour ou l'autre, en toute compagnie, comme une bouffée d'air. Rien n'est éternel, en le relationnel, sinon les insignifiants ou du moins discutables voire résorbables liens du sang, peinant à contrebalancer les fâcheries qu'on y oppose sans cesse, alors qu'on aurait aisément vendu la familiale structure pour parangon de ce que peut être un lien, indéfectible en ce qu'il n'est pas le lien mais le forcerait pour ainsi dire toujours, soit de ce que c'est que l'attachement, et que même on cherche, tente, vaguement, par social atavisme ou plus volontairement, de reformer, ailleurs, espérant retrouver la viabilité perdue des maisonnées – sans y éternellement parvenir, donc. Hé ! C'est qu'il faut rompre, d'une juste manière ou d'une efficace façon, non la monotonie, mais l'empire des masses, l'imposition d'autrui, sur soi, sous peine d'un chronique et collectif étouffement. C'est que nous sommes faits seuls, pour le rester toujours. On pourra se draper d'entre soi, de temps en temps, au nom des copinages ou bien au titre des proximités, géographiques ou génétiques, ou toute autre qu'on voudra, car on peut et sait composer avec l'altérité, mais la vérité est que rien n'oblige la communauté, au titre d'une perpétuation de soi, sinon la protection qu'elle promet contre les autres à soi, ou le concours qu'elle permet d'apporter aux avancées techniques, aux confortables progrès du groupe de soi(s) ; rien de très fondamentalement soi, en somme, sinon du soi des secondaires degrés. Il faut, en fait, que se traduise l'indépendance de la conscience dans un extérieur à la seule corporéité, il faut que celle-ci, en tant que directe traduction de la mère-conscience (comme il est des mère-patries, et tout artifices – ou fabrication – que soient et l'une et l'autre), s'émarge une zone, un vital espace qui sache rester libre, où l'on puisse s'épanouir autrement que suivant l'ardu, exigeant règlement des rencontres, sous peine que la dépendance de l'esprit et du corps ne permette un dangereux retour de flammes. Il faut qu'on puisse rencontrer sans fondre, sans excessivement se fondre à l'autre. Dès qu'il peut, d'ailleurs, l'individu s'écarte de ce qui pourrait l'asservir à la communauté. A bien y regarder, les grandes fusions n'existent pas ; on peut couper le cercle au point d'examen choisi, le serpent persévérera à se mordre indécemment la queue : le couple se transforme en famille pour ne pas rester deux, un peu trop l'un sur l'autre, de ce deux bien trop un pour que l'un soit vrai un, la famille, après, s'éclate, pour ne pas rester elle, soit les uns sur les autres, soit sans plus soi qui vaille, et les amis, toujours, évanouissent à jamais la confondante permanence des soi(s), offrant, conditionnellement, les seules intermittences que leur statut leur dicte. De l'Homme à l'Homme, ainsi que de l'animal à l'animal, qui s'enfuit puis procrée, avant qu'un autre lui ne s'enfuie à son tour, il n'y a que distance.

— Tu ne devrais pas tant boire, crache en passant la pour l'heure ménagère, innocente de la réflexion du mollasson sur son fauteuil, mais, tout de même, fort clairement instruite des qualités de ce que l'on produit dans son état, et tout autant agacée par son acharnement à fumer n'importe-où.

L'heure serait à l'explosion, s'il ne la réservait toute entière à l'impudent et imprudent gredin. L'heure aurait tôt été à l'explosion, avant tout solipsisme, s'il n'avait d'emblée décidé de la réserver toute entière à Damien, s'il n'avait là bifurqué, concentrant son indignation sur sa révélation et non sur celle, ébranlante pourtant, des amours multiples. Solange, elle, ne mérite pas sa colère – au sens d'une impossibilité de justifier celle-ci contre elle. Elle ne mérite même pas son comportement, d'ailleurs. Elle ne devrait pas avoir à souffrir. Il ne faut pas qu'elle pleure, à nouveau. Il ne veut pas qu'elle pleure encore. Et si elle perpétue son refus de céder l'once de terrain qui leur permettrait de sortir du conflit, ce n'est sincèrement ni juste, ni productif, de la punir ainsi qu'il l'a punie. L'heure, en somme, s'annonce à l'apaisement. La manœuvre, derrière, ne manquera pas d'apparaître avec force d'évidence : s'il la convainc du bien-fondé de sa demande, elle lâchera probablement l'adresse en sus ou guise de lest ; et leur couple conservera quelque chance de voir demain avec leurs quatre yeux. Et puis, bon, si ça rate, il pourra toujours mettre ça sur le dos du whisky – lui reprocher et la mauvaise décision, soit le perdant pari, et son éventuelle colère, comme elle viendra, alors, pour sûr, si la concédée vulnérabilité ne porte pas ses fruits. Voilà : à la fataliste extrémité, il aura au moins tenté sa dernière cartouche. Oui parce-que, l'apaisement, c'est beau, mais c'est tout secondaire, en fait : au-delà d'empêcher l'histoire de se répéter ou de tourner vinaigre, ce qui compte, réellement, c'est d'obtenir l'adresse de ce putain d'enculé de Damien.

X. « Prépare la paix »

Nous impressionnant, les apparences nous trompent – c'est assez de partout entendu pour être de bon cœur cru. Si. Si, car la largesse à l'égard du majoritaire donc par entraînement inductif phénomène promet d'ores et déjà de rester sans conséquence aucune, sinon sans fâcheuse ; et c'est assez de le dire pour qu'on poursuive, car, les promesses n'engageant que ceux qui désespérément les écoutent, l'enthousiaste palpitant ne s'institue pas encore infaillible mesure du vrai. Promis, juré, on ne demandera pas d'ici le total anéantissement de leur – de classe ou de catégorie – valeur, puisqu'il faudrait alors, pour cela, confondre toutes les échelles de l'être, s'autoriser à ériger le cas particulier en règle générale, ou la constatée statistique au rang d'universalité de l'advenir. D'autant que l'apparence d'une tromperie pourrait encore nous tromper quant à la tromperie réelle que l'on suppose, si la débattue vérité s'institue comme nouvelle certitude ou, disons, certifiée apparence – et non que la présente parenthèse tende à modifier grand-chose au général tableau, soit aux fondées et après tout habituelles raisons de douter du gros, vilain paraître. De là, pourtant, les populaires proverbes péchant en sagesse par là-même où ils brillent (et ceci vaut cette fois bien pour tous, la faute à leurs conditions de surgissement, de création voire de pérennité), mieux vaudrait s'en méfier, autant que de notre exploitée propension à l'épatement, à laquelle ceux-là concèdent une forme et pour certains un fond, à laquelle, surtout, à l'abandon de laquelle nous devons de ne pas réfléchir plus loin que le petit bout de notre saisi nez, admiratifs, alors, de ladite capacité à nous saisir, voire de notre propre aptitude à la compréhension – les plus petites victoires produisant de coutume les plus démesurés égos. La méfiance serait, à défaut de bonne guerre (puisque mal dirigée, lorsqu'elle vise l'objet au lieu de son porteur et condamne le portrait à la place du peintre), d'on ne peut meilleure raison, même si, en la matière et comme chacun ne manque pas de le savoir (pour l'exemplifier soi-même si souvent), dans les rangs des bonnes raisons, il n'est que la singulière (et d'usage gratifiée d'une majuscule) pour de bon droit prétendre au mérite du noble adjectif. Pour le reste, voilà au mieux de bons ou d'adéquats motifs, desquels on déborde, après l'action, pour au plus adroit la justifier – voire avant elle, pour valider son intuition. Ainsi, empêtré dans l'agir, on ne saura jamais en raison si les bonnes en sont une ; du moins pas sans considérer que raison nous égare (lorsqu'il ne faudrait rien concéder plus hâtivement que : raisons nous égarent) et que, meilleure, son adresse s'apprécie, ce qui est à dire que bonne, elle égare plus encore, comme plus efficacement, et que, enfin, plus elles sont de folles plus nous nous trouvons à en rire sans trop oser qu'en dire, sinon, pour en revenir aux chers proverbes, fruits parmi d'autres de l'en marche raison, qu'on pourrait bien souvent en renverser les termes sans trop abandonner de sagesse. En somme : la raison nous égare, la bonne raison nous perd et les bonnes raisons achèvent d'installer la confusion, n'interdisant pas – sans encore franchement autoriser – la manipulation des idées les plus reçues, elles-mêmes, déjà, façonnées d'après d'autres idées pas nécessairement moins reçues – qu'elles veuillent les ordonner, les retranscrire ou les mieux façonner, soit nous en prévenir, nous en guérir ou en sauver. Ainsi, de fil en histoire, l'aiguille s'enferre dans la botte de foin, et la théâtrale scène ne s'éclaire pas plus sous la lumière du doute que l'agir ne dépend de la raison – des raisons, voire des bonnes raisons, au sens de ce que nous venons tout fraîchement d'intégrer à la classe. Ce qui persiste et restera jusque tard très obscur, ceci dit, et toutes raisons gardées, regardées, examinées jusque plus soif, qu'on le prenne en un sens ou son contraire, c'est lequel, de la poule ou de l'œuf, finira le premier par chanter tout et n'importe quoi, dans son improbable tentative de matinale imitation du coq. Non que cela nous empêche de constater la ponte, remarquez, ni la fiente sur la coquille, ni la plume, ébouriffée par le produit bien que certainement vain effort.

Le mal est fait, passé, et le mâle en son agir maintenant dépassé, le retour interdit en arrière : il lui a tout écrit. Oui, tout : tout son déductif fil, depuis son cambriolage, il y a comme une éternité, jusque son conséquent abattement et sa tardive reprise en main, sous forme de fataliste résignation, en passant par son voleur, puisqu'il dut il y en avoir un, ou deux, ou plus, qu'il pensait à jamais envolés, aussi perdus pour lui que leur butin, le sien, en fait, consciencieusement déclaré auprès d'un service de police qui ne l'aura jusqu'ici pas une fois rappelé, mais aussi, plus ancien, la nature ou qualité de ses habits, c'est-à-dire la particularité de leurs couleurs et motifs, le singulier agencement de leurs carreaux, à ses kilts, puisque c'est du kilt, qu'il s'agit, de ce kilt à nul autre semblable, antérieure foi de tailleur, promettant qu'en y mettant le prix, on ne les croiserait pas ailleurs, et, donc, la mémoire qu'il en eut, soudain, tout récemment, comme il les recroisa, comme il se rappela l'avoir vu, ce second sien tissu, en bordure de couloir, en milieu de collecte, trahissant nécessairement – ou presque – son fantôme, malfaiteur, ce qui, *in fine*, déploie le fasciste besoin de le confronter, ce délinquant, qu'il soit originel violeur de murs ou simple mais non moins impardonnable receleur d'usurpé bien.

Et maintenant, le prisonnier rat attend ; car c'est dans une lettre, qu'il livra ses confidences. Par peur de reculer. Par crainte de flancher, l'instant venu, de s'en tirer sur une boutade, une colérique pointe ou une simple et lâche reculade, s'engouffrant dans la stratégie de l'échec au nom, comme souvent, d'un tactique manque de courage. Conservant ainsi ses tergiversations pour soi, s'enfermant en sa bulle sans distraction aucune, il peaufina sa missive avant de la livrer, puis de patienter, sans plus de revirement de dernière minute possible, avec pour seule, unique et peu gênante compagnie son verre, ses répétés remplissages et quelques cigarettes.

La bougresse ne manquera pas de l'avoir lu, à cette heure, et ne manque pas plus d'air, d'ailleurs, ne proposant jusqu'ici pas le moindre morceau de réponse ; son horripilante façon de se faire désirer, sans doute, en traînant ostensiblement des pieds, ou bien l'impossibilité pour elle de se résoudre à l'aider, à lui donner ce qu'il veut et demande, malgré les bonnes raisons qu'il aura exposées.

Cette foutue conne ! Ce ne serait pourtant pas compliqué, de lui filer un coup de main, de lui filer ce gratuit coup de main et de le sortir aimablement de son pétrin, au nom de l'amour, de leur avenir, de la pitié, même, s'il faut en arriver là, bref, de tout ce qu'elle réclamera pour lui céder effectivement la manche, la toute petite manche, en ce qui la concerne. Mais non. Non, visiblement, c'est non. Au diable la magnanimité, au feu, toutes les courtoises tasses de thé : la recluse se complaît en son château, la herse baissée et le pont-levis relevé. Elle ne l'aidera pas, le rustre, lui préférant son concurrent chevalier, nettement moins cavalier, plus adroit à cajoler ces dames en n'usant pas à tout crin du pointu bout de sa lance. Autant pour la beauté des joutes, tiens, et le même chimérique tarif pour la gloire des victorieux, après l'honneur des valeureux : rien, nada, va-t'en donc voir ailleurs si le prix n'y est pas ! Va là-bas, promener puis perdre ton urticante envie d'aller t'enquérir de la cachottière et de ses réservés états, toi que l'agir chatouille, comme les informations te fuient ! Ce pourrait même t'éviter de tourner et retourner en rond, tiens, épargnant à tes ongles le nerveux bain de sang que tu leur promets, sans façon, comme tu les ronges !

Sous peu, son comploteur téléphone ajoute ses rieuses forces à la bataille, entretenant, non, dépréciant encore son humeur, puisque, lorsqu'il sonne, c'est un inconnu numéro qui s'affiche, et un professionnel message qu'il découvre, laissé par l'un des rencontrés éditeurs qui, malgré le manque de commodité du bonhomme, reste désireux, oui, franchement désireux de faire affaire avec le personnage. A n'importe quel autre moment, cette saloperie serait bien tombée ; seulement, voilà, en les présentes circonstances et au vu de son obsession pour Solange et son obstinément refusée réponse, ça n'a même pas le goût d'un pis-aller. Non, pas le moins du monde. Ça n'a le goût de rien que l'art de rappeler tout ce que ça n'est pas. Du coup, il s'en fout, royalement, au point de carrément s'emporter et, dans son énervement, de balancer l'appareil contre un mur, lequel, impassible, à l'aide de l'énergie communiquée, ne tarde pas à fracasser l'objet. Eh : rage, désespoir, ou silence ennemi, tout est bon dans le prétexte, comme rien ne l'est pour de vrai.

Ah, tu veux jouer, con de réel ? Tu veux te payer ton petit pas de danse avec l'ami ? Tu veux faire ta forte tête, frustrer tous et chacun des Hommes à la façon de Mère Fortune et t'en sortir sans aucune égratignure ? Mais continue, ducon ! Continue ! Tu n'es rien, si je ne te supporte plus ! Rien du tout. Tu n'as jamais rien été sans support ! Et tu n'es rien que je ne puisse changer ! Tu n'es rien de plus que cette lampe, là, hop, regarde : cassée, y'a plus ! Rien de plus que cette table, hop, non plus ! Je m'en vais briser jusque la dernière de tes parties, face de pioche, parce-que tu n'es rien, en fait, si je te déconstruis, si je te détruis pièce après pièce et jusque l'irréversible fin de l'évanescent puzzle, connard ! Tu le sais, depuis le haut perchoir de ta fatale indifférence et malgré ton usuel entêtement de borné, sale et sombre con, qu'il n'y aura plus rien à faire, après ça ; que je peux tout de chez tout casser, ici, là-bas, de toi ! Alors je te conseille vivement de te tenir à carreau avant de finir dessus, oui, je te conseille de mettre un peu d'eau dans le vinaigre qui te sert de vin, de te faire plus conciliant, plus aimable, un poil, au moins, sans quoi j'achève ici et maintenant de te réduire à ce rien dont tu ne percevais peut-être pas très justement l'absolument nulle teneur !

Sonnerie.

C'est elle. Joie : c'est elle ! Le temps de monter, d'entrer, la surprise fait le rapide tour de tout le monde, s'imprimant d'une plus marquée façon sur son visage à elle.

— Mais qu'est-ce que tu as foutu ?

Tremblant, il lui retournerait volontiers la question, ne serait l'assurance de ne pas écrire droit. Tant pis ; elle aura lu quand même.

— Je veux dire, ici. Regarde-moi ce bazar...

Toujours pas. Il peut respirer, respirer encore, elle peut lui toucher la main, la joue, tenter de lui scruter le fond des yeux, la destructrice machine tourna trop fort pour baisser aussi vite en régime. La douceur n'atteignant pas le nombre des fâchés, la craintive Solange recule un peu.

— Faudrait ramasser tout ça, jette-t-elle, l'œil sur les miettes de rien et l'esprit tout à la diversion.

Ecrire son refus serait lent, par trop lent, à compter qu'il le puisse ; aussi lui saisit-il simplement mais non moins fermement les poignets, secouant ensuite la tête pour seuil de l'expression. Attends : ne l'effraie pas, desserre un peu ton étreinte, sur ses frêles avant-bras et puis sur toi, respire, encore, et puis, merde, voilà, secoue, toujours, ta tête d'un bord à l'autre ; ça lui suffira bien pour s'interdire. Non : laisse le réel en morceaux, ça lui fera les pieds ! Non, de toute façon, ce n'est pas à elle de nettoyer son foutoir. Et, les diverses pressions en revenant tout doucement à leurs normaux niveaux, il ne peut pas la laisser faire ; ce serait une occasion de la distraire, lorsque, récupérant le sain usage crânien, tout ce qu'il retrouve vouloir, c'est qu'elle se mette à table.

— Tu l'as toute démolie, insiste une Solange qui, faute de mieux, se concentre de plus en plus ouvertement sur le décédé meuble à manger. Et je vais marcher comment, moi, au milieu de tout ce verre, hein ? Allez, laisse-moi au moins t'aider – le maternel ton étant apparemment de circonstance, soulignant paradoxalement l'effronterie, puisque voilà que, se libérant de l'étau mais ne lâchant, elle, ni le morceau ni les débris, feignant un court instant le seul, innocent éloignement, elle se rapproche du charnier et retente comme si de rien n'était son maladroit ménage, s'attaquant aux quelques bris restés solidaires de l'effondrée surface.

Non, te dis-je.

— Qu'est-ce que...

Laisse. C'est rien. Rien que moi. Moi qui me colle à toi, passe ma main sous ta jupe et décentre ta ficelle, la tenant en respect de mon pouce. Moi qui vais te prendre, au risque d'abîmer ça, aussi, maintenant – ou au plaisir de le souiller. Moi qui m'apprête, de l'autre main, grossièrement, et guide mon impatient vit. Moi qui te prends, d'ailleurs, sans attendre ni perdre la moindre goutte de sueur à te palucher de vaines courtoisies : là, c'est moi qui te rentre dedans, tiens, tu sens ? Tu prends, en tout cas. Et bien. Et fort. Et bim ! Et bam ! Et boum ! Fini de jouer, rends-moi ma queue. Net, propre, et sans bavure !

Ou presque. Car, au-delà de la particulièrement éculée mais tout à fait parlante – et tant dégoulinante – image, et si l'huître n'aura pas refusé de s'ouvrir, prise tour à tour et par l'instant et par le sieur, quant à la livraison de sa convoitée perle, c'est une tout autre histoire.

Le bestial, quasi brutal acte s'imposait, pourtant, tout glorieux qu'il ne fut, pour l'empêcher de nettoyer ; car ce l'aurait énervé, Fred, qu'elle désobéisse pour de bon à son autoritaire injonction, qu'elle achève de ramasser son foutoir et risque ainsi de se distraire une fois pour toutes. Ce l'aurait énervé et pas même calmé, en sus, en comparaison du rapport et en regard de son accès de fureur, doux et tendre nom de ce qui l'aura brièvement mais non moins intensément mené de l'anecdotique saut de plomb à la plus ample rupture de câble. Dans sa continuité, parce-que c'était à lui, il fallait qu'il s'en charge seul, du nettoyage ; il ne fallait surtout pas que ce soit elle. Non, elle ne devait absolument pas y toucher. Il fallait que ce soit lui, lui et personne d'autre. Une rémunérée ménagère, sinon, à la rigueur, mais pas elle. Il ne fallait, il ne faut définitivement pas qu'elle rentre dans ce très privatif espace, celui où il s'est tout juste découvert fâché, content, certes, de l'avoir enfilée, mais on ne peut plus fâché de ne pas avoir atteint la perle, de ne pas l'avoir eue, avant, et de ne toujours pas l'avoir, jusque lors. Fâché, puis en dilution de fâcherie, en somme, mais en fâchée forme, malgré, donc, l'aimable goût de cet interlude au cours duquel, brièvement, la tension valait sans prix du change l'excitation. Maintenant, il s'en chargera lui-même, de faire disparaître les colériques morceaux. Comme un grand ; comme il a saisi l'instant, un peu pris par lui, aussi, et comme il parviendra, l'espère-t-il sans oser en douter, à dénicher son nacré et très impatiemment – ce n'est rien de le dire – désiré trésor.

Mais revenons-en plus spécifiquement à Solange, la belle et prise, laquelle achève son post-coïtal détour par sa toilette, ce qui d'une moins timide commodité serait à dire les chiottes. Elle le tient, en effet, sinon plus tant par les couilles mais du moins sans changer du bout des lèvres par le tu, et plus présentement par le tu me diras que tu m'aimes ou je n'en finirai plus, vois-tu, de me taire en réponse. Du donnant-donnant, en l'espèce et très succincte esquisse : pourquoi s'emmerder à lui donner ce qu'il demande, si elle doit ne garder pour elle que ses yeux pour pleurer son absence et ses éteints espoirs – et si le prétexte peut aisément sembler bon, rien ne lui interdit de penser que l'excuse ne sert que l'indétermination d'une correcte éthique du s'annonçant mouvement.

Alors, pas le choix : il faudra contenter l'intrigante, une fois encore, après la fois d'en corps, le sien, et tout accidentel – mais probablement (peut-être, sait-on jamais) pas tant anecdotique, ici rendu – qu'ait été ce contentement-là. Au niveau conditionnel, cela signifie qu'il n'a pas convaincu, ou bien sans glorieuse mention. Passable, note-t-elle : elle l'accompagnera au domicile de Damien, sans toutefois lui fournir le moindre nom de famille ni de correspondant ou même libre numéro de téléphone. Et qu'il ne s'avise pas de faire n'importe quoi, sur place, prévient la sentimentale nymphe, ou il pourrait se retrouver à compter les moutons, le soir, en guise de délassement – ce qui semblera l'embêter, tout de même.

C'est que, voit-il et argue-t-elle après le facétieux préambule du chantage à l'ensemble, après quelques tendres cajoleries et autres basses et stratégiques manœuvres de détournement, sinon d'endormissement, de juste guerre, il n'y a que celle correctement menée, pour les bonnes raisons et suivant la façon de la très belle ouvrage, et pour la déclarer, la faire et l'emporter sans craindre l'amertume d'une tiède ou déplacée victoire, rien ne sert de courir si l'on ne sait qui battre. A la bonne heure et au meilleur escient, voilà, en toute cause, le plus sûr gage de ne se pas tromper.

Or il ne sait, ne peut ni précisément ni raisonnablement savoir si Damien sans nul doute est son homme ; c'est donc qu'il doit quérir l'information et non, prématurée, la violente manière de l'empressement.

— Et que vas-tu lui faire, au juste ?

Au juste ? Tu veux dire au voleur ?

— Très marrant. Vraiment très, très marrant ; réminiscence de l'école des clowns, ou c'est ton maximum ?

Sourire.

— Et donc ? Tu vas faire quoi, si c'est lui ?

Rien. Je n'en sais rien. Récupérer mes affaires, par exemple.

— Le doux naïf. Et en vrai ?

Je ne sais pas. Je ne fais que sentir qu'il me faut bien savoir.

— Ben tu vois, j'avais, et je devrais maintenant dire que j'ai, plus encore qu'avant, comme une petite idée de ce qui pourrait se passer, là-bas, à compter que Damien soit celui que tu cherches – ou même s'il n'a pas le temps de te dire qu'il ne l'est pas. Alors, j'ai pensé que j'allais venir avec toi.

Elle aurait pu s'éviter ça. Penser, ce n'est tout de même pas anodin ni, visiblement, à portée de chacun. Oui : au vu du résultat, elle aurait pu voire dû s'en passer, lui évitant d'à grands frais s'exposer aux pénibilités induites par sa fâcheuse inconséquence ; car il ne voit plus comment s'en sortir, à présent, de ce dit-on pensé bourbier. Pas sans la contrarier, ce qui serait plus inconsidéré qu'osé, eu égard à sa défavorable situation, soit à la dépendance dans laquelle il se trouve envers son bon vouloir. Ce serait prendre un risque qu'il ne veut point courir. Non qu'il préfère n'en rien obtenir, ceci dit. Alors, c'est comme acté : elle l'accompagnera.

— Oh : et je tiens à ce que tu y ailles sobre !

Sobre comme dans : pas d'apéro sur le chemin ?

— Sobre comme dans sobre. Imagine que ce ne soit pas lui ; je te veux apte à l'entendre, le plus éloigné possible des conneries. Imagine que ce ne soit pas lui mais qu'il refuse de te dire d'où lui sera venu le kilt ; je te veux alors capable de conserver ton calme, sans facile excuse à l'envoyer au loin puis à tenter n'importe quoi au nom de cette irrépressible sensation d'un besoin de savoir. Donc, je te veux sobre. On dira que tes réserves te suffiront, conséquentes que depuis le temps elles sont. Voilà : à partir de tout de suite et jusqu'à ce que nous le rejoignions, plus de bibine ! On coupe le robinet ! Tu ne vas pas me dire que ça risque de te faire du mal, ou que tu ne pourras pas t'en passer pendant ce si court laps de temps !

Non, bien sûr que non ; c'est juste que la vie, sans rose...

— Tu sais quoi : c'est juste que je m'en fous.

Dont acte : sans trop plus de vaines tergiversations ni d'indécent délai, puisqu'il ne veut point d'une récalcitrante chaperonne et bien que l'accompagnement ne se fasse qu'à son grand dam, le chemin s'entame à deux, tandis que se poursuit ainsi faisant leur route commune. Non que l'affaire lui importe énormément, mais enfin Solange s'en rassure-t-elle, de le croire soucieux de préserver leur insignifiant couple.

Et puis, le graal. Le roi pêcheur, sinon, voire seulement Galaad – de déconvenues en déceptions, mieux vaut apprendre à se méfier du vent mauvais, plus prompt à virer vil qu'à changer une seconde fois son méchant fusil d'épaule. Mais on saura bientôt ; voici l'orée d'une clairière : à deux doigts, pas ou encablures, on touchera sous peu le fond du calice, savourant la cessation d'une purge qui aura lassé jusque la fin de lie, sans pour autant, gentiment, l'épargner au buveur, lequel aura couru tout et plus que son soûl la battue. Oui : là, tout proche, se tient le champ du vrai et la clef du paisible, la solution à ses maux et la fin de son infâme spoliation – la focalisation sur ce tort-ci valant bien l'oubli de l'irréparable dommage autrefois causé par la violation de son clos domicile. Là, tout proche, tragiquement proche, l'attend dans son terrier le malingre lapin, ne demandant plus qu'à se faire débusquer, trop bête ou pas assez pour sortir seul, de lui-même de son damné trou. Tragiquement, c'est le mot, car, d'un naturel peureux et ceinte de fort à propos inquiétudes, la biche, soudain, effarant et fébrile animal, sentant, au bord de l'événement comme à celui d'un gouffre, le ferme et pressant joug du chasseur à l'approche de sa proie, feint une énième fois l'esquive, tentant en ruade la folle reculade.

— Et la police ?

Silence – sait-on jamais que ça suffise.

— Et la police, pourquoi n'appelles-tu pas la police ?

Ce n'est pas faute d'avoir manqué lui dire, pourtant : rien ne fut fait avant, rien ne le sera plus ce jour. Et puis ils sont devant, eux deux, devant la porte ou presque et prêts à perquisitionner, à fouiller l'endroit, à dénicher puis extraire les sales petits secrets de son propriétaire, s'il n'est même locataire ; alors autant rentrer. A ce stade, il serait idiot de reporter l'assaut. Ainsi avance-t-il, fournissant pour toute réponse l'imposé rythme de marche.

— Hé ! le retient Solange, comme elle l'entend de l'autre oreille et le charme sans détour, de son appliquée bouche.

Cette réponse-ci, au moins, se passe naturellement de mots.

— Tu seras gentil ?

Promis, croisé, jurent index et majeur.

Au demeurant, cet antre ne paye pas incroyablement de mine. Ou plutôt si, et trop, par trop, par trop par mine et par suite plus du tout, jusqu'à son demeurant, ou, si l'on veut, principal habitant : après sa façade, au bénéfice de laquelle il faut porter le soin de sa présentation, ses introductives et intérieures dessertes, elles, ne traduisent plus la même grâce, le même génie, ni même le même soin, entre autres attributs qu'on cèdera volontiers aux anciens urbanistes, architectes ou décorateurs, à l'admirative vue des ciselés arrangements de pierres, toutes alignées en rectiligne géométrie pour leur composition et peu sinon pas dégradées par les vilains éléments – sinon, encore, correctement entretenues, rénovées au besoin. Au-dedans, par contre, l'anarchie règne, ou sa cousine cacophonie, et l'histoire ne s'est ici introduite que par la petite porte de la praticité, du tout-venant et du comme on a pu, dû et probablement su. Et la déception de grandir, encore, comme on avance, comme on grimpe, de l'escalier à l'ascenseur, selon la forme du grimpeur et puisque l'un n'interdit pas de scruter l'autre. Le bâtiment paraissant bricolé, le résident semble de faible consistance. D'ailleurs, au-delà de sa triste ou pittoresque, voire pathétique présentation, s'ajoutant à cette devinée douteuse constitution, le fragile bonhomme tient moins debout que les alentours murs sont droits, comparés à – redisons-le – leur tout net emballage. La probable si ce n'est certaine faute à ce cul de bouteille, peu, très peu couvert, carrément impudique, tant ne l'habille plus qu'une fine lichette de contenu liquide.

Ah, si seulement il pouvait en disposer, lui, de cette merveilleuse et tentatrice bouteille, au lieu de cet idiot, si seulement il avait pu en disposer, plus tôt, à sa place, il l'aurait employée à autre chose que ne pas s'interdire de leur ouvrir la porte ! Mais non, *que nenni*, dit autrefois la dame du lac, où gît sa morte ivresse : chevalier, mon brave, vous ne boirez plus de cette eau tant que mon nom sera ! Et tout ça pour suivre une piste qui, bien que non fausse, s'évanouit au loin comme le soleil à son couchant, dont tout un chacun sait l'illusoire bien qu'illustre horizon.

Son ami, crache-t-il entre deux subites et intempestives somnolences et sous le coup de la question, sous les successifs coups de leurs communes, simultanées questions, c'est son ami Pierre-Yves, qui lui avait fourni la pièce, à l'occasion d'un stupide pari – ou bien n'était-ce qu'une partie de cartes ? Peu importe, après tout, la raison de la mise en jeu ou la nature de ce dernier : l'alcoolisé minable ne tient que du lâche receleur, et son ami, l'heureux, que pour ne rien arranger Solange ne compte pas au rang des siens, se trouve protégé par Damien, obstiné – fier ami, lui, de la secrète aimante – à ne pas divulguer après son nom de supplémentaires informations à ses bourreaux du jour, dont il ose enfin s'étonner de la venue, non sans regretter, pour le citer (les barbouillages en moins), que l'heure ne soit pas à la fête. Nos deux acolytes en sont donc pour leurs frais, quant à leur bête quête, comme lui l'est de ses désirs – pour le paraphraser, cette fois, nous économisant ensuite de rapporter les doux bien qu'assez vaseux yeux qu'il promène sans particulière distinction sur l'ensemble de ses hôtes.

La féminine nature, tant et trop décriée, du reste aussi grossièrement caricaturée qu'occasionnellement caricaturale, vient alors aimablement le secourir, lorsque, pressée par un apéritif qu'elle aura moins bien su refuser qu'interdire à son homme, Solange s'éclipse en salle d'aisance, et tandis que, mû par une brève mais non moins intense présence d'esprit, Fred, lui, commande au sidérant narcoleptique un salvateur café, s'en défendant au titre d'un général intérêt ainsi que d'une piètre sienne liberté de boisson. Ainsi fait, le voici seul, en tête à tête avec la quasi nue bouteille du triste ivrogne ; et puis avec son téléphone, au sein duquel, rareté patronymique aidant, il achève avant longtemps de dénicher l'information.

Au retour de la pisseuse, bien sûr, le voilà s'enorgueillissant du faux sérieux de son désaltérant choix mais taisant la vraie malice de sa réelle ivresse, soit sa délicieuse victoire sur le gueux ; tous comptes rendus et comme promis, il n'aura pas servi d'être méchant.

A présent, il s'agit de donner un change solide et des plus naturels, de ne pas trop sourire à la dégustation de l'ignoble mélange d'eau et de soluble poudre, ce qui paraîtrait tôt suspect après son cinéma relatif à l'alcool, de ne pas se réjouir, et même bien au contraire, de l'impasse présentée par le nouveau prénom sans lieu, de jouer en somme et scène une convaincante comédie, sous peine de devoir, après, le con quitté, supporter encore et toujours une envahissante Solange, incessamment prompte à le suivre – la brave et fidèle bête. Mais, d'abord et avant tout, il lui faut écourter l'entrevue.

En conséquence de quoi sa tête arbore l'air des mauvais jours, malgré le radieux soleil de l'estivale journée, agrémentée, encore, d'une parfaite, rafraîchissante brise. Non : à rebrousse-poil de l'osmose, en-dedans sa caboche et au-dessus de sa légère robe, tandis qu'ils marchent, arpentent quelques encombrés trottoirs sur l'indécis chemin de chez l'un ou chez l'autre, elle fulmine.

— Tu n'y as pas été de main morte, dis-donc !

Haussement d'épaules. Regard au loin. Pas qui se force.

— Hé ! Je te parle !

Sourire aimable, à sa mouvante et en léger retrait adresse.

— Tu pourrais me répondre, quand je te parle ! Tu pourrais au moins me regarder, je trouve que c'est la moindre des choses.

Vrai, ou quasi, ou quasi pas du tout ; et vrai, aussi, pour tout à l'heure. Mais écrire en marchant n'est pas des plus pratiques, remarquerait-elle au prix d'un peu coûteux effort, et quant à l'autre gus, que leur pouvait-il encore rapporter ? Non, sans rire, que leur aurait-il apporté de plus ? Rien, ce qu'elle sait à moitié. Tiens, prenons un café, veux-tu ? Je n'ai, moi, que moyennement apprécié le premier, et ce coin, là, en bordure de terrasse, à faible distance du fond d'une salle en ces doucereuses heures uniquement occupé par de discrets infidèles, et à mi-course de notre cavalcade, me semble, ne serait la musicale ambiance, tout à fait propice à notre très méritée pause.

— Tu t'en fous complètement, en fait.

De pardon ?

— De tout. Du monde, de ce qu'il peut être s'il ne te concerne pas, de la manière dont il tourne tant que tu te supposes hors de sa boucle, de l'ensemble des pauvres gens qui misérablement le peuplent et avec lesquels il te faut pour ton malheur composer comme tu partages la même Terre que la grouillante plèbe, de ce qu'ils peuvent penser ou vouloir, ces gens, de ce que je peux bien vouloir, moi, te dire ou ressentir, de ce que je peux ou non te faire remarquer, de ce que je ferais mieux de m'abstenir de noter, en réalité, tant tu t'en branles sans rendre à ton entourage la noble grâce d'un onaniste art moins ostensible que celui du premier jean-foutre venu, si ce n'est pas tout simplement du plus con !

— Qu'est-ce que ce sera ?

— Un café.

Et un...

— Un café et un café. Deux cafés, s'il-vous-plaît.

— Et deux cafés pour la demoiselle – et son bougon taiseux, ajoute en slalomant et dans sa barbe le peu courageux mais assez sage connard.

Je ne...

— Tu t'en fous, ne prétends pas le contraire. Tu te moques comme de ta première giclée de savoir ce que je pense, ou de la manière dont tu devrais traiter mes amis eu égard à ma ridicule personne et au fait qu'ils sont effectivement mes amis, que je dois après ça les revoir et qu'ils comptent certainement un minimum pour moi, leur susceptibilité incluse. Tu te fous des précautions à prendre envers les autres, si ce ne sont pas tes autres à toi. Tu te fous de tous les autres, tiens, de toute façon, s'ils ne tiennent pas dans tes desseins, si pour vivre ils se passent d'une obéissance à tes prétentieuses bien qu'incomplètes règles, s'ils ne suivent pas tes ridicules façons. C'est ça, c'est exactement ça : tout bien pesé, tu te fous de tout et de tout le monde, si ce n'est pas ton monde en tête, à la manœuvre, dirigeant et dirigiste, raide, en fait, aussi incroyablement que désagréablement raide quant à la question de son totalitaire commandement sur le pauvre – et j'entends pauvre comme n'étant pas digne de tes hautes sphères -, sur le pauvre reste, disais-je, des morceaux d'immondes car selon toi bancals mondes.

Mais si, comme tu le prétends, je ne...

— Non. Arrête.

Stylo posé ; mains levées : reddition.

— C'est pas la peine – sur le classique et pour qui sait alarmant ton du c'est pas grave. C'est pas la peine, on va pas réussir.

Mains et mine interrogatives, puisque le papier et la sienne, de correspondante mine, n'ont plus droit qu'au silence.

— Je crois...

— Pardon.

Œil mauvais.

— Pardon, excusez-moi, glisse un insistant et dans le dos poussant, presque bousculant connard.

Œil mauvais mais chaise qui bouge.

— Merci.

— Et voici, claironne-t-on avant d'attaquer la fraîchement occupée, voisine table en en saluant les débarqués clients par le sempiternel « et pour ces messieurs-dames ? ».

— Je crois que ça ne marchera pas. En vrai, pour être exacte, je ne crois plus que ça marchera. Je veux dire toi, moi, tout ça. Non. On ne va pas réussir. Tu es trop... trop toi, voilà.

Et c'est vrai que même l'enfant, n'aura pas fonctionné. Sa gestuelle tentative non plus, qui de l'intérieur versant du pouce lui visait la joue, son débutant ruisseau et qu'elle refuse, bravache, pas tout entière brave mais d'une vache colère prise, outrée par une tendresse qu'elle juge tardive, déplacée sinon, justement, trop tendre pour l'instant.

— J'ai besoin de prendre l'air.

Sortons, qu'il ose !

— Non ; toi, tu restes ici.

On glousse, derrière, sur un air de pétasse et entre deux bruits de service, de choquée vaisselle, pour tout dire précisément, avant d'être reprise, fusillée d'un regard, comme de conversationnelles bribes ont dû là parvenir et tandis que Solange se rassemble, de lunettes en sac et en passant par ces clés agitées en dehors comme pour se rassurer sur leur présence ici ou leur utile là-bas, à venir, puis s'envole.

On regrettera, plus tard, peut-être, une fois rentrée à la maison, chez elle, bien tranquille, au calme, après s'être empiffrée d'une bonne grosse glace ou après avoir avalé une grande bouteille de blanc, descendu sa généreuse moitié, sinon, puis après avoir atterri, l'effet d'un médicament ou de l'autre s'étant estompé, passé comme s'il n'y en avait pas eu le moindre, au titre des efficients, au titre de ce que peut être un pis-aller pour partie pousse au crime et pas ou trop peu fournisseur de courage, et moins encore de ces évanescentes certitudes qu'on aimerait pouvoir tenir pour sûres, certaines, comme tant d'autres des histoires qu'on se conte ou se laisse conter. On regrettera et, navrée, de bon cœur ou de bonne composition, on enverra un message, deux, gentils, doux, hésitants mais non moins conciliants, pour s'excuser et ouvrir la voie à une réconciliation, improbable, incertaine mais ô combien désirée ; mais ce sera évidemment trop tard, si ce devait jamais être, car Fred, lui, n'aura pas fait tout ça pour rien.

Sans même penser à profiter de sa recouvrée solitude pour combler son retard en matière de boisson, absente chaperonne oblige ou – malgré elle – permet, il quitte le disputé champ de bataille, tant observé qu'il en serait si l'on s'en souciait un véritable cirque, et se précipite vers la rue, hélant du bras le premier taxi venu, prenant auparavant, tout juste et déjà tout aussi empressé, le court laps de temps nécessaire pour régler la petite note laissée par la fâchée partante. C'est que Pierre-Yves, le bougre, n'habite pas juste à côté, et qu'il serait dommage d'arriver trop tard chez le vilain pour encore pouvoir prétendre à un règlement de sa préoccupante affaire avant la fin de ce jour.

Les bougons se ressemblent et s'assemblent, ou s'arrangent, au gré de leurs rencontres, car, quand bougon par hasard joint bougon, ce n'est pas tant un grand et général bougon qui naît mais parfois, plutôt, comme un joyeux – ou pas tant – bordel ; pourtant, au terme d'une brève négociation et à grand renfort de biftons, voici la longue course dans la poche, son principe accepté, et la voiture qui roule. Son habitacle, soigné, ne manque ni de soin, de propreté, ni de confort, et, comme les goûts musicaux du chauffeur ne portent pas plus à dérangement que son faible si ce n'est inexistant verbe, indolores qu'ils s'avèrent, Fred, songeur et fatigué, s'autorise un penseur roupillon, un paisible mais non tout tranquille assoupissement, se disant à cette occasion qu'il aurait pu le prendre, ce temps d'un coup, c'est-à-dire cet il faut l'admettre tentant verre, au lieu de foncer tête baissée en avant, vers sa cible, que sans le dire, sans se l'avouer mais non sans le sentir, il espère être pour de bon la dernière car la bonne. La voiture avançant et le demi-repos produisant le fruit qu'on a pour habitude d'en attendre et de lui connaître, l'homme, lui, doucement, s'endort sans garde prendre sur cette réconfortante idée : enfin, il va savoir.

Y. « Et alors »

Pour autant qu'il s'en distingue en termes de qualité, le songe n'est une excuse préférable à l'être – disons alors à l'être plein – que pour autant que l'être n'en est pas une suffisante aux songes, et les rêves suivent la même loi, depuis l'un jusqu'aux collections qu'on en fait et qui chemin faisant font comme l'idée d'un être qui puisse leur être propre, comme à eux et rien qu'à eux, les catégorisant à défaut de les déterminer – la méfiance au propos des prétendus déterminismes n'étant, elle, jamais totalement usurpée. Et encore : préférable, ce n'est pas en soi, soit en tant qu'il vaudrait mieux ainsi qu'autrement, mais circonstanciel, non en l'idée mais en pratique, non pas encore par accident mais non, non plus, de toute et absolue nécessité ; c'est « préféré », en somme, si ce n'est en gros, qu'il eût fallu préférer ou qu'il aurait mieux valu choisir, au nom d'une exactitude et puis à celui de ce que l'on se garderait ainsi d'autoriser, en ne faisant plus que constater, évitant de fait de valider les faits par une théorisation outrepassant ses droits si ce n'est son sérieux, ou bien lui par eux, soit, mais l'erreur est humaine, tout de même, et tout autant que le songe, faut pas toujours et partout déconner, et si le tâtonnement, lui, de son humble ou pédant côté, n'est pas nécessairement plus productif que le rêve, il rejoint ce dernier en n'étant pas, non plus, plus dangereux qu'un autre à raisonnable dose, se gardant même le droit de réserver autant de bonnes surprises que de mauvaises, qu'il s'agisse de son déroulé – effectif devenir – de demi-être ou du retour au plein, soit de la force du décalage. Parce-que, bon, ce n'est pas encore tout d'être ou de demi-être, ce qui se différencie sans discussion d'être ou de ne pas entier être, ou de ne pas être entier, soit de n'être qu'à demi sinon partiel, en demie ou par part, ou parts, bref, de la mauvaise connotation, mais il faut encore être arrivé, oui, d'ores et déjà, ça y est, arrivé, pour de bon arrivé, mon jeune et tête en l'air garçon. Hein ?

— Garçon ! Oh, garçon ! On se réveille, lui crie pour une énième bien qu'indénombrable – puisque sans connu zéro – fois un conducteur visiblement peu enclin à tester plus avant les limites de ce que saurait être son à ce stade déjà très éculée patience !

Et puis on tape à la vitre, aussi.

— Je crois que votre ami vous attend.

Corporelle dénégation : cette vilaine tête de ravi n'est en rien du nombre de mes illustres amis.

— Bon, on la règle, cette course, ou on fait monter le total ?

On la règle. Tiens. Dehors, on tape et on sourit toujours, à grand renfort, c'est nouveau, de pouce levé, en alternance avec les multiples toc-tocs, avec en fond la réjouie mine des imbéciles, de celle que se plaisent ou se résolvent à afficher les jeunes premiers pas encore déniaisés, compensant leur manque d'expérience en la taboue matière par un trop-plein d'énergie, quand ce n'est pas de bêtes et classiques éruptions cutanées. Ah, et on crie, aussi, ce qui, telles les cigales au pays des vacances, s'entend nettement mieux portière ouverte.

— Excellent, mec ! Excellent !

Merci. Et si tu pouvais dégager, maintenant, tu m'épargnerais le désolant spectacle de ta proximité.

Mais non. On insiste. On colle. On tient même à se présenter.

— Moi c'est Alexandre.

Heureux de l'apprendre, car cela signifie que tu n'es pas celui que je recherche et que j'aurais en conséquence, potentiellement, le temps de me trouver un verre d'ici là – ou d'ici lui. Maintenant, casse-toi. Regarde, moi, je reste ici. Histoire de fumer une petite clope. Ou de téléphoner, tiens, encore mieux, tu devrais être moins tenté de m'attendre.

Ou pas.

— Je demande, hein, mais je sais : tu viens aussi pour l'écossaise ?

Qu'est-ce que c'est encore que ça ?

L'écossaise, rapporte, chemin de quelques mètres faisant, l'imposé compagnon de route et *de facto* d'événement, et ceci dit sans qu'il soit besoin de plus le pousser à la confidence que par le gratuit effort d'une surprise grimace, c'est la requalification que vient tout récemment d'opérer le maître des lieux au propos de la soirée. Oui : on prépare une soirée, par ici, on la débute, même, ce qui explique, à l'approche du portail, le grand nombre des parquées voitures en bordure de bitume, ainsi que la foule de ces gens tous plus heureux les uns que les autres de venir former comme une ébauche de société pour de concert se déchirer la gueule en y levant le coude. Ceci n'explique pas encore le thème, certes, ni son semblerait-il soudain changement, puisqu'on croise, disséminés, quelques extraterrestres, mais Alexandre étant membre de cette étrange corporation des diarrhéiques du verbe, en sus de tutoyeur dilettante, suivant, donc, son propre agenda déclaratif, mieux vaut ne pas si tôt l'interrompre si l'on veut en obtenir quelque-chose d'intéressant, ce qui a de fortes chances d'arriver si l'on se contente de sagement opiner du chef tout au long de sa logorrhée, espérant saisir sous peu les croustillants morceaux, plutôt qu'en l'interrompant ou le déviant, ce qui ne mène pas toujours à ce qu'on veut. Non, là, il est dans sa veine, la bonne ; inutile de tenter la perdre. D'autant qu'on n'est pas forcé de l'écouter assidûment.

On danse, déjà, à droite, on sautille follement, d'un pied et d'une inclinaison de bassin à l'autre, en percevant d'éloignées notes de musique, et ça nous rend le petit cul très sympathique, tandis qu'on roule, à gauche, ce qui ressemble fort à une feuille de décontraction, une sacrée feuille, dis-donc, à double carton et débordant remplissage, et, au milieu de ce commençant et on ne peut plus joyeux bordel, l'expliquant probablement pour partie, on boit, ici, et là, sans se soucier outre mesure de la mesure, en s'en moquant même allègrement, puisqu'il est bien trop tôt pour craindre le brusque rappel qu'elle ne manque pas d'adresser à chacun, l'heure du vomi venue.

A en juger par les alentours automobiles, on doit correctement gagner sa vie, dans les rangs des invités à cette grosse sauterie, car, si toutes n'affichent pas la même couleur ni un identique modèle, pas une seule ne jure par manque de style, certaines affichant même comme un léger excès de tape-à-l'œil.

Au sein de cet informe attroupement se dresse la maison. Une belle et grande maison, sur deux niveaux, entourée d'un large et vert, par touches boisé terrain, lui-même ceint d'un épais mur d'enceinte, qu'on n'aura malgré sa taille pas plus vu passer, en le passant, que l'imposant portail en permettant l'entrée – son béant état, qui sait, ou l'attrait du mouvant postérieur qui aura coïncidé avec ledit passage.

Elle en jette, cette baraque. Les murs en sont peints d'une aimable couleur, ni trop douce ni trop vive. Les abords en sont parsemés de buissons, de ceux entretenus bien que pas au carré, d'arbustes, de deux ou trois sinueuses allées de graviers, ainsi que de chatoyants parterres de fleurs en tous genres, regroupées avec goût et, là encore, ici comme ailleurs, devine-t-on, savant sens des proportions.

Et c'est là, devant la porte, innocemment en train de papoter avec un inconnu convive, que se tient son kilt. Que se tient un de ses kilts, du moins, puisque lui revient, sinon le nombre, du moins la multitude des depuis jadis manquants. Cet idiot n'a rien trouvé de mieux, en plus de s'accommoder avec n'importe-qui, que de lier une inconvenante conversation avec n'importe-quoi, soit de s'installer – dirait-on – à la va-vite sur un pantalon, le recouvrant, ce vêtement en regard duquel il jure horriblement, sans la plus petite trace d'adéquation ni le moindre soupçon de concorde, quant au jeu des couleurs. C'est con, tout de même, de coiffer un pantalon avec un kilt !

— Non, c'est vrai, c'est con, poursuit alors et sans s'être trop arrêté le diablement causant Alexandre. Comme ça, à la dernière minute, enfin, la dernière heure, quoi, y'avait pas grand monde pour le trouver, son nouveau déguisement. Tu me diras, heureusement, ils doivent en distribuer quelques-uns. Enfin, tu me diras, tu me diras ; moi, je te dis ça, tu le savais déjà, non ? Ouais, je crois qu'un petit coquin a eu le sien avant tout le monde, finit l'idiot en examinant suffisamment la ressemblance pour en conclure à l'identique.

C'était donc ça : le changement, c'est l'adaptation. Ce changement-ci, dans sa présente ou tout du moins récente temporalité, c'est l'adaptation. L'adaptation à la découverte et au conséquent agir de Fred. La réponse du berger à la bergère, ensuite, ou du joueur Pierre-Yves à l'adversaire, lorsque, d'une manière ou d'une autre, Damien l'aura découverte, sa découverte, et qu'il aura fait part de sa découverte – de sa découverte de la découverte – à qui devait, du coup, tout découvrir à son tour, se savoir découvert et répondre, donc, réagir, puis agir, en imposant un pied de nez, soit la foule des kilts, à son accusateur, désormais bien en peine de distinguer qui peut être de qui ne peut point être voleur, puisqu'il ne le connaît que de nom, ce con, et passablement vexé par le tour de passe-passe. C'est ça ; c'est forcément ça, ce ne peut être que ça, et c'est une assez jolie manœuvre. Il faut le reconnaître : du temps qu'il aura mis à dénicher son adresse et à s'y rendre, l'enfoiré n'aura, lui, rien perdu du sien, de temps. Quitte à être découvert, autant la jouer entièrement à découvert, aura-t-il finalement découvert, le plus à découvert possible, soit plus du tout couvert, sinon par le complet découvert où désormais on avance. Comme un dernier, sublime mensonge, d'autant plus efficace qu'il se sera déchargé du déni inhérent aux membres de sa classe. Ouais : géniale idée, connard, il faut définitivement en convenir.

En convenir, certes, mais non concéder. Non, pas d'abandon, ne compte pas là-dessus, gros malin, car ça ne change rien, non, rien du tout, ni au tout ni à la moindre de ses parties. Au contraire : il faut au con, sur lui, et venir, et voir, et vaincre ; et puis d'abord le dénicher.

Ce premier kilt, là, sur le pas de la porte, ne saurait l'habiller. On est trop jeune, en haut, à caqueter sur tout et à jaser pour rien ; trop bête, surtout, comme on juge du monde sans en connaître rien, sans y comprendre plus que si l'on ratait mieux, sans manquer répéter des choses entendues et ressasser de l'air sans l'heur de son brassage. Non, décidément non, ce tissu-ci ne cache pas le recherché bonhomme. Alors, tant pis : avance ! Le tour peut être bon, il est même excellent, te rendant l'aimable service d'un ticket d'entrée puis de balade à ta guise, ni vu, ni connu, et si vu, pas du tout reconnu, puisque non différencié du reste de ces déguisés quidams.

— C'est vraiment n'importe quoi. Putain, même ça, ils l'ont chié. Merde, quoi : juste à côté de la porte ? En début de salon ? Presque dans le passage ? Sérieux ? Ils sont sérieux, là ? Mettez-le dehors, aussi ! Mais pas là, non, pas là, bordel ! C'est d'un pas pratique ! On va se tasser ! On va s'agglutiner, on va pas pouvoir boire tranquille et on pourra pas passer ailleurs ! Merde ! Bon, dis, tu voudrais pas un verre, là ? Parce-que vaudrait mieux en profiter maintenant, tant que y'a pas encore trop de monde.

Non. Pas le temps. Non, répond-il de gauche à droite.

— T'es pas un grand bavard, toi, hein, comme mec ?

La perspicacité de cet idiot est aussi désarmante que son aptitude à dire n'importe quoi, tout et n'importe quoi et sans se rendre compte de l'étendue et du triste étalage de sa connerie – celle-là même qui le pousse à réclamer un verre à l'endroit de sa rage.

— Hey !

L'exclamation s'accompagne inévitablement d'un désagréable tirage de veste, bientôt d'un arrachage de bras, bref, rude, d'un arrêt de sa lancée personne.

— Hey, qu'on poursuit, surexcité ; regarde : ça y est, ça y est, ils en ont distribué ! Regarde : y'en a d'autres !

Ce n'est pas sans aucune raison, que l'hystérique voisin s'emporte, trépigne, hurle, avant d'aller se commander un rafraîchissement : un second plaisantin trône effectivement non loin de là, couvrant nonchalamment un foncé collant, secondant sans trop se faire remarquer un échancré chemisier, s'ajustant même à une lâche cravate, faisant un brin d'ombre, timide, aux tout proches genoux mais plus du tout, dessous, aux deux pointus souliers, laissant libre cours, sur leur sans fin boulevard, à la longue course des gambettes. On n'est pas délurée, grimé en jupe, ce qui demanderait *a minima* des bas et plus encore d'inattention, voire de provocation, mais on ne sait pas se tenir, on ne sait pas croiser les jambes comme il faut ni retenir son tissu, lors des changements de position, et l'on y dévoile immanquablement la secrète couleur de l'accompagnant dessous, culotte, de sa petite, classique appellation – ladite lingerie se retrouvant un rien ternie, cachée par le sombre voile précédemment cité, mais ne lassant pas pour autant d'intempestivement se montrer au curieux œil. C'est qu'il s'est positionnée très haut, le farceur kilt, pour se muer en féminine coupe, se repliant, même, se recroquevillant sur lui-même, semble-t-il, au niveau de la taille dont il aura fait son support, ou juste au-dessus, un poil haut, histoire de rendre convaincant l'effet, un brin caricatural, exagéré mais fonctionnel, d'étudiante impudeur.

On se moque bien, autour, de la grosse ficelle tirée par ce déguisement, même lorsqu'il se lève et virevolte, l'enthousiasme compensant sa lourdeur, prêtant à vrai dire plus d'attention à la sonore ambiance qu'à sa relative agitation, répondant aux enchaînés morceaux par des gestes hirsutes, désordonnés, parfois un tantinet coordonnés mais non harmonieux – ou serait-ce qu'on danse, allons savoir si différence s'impose comme elle se creuse. On bouge et on prête l'oreille, mais point le cœur à l'œuvre des coquins, des transgressifs regards que la malice impose. L'inattentive faute, cette fois encore, pour sûr, à la profusion des liquides dont on pourvut auparavant le bar, sinon à celle dont, boulimique, on les consomme, comme si l'on devait, à tout prix, en siphonner jusque la dernière goutte, et ce dans les meilleurs délais qui soient, record en tête, vitesse en précipitation. Stupre et dionysies : deux tentations auxquelles Fred succomberait volontiers et sans une once de culpabilité, ne serait son fixé but, ne serait la stricte raison de sa présence ici : trouver la source de ses antiques maux, et surtout, surtout, ne pas se complaire en chemin dans la fange d'alternatives et fausses solutions à ce qu'il faut bien accepter d'appeler son renaissant mal-être, toute charmante qu'on soit. Oui, parce qu'on est putain de charmante, tout de même. Ouais : on est charmante et bonne, même, avec son air de je ne saurais être nonne même si vous deviez m'en prier à genoux, maniant ta langue comme personne n'a jamais – jusque lors, et probablement s'agissait-il d'un métal moins précieux – su la mener entre des lèvres, l'invitant même, si tu veux, et tu voudras, dans ma béante, impatiente car affamée bouche, la laissant y susurrer, non, y crier, c'est ça, vas-y, y vociférer tous et chacun des orduriers mots que tu sais pertinemment qu'elle aimera. Ça, à bien y réfléchir, il pourrait l'écorcher vif, ce diable de tentateur kilt, s'il n'était ce supérieur impératif de débusquer le créateur, responsable de son présent état. Mais non. Non, décidément non. Il ne faut pas. Alors tant pis pour toi, jupette, tu resteras où tu es, et comme te voici.

D'affluence en pesantes proximités, l'air se raréfie, dans ce vaste mais encombré salon, où le monde entier semble soudain vouloir venir s'amasser. Trop n'est apparemment pas trop tant qu'on se serre, tant qu'on peut se serrer encore et se bousculer au besoin, lorsqu'on se met en mouvement et rencontre un sur place ; car trop, qui semblait trop, n'est pas assez trop pour qu'on n'en rajoute pas.

Au milieu de ce grossissant, de cet incessant nombre, se cache, fantasque, le troisième larron, bien moins attirant que son prédécesseur : c'est sur l'épaule, qu'il s'est jeté, la barrant à la manière d'une écharpe d'édile, et l'on serait en droit d'interroger la réalisation de cette prouesse, quand on sait la restreinte longueur dudit fantasque, à l'origine, lorsqu'il se tenait fier, mais sage, non en folle idylle sur un buste. L'affaire ne tient absolument pas de l'enquête, puisqu'il suffit d'y regarder de près – ou de dos, les efforts y ayant été moindrement consentis. Horreur : si la chose se put, c'est qu'on l'aura violé, le pauvre habit, détruit, puisque coupé, morcelé, grossièrement recousu, telles les pires, les plus vilaines esquisses de Frankenstein, et que seul son cadavre préside finalement à la morbide tromperie ! Fantasque, d'un coup, se fait fort regretter, et l'on verserait presque une larme, on s'apitoierait deux secondes, trois, voire quatre, si le cœur le voulait et s'il ne fallait derechef endiguer la montante colère, prompte à quémander vengeance, à l'exiger, même, au pesant souvenir de l'assassiné corps, réduit en charpie pour une misérable écharpe, pour un débile emblème, pour un superflu rien.

Dors, petit kilt, repose en paix ; le prix de cette criminelle forfaiture sera sous peu réclamé, et payé, tu peux me croire, oh oui, payé, par le sombre tyran, l'indubitable instigateur de ton décès, le premier responsable car initial acteur de ton malheur, cet être infâme, voleur, menteur, trompeur, et, dorénavant, comme si ce devait manquer à l'examinée panoplie de ses mauvais talents, de surcroît meurtrier. Repose en paix, car rien ni personne ne volera l'impunité pour l'emporter gratuitement au paradis.

Au milieu de la foule et de son brouhaha, on peut à cet instant apercevoir Alexandre, la tête dans le guidon de ce concours du boire auquel il avait plus tôt décidé de s'adonner et grâce auquel il fanfaronne, désormais, en passe de le remporter. Cette brève vision du mâle amène Fred à penser qu'il pourrait utilement saisir là l'opportune car trop belle occasion de fausser compagnie à son invétéré suiveur, tant et si bien occupé qu'il ne le verrait point changer de pièce si l'humeur lui venait de prendre sur le champ sa clé, soit la poudre d'escampette. Ça, et l'air irrespirable promis par la folle ambiance de la foule ambiante, c'est désormais décidé : on bouge !

On bouge, d'accord, mais on bouge aussi, et, on contre on, tous ne bougent pas dans le même sens ni à la même vitesse, comme à chaque fois que l'on s'entasse sans commun but, ce qui, là, complique passablement le changement de lieu et continue d'énerver le bonhomme, sans aucune garde prise quant à la satiété d'ores et déjà gagnée par lui. Non content de s'entasser, on se pousse, on se croise, on s'extasie de se croiser, on se repousse, on joue des coudes, on renverse, on râle, on se bouscule gentiment sans si tôt se cogner, enfin, sans se cogner dessus, puis on se tombe dans les bras, pour rien, pour pas plus grand-chose qu'on s'était accroché, on s'entrechoque, encore, comme on vient en face sans trop prévenir, et puis on s'impatiente, on s'impatiente aussi, on s'impatiente à droite, à gauche, au centre, là-bas, bref, on bouge tant mal que peu, mais on bouge, et, au bout du compte, on quitte enfin la nasse de l'encombré salon, par la première praticable ouverture venue.

Sur ce versant-ci de l'habitation, le jardin s'offre calme, à défaut de désert, et l'on semble n'y venir que pour fumer ou respirer, se reposer, en somme et contraste de l'agitation régnant au salon, préservant chacun des promeneurs de la par ailleurs débordante sociabilité de son voisin, soit de sa fougueuse propension à l'amicalité. Trop heureux de trouver là du monde à son image, Fred s'en grille une et profite du relatif silence des lieux – relatif puisque, tout de même, une fête bat son plein, à quelques mètres, ou à quelques dizaines de mètres pour les plus poussifs promeneurs ; mais enfin le contraste de tranquillité se tient-il.

La nuit s'est invitée, comme les masses au salon se formaient, se déformaient et se fondaient, avant de n'en former plus qu'une, et l'on ne distinguera les murs, les buissons ou les allées que par le cordial agrément des lampadaires, qu'on dut payer une petite fortune, au vu de leur alignement, de leur numéraire présence, de la composition, aussi, qu'offre leur couleur avec le déambulatoire gravier, les parsemés bancs ou les quelques fontaines, de-ci, de-là disséminées. Que dire de l'impeccable pelouse dont se couvre le reste de la propriété, ou de la clôture dont elle se borde, ainsi qu'on l'aperçoit en consentant l'effort, sinon qu'on semble y avoir mis les nécessaires investissements, à même de produire cette apparente, impeccablement apparente harmonie et de favoriser le transitoire repos auquel on s'adonne volontiers et sans y prêter trop d'attention, au sortir de la grouillante agitation du soir.

— Alors c'est là, le royaume des planqués ?

Oui. Oui, cette retenue voix appartient à Alexandre ; encore, toujours Alexandre, un brin râleur, de plus en plus râleur et de moins en moins distanciable, le con de lui, de sa race, de sa collante, de son incessamment collante manie !

— Non mais, à quoi ça sert, dis, de venir à une soirée, si c'est pour s'en retirer, si c'est pour ne pas participer aux festivités en même temps que tout le monde ? Hein ? Je te le dis, moi, ces élitistes, je peux plus les blairer ! Putain, merde : même ce jardin, là, c'est du n'importe-quoi. Du n'importe-quoi déguisé en plus que mieux, je te le dis, mais du n'importe-quoi quand même ! Du je vais me la péter plus haut que votre cul. Du comme toi, tiens. Tu pètes bien plus haut que mon cul, toi. Tu viens, tu vas, t'en as rien à foutre, de moi, de m'avoir croisé, de m'abandonner en route, de me laisser en plan, là où je suis, comme je suis et avec qui je suis. Tant pis pour lui, que tu te dis. Allez, je suis sûr et certain que c'est ce que tu t'es dit : tant pis pour lui, et tant mieux pour moi ! Je te trouvais bizarre, mais là, c'est pas juste, de me laisser en plan, non, pas juste du tout, et tu devrais pas être fier ! Oh, tu vas t'en foutre, comme tous ces connards, mais je te l'aurai dit, au moins.

Alors, tant pis, on se résout à sortir son carnet, à expliquer – l'usuel étonnement passé – à l'énervé pot-de-colle que peu importe, au fond, qu'il soit content ou non, puisqu'il aura de son propre chef choisi d'être ici, de venir s'amuser, et qu'il ne tient qu'à lui d'effectivement s'amuser ou de quitter les lieux. Une courte mais efficace diatribe à laquelle – et la chose est heureuse – le colérique ne trouve cette fois absolument rien à répondre.

Il en est un, par contre, qui n'aura rien choisi, qui par voie de conséquence aura dû tout subir, à commencer par l'insultante manière dont on le traite – soit l'être-ainsi, ou fonctionnel, qu'on lui impose. Son sort, pour sûr, ne sera pas reconnu aussi horrible que celui de son prédécesseur, mais la comparaison n'excuse pas tout, ou bien l'on mélangera allègrement torchons et serviettes. L'humiliante scène se passe dans la cuisine, attenante au jardin comme la plupart des pièces de la demeure, et dans laquelle Fred pénètre après avoir abandonné l'idée d'abandonner Alexandre, soit après avoir avancé droit devant, au gré de son envie, en se disant que l'autre suivrait bien s'il en avait, lui, l'envie, et sans particuliers scrupules à ne se soucier que de la sienne. Là, donc, parcourant une bordélique table à manger reconvertie en table à cuisiner, kilt est chiffon. Littéralement, chiffon : n'ayant probablement pas déniché de valable compagnie à la suite de sa distribution par le maître de maison ou l'un de ses acolytes, il parcourt l'improvisé plan de travail à la recherche de miettes, en rencontre, les embarque, trébuche sur une tache et l'avale sans peine ni délai, ni encore de trop-plein, s'ébroue dans la farine et se déleste de tout son non-absorbé excédent en la secourable paume tendue en bord de meuble ; ainsi, aidé en sa pénible et dégradante tâche, tout du long, par une directrice main, kilt est, effectivement, tout entier devenu chiffon.

— Qu'est-ce que tu regardes ?

Un nouvel affront à laver, un détestable et supplémentaire crime à venger, connard. N'aurais-tu pas, dis-moi, bien mieux à faire que le toutou ?

— Tu crois que ça leur aurait trop coûté, de prendre un traiteur ? Rien contre toi, mademoiselle, mais bon, ça t'aurait au moins évité de te faire chier. Et puis ils auraient pu te donner un coup de main. Mais non ; et fallait qu'ils confient ça à une fille. T'es toute seule, ici ? Parce-que tu donnes sérieusement l'air de t'emmerder, si tu veux mon avis ; tu me donnes sérieusement l'impression, à moi.

Le lourdaud à sa très peu fine œuvre d'en rut besogneur, Fred ose espérer le distancier une bonne fois pour toutes en s'engageant dans le tout proche couloir, seule échappatoire lui permettant dans le même temps un éloignement vis-à-vis de la bruyante fête. Non que, n'ayant pas assez profité de sa vivifiante aération, il ne puisse à présent retourner affronter les joyeuses bousculades du majoritaire groupe, mais, Pierre-Yves, du temps, toutefois, où son indiscret invité, lui, y fut, n'y étant pas paru ou n'y ayant tout du moins pas été dénoncé, il juge préférable de tenter sa chance plus loin, en explorant les inconnus recoins de la labyrinthique baraque.

Dans ledit couloir, aucune surprise ne se propose ; aucune énième propriété ne se montre non plus, au parcours de celle-ci, et l'on passerait rapidement sur les transitifs murs s'ils n'étaient l'involontaire occasion de s'interroger, la relative solitude de l'errance aidant.

Car, ainsi que – non sans justesse – le souligna Solange, il ne réfléchit que peu, lors, voire trop peu, dans son emportement, son vif empressement, à ce qui devait advenir de sa proie à la condition d'enfin la dénicher ; alors, maintenant, s'approchant du probable dénouement, un vertige le gagne, le rendant, du reste, aussi guilleret qu'un macchabé à son propre enterrement. C'est un glaçant effroi, même, qui l'assaille et l'étreint, le saisit au tréfonds sans plus lâcher de mou, de lest, ni sa prise, lorsque, benoîtement, il se demande que faire. Que faire, à l'heure d'empoigne, sinon l'usuelle foire du peu causant, sinon l'usé numéro de l'écrivant, sinon tout et n'importe-quoi, puisque l'hôte de ces beaux lieux, lui, rira certainement fort gras de la pusillanime manœuvre ? Et puis quoi, même, s'il conservait son calme et son sérieux face au griffonnant bonhomme ? Lui demander, gentil, si ce n'est pathétique, l'honnête restitution de la précieuse cassette, sans compensatoires breloques, sans chantage ni menaces, sans sermons ni contrainte ? Supplier, sans le moindre moyen ? N'opposerait-t-il pas, le bougre, rétif et, par-dessus le marché, indolent provocateur, quelque artificieuse et néanmoins, pour partie, raisonnable fine bouche ? Ne rétorquerait-t-il pas, en sus, ou sinon, au mieux, irrévérencieux au possible et moqueur au ras du nez, d'aller les arracher à qui les porte, plutôt que de rester à l'abreuver de jérémiades ? Que, plus que peu, absolument rien ne saurait dorénavant lui en chaloir ? Non ; mieux vaudrait ne pas. Mieux vaudrait, dans ces multiples et désespérants car infructueux cas, se passer de la confrontation et remédier au mal dès maintenant, par soi-même et hors de la bête portée du ridicule...

— Il doit payer, tu sais ?

A la pause, une braguette achève sa fermeture, tandis que l'affichée stupéfaction, elle, pousse rapidement au crime de continuation.

— L'imbécile doit payer, c'est pas possible autrement. J'ai jamais rien vu de pareil, jamais rien vu d'aussi beau, ou d'aussi docile que cette petite. Cette fontaine-là, m'est avis que c'est une pro, question culbute. Non, je te le dis, moi, il doit payer ; elles sont toutes bien trop jolies.

Après un haussement des épaules particulièrement nonchalant, soit à la hauteur de son intérêt pour ces choses, voire pour leur rapporteur, Fred en vient à souhaiter que le fidèle animal se dégote une autre cruche pour aimable distraction, ce qui lui vaudrait, plus égoïstement, de bienvenues – si ce n'est méritées – vacances.

Las ! De couloir en couloirs et de sobriété en coûteuses ornementations, on monte, passant par une brève ribambelle de marches, rejoignant rapidement l'étage et croisant de-ci de-là des portes, au fil desquelles, au gré d'une ouverture, répétée, on ose, systématique, un commentaire, ponctuant la découverte d'une chambre, de deux, bientôt, de trois, aux respectives et distinctes décorations toutes indubitablement plus riches que celle, si ce n'est uniforme, du moins, uniformément minimale du rez-de-chaussée, quand ce n'est pas une mesquine critique de l'impeccable placard, sans peine visité, à l'approche de son bâillement, et par trop ressemblant, au goût de qui persifle, au vantard catalogue pour raisonnablement tenir du vrai.

Là, un furtif mouvement pousse à l'arrêt ceux de cette bifide langue, ses malsains commérages avec, ainsi que ceux de Fred, dans la foulée et puisqu'on y trouvera l'intention justifiant la retenue, lorsque, dans l'encadrure d'un énième battant, se dessine, en coup de vent, l'ombre d'une étonnante similitude promettant de se précipiter surprenante, voire de vite virer aberrante.

— Oh, putain, s'exclame l'insistant niais, toujours collé aux basques !

Ta gueule. Ta gueule, j'ai vu aussi.

— T'as vu ça ?

Ça, en fait, pour reprendre la gauche terminologie du survolté, c'est la quasi parfaite réplique de Fred, le sexe en moins – ou différent. Le sexe, justement, voilà ce qui importe au porc, insuffisamment rassasié par son récent coït. Reprenant plus fermement ses esprits (ou son engin en guise du sien), le voici qui précise sa pensée, limite son territoire et, enfin, impose sans peur, ni crainte, ni tact, l'exclusive jouissance de sa nouvelle possession – tout en persévérant à retenir la manche de l'infortuné baladeur.

— Elle est pour moi.

Elle, pour le coup (et si ce n'est, seulement, l'espéré coup), selon le grossier, péremptoire accapareur, c'est la gracieuse silhouette venant tout juste de pénétrer en ce qui ressemble fort, même de presque loin, à un élégant bureau.

En y jetant bien l'œil, l'indiscret sinon le bon, on voit d'ici de chargées mais ordonnées étagères, de hautes bien que proprettes piles de papiers, journaux et magazines, ainsi qu'une pléthore de livres, posés ici et là, certains ouverts, le stylo traînassant sans pudeur dans la feuille, d'autres fermés, la tranche vomissant sa dentition de collées ou plus simplement glissées notes, depuis l'intime ventre des assemblées pages, signes d'une acharnée, si ce n'est fastidieuse étude. Au centre de l'endroit, un ordinateur témoigne d'une permanente connexion au monde, tandis qu'au mur trône une télévision, incrustée tel un panneau de bois parmi les autres, participant elle aussi au dévoilement d'un certain souci – sinon souci certain – d'un extérieur qui, en ce quatorze au soir, ne tourne pas plus ni moins rond qu'à l'habitude ; du reste, aucun des câbles de ces deux appareils ne traîne ainsi que le font habituellement, inévitable galère, les informatiques boyaux, naturellement prompts à produire, reproduire sinon imiter d'informes éviscérations, s'ils ne sont enchâssés en des gaines ou, comme ce serait visiblement le cas ici, dissimulés dans l'uni mobilier. Au côté de la boîte à images se fond aussi un écran de contrôle domotique, ainsi qu'un second, plus large, servant à la vidéosurveillance de l'ensemble de l'habitation. Tout semble travaillé, par ici, et tout paraît taillé pour travailler. Les lumières n'interviennent à cet égard pas plus en faux qu'en faute, en regard non tant de leur implantation que de leurs précis effets, l'éclairage rendant en effet justice à la disposition des meubles, soit des fonctions qu'on leur destine, qu'on leur destinait en les arrangeant, en les disposant ainsi qu'ils se trouvent disposés, recevant, donc, puisqu'on aura poussé l'arrangement jusque-là, les efficaces grâces des luminaires, descendant en canonnières mais non brutales touches du plafond, des murs et des idoines supports dans le semblerait-il unique but de favoriser l'assiduité du consciencieux bosseur, en ne le distrayant pas, par leur modération, en le poussant au calme plus qu'au crime, en dégageant une propice ambiance de feutre ou de parfaite sérénité, du style de celles assurant sans faillir à chaque chose sa place, au titre de ce qui se vend ou se ressent pour éternellement équilibré ; en lui remémorant, de leurs dirigés rayons et sans abusif tape-à-l'œil, la vitale importance de ces monolithes du savoir que sont les différents ouvrages de connaissance, curiosité, découverte voire amusement, dressés en ligne, elles superposées en étagères, elles, miroir de ce qu'elles comptent aux crânes, mises en lumière et valeur par et pour, justement, les – sinon de – meilleures lumières. Pour cause de non-assommante luminosité, dont on sait l'échéant cas l'indisposant, chauffant effet, la confortable chaise sur laquelle on ne manquera pas de s'installer pour travailler, et sur laquelle on n'a d'ailleurs pas manqué de poser son arrière-train, ne se retrouve que très partiellement éclairée, ne révélant que couic de ses – eux aussi – travaillés motifs.

Dessus, cachée ou, du moins, peu montrée, tenue, elle, dans la résultante ombre de l'adroit éclairage, pour ne point, tout de même ni de go l'oublier, cette vestimentaire et non moins essentielle participante à la présente scène, et pour en revenir au par le bras retenu bonhomme, à ses préoccupations, son involontaire ressemblance avec l'en-face bestiole et son attrait pour cette drôle d'énigme, tenue, donc, toute sage, réservée qu'elle apparaisse, à la faveur de la timide, relative pénombre, n'y est pas allée de main morte, soit en flatteuse des dos cuillères, dans son copiste élan, pour singer cet habit qui, à défaut de faire le moine, caractérise le sieur : rendant trait pour trait au modèle, on les confondrait presque, de la ligne au carreau, de chaussettes en chemise et jusque par la veste, et la folie saisirait inévitablement le lambda spectateur, si le sexe, d'un poil, cheveu, bref, sur un tout ténu, distinctif fil, ne filait la salvatrice laine d'une Ariane aux pieds en soupe, ou, plus prosaïquement, sans aucune, non, pas la moindre couille dans le potage, réglant ainsi, ici, cette fois, la bonne, le différend qu'entretînt éventuellement ledit lambda avec les trop jumeaux bouillons.

Alors, bien sûr, ce n'est qu'au prix d'un inévitable rapprochement, que la foule des détails se révèle, qu'on peut les apprécier, voire, même, constater l'effective présence d'une guêpe, sous le fol attirail, et le lourdingue, lui, tout entier à son chant des sirènes, appâté par la puissante odeur de leur alléchante marée, ne l'entend absolument pas de cette oreille, rabâchant celles de son immédiat entourage d'une soudaine mais non neuve ni surtout totalement surprenante véhémence à défendre son bien, autant que mal, fort et explosif se peut – le larron connaissant ses manquées occasions de briller par tempérance et les variées occasions en question ayant permis à tout un chacun de constater ledit manque de maîtrise de soi. C'est à lui, qu'il dit, qu'il a dit et qu'il dit, redit encore et crie, voilà, maintenant, vocifère, à lui et rien qu'à lui, et ce ne sera pas faute de ne pas avoir prévenu, non, ça, et l'on ne se foutra pas de sa gueule bien longtemps, qu'il ajoute, pas sans payer l'insulte, qu'il poursuit, crachant sa rage et quelques postillons, demandant à son turc de répondre, après lui avoir demandé, plusieurs fois demandé s'il se moque de lui, lui en intimant l'ordre ou éructant sa vile bile, on ne sait ni ne saura bien trop, sinon que, pour préférer le bas côté, brusque, il le pousse, restreignant par là-même son champ de vision, à ne pas en douter, puisqu'il n'aperçoit pas, ce faisant, ce malfaisant, sa feue conquête quitter subrepticement sa rugissante compagnie, sans demander ni reste, ni pause, ni même gentille merci. Et puis, voilà, comme on ne répond pas, comme on recule, surpris, comme on lève le sourcil, d'un mouvement qu'on croirait aisément méprisant, couplé au con silence, on décoche le sien, de mépris, serré, dur, méchant, dans un premier crochet pas piqué des hannetons, pas excellemment porté mais pas exactement paré non plus, pas assez bien esquivé pour ne pas sonner, empêcher de vaciller et finalement tomber, le sol n'arrêtant pas le furieux acharné, toujours aux invectives, aux coups, opportunément de pieds puis, repositionné, à cheval sur le pauvre sac de boxe, de mains, enfin, de poings, au point, justement, de le faire saigner, après lui avoir visiblement oblitéré conscience.

— Réponds ! Mais réponds, connard, lâche-t-on, toujours, entre deux pluies de coups !

La guerrière dispute tourne ici tant au massacre qu'à la pleine folie, achevant de restreindre les perceptives capacités du psychotique gaillard, puisque, tout à sa néantisante œuvre et sans verbe flétrir, on ne voit ni n'entend accourir le maître de maison, tout traditionnellement costumé en l'honneur de son thème mais l'air encore dans sa couette, la joue, d'ailleurs, marquée par l'oreiller, sorti en trombe de sa proche, privative réserve car alerté par les cris, le bruit et probablement la bavarde et affolée sirène, et objectant, bien qu'un peu tard, au vu des irréversibles dégâts de l'enragé quidam, à sa brute violence, à ses invectives et au propos du mal en point – ce n'est rien de le dire – lutteur, que, d'assurée source, il le croit être muet.

Z. « Mes imminents collègues »

Il pourrait bien ne rien rester. Rien de ces quelques lignes, rien d'un raturé carnet ni d'un encensé livre, ni, plus rapidement encore, d'un minable ouvrage, rien, même, des somptueux bâtiments, des glorieux monuments ni des chéris héros, rien, partant, des modalités d'aimer ni de celles, plus larges, de l'être, que l'humain, par-delà les accidents de ses us et coutumes, sortes d'histoires et conte d'éducation, tient pour trop évidents, magiques ou simplement supérieurs, auxquels il se réfère trop rapidement, trop lâchement, pour individuellement, en tant qu'individu se définir, voire, pire, pour se réaliser, se devenir, après s'être trompé d'ipséité, la méprise tenant au mauvais aperçu du vrai de sa façon, la fine essence de soi, la subtile manière transcendant leur matière, la sienne, et faisant de cet être l'être qu'il est, et de ces êtres qui ne sont que par lui, d'annexes et partiels à défaut de partiaux témoignages de ce qu'il aura pu être. Ce qui fait, en fait, et quitte à l'être, fait, quasi, du rien de rien, du vraiment rien du tout. Voilà le drame de l'Homme : demain, tout pourrait s'arrêter. Non seulement plût au supputé ciel que Socrate se confirme mortel, mais, en sus, tous ses frères le sont irrémédiablement et toutes leurs artificielles choses avec ! Oui, demain, tout pourrait s'arrêter, comme si rien n'avait jamais été – ou presque. C'est-à-dire qu'il n'aura pas suffi que nous ne soyons que de temporaires morceaux d'éphémère. Non. Deuxième et non des moindres peine : toutes nos traces obéissent derechef à l'intrinsèque caducité de l'étant, et pourraient fort, demain, disparaître à leur tour – dans le déjà très heureux cas où ces égotistes circonvolutions ne nous précèdent pas sur l'oublieuse route, s'inscrivant, pour un moins bref moment, en la capricieuse mémoire des pairs, nous sauvegardant, dilué, en celle commune, si ce n'est amputé, soit d'une biaisée manière, comme elles le sont toutes, tributaires des conditions de ce qu'est une perception et en addition à la scalaire différence entre le plein-être et ses diverses vibrations, l'esprit, synthétique, ne conservant jamais tout le pied de la lettre.

Allez savoir : un gigantesque et cataclysmique astéroïde, une soudaine et radicale invasion, un xénocide, tant qu'ils y seront, la parcourue distance valant bien mieux que le moindre effort, ou bien, moins exotique, un doigt, maladroit ou taquin, qui traîne, dans la valise, sur le bouton, sur la couture du pantalon voire vers le défaillant, court-circuité neurone, et quoi qui fasse encore et – tragique – joyeusement *et cætera.* Demain, tout pourrait s'arrêter, et nous n'aurions rien fait, aux yeux d'un tardif œil, d'un hypothétique autre et lointain œil, rien laissé que des miettes, des miettes sans consistance, si ce n'est sans plus aucune perceptible substance.

A d'autres êtres ou temps celui des vertueuses sagesses sur le bon sens du juste mourir ou quant au propre vivre. Il n'est de vérité sans sa situation, de transcendant sans conditions, ou d'être sans êtres, histoire d'au moins le constater, en plus de le porter voire de l'itérer, et rarement l'épitaphe, dernier, bravache des épilogues, vaut-elle œuvre ; où elle sied et siège, et d'où l'on est, alors, tous pourraient s'en passer qui s'en vont, sans manquer au devoir de décence, ni même – plus humble mais, pour l'anecdote, plus exigeant – de justesse. A d'autres, l'inconfort de l'être-là, justifiant – mal, mais justifiant – l'épandage d'une existentielle vérité travestie en universelle médecine ; sinon, peut-être, que, s'il faut à l'Homme ses idoles, en guise d'enchantement, sa personne, en tant qu'elle n'est personne, soit en tant qu'il est Homme, laisse assez de matière pour occuper une vie. Et puis non, tiens : à d'autres, pour de bon, les branlants avis.

Après l'heure n'étant – c'est désormais entendu – plus la bonne heure, le verbiage pourrait sembler s'épaissir de phrases aussi fortuites que gratuites, interrogeant mine de rien la pertinence de la longueur. Tout pourrait s'arrêter, glisserait-on, malin ; tout pourrait voire devrait s'arrêter. Ne se faisant pas deux fois souffler l'occasion de ne pas bougonner, tout râleur, dénué d'un goût de l'art qu'il se doit d'exercer, obtempère au plus vite, non sans noter, au besoin, que, face aux sombres impossibles, en passant par les improbables ou les incertains, il ne faut pas oublier que grogner, ou écrire, est un ferme, furieux acte de guerre. Oui, c'est ça (peut-être bien façon mantra, mais tant pis pour le semblant, quand ce n'est pas encore comme d'aliéner la vraisemblance) : contre les impossibles, écrire est un furieux acte de guerre – ainsi, pour et par l'exemple et non que la mascarade doive rester imparable, du renseignant saut à la fin pour tenter, avant l'heure, de la lire, ou de juger par elle et prématurément du déroulé, avant de l'avoir effectivement vu se dérouler.

Cet ultime, succinct point posé, le final peut sans honte siéger.

Table des matières :

www.ingramcontent.com/pod-product-compliance
Lightning Source LLC
Chambersburg PA
CBHW031031030726
47497CB00004B/1090